荊楚文庫

湖北財政紀略
魏頌唐 著　王平 點校

湖北財政史略
賈士毅 著　王平 點校

荊楚文庫編纂出版委員會
華中科技大學出版社

湖北財政紀略
HUBEI CAIZHENG JILUE
湖北財政史略
HUBEI CAIZHENG SHILUE

圖書在版編目（CIP）數據

湖北財政紀略/魏頌唐著；王平點校.
湖北財政史略/賈士毅著；王平點校.
—武漢：華中科技大學出版社，2022.10
ISBN 978-7-5680-8461-1

Ⅰ.①湖… ②湖…
Ⅱ.①魏… ②賈… ③王…
Ⅲ.①地方財政-經濟史-研究-湖北-民國
Ⅳ.①F812.96

中國版本圖書館CIP數據核字（2022）第130865號

責任編輯：	李 鵬　周清濤
整體設計：	范漢成　曾顯惠　思 蒙
責任校對：	張匯娟
責任印製：	周治超
出版發行：	華中科技大學出版社
地址：	武漢市東湖新技術開發區華工科技園華工園六路
電話：	027-81321913　郵編：430223
印刷：	湖北新華印務有限公司
開本：	720毫米×1000毫米　1/16
印張：	43.75　　　插頁：2　　字數：606千字
版次：	2022年10月第1版　印次：2022年10月第1次印刷
定價：	179.00元

《荆楚文庫》工作委員會

主　　　任：王蒙徽

副 主 任：李榮燦　許正中

成　　　員：韓　進　張世偉　丁　輝　鄧務貴　黃劍雄
　　　　　　李述永　趙凌雲　謝紅星　劉仲初

辦公室

主　　　任：鄧務貴

副 主 任：趙紅兵　陶宏家　周百義

《荆楚文庫》編纂出版委員會

主　　　任：王蒙徽

副 主 任：李榮燦　許正中

總 編 輯：馮天瑜

副 總 編 輯：熊召政　鄧務貴

編委（以姓氏筆畫爲序）：　朱　英　邱久欽　何曉明
　　　　　　周百義　周國林　周積明　宗福邦　郭齊勇
　　　　　　陳　偉　陳　鋒　張建民　陽海清　彭南生
　　　　　　湯旭巖　趙德馨　劉玉堂

《荆楚文庫》編輯部

主　　　任：周百義

副 主 任：周鳳榮　周國林　胡　磊

成　　　員：李爾鋼　鄒華清　蔡夏初　王建懷　鄒典佐
　　　　　　梁瑩雪　丁　峰

美 術 總 監：王開元

出版說明

　　湖北乃九省通衢，北學南學交會融通之地，文明昌盛，歷代文獻豐厚。守望傳統，編纂荆楚文獻，湖北淵源有自。清同治年間設立官書局，以整理鄉邦文獻爲旨趣。光緒年間張之洞督鄂後，以崇文書局推進典籍集成，湖北鄉賢身體力行之，編纂《湖北文徵》，集元明清三代湖北先哲遺作，收兩千七百餘作者文八千餘篇，洋洋六百萬言。盧氏兄弟輯録湖北先賢之作而成《湖北先正遺書》。至當代，武漢多所大學、圖書館在鄉邦典籍整理方面亦多所用力。爲傳承和弘揚優秀傳統文化，湖北省委、省政府決定編纂大型歷史文獻叢書《荆楚文庫》。

　　《荆楚文庫》以"搶救、保護、整理、出版"湖北文獻爲宗旨，分三編集藏。

　　甲、文獻編。收録歷代鄂籍人士著述，長期寓居湖北人士著述，省外人士探究湖北著述。包括傳世文獻、出土文獻和民間文獻。

　　乙、方志編。收録歷代省志、府縣志。

　　丙、研究編。收録今人研究評述荆楚人物、史地、風物的學術著作和工具書及圖冊。

　　文獻編、方志編録籍以1949年爲下限。

　　研究編簡體横排，文獻編繁體横排，方志編影印或點校出版。

《荆楚文庫》編纂出版委員會
2015年11月

前　言

《湖北財政紀略》由魏頌唐著，民國六年（1917）湖北吏治研究所印行；《湖北財政史略》由賈士毅著，民國二十六年（1937）印行。本次點校即據湖北省檔案館藏原本進行。

《湖北財政紀略》的作者魏頌唐（1886—1967），又名慶萱，字祖同，浙江嵊縣（今嵊州市）黃澤鎮人。1886年12月4日出生在黃澤鎮白泥坎村。1907年入北京計學館讀財政經濟專業。畢業後任度支部主事，清理財政。1915年在湖北省財政廳任稽核員、科長、秘書，後在省吏治研究所任教，主講《財政學撮要》，講稿刊行全國。《湖北財政紀略》是其在吏治研究所任教期間所使用的講義，印行後在國內反響強烈，並對以後賈士毅編著《湖北財政史略》有較大影響。全書按照稅捐收入及財政支出分爲歲入、歲出兩大部分。歲入部分以田賦、貨物稅捐、正雜稅捐、雜收入等爲內容，簡述各項稅捐創設淵源、清末民國流變軌跡，以及全省並各縣、局所收入。歲出部分以外交費、內務費、財政費、陸軍費、司法費、教育費、農商費等爲內容，簡述各項事業支出數額。該書對於瞭解探究辛亥革命前後湖北財政稅收史實和經濟社會事業發展具有較高的史料價值。全書所用統計數據大多采自省財政廳案牘文檔，具有較高的原始性和權威性，且能彌補現存民國財政檔案之不足。該書影印版2007年由北京圖書館出版社收錄在《清末民國財政史料輯刊》之中。

《湖北財政史略》的作者賈士毅（1887—1965），字果伯，號荆齋，江蘇陽羡（今宜興市）人，民國時期著名的會計學家、財政學家。青年時期東渡日本明治大學求學，獲政治學學士學位。所著《民國財政史》

《民國續財政史》二書，對晚清以來及民國時期（1912—1931）的國家和地方財政各項政策及其利弊等，進行了深入的探討和詳細的闡述。兩書問世後，產生了較大的社會影響，被學界奉爲研究民國財政的開山之作。1933年至1938年，賈士毅擔任湖北省政府委員兼財政廳廳長，對湖北的地方財政進行了較大的改革並卓有成效。《湖北財政史略》即是在其任內對湖北地方財政淵源、改革興廢的系統梳理和總結。全書分爲總論、前代財政之沿革及現代財政之狀況等三章，並附有反映其1933年上任直至1936年工作情形的《四年來整理鄂省財政經過情形》及相關數據圖表。由於賈氏在主掌鄂省財政前已有《民國財政史》等著作問世，且親自主刀鄂省財政改革，所據資料更爲翔實可靠，本書是瞭解探究武漢會戰前湖北地方財政最爲重要的歷史資料。相較于前人魏頌唐所著《湖北財政紀略》相對應的檔案史料奇缺，湖北省檔案館收藏較多1927年以後的財政檔案，可與賈著對比研究。

本次點校按《荆楚文庫》編輯部統一要求，由豎排改爲橫排。原稿排印中如有明顯錯誤徑予改正，如原稿"地丁"項下"驢脚來折"，"來"應爲"米"之誤。因格式調整，原稿中"如左"應作"如下"理解。原稿中"徵"與"征"、"元"與"圓"等混用，一仍其舊，未作更改。

浙東鄞州王平謹識於武昌東湖之濱

總　目　錄

湖北財政紀略 …………………………………………………… 1
湖北財政史略 …………………………………………………… 201

湖北財政紀略

魏頌唐 著　王 平 點校

目　　錄

歲入 ··· 7

　田賦 ··· 7

　　一、地丁 ··· 7

　　二、漕米 ·· 19

　　三、屯課 ·· 26

　　四、租課 ·· 40

　　五、丁漕附稅 ·· 42

　　六、賠款改學堂捐 ·· 51

　　七、串票捐 ·· 79

　貨物稅捐 ·· 84

　　一、過境銷場稅 ·· 84

　　二、茶稅 ·· 90

　　三、膏鹽稅 ·· 91

　　四、紗蔴絲布稅 ·· 93

　　五、炭山灣煤稅 ·· 93

　　六、菸酒糖稅 ·· 94

　　七、竹木捐 ·· 95

　　八、火車貨捐 ·· 97

　　九、米捐 ·· 98

　　十、船捐 ··· 100

　　十一、包裹稅 ··· 102

　　十二、貨物附加稅 ··· 102

　　十三、應鹽紅爐附稅 ··· 102

正雜稅捐 ··· 103
    一、契稅 ·· 103
    二、牙稅 ·· 111
    三、當稅 ·· 116
    四、屠宰稅 ··· 119
    五、印花稅 ··· 127
    六、特種營業執照稅 ··· 129
    七、烟酒牌照稅 ··· 130
    八、牙帖捐 ··· 130
    九、當帖捐 ··· 133
    十、稅票捐 ··· 133
    十一、夫役捐 ··· 134
    十二、舖户房捐 ··· 134

雜收入 ··· 135
    一、契紙費 ··· 135
    二、申串 ·· 135
    三、漢粵川鄂路米釐公股息金 ····································· 135
    四、紗蔴絲布四局及模範大工廠租金 ····························· 136
    五、禁煙罰款 ··· 136
    六、警捐收入 ··· 136
    七、教育收入 ··· 137
    八、官業收入 ··· 137

歲出 ··· 138

外交費 ··· 138
    一、交涉員公署經費 ··· 138
    二、漢口交涉署附屬租界洋務會審所及拘留所經費 ············ 140

內務費 ··· 141
    一、省長公署經費 ·· 141
    二、道尹公署經費 ·· 142

三、縣知事公署經費 …………………………………… 143
　　四、縣佐經費 ………………………………………… 150
　　五、警備隊經費 ……………………………………… 150
　　六、全省警務處及所屬省會廳署隊所經費 …………… 152
　　七、漢口警察廳武裝警察經費 ……………………… 153
　　八、漢口、宜昌、沙市等處警察經費 ………………… 154
　　九、水上警察經費 …………………………………… 155
　　十、雞公山工程局警察局經費 ……………………… 157
　　十一、堤工經費 ……………………………………… 157
　　十二、水利分局暨測量處經費 ……………………… 158
　　十三、典禮經費 ……………………………………… 158
　　十四、內務卹金 ……………………………………… 159
　　十五、禁煙經費 ……………………………………… 159
　　十六、省議會經費 …………………………………… 160
　　十七、漢口工巡管理處經費 ………………………… 160
　　十八、峽江灘務委員經費 …………………………… 161
　　十九、武漢公渡局經費 ……………………………… 161
　　二十、廣仁堂經費 …………………………………… 161
　　二十一、敬節兩堂經費 ……………………………… 161
　　二十二、育嬰普濟兩堂經費 ………………………… 162

財政費 ……………………………………………………… 162
　　一、財政廳經費 ……………………………………… 162
　　二、各縣徵收田賦經費 ……………………………… 163
　　三、各徵收局暨稽查所經費 ………………………… 168
　　四、漢口牙帖委員經費 ……………………………… 173

陸軍費 ……………………………………………………… 174

司法費 ……………………………………………………… 177
　　一、各級審檢廳經費 ………………………………… 177
　　二、各縣知事兼理訴訟經費 ………………………… 178

三、各監獄經費 ………………………………………………… 183

教育費 …………………………………………………………… 189
　　一、國立武昌高等師範學校經費 ……………………………… 189
　　二、留學經費 …………………………………………………… 189
　　三、公立高等專門學校經費 …………………………………… 190
　　四、公立師範學校經費 ………………………………………… 190
　　五、公立實業學校經費 ………………………………………… 191
　　六、公立中學校經費 …………………………………………… 192
　　七、公立小學校經費 …………………………………………… 193
　　八、公立半日學校經費 ………………………………………… 194
　　九、圖書館經費 ………………………………………………… 195
　　十、官書處經費 ………………………………………………… 195
　　十一、省立通俗教育講演所經費 ……………………………… 195
　　十二、教育公報暨通俗教育報經費 …………………………… 195
　　十三、各區中學校補助費及五鰲經費 ………………………… 196
　　十四、省城私立各學校補助費 ………………………………… 197
　　十五、視學經費 ………………………………………………… 197
　　十六、曆書經費 ………………………………………………… 198

農商費 …………………………………………………………… 198
　　一、財政廳兼管礦務科經費 …………………………………… 198
　　二、農事試驗場經費 …………………………………………… 198
　　三、林事試驗場經費 …………………………………………… 199
　　四、蠶桑試驗場經費 …………………………………………… 199
　　五、林務專員經費 ……………………………………………… 199
　　六、勸業場商品陳列館經費 …………………………………… 199
　　七、官紙印刷局經費 …………………………………………… 200

歲　入

田　賦

一、地丁

前清田賦沿明舊例，地有地稅，丁有丁稅。康熙年間丁攤於地，故名地丁。鄂省款目有起運、存留、驛站及隨漕淺船、驢腳米折、南折之分，計全省額征起運銀七十七萬五千八百五十三兩六錢一分九釐，存留銀九萬五千五百七十二兩六錢五分六釐，驛站銀十八萬四千五百五十九兩四錢九分一釐，隨漕淺船銀四萬三千三百十兩八錢六分五釐，驢腳米折銀一萬八千一百八十九兩一錢三分四釐，南折銀一萬九千十四兩五分四釐（見宣統二年奏銷册）。正銀之外加一收耗，一券證收。統征分解，隸歸藩司經管。所解之款除去京餉、滿綠營餉及坐支各衙門俸工役食、祭祀、孤貧、各縣驛站，並耗羨項下支銷各官養廉，其餘之款悉數報部聽候撥用。咸同間粵省事起，舊制蕩然。胡文忠公撫鄂時奏定折征章程，以各縣銀額之多寡定折收價目之高下。取之民者，每正銀一兩折收庫平銀一兩三四錢及一兩四五錢不等，有大户小户之別，有收銀收錢之分。解之庫者一正一耗之外，餘爲傾工火耗解費平餘。光緒二十八年間，錢價日漲，銀價日跌，州縣盈餘較多，有奏准減價征收並酌提錢價盈餘之案。嗣因賠款無出，仍將減征於民者復之於公，名曰減征復舊，提作湊還賠款之需。數年以後，銅元充斥，錢價漸低，各縣提款積欠纍纍。宣統初先後奏罷。此前清舊制也。改革後耗羨平餘和盤托出，併歸正款，儘征儘解。日删併款目有鄂軍錢糧、鄂軍漕米名稱。惟各縣解銀解錢殊不劃一，隨分爲丁、漕、屯、租四大款，於修正折價案內，將舊有征銀折價名目一律革除，按照各縣折收舊章征錢解錢。至今銀錢併征者，僅有夏口縣租界地丁而已。惟征收定率，自前清粵匪之變魚鱗冊籍蕩然無存，或以畝分計，或以石斗計。科則一項不盡可攷。其折收價值，民國四年間，由財政廳詳部覆准，鄂省分縣六十有九，地丁每兩折價在三串以下者五十一縣，不止三串者十八縣。自四年上忙開征之日起，每地丁一兩以三串文爲定價。其向征地丁不止三串之縣，一律以三串爲地丁正稅，餘數劃作附稅，仍照舊征收，分款隨正解省。原額地丁銀一百一十三萬六千四百九十九兩八錢二分四釐，折錢三百四十萬九千八百四十四串九百四十一文，除荒缺銀並加溢額外，實應征銀一百十一萬一千六百九十二兩八錢零六釐，折錢三百三十三萬五千四百四十八串三百八十二文，以一千二百六十二文合洋，計五年預算列洋二百零八萬三千六百十元，新五年度預算列洋二百零七萬四千二百四十八元。茲將規定折價按照各縣原有銀額折合錢數列表如左：

湖北省各縣地丁年額及折價一覽表

縣別	額征數	應征數	每兩折價	折合錢數	備考
武昌	四九、六七〇、九一八	四八、九八四、二九五	三串	一四六、九五二、八八五	該縣未完分數：三年分四分以上，四年分五分以上五年詳准，應完從善里地丁銀二十一兩五厘列入荒蕪項下造報
鄂城	三一、六三三、三九八	二七、八七二、六一二	同	八三、四三五、九七六	該縣未完分數：三年分五分以上，四年分同

續表

縣別	額征數	應征數	每兩折價	折合錢數	備考
咸甯	一七、〇三七、七九六	一七、〇三七、七九六	同	五一、一一三、三八八	該縣未完分數：二年分三分以上，四年分四分以上
嘉魚	一二、四九〇、七四二	一二、四九〇、七四二	同	三七、四七二、二二六	該縣未完分數：三年分不及一分，四年分四分以上
蒲圻	二四、五九四、四五七	二四、五九四、四五七	同	七三、六七七、〇一九	該縣未完分數：三四兩年分俱在四分以上 武岳路線購用地畝，五年呈准，暫免地丁銀三百七兩八錢八分七厘
崇陽	一一、五五一、八一三	一一、一七一、八一三	同	三三、五一五、四三九	該縣未完分數：三年分二分以上，四年分三分以上
通城	一四、七九八、九五五	一四、六八三、五七二	同	四四、〇五〇、七一六	該縣未完分數：三年分三分以上，四年分一分以上
陽新	三五、五五三、三八八	三五、五五三、三八八	同	一〇六、六六〇、一六四	該縣未完分數：三年分八分以上，四年分六分以上
大冶	二四、二九一、七七八	二四、二九一、七七八	同	七二、八〇二、〇四八	該縣未完分數：三年分二分以上，四年分三分以上

續表

縣別	額征數	應征數	每兩折價	折合錢數	備考
通山	七、八六五、二二六	七、七五八、五六一	同	二三、二七五、六八三	該縣未完分數：三四兩年分俱在一分以上
漢陽	二六、七九五、五三二	二六、七九五、五三二	同	八〇、三六八、五九六	該縣未完分數：三年分六分以上，四年分五分以上
夏口	九、三五三、一七六	八、八九八、一七六	徵銀解銀	（兩）三五三、四九三	該縣未完分數：三年分五分以上，四年分四分以上
			三串	（串）二五、六三四、〇四九	
黃陂	二六、四八四、八五五	二六、二一四、四九〇	三串	七八、五一一、二〇七	該縣未完分數：三年分七分以上，四年分三分以上
漢川	二二、七八一、三九五	一七、八三四、五一一	同	五三、五〇三、五三三	該縣未完分數：三年分五分以上，四年分不及一分 唱城等十五小畈田畝，前清被水沖塌，五年呈准，豁免地丁銀四千九百八十六兩八錢八分四厘
孝感	二八、六五〇、六五〇	二五、〇四二、四一一	同	七五、一二七、二三三	該縣未完分數：三年分二分以上，四年分一分以上

續表

縣別	額征數	應征數	每兩折價	折合錢數	備考
沔陽	五四、五四三、二九五	五四、五四三、二九五	同	一六三、〇三、六六八	該縣未完分數：三年分五分以上，四年分三分以上
黃岡	四五、八五〇、四五二	四五、三八五、五六六	同	一三六、一五六、六九八	該縣未完分數：三年分七分以上，四年分二分以上
黃安	二〇、六一八、八〇一	二〇、六一八、八〇一	同	六一、八五六、四〇三	該縣三年分全完，四年分未完分數一分以上
黃梅	四〇、二九八、七六七	三九、一〇七、〇六六	同	一一七、二五一、二九七	該縣未完分數：三四兩年俱在四分以上
蘄春	三〇、〇〇一、五二六	二九、九〇一、一四四	同	八九、七〇三、四三二	該縣未完分數：三年分五分以上，四年分三分以上
蘄水	四一、七八五、四八五	四一、七八五、四八五	同	一二五、三五六、四五五	該縣未完分數：三年分六分以上，四年分四分以上
麻城	三五、一三九、五八七	三五、一三九、五八七	同	一〇五、四一八、七六一	該縣未完分數：三年分三分以上，四年分一分以上
羅田	一二、七一一、〇二三	一二、四一七、六二四	同	三七、二五二、八七二	該縣三年分全完，四年分一分以上

續表

縣別	額征數	應征數	每兩折價	折合錢數	備考
廣濟	三一、六一〇、〇三九	三〇、二〇一、三九六	同	九〇、六〇四、一八八	該縣未完分數：三年分一分以上，四年分二分以上 建築羅城橫堤挖廢田畝，四年呈准豁，免地丁銀二十三兩九錢二分五厘
安陸	八、八六五、八六〇	八、七八五、六五四	同	二六、三五六、九六二	該縣未完分數：三年分一分以上，四年分三分以上
雲夢	九、四〇五、二七〇	九、四〇六、四一六	同	二八、二一九、二四八	該縣未完分數：三四兩年分俱在一分以上
應城	一七、三六七、一〇六	一六、二六七、一〇六	同	四八、八〇一、三一八	該縣未完分數：三年分二分以上，四年分不及一分
隨縣	二一、〇六八、九七九	二一、〇六六、四七四	同	六三、一九九、四二二	該縣未完分數：三四兩年分俱不及一分
應山	一一、四八三、五二二	一一、三五九、〇三三	同	三四、〇七七、〇九九	該縣三四兩年分俱係全完
鍾祥	四八、九六七、四四一	四八、九六七、四四一	同	一四六、九〇二、三二三	該縣未完分數：三年分三分以上，四年分一分以上

續表

縣別	額征數	應征數	每兩折價	折合錢數	備考
京山	三二、八〇一、五〇三	三二、八〇一、五〇三	同	九八、四〇四、五〇九	該縣未完分數：三年分二分以上，四年分不及一分
潛江	二三、二四七、一九一	二三、三〇四、五二一	同	六九、九一三、五六三	該縣三年分未完分數不及一分，四年分全完
天門	四二、七七〇、八三五	四二、七七〇、八三五	同	一二八、三一二、五〇五	該縣三四兩年分俱係全完
襄陽	二六、〇六四、〇五三	二五、八二六、六一二	同	七七、四七九、八三六	該縣未完分數：三四兩年分俱在二分以上
棗陽	一二、七〇一、二三五	一二、二六一、四一三	同	三六、七八四、二三九	該縣未完分數：三年分一分以上，四年分不及一分
宜城	八、一三八、六八六	七、五九〇、四三二	同	二二、七七一、二九六	該縣未完分數：三年分一分以上，四年分不及一分
南漳	五、三四五、二二四	五、三四五、二二四	同	一六、〇三五、六七二	該縣未完分數：三年分四分以上，四年分不及一分
均縣	二、四四三、二四四	三、二七三、三二五	同	一〇、一一九、九七五	該縣未完分數：三四兩年分俱不及一分

续表

县别	额征数	应征数	每两折价	折合钱数	备考
光化	七、九一九、八六一	七、九一五、一九九	同	二三、七四五、五九七	该县未完分数：三四两年分俱在一分以上
榖城	六、五二六、八四九	六、二二四、四五八	同	一八、六二四、六四七	该县三四两年分俱系全完
鄖县	四、一六七、四一七	四、一五五、六九一	同	一二、七〇四、三四一	该县未完分数：三四两年分俱在二分以上
鄖西	一、七四三、八一八	一、七三五、五七四	同	五、二〇六、七二二	该县三年分未完分数一分以上，四年分全完
房县	二、六三三、七〇〇	二、六三三、七〇〇	同	七、九〇一、一〇〇	该县未完分数：三年分一分以上，四年分一分以上
竹山	一、五七四、六九〇	一、五七四、六九〇	同	四、七二四、〇七〇	该县未完分数：三年分不及一分四年分一分以上
竹谿	一、〇六八、二五六	一、〇六八、二五六	同	三、一〇四、七六八	该县未完分数：三年分六分以上，四年分一分以上
保康	九八三、二四四	九八三、二四四	同	二、九四九、七三二	该县三年分全完，四年分一分以上

续表

縣別	額征數	應征數	每兩折價	折合錢數	備考
荊門	三四、一〇一、二五六	三三、〇三一、二六一	同	九九、〇九三、七八三	該縣未完分數：三四兩年分俱不及一分 趙家堤田畝，前清被水沖壓，五年呈准，豁免地丁銀四百四十七兩二錢八分四厘
當陽	五、二九七、五七九	五、二六二、二六四	同	一五、七八六、七九二	該縣未完分數：三年分不及一分，四年分一分以上
遠安	二、六二五、六五七	二、六二五、六五七	同	七、八七六、九七一	該縣未完分數：三四兩年分俱不及一分
江陵	五三、八三二、二五一	五三、七六一、四六八	同	一六一、二八四、四〇四	該縣未完分數：三四兩年分俱在二分以上
公安	一二、五〇六、〇九一	一二、五〇二、七四六	同	三七、五〇八、二三八	該縣未完分數：三四兩年分俱不及一分
石首	一〇、八四一、三九三	一二、〇三一、〇二五	同	三六、〇九三、〇七五	該縣未完分數：三年分四分以上，四年分二分以上 四年，清丈完竣，詳准溢額地丁銀一千一百八十九兩六錢三分二釐

續表

縣別	額征數	應征數	每兩折價	折合錢數	備考
監利	三三、二一二、一六二	二七、五五七、四八〇	同	八二、六七二、四四〇	該縣未完分數：三年分四分以上，四年分不及一分
松滋	一一、一二三、九八四	一一、一一六、五八七	同	三三、三四九、七六一	該縣三四兩年分俱係全完。四年，荆正衛八船公產歸民承管，詳准升科地丁銀三十四兩七錢五分
枝江	五、〇六一、七〇五	五、〇六一、七〇五	同	一五、一八五、一一五	該縣未完分數：三年分三分以上，四年分一分以上
宜都	三、四三二、八五五	三、四〇四、三五五	同	一〇、二一三、〇五六	該縣未完分數：三四兩年分俱不及一分
宜昌	四、三四二、三九八	四、一九四、二九三	同	一二、五八二、八七九	該縣未完分數：三年分不及一分，四年分一分以上
秭歸	七一一、五六六	七〇六、八九五	同	二一二〇、六八五	該縣三年分未完分數不及一分，四年分全完
巴東	八一八、一九三	八一八、一九三	同	二、四九五、二三一	該縣未完分數：三四兩年分俱在一分以上
長陽	九二三、五八二	九二三、五八二	同	二、七七〇、七四六	該縣三年分全完，四年分未完分數二分以上

續表

縣別	額征數	應征數	每兩折價	折合錢數	備考
五峰	一七五、六四七	一九二、四五七	同	五七七、三七一	該縣三年分未完分數一分以上，四年分全完
興山	四四一、二〇五	四四一、二〇五	同	一、三二三、六一五	該縣未完分數：三年分不及一分，四年分二分以上
恩施	五五五、九二〇	一、八七〇、六八四	同	五、六一二、〇五二	該縣未完分數：三年分不及一分，四年分四分以上。四年，清賦案内詳准，升科銀六百二十三兩五錢六分一厘
建始	九五四、一六〇	一、〇五九、一一七	同	三、五二四、一七五	該縣未完分數：三年分二分以上，四年分不及一分
宣恩	一一七、五六九	一一七、五六九	二十四串三串	一、七九七、〇一五	該縣未完分數：三年分三分以上，四年分四分以上
咸豐	三四三、三五一	四四〇、三三八	三串	一、三二一、〇一四	該縣三年分全完，四年分未完分數不及一分
來鳳	四九、〇〇三	一四四、八一八	同	四三四、四五四	該縣未完分數：三年分不及一分，四年分陸分以上

續表

縣別	額征數	應征數	每兩折價	折合錢數	備考
利川	三四六、二八二	三八二、三七六	同	一、一四七、一二八	該縣未完分數：三年分七分以上，四年分四分以上
鶴峰	二八四、八六一	三〇五、八三一	同	九一七、四九三	該縣三年分未完分數不及一分，四年分全完
共計	一、一三六、四九九、八一九	一、一一一、六九二、八〇六		三、二三五、四四八、三八二	全省合計未完分數：三四兩年分俱在二分以上

備考	——關於徵收之期間，丁、屯、銀兩每年分上下兩忙，自開征日起，限四個月內完納。上忙四月一日開征，七月末日全完。下忙九月一日開征，十二月末日全完。但錢糧較少之縣向不分忙徵收者，得仍其舊，以四月一日開徵起，兩忙併計，至七月末日完半數，十二月末日全完。其有特別事故不能如期開徵者，應先期詳請變更，至遲不得逾原定開徵期一月之外 ——縣知事應於每屆開徵前豫先趕造徵冊及版串，並將戶糧總數分別詳報。串票用六聯：第一聯為上忙憑單，第二聯為上忙繳繳，第三聯為下忙憑單，第四聯為下忙繳繳，第五聯為上忙存根，第六聯為下忙存根，舊時活串不得沿用。錢糧較少之縣向不分忙徵收者，得用三聯串票，業戶在上忙期內併納下忙者，悉聽其便 ——徵收糧櫃設於縣知事公署，但得斟酌轄地情形，參照成例，設立徵收分櫃 ——經過下忙全完期限後，第一個月滯納丁漕一律照正稅應徵數加二十分之一處罰，第二個月滯納丁漕一律照正稅應徵數加十分之一處罰，第三個月仍未完納者縣知事得執行強迫處分

二、漕米

前清漕米有北漕、南糧、秋米三項，共計四十一縣。北糟額米十五萬七百石五斗九升五合一勺，南糧額米十二萬五千九百九十四石二斗八升三合一勺，秋米五千二百四十石一斗三升六合二勺（見宣統二年奏銷冊）。定章之初，北漕解供京倉，設督糧道員專司其事，南粮、秋米則爲本省兵食之需，隸於藩司。其後北漕停運，兵米亦以轉運繁重均改折色徵收，作爲正供。咸同間前鄂撫胡文忠公奏定，按各縣米額之多寡定折收價值之高下，每米一石折收錢四串以至六千五百文不等，秋米一項有收至七八千文者。解之於庫，有正耗、兌費、水脚等款目，每米一石約計解庫平銀一兩七八錢至二兩數錢不等，以充京餉及本省營餉之需。光緒三十一年間裁撤糧道，歸併藩司經管，維時地丁案內有奏提錢價盈餘、減徵復舊諸案，漕米一項隨案提解，旋因錢價日高，同時奏罷。民國建元，無分北漕、南糧、秋米，統改名曰鄂軍漕米，各按折價徵錢解錢。有漕各縣，科則不盡可攷，略同地丁折徵價值。民國四年間由財政廳詳部覆准，有漕縣分四十有一，每石折價六串以下者三十五縣，不止六串者六縣。自四年開徵起，漕米一石以六串文爲定價，其向徵漕粮不止六串之縣，一律以六串爲漕粮正稅，餘數劃作附稅仍照舊徵收，分款隨正解省。全省原額米二十八萬一千九百三十五石一升七合，折錢一百六十九萬一千六百十串一百零二文。除荒缺並加溢額外，實應徵米二十七萬六千一百四十九石八斗九升四合，折錢一百六十五萬六千八百九十九串三百六十四文。五年預算列洋一百零二萬五千二百四十八元，新五年度預算列洋一百零二萬三千七百二十一元。茲將規定折價按照各縣原有米額折合錢數列表如左：

湖北省各縣漕米年額及折價一覽表

縣別	額征數	應征數	每石折價	折合錢數	備考
武昌	六、八六□、四三六	六、四九九、八七七	六串	三八、九九九、二六二	該縣未完分數：三年分二分以上，四年分四分以上 五年詳准，應完從善堂漕米三石四斗四升列入荒蕪項下造報
鄂城	一三、五七七、○七○	一一、九五六、八二○	同	七一、七四○、九二○	該縣未完分數：三年分八分以上，四年分七分以上
咸甯	五、七五六、七三六	五、七五六、七三六	同	三四、五四○、四一六	該縣未完分數：二年分二分以上，四年分四分以上
嘉魚	二、五九○、五○六	二、五九○、五○六	同	一五、五四三、○三六	該縣三年分全完，四年分未完分數二分以上
蒲圻	八、八六五、八一一	八、八六五、八一一	同	五二、一九四、八六六	該縣未完分數：三年分四分以上，四年五分以上 五年，武岳路線購用地畝，詳准暫免糟米一百十六石一斗三升九合一勺
崇陽	四、六九五、九四四	四、五五九、九四四	同	二七、三五九、六六四	該縣未完分數：三年分二分以上，四年分六分以上
通城	六、一一一、二七八	六、○九○、二七九	同	三六、五四一、六七四	該縣未完分數：三年分一分以上，四年分二分以上

续表

縣別	額征數	應征數	每石折價	折合錢數	備考
陽新	一六、四七三、八四二	一六、四七三、八四二	同	九八、八四三、〇五二	該縣未完分數：三年分三分以上，四年分九分以上
大冶	五、九六六、二七一	五、九六六、二七一	同	三五、七九七、六二六	該縣未完分數：三年分二分以上，四年分三分以上
通山	八七二、四二四	八六〇、四三五	同	五、一六二、六一〇	該縣未完分數：三四兩年分俱在一分以上
漢陽	六、八八一、一八七	六、八八一、一八七	同	四一、二八七、一二二	該縣未完分數：三四兩年分俱在五分以上
夏口	一、八一八、六五六	一、七七八、六五六	同	一〇、六七一、九三六	該縣未完分數：三四兩年分俱在八分以上
黃陂	一〇、一〇四、七六五	一〇、一〇四、七六五	同	六〇、六二八、五九〇	該縣未完分數：三年分六分以上，四年分三分以上
漢川	二、一二一、二二九	一、六八二、七四六	同	一〇、〇九六、四七六	該縣未完分數：三年分五分以上，四年分不及一分。唱城等十五小田畝，前清被水沖塌，五年呈准，豁免糟米四百三十八石四斗九升三合二勺
孝感	六、八七九、八一〇	六、一五四、九九六	同	三六、九二九、九七六	該縣未完分數：三年分二分以上，四年分一分以上

续表

縣別	額征數	應征數	每石折價	折合錢數	備考
沔陽	一一、六二六、一二二	一一、六三六、一一三	同	六九、八一六、七三二	該縣未完分數：三年分五分以上，四年分四分以上
黃岡	二三、五四四、〇四六	二三、三二六、一一二	同	一三九、九五六、六七二	該縣未完分數：三年分八分以上，四年分三分以上
黃梅	二、七〇八、七一八	二、六三〇、〇六三	同	一五、七八〇、三七八	該縣未完分數：三年分四分以上，四年分六分以上
蘄春	一七、一八四、三一四	一七、一二九、〇一二	同	一〇二、七四、一二六	該縣未完分數：三年分五分以上，四年分六分以上
蘄水	二七、一二一、七七〇	二七、一二一、七七〇	同	一六二、七三〇、六二〇	該縣未完分數：三年分一分以上，四年分三分以上
羅田	六、三一三、二八〇	六、一六六、四五五	同	三六、九九八、七三〇	該縣未完分數：三年分不及一分，四年分三分以上
廣濟	一三、二九〇、二二四	一二、七〇〇、八一六	同	七六、二〇四、八九六	該縣未完分數：三年分不及一分，四年分二分以上。建築羅城橫堤挖廢田畝，四年詳准，豁免米十石一斗五升六合二勺
安陸	一、八九八、三九三	一、八九八、三九三	同	一一、三九〇、三五八	該縣未完分數：三年分一分以上，四年分三分以上

續表

縣別	額征數	應征數	每石折價	折合錢數	備考
雲夢	一、五五八、七九七	一、五五八、七九七	同	九、三五二、七八二	該縣三年分全完，四年分未完分數不及一分
應城	二、八六六、一六〇	二、八六六、一六〇	同	一七、一九六、九六〇	該縣未完分數：三年分三分以上，四年分一分以上
隨縣	三、八八四、八九九	三、八八四、八九九	同	二三、三〇九、三九四	該縣未完分數：三四兩年分俱不及一分
應山	二、八一〇、三九九	二、七九一、四七二	同	一六、七四八、八三二	該縣三四兩年分俱係全完
潛江	四、四一三、九〇九	四、四二九、八二三	同	二六、五七八、九三八	該縣三年分未完分數不及一分，四年分全完
天門	一〇、二一四、一九〇	一〇、二一四、一九〇	同	六一、二八五、一□〇	該縣三年分未完分數不及一分，四年分全完
鄖縣	一、六一二、八九二	一、六〇七、八九六	同	九、六四七、三七六	該縣未完分數：三年分一分以上，四年分二分以上
鄖西	五六〇、三六一	五五七、六五八	同	三、三四五、九四八	該縣三年分未完分數一分以上，四年分全完

續表

縣別	額征數	應征數	每石折價	折合錢數	備考
房縣	一、八九一、六五〇	一、八九一、六五〇	同	一一、三四九、九〇〇	該縣未完分數：三年分二分，四年分一分以上
竹山	七八〇、八六〇	七八〇、八六〇	同	四、六八五、一六〇	該縣未完分數：三年分不及一分，四年分五分以上
竹谿	三九四、三七三	三九四、三七三	同	二、三六六、二三八	該縣未完分數：三年分七分以上，四年分一分以上
荊門	一五、三二七、三九六	一五、一一四、四六〇	同	九〇、六八六、七六〇	該縣未完分數：三四兩年分俱不及一分 趙家堤田畝，前清被水沖壓，四年呈准，豁免漕米百十二石九斗三升六勺
當陽	八九〇、〇四八	八八八、二一一	同	五、三二九、二六六	該縣未完分數：三年分一分以上，四年分不及一分
江陵	一三、〇七七、七七五	一二、九七七、二一五	同	七七、八六三、二九〇	該縣未完分數：三年分四分以上，四年分五分以上
公安	三、九一一、二〇六	三、九一一、二〇六	同	二三、四六七、二三六	該縣未完分數：三四兩年分俱在一分以上

續表

縣別	額征數	應征數	每石折價	折合錢數	備考
石首	二、五三八、四四〇	二、九八四、七三〇	同	一、七、九〇八、三八〇	該縣未完分數：三年分三分以上，四年分一分以上 四年，因清丈完竣，詳准溢額米四百四十六石二斗九升
監利	七、九五〇、一三四	六、四八九、九八五	同	三八、九三九、九一〇	該縣未完分數：三年分四分以上，四年分不及一分
松滋	三、九七四、六八六	三、九七四、六八六	同	二二、八四八、一一六	該縣三四兩年分俱全完 四年，荊左衛八船公產歸民承管，詳准升科米一十五石一斗九升三合八勺
共計	二八一、九三五、〇一七	二七六、一四九、八九四	同	一、六五六、八九九、三六四	全省合計未完分數，三四兩年俱在三分以上

備考	——漕米向不分忙，按照下忙徵期，自九月一日開徵起，至十二月末日止，限四個月內全完 ——漕米串票用三聯：第一聯納稅憑單，第二聯繳蔽，第三聯存根

三、屯課

前清屯餉即衛出錢粮，有存軍、絕軍、兌食、軍三、安家之分。額徵屯存等銀四萬四千九百九十三兩五錢九分八釐，安家銀二千六百九十兩五分二釐二毫，軍三銀一千三百六十一兩四錢五分二釐三毫，各加一一耗銀。溯其原始，係由軍户領田屯墾，起運漕粮之時，各軍户出丁輸送。其後軍丁繁衍，每多遷居他處，凡遇漕運仍須徵集。其不能親到者，則出資以代其役。日久相沿成爲常賦，遂有軍幫、津貼、加津、資役、義運等項名目，概爲雜款，例無奏銷。辛亥改變，前清原額省案無稽，鄂省有屯田者五十四縣，又江西之瑞昌、德化縣，湖南省之臨湘縣，安徽省之宿松縣，分隸於武正、武左、荊正、荊左、荊右、黃州、沔陽、蘄州、德安、襄陽，共十衛。衛設衛官，專司徵解，統屬於督糧道。光緒二十八年部議裁衛歸縣，清理屯田，並將粮道裁撤，歸併藩司經管。其時鄂督張文襄奏設衛田總局，派員分途清丈，分上中下三則，飭令繳價，改屯爲民。旋因窒礙難行，改爲按銀繳費，每屯銀一兩，收稅費錢六串文，局費錢二串文，由官發給執照，歸民管業，未經辦竣。並有請免衛賦雜款之奏，但未實行。改革後，以軍幫等款無田起徵，非同正供，經湖北臨時省議會議決，咨請免徵，由前財政司呈奉前民政長批准飭查，其已據各縣詳請豁免者均經准下免徵，其未經詳免者仍照舊徵收。五年，由財政廳查明，運停幫存，徒滋苛累，已免未免，辦法兩歧，尤非持平之道，應自民國五年上忙開徵起，所有軍幫、加津、義運、資役等款，凡屬無田起徵者，除已免各縣外，其未免之縣詳奏呈准，一律免徵。其徵解辦法，悉由民屯各縣按照舊日折徵價值徵錢解錢，彙入丁漕案內計攷。至贛皖湘三省之瑞昌、德化、宿松、臨湘等縣，向有鄂省寄莊屯田，改革以來概由各該省徵收截留，并未解鄂。其從前蘄州衛嵌坐皖省宿松縣境內之屯田，並准安徽財政廳咨明已報部加入皖省賦額。此外湘贛兩省嵌坐屯田，雖未准咨明報部入額有案，而鄂省賦額現已照數減除。又鄂省有屯餉五十四縣內，夏口縣因辛亥年徵冊遺失，屢飭清查，尚未尋出，迄今未經啓徵，現計征解屯餉五十三縣均經按照前清定價征錢解錢，惟當陽縣屯銀二百五十一兩一錢七分五釐係徵銀解銀入冊造報。鄂省額徵屯銀六萬一千六百十兩三錢一分八釐，屯米二萬六千三百一十五石四斗二升二合，除荒缺外實應徵屯銀三萬三千九百五十四兩五錢八釐，屯米二萬四千二百三十八石二斗六升二合，折錢一十五萬九千二百六十六串二百六十文，又銀二百五十一兩一錢七分五釐，計五年預算列洋一十萬零六千零零八元，新五年度預算列洋一十萬零四千七百六十元。茲將各縣原定折價按照銀米原額折合錢數列表如左：

湖北省各縣屯餉年額及折價一覽表

縣別	額徵數		應徵數		每兩石折價	折合應徵錢數
	屯銀	屯米	屯銀	屯米		
武昌	五三七、七四一		三〇八、一八一		二、八〇〇	八六二、九〇七

該縣額內自五年起豁免攤入屯田之加津銀二二九兩五六分。

| 鄂城 | 一、一〇八、〇四八 | | 六二三、八一六 | | 武衛 二、八〇〇
黃衛 二、四〇〇
圻衛 二、五〇〇 | 一、六〇一、五九八 |

該縣額內，武昌衛應除沙緩荒缺銀四八四兩二三二厘，尚應徵二一六兩二七八厘，黃州衛應徵銀二二八兩二五二厘，圻州衛應征銀一七九兩二八六厘。

續表

縣別	額徵數		應徵數		每兩石折價	折合應徵錢數
	屯銀	屯米	屯銀	屯米		
咸甯		一、八四五、四〇〇		一、八一二、六〇〇	存米 三、二〇〇 絕米 二、八〇〇 兌米 二、二〇〇	五、二二四、〇〇〇

該縣額內自五年起豁免攤入屯田之加津米三二石八斗，其存軍米應征五九二石，絕軍米應征一、〇七三石，兌食米應征一四六石八斗。

| 嘉魚 | 一一三、二二九 | | 七四、三八三 | | 二、八〇〇 | 二〇八、二七二 |

該縣額內自五年起應除豁免攤入屯田之屯帮銀三、八四六厘。

| 蒲圻 | 九五九、〇六〇 | | 九二九、四二九 | | 三、二〇〇 | 二、九七四、一七三 |

該縣額內應除粵漢錢路豁免征米二九、六三一合。

| 崇陽 | 八一八、〇三四 | | 七一八、二六六 | | 存米 三、二〇〇
絕米 二、八〇〇 | 二、一三六、一七九 |

該縣額內自五年起豁免加津兌食米九九、七六八合，其存軍米應征三一二、五八七合，絕軍米應征四〇五、六七九合。

| 通城 | | | | | | |

续表

縣別	額徵數		應徵數		每兩石折價	折合應徵錢數
	屯銀	屯米	屯銀	屯米		
陽新		一、五一六、九四二		一、五一六、九四二	存米　三、二〇〇 絕米　二、八〇〇 兌米　二、〇〇〇 屯米　二、六〇〇	四、一二二、六四五

該縣武昌衛存軍米應征一〇、〇五九升，絕軍米應征六〇七、七九五合，兌食米應征五、五二八合，圻春衛亩米八三、〇二九合。

縣別	額徵數		應徵數		每兩石折價	折合應徵錢數
	屯銀	屯米	屯銀	屯米		
大冶	一、六四一、〇八六		九三五、二六三		二、八〇〇	二、六一八、七三六

該縣額內自五年起豁免攤入屯田之幫津銀七〇五兩八二三厘。

縣別	額徵數		應徵數		每兩石折價	折合應徵錢數
	屯銀	屯米	屯銀	屯米		
通山						
漢陽	一、〇八〇、六一四		五七九、三四八		二、八〇〇	一、六二二、一七四

該縣額內應除漬淹米九一石八二三合，又自五年起豁免攤入屯田之屯幫米四〇九石四四三合。

縣別	額徵數		應徵數		每兩石折價	折合應徵錢數
	屯銀	屯米	屯銀	屯米		
夏口						
黃陂	六七七、四三二		三四四、四一三		二、八〇〇	九六四、三五七

該縣額內自五年起豁免攤入屯田之軍幫銀三三三兩〇一九厘。

續表

縣別	額徵數		應徵數		每兩石折價	折合應徵錢數
	屯銀	屯米	屯銀	屯米		
漢川	一七七、三七六		二〇、一〇五		二、八〇〇	八四、二九四

該縣額內應除沉塌歷未啓徵銀一四七兩二錢七分一厘。

孝感		一、三六〇、五五〇		一、〇二二、〇三〇	武衛 二、二〇〇 德衛 一、七五〇	二、一一八、四〇二

該縣額內應除荒缺米三百三十八石五斗二升，其武左衛屯米尚應征七三三石，德安衛屯米尚應征二八九石〇三升。

沔陽	一、〇五九、六二一		一、〇五九、六二一		二、八〇〇	二、九六六、九三九
黃岡	二、一九二、二七九		一、〇一七、四八〇		二、四〇〇	二、四四一、九五二

該縣內應除荒銀四八兩九九六厘，又自五年起豁免攤入屯田之軍幫銀一〇三一兩四三八釐，又加津無屯銀九四兩三六五厘。

黃安	二七一、八八九		二七一、八八九		二、六五〇	七二〇、五〇六

續表

縣別	額徵數		應徵數		每兩石折價	折合應徵錢數
	屯銀	屯米	屯銀	屯米		
黃梅	七六九、四八八		一七〇、三〇〇		二、八五〇	四八五、三五五

該縣額內應除沙緩銀二七〇兩三五四厘，自五年起豁免軍幫銀二二八、八三四釐。

| 蘄春 | 六四八、六六九 | | 六四七、〇〇九 | | 二、七〇〇 | 一、七四六、九二四 |

該縣額內應除荒缺銀一兩六六分。

| 蘄水 | 四三五、一二〇 | | 一八九、一〇四 | | 二、五〇〇 | 四七二、七六〇 |

該縣額內自五年起豁免幫津、無屯馬駒等銀二四六兩〇一六釐。

| 麻城 | 五、五六五 | | 二、八二九 | | 二、六〇〇 | 七、三五五 |

該縣額內自五年起豁免軍幫銀二兩七三六釐。

| 羅田 | | | | | | |
| 廣濟 | 七七、三一〇 | | 三三、四八九 | | 三、〇〇〇 | 一〇〇、四六七 |

該縣額內自五年起豁免攤入屯田之軍幫銀四三兩八二一釐。

續表

縣別	額徵數		應徵數		每兩石折價	折合應徵錢數
	屯銀	屯米	屯銀	屯米		
安陸	八、八八八、三一三	一一二、二三三	三、九二四、二六一	一一二、二三三	德衛 三、一〇〇 武衛 二、八〇〇 籽粒 二、六五〇	一二、二五六、四七一

該縣額內應除黑缺銀五六兩四〇五釐，又自五年起豁免幫費加津銀四、九〇七兩六四七釐，其德衛屯銀應征三、二二七兩〇七六釐，武衛屯銀應征六八七兩一八五釐，籽粒米應征一一二、二三三合。

| 雲夢 | | 七五八、〇九八 | | 三九一、二八一 | 德衛 三、六六〇
武衛 二、五〇〇 | 一、一三八、八三一 |

該縣額內自五年起豁免攤入屯田之武德二衛幫津米三四六石三九一合，又武衛軍幫米二〇石四二六合。

| 應城 | | 二、〇六四、五二二 | | 二、〇四〇、三二九 | 存米 三、二〇〇
絕米 二、八〇〇
籽米 二、八〇〇
德米 三、六六〇 | 六、一四六、二八一 |

該縣額內自五年起豁武衛津米二四石一斗九升三合，其存米應征五五二石三三七合，絕米一、〇七三石六八三合，籽米應征一六七石三〇七合，德米應徵二四七石〇一二合。

| 隨縣 | | 二、六二四、四三八 | | 二、六二四、四三八 | 大米 三、二〇〇
小米 二、八〇〇
德米 三、六六〇 | 七、七〇九、二〇六 |

該縣武衛大米應徵四八八石二九一合，小米應征一.九四三石七四五合，德衛屯米應徵一九二石四〇二合。

續表

縣別	額徵數		應徵數		每兩石折價		折合應徵錢數
	屯銀	屯米	屯銀	屯米			
應山		一、六一一、九五九		一、二一九、一六六	上忙 下忙 武衛	一、七五〇 一、九一〇 二、八〇〇	二、〇三二、一一七

該縣額內應除荒缺米三石〇一六合，又京漢鐵路兌庫完納米四斗〇二合，又自五年起豁除加津軍幫米三八九石三七五合，其武衛屯米應徵八五五石七八八合，德衛屯米應徵三六、三七八合。

| 鍾祥 | 七七一、二六九 | | 七七一、二六九 | | 三、〇〇〇 | | 二、三一三、八〇七 |
| 京山 | 一、〇一四、六四〇 | 三、八三二、三五〇 | 一五八、一四〇 | 三、八三二、三五〇 | 籽粒 存米 絕米 | 五、〇〇〇 二、六四〇 二、二四〇 | 九、七〇五、四六〇 |

該縣額內自五年起豁免幫津銀八百五十六兩五錢，其籽粒應徵銀一五八兩一四分，存米應徵八二五石七四升，絕米應徵三、〇〇六石六一升。

| 潛江 | 七一七、〇五二 | | 七一七、〇五二 | | 三、〇〇〇 | | 二、一五一、一五六 |

續表

縣別	額徵數		應徵數		每兩石折價	折合應徵錢數
	屯銀	屯米	屯銀	屯米		
天門	一二六、六二六	八①	一二六、六二六	三三六、七八五	屯銀 三、〇〇〇 屯米 二、二〇〇	一、一二〇、七四六

該縣額內自五年起豁免攤入屯田之武衛津米二二石。

| 襄陽 | 一一、三三一、五五〇 | | 六、二八七、七三八 | | 襄衛 二、八〇〇
武衛 二、九〇〇 | 一七、六二六、七二九 |

該縣額內自五年起豁免攤入屯田之運資及武衛幫津銀五、〇四三兩八一二釐，其襄衛屯銀應徵六、〇七七、一一九釐，武衛屯銀應徵二一〇、六一九釐。

| 棗陽 | 二、六五三、一六七 | | 一、八二七、七七〇 | | 武衛 三、〇〇〇
襄衛 二、八五〇 | 五、四一五、九四八 |

該縣額內應除荒缺銀二八兩九五一厘，又自五年起豁免幫資銀七九六兩四四六厘，其武衛屯銀應徵八六〇兩三九八厘，襄衛屯銀應徵九六七兩三七二厘。

| 宜城 | 一、五八八、〇二二 | 二、三五〇、八四八 | 八九〇、三二六 | 二、二九八、六一九 | 屯銀 二、八五〇
現米 三、〇〇〇
絕米 二、六□〇 | 九、〇二九、四九三 |

該縣額內自五年起豁免攤入屯田之幫津資銀六九七兩六九五厘，又加津兌食米五十二石二二九合，其襄衛屯銀應徵八九〇兩三二七厘，武衛現米應徵一、二八九石一二九合，絕米應徵一、〇〇九石四九升。

---

① 原稿此處有缺漏。

续表

縣別	額徵數		應徵數		每兩石折價	折合應徵錢數
	屯銀	屯米	屯銀	屯米		
南漳	一、二〇三、五四五		六八七、三三三		二、八五〇	一、九五八、八九九

該縣額內自五年起豁免帮資銀五一六兩二一二厘。

| 均縣 | 八四五、九三五 | | 四六七、八三七 | | 三、二〇〇 | 一、四九七、〇七八 |

該縣額內應除荒缺銀三分五厘又自五年起豁免資役銀三七八兩〇六分三厘。

| 光化 | 四四、五七四 | | 二七、五七四 | | 三、二〇〇 | 一二〇、二三七 |

該縣額內應除荒缺銀七兩。

| 穀城 | 六九三、一九七 | | 六九三、一九七 | | 三、二〇〇 | 二、二一八、二三〇 |
| 鄖縣 | 七一五、八七九 | | 三九四、〇五〇 | | 二、八〇〇 | 一、一〇三、三四〇 |

該縣額內自五年起豁免攤入屯田之資役銀三二一兩八錢二分九厘。

| 鄖西 | 一〇六、一四一 | | 五七、九六八 | | 三、二〇〇 | 一八五、四九七 |

該縣額內自五年起豁免攤入屯田之資役銀四十八兩一錢七分三厘。

續表

縣別	額徵數		應徵數		每兩石折價	折合應徵錢數
	屯銀	屯米	屯銀	屯米		
房縣	六四六、九〇七		三五六、〇三九		二、八〇〇	九九六、九一〇

該縣額內自五年起豁免攤入屯田之貲役銀二九〇兩八六八厘。

| 竹山 | 四七、二四一 | | 二六、二二八 | | 二、八〇〇 | 七三、四三九 |

該縣額內自五年起豁免攤入屯田之貲役銀二十一兩一分三厘。

竹谿						
保康						
荊門	一、四二五、〇〇九		一、三〇七、八六六		二、五五〇 二、七〇〇 三、八〇〇 四、八〇〇 二、八〇〇 二、九〇〇 三、〇〇〇	四、〇七三、五三四

該縣額內應除潰淹沙緩米二一七石一四三合，其七種折價某種應徵米數無從分別填列。

歲　入　37

續表

縣別	額徵數		應徵數		每兩石折價	折合應徵錢數
	屯銀	屯米	屯銀	屯米		
當陽	四、五七三、二四四		二、五六〇、二〇〇		三、〇〇〇	銀　二五一、一七五六、九二七、〇七五

該縣額內自五年起豁免攤入屯田之運資銀一、六七一兩三四三厘，又加津銀三四一兩七〇一厘，共四所屯銀二五一兩一七五厘，直接解銀不折錢文。

縣別	額徵數		應徵數		每兩石折價	折合應徵錢數
遠安		一四、二七四		一四、二七四	六、〇〇〇	八六、二四四
江陵	三、五六六、七六四		一、八九〇、〇二八		衛屯　三、八〇〇 所屯　三、六〇〇	七、一六六、五八六

該縣額內自五年起豁免運資正耗銀一、六七六兩七三六厘，其衛屯應徵銀一、八一二兩四二六厘，所屯應徵銀七七兩六〇二厘。

縣別	額徵數		應徵數		每兩石折價	折合應徵錢數
公安	二、八五〇、八八三		九二七、九三六		二、七〇〇	二、五〇五、四二七

該縣額內自五年起豁免攤入屯田之加津運資及屯耗南省紙筆銀二、〇三七兩七七六厘，應加清出石首縣原撥運耗銀一一四兩八二九厘。

續表

縣別	額徵數		應徵數		每兩石折價	折合應徵錢數
	屯銀	屯米	屯銀	屯米		
石首	四〇六、六三九		三一〇、〇三五		三、八〇〇	一、一七八、一三三

該縣額內應除撥歸公安、江陵二縣徵解銀九六兩六〇四厘。

縣別	屯銀	屯米	屯銀	屯米	每兩石折價	折合應徵錢數
監利	六七九、九六〇		四八二、六七七		二、五〇〇	一、二〇六、六九二

該縣額內應除潰淹緩徵銀一九七兩二八三厘。

縣別	屯銀	屯米	屯銀	屯米	每兩石折價	折合應徵錢數
松滋	二、二三七、九一七	二、五八二、二三三	八九一、五七九	三、五八二、二三三	屯銀 三、四〇〇 屯米 八六二	六、一一九、二五四

該縣額內自五年起豁免攤入屯田之四所加津銀一、三四六兩三三八厘。

縣別	屯銀	屯米	屯銀	屯米	每兩石折價	折合應徵錢數
枝江	二、九三九、七六八		二、九三九、七六八		二、八〇〇	八、二三一、三五〇
宜都	四九三、五四二		二二一、六五五		所屯 三、五〇〇 德屯 三、〇〇〇	七二九、九六九

該縣額內應除所屯荒缺銀四兩，又自五年起豁免攤入屯田之三所加津運費銀二六七兩八八八厘，其三所屯銀應徵一六四、三七五厘，衛屯應徵五七、二八〇厘。

縣別	屯銀	屯米	屯銀	屯米	每兩石折價	折合應徵錢數
宜昌	一、二九五、九九〇		五〇八、七七三		三、〇〇〇	一、五二六、三一九

該縣額內應除川漢錢路購用地畝免徵銀七兩五五七厘，又自五年起豁免加津運費銀七七九兩六六分。

续表

县别	额徵数		应徵数		每两石折价	折合应徵钱数
	屯银	屯米	屯银	屯米		
秭归	一六三、一四七		六四、二一一		二、四〇〇	一五四、一〇七

该县额内应加代徵巴东耗羡银二八三厘，应除代徵巴东帮津运费银四两三一八厘，又自五年起豁免帮津运费银九三两三钱七分三厘，又建东乡水冲田地永难垦复银六二八厘。

巴东	二六、三五五		二六、三五五		三、一〇〇	八一、七〇〇
长阳						
五峰						
兴山						
恩施						
建始						
宣恩						
咸丰						
来凤						
利川						
鹤峰						

續表

縣別	額徵數		應徵數		每兩石折價	折合應徵錢數
	屯銀	屯米	屯銀	屯米		
共計	六一、六一〇、三一八	一六、五、四二二	三三、九四、五〇八	二四、二八、二六二		銀 二五一、一七五 一五九、二六六、二六〇
備考						

四、租課

濱江洲地產生蘆葦，官收其稅，名曰蘆課，屬於武昌、鄂城、嘉魚、陽新、漢陽、夏口、漢川、黄岡、黄梅、蘄春、蘄水、廣濟、應城、江陵、公安、石首、監利十七縣，隸歸藩司經管，年額征銀一萬二千三百六十兩零八錢五分四釐。正銀之外加一耗銀，壓年征解，隔年奏銷。洲地濱臨江岸，坍塌新淤，消長不定，故有五年清丈之例。當時無租課之名，歸入雜項錢糧，專册造報。逮及民國，部頒田賦册式有租課一款，鄂以蘆課屬之，爲田賦丁漕屯租之一，彙入一册併計考成，其征收之方法，仍沿舊日折價征錢解錢。又鄂省有蘆課十七縣内，夏口縣因辛亥年征册遺失，屢飭清查，尚未尋出，迄今未經啓征。現計征解租課十六縣，原額租課銀一萬二千三百六十兩八錢五分四釐，折錢三萬四千二百六十串零三十九文，除荒缺外實應征銀一萬一千四百六十九兩一錢三分九釐，折錢三萬一千五百七十七串八百七十三文，計五年預算列洋一萬八千九百一十六元，新五年度預算列洋一萬七千八百九十六元。茲將原定折價按照原有銀額折合錢數列表如左：

湖北省各縣租課年額及折價一覽表

縣別	額徵數	應徵數	稅率	折合錢數
武昌	六八一、六七六	六八一、六七六	二、八〇〇	一、九〇八、六九三
鄂城	二二二、一一六	二二二、一一六	二、八〇〇	六二一、九二五
嘉魚	二、二〇七、四六五	二、二〇七、四六五	二、八〇〇	六、一八〇、九〇二
陽新	一、七〇二	一、七〇二	二、七〇〇	四、五九五
漢陽	二、二二〇、八四三	二、二二〇、八四三	二、八〇〇	六、二一八、三三五
漢川	五二七、〇七〇	五二七、〇七〇	二、八〇〇	一、四七五、七九六
黃岡	一、六四二、五三一	一、六四二、五三一	二、四〇〇 一、九〇〇	三、八七三、〇〇〇
黃梅	一〇一、六二二	一〇一、六二二	二、八五〇	二八九、六二三
蘄春	一、二三三、五八二	九五四、三七五	二、八〇〇 二、七〇〇	二、六一四、三〇五
蘄水	一八〇、八四〇	一八〇、八四〇	二、五〇〇	四五二、一〇〇
廣濟	六四、四〇七	六四、四〇七	三、〇〇〇	一九三、二二一

續表

縣別	額徵數	應徵數	稅率	折合錢數
應城	二七、〇七五	二七、〇七五	二、八〇〇	七五、八一〇
江陵	一、五八二、四九〇	一、五八二、四九〇	二、五〇〇	三、九五六、二二五
公安	四〇、九四五	四〇、九四五	二、六〇一	一〇六、四九八
石首	八一二、一五六	三〇七、九〇一	三、〇〇〇	九二三、七〇三
監利	八一四、三四三	七〇六、〇九〇	三、八〇〇	二、六八三、一四二
共計	一二、三六〇、八五四	一一、四六九、一三九		三一、五七七、八七三
備考	——鄂省各縣蘆課以外尚有楚課、湖課、魚課、水課、府鈔、門攤等項，向歸地丁計考，現仍彙入地丁之內，其餘學租、籍租、官地營產等租由縣另款報解，不在田賦範圍之內，故不併入租課 ——丁漕屯三類，或升科，或豁除，時有增減。蘆課係屬租地，現在五年清丈之例停止，是以額數並無增減			

五、丁漕附稅

　　鄂省清末之際新政繁多，款無所出，即在丁漕項下隨粮抽收附捐，就地充作學務、警察、自治等項之用，有無多寡，各縣不一。改革後照舊抽收，就地濟用。民國四年一月間，財政廳詳准劃一丁漕折價案內，凡地丁多於三串者，漕米多於六串者，所多之數劃作附稅，分款解省。計地丁劃有附稅者十八縣，漕米劃有附稅者六縣。又四年一月間，財政部以中央預算不敷，擬援直隸、山東兩省籌辦田賦附稅照正糧加百分之十，專電籌商，經巡按使、財政廳長議覆，以鄂省田賦本有附稅，本年劃一丁漕折價及加收串票捐兩案又增六七十萬元，勢難再議附加，嗣於是年三月間奉財政部世電，中央概算計短八千萬，各省休戚相關，覩此危急，益用悚儆，電飭仍照前議加收田賦附稅分成留解等因。又以鄂省原有附稅本已非輕，前請劃一丁漕折價及加收串捐二項原以附稅難以再加，故爲此調劑以求適均，今若於前二項外再增附稅，鄂民被兵最久，又連遭歉歲，力實難堪。不獲已，惟有統查各縣正附各稅，較輕者酌議加收，請勿定以成數等語電復。旋奉部電，飭廳速爲規畫，深盼確能濟急等因，乃於是年六月間經財政廳詳部核准，自四年下忙開征起，除漕米、屯餉原有正附稅已重免予再加外，就地丁一項比較正附稅稍輕之縣每銀一兩加征錢一二百、七八百文不等，其糧額最輕之縣加至一千八百文爲止，計五十四縣，每歲額增錢五十一萬串有零。按近年征收情形，除荒災蠲緩及民欠未完外，計可實收錢三四十萬串。此項附稅計分二種：（一）劃一折價案內劃作地丁附稅，錢一萬九千二百八十八串二百十二文，漕米附稅錢一萬二千三十四串八百二十七文；（二）新增地丁附稅，錢五十一萬五百二十二串九百二十三文，五年專款預算列銀元二十八萬二千三百元。茲將所定稅率按照各縣原有銀額米額計算錢數分編兩表附列於後。

湖北省各縣丁漕民國三年劃一折價案內劃作附稅年額表

縣別	地丁			漕米		
	應徵銀數	每兩稅率	折合錢數	應徵米數	每石稅率	折合錢數
武昌				六、四九九、八七七	五百文	三、二四九、九三九

續表

縣別	地丁			漕米		
	應徵銀數	每兩稅率	折合錢數	應徵米數	每石稅率	折合錢數
隨縣				三、八八四、八九九	五百文	一、九四二、四五〇
應山				二、七九一、四七二	五百文	一、三九五、七三六
棗陽	一二、二六一、四一三	三百文	三、六七八、四二四			
南漳	五、三四五、二二四	四百文	二、一三八、〇九〇			
均縣	三、三七三、三二五	二百文	六七四、六六五			
光化	七、九一五、一九九	二百文	一、五八三、〇四〇			
穀城	六、二二四、四五八	二百文	一、二四四、八九二			
鄖縣	四、一五五、六九一	六百文	二、四九三、四一五	一、六〇七、八九六	二串文	三、二一五、七九一

續表

縣別	地丁			漕米		
	應徵銀數	每兩稅率	折合錢數	應徵米數	每石稅率	折合錢數
鄖西	一、七三五、五七四	四百文	六九四、二三〇	五五七、六五八	一串二百文	六六九、一九〇
房縣	二、六三三、七〇〇	二百文	五二六、七四〇			
竹山	一、五七四、六九〇	四百文	六二九、八七六	七八〇、八六〇	二串文	一、五六一、七二〇
竹谿	一、〇六八、二五六	六百八十文	七二六、四一四			
當陽	五、二六二、二六四	二百文	一、〇五二、四五三			
遠安	二、六二五、六五七	二百文	五二五、一三一			
巴東	八一八、一九三	一百文	八一、八一九			
興山	四一一、二〇五	一百文	四四、一二一			

續表

縣別	地丁			漕米		
	應徵銀數	每兩稅率	折合錢數	應徵米數	每石稅率	折合錢數
恩施	一、八七〇、六八四	一串文	一、八七〇、六八四			
咸豐	四四〇、三三八	二串文	八八〇、六七六			
利川	三八二、三七六	一串文	三八二、三七六			
鶴峰	三〇五、八三一	二百文	六一、一六六			
共計			一九、二八八、二一二			一二、〇三四、八二七
備考						

湖北省各縣地丁民國四年新加賦稅年額一覽表

縣別＼款項別	應徵銀數	每兩稅率	折合錢數
武昌	四八、九八四、二九五	六百四十文	三一、三四九、九四九

續表

縣別＼款項別	應徵銀數	每兩稅率	折合錢數
鄂城	二七、八七二、六一二	六百四十文	一七、八三八、四七二
咸甯	一七、〇三七、七九六	六百文	一〇、二二二、六七八
嘉魚	一二、四九〇、七四二	六百四十文	七、九九四、〇七五
蒲圻	二四、五九四、四五七	六百文	一四、七五六、六七四
崇陽	一一、一七一、八一三	四百文	四、四六八、七二〇
通城	一四、六八三、五七二	二百四十文	三、五二四、〇五七
陽新	三五、五五三、三八八	六百四十文	二二、七五四、一六八
大冶	二四、二九一、七七八	四百文	九、七一六、七一一
通山	七、七五八、五六一	六百四十文	四、九六五、四七九
漢陽	二六、七九五、五三二	六百四十文	一七、一四九、一四〇
夏口	八、八九八、一七六	六百四十文	五、六九四、八三三
黃陂	二六、一二四、四九〇	一百文	二、六二一、四四九
漢川	一七、八三四、五一一	五百文	八、九一七、二五六
孝感	二五、〇四二、四一一	一百文	二、五〇四、二四一

續表

款項別／縣別	應徵銀數	每兩稅率	折合錢數
沔陽	五四、五四三、二九五	一百文	五、四五四、三三〇
黃岡	四五、二八五、五六六	六百文	二七、二三一、三四〇
黃安	二〇、六一八、八〇一	五百文	一〇、三〇九、四〇〇
黃梅	三九、一〇七、〇六六	五百文	一九、五五三、五三三
蘄春	二九、九〇一、一四四	六百二十文	一八、五三八、七〇九
蘄水	四一、七八五、四八五	五百四十文	二二、五六四、一六二
麻城	三五、一三九、五八七	五百文	一七、五六九、七九四
羅田	一二、四一七、六二四	六百四十文	七、九四七、二七九
廣濟	三〇、二〇一、三九六	三百文	九、〇六〇、四一九
雲夢	九、四〇六、四一六	四百文	三、七六二、五六六
隨縣	一二、〇六六、四七四	三百文	六、三一九、九四二
應山	一一、三五九、〇三三	四百文	四、五四三、六一三
鍾祥	四八、九六七、四四一	六百文	二九、三八〇、四六五
京山	三二、八〇一、五〇三	二百文	六、五六〇、三〇一

續表

縣別＼款項別	應徵銀數	每兩稅率	折合錢數
潛江	二三、三〇四、五二一	六百文	一三、九八二、七一三
天門	四二、七七〇、八三五	六百九十文	二九、五一一、八七六
棗陽	一二、二六一、四一三	一百文	一、二二六、一四一
宜城	七、五九〇、四三二	七百文	五、三一三、三〇二
光化	七、九一五、一九九	二百文	一、五八三、〇四〇
穀城	六、二二四、四五八	二百文	一、二四四、八九二
鄖縣	四、一五五、六九一	二百四十文	九九七、三六六
鄖西	一、七三五、五七四	四百四十文	七六三、六五三
房縣	二、六三三、七〇〇	六百四十文	一、六八五、五六八
竹山	一、五七四、六九〇	一串文	一、五七四、六九〇
竹谿	一、〇六八、二五六	八百四十文	八九七、三三五
保康	九八三、二四四	四百文	三九三、二九八
荊門	三三、〇三一、二六一	八百文	二六、四二五、〇〇九

續表

款項別＼縣別	應徵銀數	每兩稅率	折合錢數
江陵	五三、七六一、四六八	八百四十文	四五、一五九、六三三
石首	一二、〇三一、〇二五	八百文	九、六二四、八二〇
監利	二七、五五七、四八〇	四百文	一一、〇二二、九九二
枝江	五、〇六一、七〇五	六百文	三、〇三七、〇二三
宜都	三、四〇四、三五五	二百文	六八〇、八七一
宜昌	四、一九四、二九三	一串三百文	五、□五二、五八一
巴東	八一八、一九三	一串三百四十文	一、〇九六、三七九
長陽	九二三、五八二	一串四百文	一、二九三、〇一五
建始	一、〇五九、一一七	一串六百文	一、六九四、五八七
咸豐	四四〇、三三八	一串六百文	七〇四、五四一
利川	三八二、三七六	一串六百文	六一一、八〇二
鶴峰	三〇五、八三一	一串八百文	五五〇、四九六
共計			五一〇、五二二、九二三

續表

備考	——丁漕附稅照章應隨正解省，乃各縣延欠挪用，解不足數。自四年七月至五年六月止，兩項併計，僅解到錢共二十三萬五千五百五串一百十六文。五年七月間，經財政廳通飭清理舊案，自五年七月一日起作爲新案，凡實解丁漕等項，應將附稅隨同正款一文起解，不得僅解正款，不解附款，致生挪移之弊。至坐支各款例准抵解者，先儘附稅請抵，如有不敷，然後再抵正款，通行遵辦在案 ——兩種附稅性質微有不同，前款本屬正稅，徒以割一折價之故，以其羨餘改稱附稅；後款雖似確爲附稅，但攷其原始，實爲加稅問題，既屬國用正款，附稅名稱亦未當也

六、賠款改學堂捐

前清光緒庚子之後，部派鄂省歲解賠款關平銀一百二十萬兩，院飭司局議籌，除酌提州縣盈餘及按粮捐、房鋪捐、稅契捐、土藥加稅等項湊解外，不敷尚在三四十萬之譜。經藩司善後局會詳批准，通行各縣開辦籤捐彩票，攤派紳民分銷，按月由省開彩一次，所獲餘利專供賠款之用。辦理數月，成效難著，各縣咸以爲累，稟准隨糧帶收，將原詳之按糧捐併入在內。嗣因開鑄銅元盈餘較厚，抽收土稅入款日增，鄂督張文襄飭縣免解此款，充作本省興學之需，故名曰賠款改學堂捐。其後省校、府校經費支絀，分成提解留縣，爲學務專款。改革之初，悉數留作縣用，並未按成提解。民國三年八月，前巡按使規復前清成案，飭提學捐，經財政廳詳准。丁漕項下附加學捐，每銀一兩、每米一石以五百六十文爲標準，其向征之數大於五六者照舊抽收，不及五六者概照五六征足。內以五成五解省，四成五留縣。此外屯糧、租課兩項，各縣有無學捐，情形不同，悉循其舊，不拘五六之數。所提之款五成充省校、五釐充中校經費之用。現計全省額提錢五十六萬一千六百七十八串一百四十八文。五年省地方預算列洋二十三萬五千六百五十七元，新五年度省地方預算列洋二十七萬二千五百三十五元。茲將各縣額提數目與丁項征收定率另列一表。

湖北省各縣丁漕屯租項下附收學捐年額一覽表

縣別 \ 款項別	地丁			
	應徵銀數	捐率	折收錢數	五五解省數
武昌	兩 四八、八九四、二九五	五六〇	二七、四三一、二〇五	一五、〇八七、一六三
鄂城	二七、八七二、六一二	五六〇	一五、六〇八、六六三	八、五八四、七六五
咸甯	一七、〇三七、七九六	六〇〇	一〇、二二二、六七八	五、六二二、四七三
嘉魚	一二、四九〇、七四二	五六〇	六、九九四、八一六	三、八四七、一四九
蒲圻	二四、五九四、四五七	六〇〇	一四、七五六、六七四	八、一一六、一七一
崇陽	一一、一七一、八一三	八〇〇	八、九三七、四五〇	四、九一五、五九八
通城	一四、六八三、五七二	五六〇	八、二二二、八〇〇	四、五二二、五四〇
陽新	三五、五五三、三八八	五六〇	一九、九〇九、八九七	一〇、九五〇、四四三
大冶	二四、一九一、七七八	八〇〇	一九、四三三、四二二	一〇、六八九、三八二
通山	七、七五八、五六一	五六〇	四、三四四、七九四	二、二八九、六三七
漢陽	二六、七九五、五三二	五六〇	一五、〇〇五、四九八	八、二五五、〇二四
夏口	八、八九八、一七六	五六〇	四、七八五、〇二二	二、六三一、七六二
黃陂	二八、三一四、四九〇	一、一〇〇	三八、八三五、九三九	一五、八五九、七六六

續表

款項別\縣別	漕米			
	應征米數	捐率	折收錢數	五五解省數
武昌	石 六、四九九、八七七	八〇〇	五、一九九、九〇二	二、八五九、九四六
鄂城	一、九五六、八二〇	五六〇	六、六九五、八一九	三、六八二、七〇〇
咸甯	五、七五六、七三六	五六〇	三、二二三、七七二	一、七七三、〇七五
嘉魚	二、五九〇、五〇六	八〇〇	二、〇七二、四〇五	一、一三九、八二三
蒲圻	八、八六五、八一一	六〇〇	五、三一九、四八七	二、九二五、七一八
崇陽	四、五五九、九四四	五六〇	二、五五三、五六九	一、四〇四、四六三
通城	六、〇九〇、二七九	八〇〇	四、八七二、二二三	二、六七九、七二三
陽新	一六、四七三、八四二	一、二五〇	二、〇五九、二三〇	一、一三二、五七六
大冶	五、九六六、二七一	五六〇	三、三四一、一一二	一、八三七、六一二
通山	八六〇、四三五	六〇〇	五一六、二六一	二八三、九四四
漢陽	六、八八一、一八七	八〇〇	五、五〇四、九五〇	三、〇二七、七二三
夏口	一、七七八、六五六	八〇〇	一、四二〇、五二五	七八一、二八九
黃陂	一、〇一四、七六五	五六〇	五、六五八、六六八	五、一一二、二六七

續表

款項別＼縣別	屯餉			
	應徵糧數	捐率	折收錢數	五五解省數
武昌				無
鄂城	六三三、八一六	五六〇	三四九、三三七	一九二、一三五
咸甯	一、八一二、六〇〇	折價不一	五二二、四〇〇	二八七、三二〇
嘉魚	七四、三八三	五六〇	四一、六五四	二二、九一〇
蒲圻				無
崇陽				無
通城				無
陽新				無
大冶				無
通山				無
漢陽				無
夏口				無
黃陂	三四四、四一三	一、一〇〇	三七八、八五四	二〇八、三七〇

續表

縣別＼款項別	租課			
	應徵銀數	捐率	折收錢數	五五解省數
武昌	兩			無
鄂城	二二二、一一六	五六〇	一二四、三八五	六八、四一二
咸甯				無
嘉魚	二、二〇七、四六五	五六〇	一、二三六、一八〇	六七九、八九九
蒲圻				無
崇陽				無
通城				無
陽新	一、七〇二	一九〇	三二三	一七八
大冶				無
通山				無
漢陽	二、二二〇、八三四	五六〇	一、二四三、六六七	六八四、〇一七
夏口				無
黃陂				無

續表

款項別＼縣別	五五解省數	備考
武昌	一七、九四七、一〇九	該縣地丁額內楚漁二課附收學捐方法大戶九百文，小戶五百六十文，但大小戶未得確數，表內概以五百六十文計算
鄂城	一二、五二八、〇一二	
咸甯	七、六八二、八六八	該縣屯餉項下學捐征收方法係按照屯餉折價加收一成，屯餉折價共有四種，今照四種各按一成計算
嘉魚	五、六八九、七八一	
蒲圻	一一、〇四一、八八九	
崇陽	六、三二〇、〇六一	
通城	七、二〇二、二六三	
陽新	一二、〇八三、一九七	
大冶	二、五二五、九九四	
通山	二、六七三、五八一	
漢陽	二、九六四、七六四	
夏口	三、四一三、〇五一	該縣地丁額內劃出租界地租銀三百五十三兩四錢九分三厘，祇完正銀不納附稅本表□照數扣除
黃陂	一九、一八〇、四〇三	

續表

款項別	地丁			
縣別	應徵銀數	捐率	折收錢數	五五解省數
漢川	一七、八二四、五一一	七〇〇	一二、四八四、一五八	六、八六六、二八七
孝感	二五、〇四二、四一一	一、一〇〇	二七、五四六、六五二	一五、一五〇、六五九
沔陽	五四、五四三、二九五	一、〇〇〇	五四、五四三、二九五	二九、九九八、八一二
黃岡	四五、三八五、五六六	六〇〇	二七、二三一、三四〇	一四、九七七、二三七
黃安	二〇、六一八、八〇一	八〇〇	一六、四九五、〇四一	九、〇七二、二七三
黃梅	三九、一八五、六九〇	五六〇	二一、九四三、九八六	一二、〇六九、一九二
蘄春	二九、九〇一、一四四	五八〇	一七、三四二、六六四	九、五三八、四六五
蘄水	四一、七四三、四四四	五六〇	二三、三七六、三二九	一二、八五六、九八一
麻城	二五、一三九、五八七	七〇〇	二四、五九七、七一一	一三、五二八、七四一
羅田	一二、四〇一、一二四	五六〇	六、九四四、六二九	三、八一九、五四六
廣濟	三〇、二〇一、三九六	六〇〇	一八、一二〇、八三八	九、九六六、四六一
安陸	八、七八五、六五四	五八〇	五、〇九五、六七九	二、八〇二、六二三
雲夢	九、四〇六、四一六	六〇〇	五、六四三、八五〇	三、一〇四、一一八

續表

縣別＼款項別	漕米			
	應征米數	捐率	折收錢數	五五解省數
漢川	一、六八二、七四六	五六〇	九四二、三三八	五一八、二八六
孝感	六、一五四、九九六	五六〇	二、四四六、七九八	一、一九五、七三九
沔陽	一一、六三六、一二二	五六〇	六、五一六、二二八	三、五八三、九二五
黃岡	二三、三二六、一一二	七〇〇	一六、三二八、二七八	八、九八〇、五五三
黃安	無			無
黃梅	二、六三〇、〇六三	五六〇	一、四七二、六三五	一〇、〇五九
蘄春	一七、一二九、〇二一	五六〇	九、五九二、二五二	五、一七五、七三九
蘄水	二七、一二一、七七〇	五六〇	一五、一八八、一九一	八、三五三、五〇五
麻城	無			無
羅田	六、一六六、四五五	五六〇	三、四五三、二一四	一、八九九、二六八
廣濟	一二、七〇〇、八一六	五六〇	七、一一二、四五七	二、九一一、八五一
安陸	一、八九八、三九三	五六〇	一、〇六三、一〇〇	五八四、七〇五
雲夢	一、五五八、七九七	一、九〇〇	二、九六一、七二四	一、六二八、九四三

續表

款項別\縣別	屯餉			
	應徵糧數	捐率	折收錢數	五五解省數
漢川				無
孝感				無
沔陽	一、○五九、六二一	一、○○○	一、○五九、六二一	五八二、七九二
黃岡				無
黃安	二七一、八八九	八○○	二一七、五一一	一一九、六三一
黃梅				無
蘄春				無
蘄水	一八九、一○四	五六○	一○五、八九八	五八、二四四
麻城	二、八二九	七○○	一、九八○	一、○八九
羅田				無
廣濟				無
安陸	三、二三七、○九六	八八○	二、八四八、六四四	一、五六六、七五四
雲夢	三九一、二八一	五六○	二一九、一一七	一二○、五一四

续表

款项别 县别	租课			
	应徵银数	捐率	折收钱数	五五解省数
汉川	（缺）①	（缺）	（缺）	（缺）
孝感				无
沔阳				无
黄冈				无
黄安				无
黄梅				无
蕲春				无
蕲水	一八〇、八四〇	五六〇	一〇一、二七一	五五、六九九
麻城				无
罗田				无
广济				无
安陆				无
云梦				无

① 底本字迹不清，暂缺。

歲 入　61

續表

款項別／縣別	五五解省數	備考
漢川	（缺）	該縣地丁項下學捐向分兩種，紅粮每兩□□□，魚粮每兩一串文，但紅魚粮□□□□□□□
孝感	一七、〇四六、三九八	
沔陽	三四、一六五、五二九	
黃岡	二三、九五七、七九〇	
黃安	九、一九一、九〇四	
黃梅	一二、八七九、二五一	
蘄春	一四、八一四、二〇四	
蘄水	二一、三二四、四二九	
麻城	一三、五二九、八三〇	
羅田	五、七一八、八一四	
廣濟	一三、八七八、三一二	
安陸	四、九五四、〇八二	該縣屯餉學捐德安衛每兩附收八百十文，武昌衛無敢應征數於列德衛一款
雲夢	四、八五三、五七五	該縣地丁有民潞之別，學捐亦因之而異，民糧收八百文，潞糧收五百六十文，但民潞未得確數假定以六百計算

續表

款項別\縣別	地丁			
	應徵銀數	捐率	折收錢數	五五解省數
應城	一六、二六七、一〇六	八〇〇	一三、〇一三、六八五	七、一五七、五二七
隨縣	一一、〇六六、四七四	九〇〇	一八、九五九、八二七	一〇、四二七、九〇五
應山	一一、三五九、〇三三	八〇〇	九、〇八七、二二六	四、九九七、九七四
鍾祥	四八、九六七、四四一	六八〇	三三、二九七、八六〇	一八、三一三、八二三
京山	二二、八〇一、五〇三	一、〇〇〇	三二、八〇一、五〇三	一八、〇四〇、八二七
潛江	二三、三〇四、五二一	八〇〇	一八、六四三、六一七	一〇、二三三、九八九
天門	四二、七七〇、八三五	五六〇	二三、九五一、六六八	一三、一七三、四一七
襄陽	二五、八二六、六一二	一、二〇〇	三〇、九九一、九三四	一七、〇四五、五六四
棗陽	一二、二六一、四一三	一、〇〇〇	一二、二六一、四一三	六、七四三、七七七
宜城	七、五九〇、四三二	五六〇	四、二五〇、六四二	二、三三七、八五三
南漳	五、三四五、二二四	二、七〇〇	一四、四三二、一〇五	七、九三七、六五八
均縣	三、三七三、三二五	一、五〇〇	五、〇五九、九八八	二、七八二、九九三
光化	七、九一五、一九九	一、〇〇〇	七、九一五、一九九	四、三三三、三五九

續表

款項別\縣別	漕米			
	應征米數	捐率	折收錢數	五五解省數
應城	二、八六六、一六〇	五六〇	一、六〇五、〇五〇	八八二、七七八
隨縣	三、八八四、八九九	五六〇	二、一七五、五四三	一、四九六、五四九
應山	二、七九一、四七一	一、四〇〇	三、九〇八、〇六一	二、一四九、四三四
鍾祥	無			無
京山	無			無
潛江	四、四二九、八二三	七〇〇	三、一〇〇、八七六	一、七〇五、四八二
天門	一〇、二一四、一九〇	五六〇	五、七一九、九四六	三、一四五、九七〇
襄陽	無			無
棗陽	無			無
宜城	無			無
南漳	無			無
均縣	無			無
光化	無			無

續表

款項別\縣別	屯餉			
	應徵糧數	捐率	折收錢數	五五解省數
應城	二、〇四〇、三二九	五〇〇	一、〇二〇、一六五	五六一、〇九一
隨縣				無
應山	一、二一九、一六六	四〇〇	四八七、六六六	二六八、二一六
鍾祥	七七一、二六九	六八〇	五二四、四六二	二八八、四五四
京山	三、九九〇、四九〇	五六〇	二、二三四、六七四	一、二二九、〇七一
潛江	七一七、〇五二	六〇〇	四三〇、二三一	二三六、六二七
天門				無
襄陽	六、二八七、七三八	一、二〇〇	五、四六九、四一三	三、〇〇八、一七七
棗陽	一、八二七、七七〇	折價不一	一、二〇二、〇二六	六六一、一一四
宜城	三、一八八、九四六	五六〇	一、七八五、八一〇	九八二、一九五
南漳				無
均縣				無
光化	三七、五七四	一、〇〇〇	三七、五七四	二〇、六六七

續表

款項別\縣別	租課			
	應徵銀數	捐率	折收錢數	五五解省數
應城				無
隨縣				無
應山				無
鍾祥				無
京山				無
潛江				無
天門				無
襄陽				無
棗陽				無
宜城				無
南漳				無
均縣				無
光化				無

續表

款項別＼縣別	五五解省數	備考
應城	八、六〇一、三九六	
隨縣	一一、六二四、四五四	
應山	七、四一五、六二四	該縣屯餉學捐武衛每石收三百文，德衛每石收五百文，表內以四百文平均計算
鍾祥	一八、六〇二、二七六	
京山	一九、二六九、八九八	
潛江	一二、一九六、〇九八	
天門	一六、三一九、三八七	
襄陽	二〇、〇五三、七四一	該縣屯餉衹四千五百五十七兩八錢四分四厘有學捐
棗陽	七、四〇四、八九一	該縣屯餉學捐武衛每兩收一串文，襄衛每兩收五百六十文
宜城	三、三二〇、〇四八	
南漳	七、九三七、六五八	該縣地丁學捐大戶每兩三串四百文，小戶①串文，但大小戶未得確數平均以二串七百文計算
均縣	二、七八二、九九三	
光化	四、三七四、〇二五	

① 原稿此處有缺漏。

續表

款項別\縣別	地丁			
	應徵銀數	捐率	折收錢數	五五解省數
穀城	六、二二四、四五八	一、〇〇〇	六、二二四、四五八	三、四二三、四五二
鄖縣	四、一五五、六九一	五六〇	二、三二七、一八七	一、二七九、九五三
鄖西	一、七三五、五七四	五六〇	九七一、九二一	五三四、五五七
房縣	二、六三三、七〇〇	五六〇	四七四、八七二	八一一、一八〇
竹山	一、五七四、六九〇	五六〇	八八一、八二六	八八一、八二六
竹谿	一、〇六八、二五六	五六〇	五九八、二三三	三二九、〇二三
保康	九八三、二四四	一、〇〇〇	九八三、二四四	五四〇、七八四
荊門	三三、〇三一、二六一	六〇〇	一九、八一八、七五七	一〇、九〇〇、三一六
當陽	五、二六二、二六四	一、六〇〇	八、四一九、六二二	四、六三〇、七九二
遠安	二、六二五、六五七	一、六〇〇	四、二〇一、〇五一	二、三一〇、五七八
江陵	五三、七六一、四六八	五六〇	二〇、一〇六、四二二	一六、五五八、五三二
公安	一二、五〇二、七四六	一〇六	三、八三五、五三九	七、六〇九、五四六
石首	一二、〇三一、〇二五	六〇〇	七、二一八、六一五	三、九七〇、二三八

續表

款項別縣別	漕米			
	應征米數	捐率	折收錢數	五五解省數
穀城	無			無
鄖縣	一、六〇七、八九六	四、二〇〇	六、七五三、一六三	三、七一四、二四〇
鄖西	五五七、六五八	二、〇〇〇	一、一一五、三一六	六一三、四二四
房縣	一、八九一、六五〇	一、四〇〇	四、五三九、九六〇	二、四九六、九七八
竹山	七八〇、八六〇	二、〇〇〇	一、五六一、七二〇	無
竹谿	三九四、三七三	五六〇	二二〇、八四九	一二一、四六七
保康	無			無
荊門	一五、一一四、四六〇	六〇〇	九、〇六八、六七六	四、九八七、七七二
當陽	八八八、二一一	五六〇	四九七、三九八	二七三、五六九
遠安	無			無
江陵	一二、九七七、二一五	五六〇	七、二六七、二四〇	三、九九六、九八三
公安	三、九一一、二〇六	二、一一三	八、六五五、四九八	四、七六〇、五二四
石首	二、九八四、七三〇	六〇〇	一、七九〇、八二八	九八四、九六一

續表

款項別\縣別	屯餉			
	應徵糧數	捐率	折收錢數	五五解省數
穀城	六九三、一九七	一、〇〇〇	六九三、一九七	三八一、二五八
鄖縣	三九四、〇五〇	五六〇	二二〇、六六八	一二一、三六七
鄖西	五七、九六八	五六〇	三二、四六二	一七、八五四
房縣	三五六、〇三九	五六〇	一九九、三八二	一〇九、六六〇
竹山	二六、二二八	五六〇	一四、六八八	八、〇七八
竹谿				無
保康				無
荊門				無
當陽	二、五六〇、二〇〇	五六〇	一、四三三、七一二	七八八、五四二
遠安				無
江陵				無
公安	九二七、九三六	五六〇	五一九、六四四	二八五、八〇四
石首				無

續表

款項別縣別	租課			
	應徵銀數	捐率	折收錢數	五五解省數
穀城				無
鄖縣				無
鄖西				無
房縣				無
竹山				無
竹谿				無
保康				無
荊門				無
當陽				無
遠安				無
江陵	一、五八二、四九〇	五六〇	八八六、一九四	四八七、四〇七
公安	四〇、九四五	五六〇	二二、九二九	一二、六一一
石首	三〇七、九〇一	六〇〇	一八四、七四一	一〇一、六〇八

續表

款項別＼縣別	五五鮮省數	備考
穀城	三、八〇四、七一〇	該縣學捐另有門捐一種，征收方法未詳，故表內亦未列入
鄖縣	五、一一五、五六〇	
鄖西	一、一六五、八三五	
房縣	三、四一七、八一八	
竹山	八八九、九〇四	該縣地丁學捐全數鮮省漕米學捐全數留縣四年五月詳定在案
竹谿	四五〇、四九〇	
保康	五四〇、七八四	
荊門	一五、八八八、〇八八	
當陽	五、六九二、九〇三	
遠安	二、三一〇、五七六	
江陵	二一、〇四二、九二一	
公安	一二、六六八、四八五	
石首	五、〇五六、八〇七	

續表

款項別\縣別	地丁			
	應徵銀數	捐率	折收錢數	五五解省數
監利	二七、五五七、四八〇	一、〇〇〇	七、五五七、四八〇	一五、一五六、六一四
松滋	一一、一一六、五八七	一、〇〇〇	一、一一六、五八七	六、一一四、一二三
枝江	五、〇六一、七〇五	八〇〇	四、〇四九、三六四	二、二二七、一五〇
宜都	三、四〇四、三五五	一、二〇〇	四、〇八五、二二六	二、二四六、八七四
宜昌	四、一九四、二九三	七〇〇	一、九三六、〇〇五	一、六一四、八〇三
秭歸	七〇六、八五三	五六〇	三九五、八三八	二一七、七一一
巴東	八一八、一九三	五六〇	四五八、一八八	二五二、〇〇三
長陽	九二三、五八二	六〇〇	五五四、一四九	三〇四、七八二
五峯	一九二、四五七	五六〇	一〇七、七七六	五九、二七七
興山	四四一、二〇五	一、四〇〇	一、〇五八、八九二	五八二、三九一
恩施	一、八七〇、六八四	一、六〇〇	六、七三四、四六二	一、七〇三、九五四
建始	一、〇五九、一一七		二、〇〇〇、〇〇〇	一、一〇〇、〇〇〇
宣恩	一一七、五六九		四一、七八七	二二、九八三

续表

款项别\县别	漕米			
	应征米数	捐率	折收钱数	五五解省数
监利	六、四八九、九八五	五六〇	三、六三四、三九二	一、九九八、九一六
松滋	三、九七四、六八六	五六〇	二、二二五、八二四	一、二三四、二〇三
枝江	无			无
宜都	无			无
宜昌	无			无
秭归	无			无
巴东	无			无
长阳	无			无
五峯	无			无
兴山	无			无
恩施	无			无
建始	无			无
宣恩	无			无

續表

款項別\縣別	屯餉			
	應徵糧數	捐率	折收錢數	五五解省數
監利				
松滋	四、四七三、八一二	折價不一	一、四九六、九七六	八二三、三三七
枝江	二、九三九、七六八	八〇〇	二、三五一、八一四	一、二九三、四九八
宜都	二二一、六五五	一、二〇〇	二六五、九八六	一四六、二九二
宜昌				無
秭歸				無
巴東	二六、三五五	五六〇	一四、七五九	八、一一七
長陽				無
五峯				無
興山				無
恩施				無
建始				無
宣恩				無

續表

款項別\縣別	租課			
	應徵銀數	捐率	折收錢數	五五解省數
監利				無
松滋				無
枝江				無
宜都				無
宜昌				無
秭歸				無
巴東				無
長陽				無
五峯				無
興山				無
恩施				無
建始				無
宣恩				無

续表

款项别＼县别	五五解省数	备考
监利	一七、一五五、五三〇	
松滋	八、一六一、六六三	该县屯饷学捐所屯每两一串文，荆卫每两一百六十九文
枝江	三、五二〇、六四八	
宜都	二、三九三、一六六	该县屯饷学捐卫屯每两一串二百文所屯无
宜昌	一、六一四、八〇三	
秭归	二一七、七一一	
巴东	二六〇、一二〇	
长阳	三〇四、七八二	
五峯	五九、二七七	
兴山	五八二、三九一	
恩施	三、七〇三、九五四	
建始	一、一〇〇、〇〇〇	该县册报学捐按银附收共收二千串文
宣恩	二二、九八三	该县学捐大谷粮每两收五百六十文，草粮大粮每两均收五十六文

續表

款項別\縣別	地丁			
	應徵銀數	捐率	折收錢數	五五解省數
咸豐	四四〇、三三八	五六〇	二四六、五八九	一三五、六二四
來鳳	一四四、八一八	五六〇	八一、〇九八	四四、六〇四
利川	三八二、三七六	五六〇	二一四、一三一	一一七、七七二
鶴峯	三〇五、八三一	五六〇	一七一、二六五	九四、一九六

款項別\縣別	漕米			
	應征米數	捐率	折收錢數	五五解省數
咸豐	無			無
來鳳	無			無
利川	無			無
鶴峯	無			無

款項別\縣別	屯餉			
	應徵糧數	捐率	折收錢數	五五解省數
咸豐				無
來鳳				無
利川				無
鶴峯				無

續表

款項別\縣別	租課			
	應徵銀數	捐率	折收錢數	五五觧省數
咸豐				無
來鳳				無
利川				無
鶴峯				無

款項別\縣別	五五觧省數	備考
咸豐	一三五、六二四	
來鳳	四四、六〇四	
利川	一一七、七七二	
鶴峯	九四、一九六	
合計	五六一、六七八、一四八	
備考	鄂省學捐，照章應隨正觧省，乃各縣延欠挪用解不足數。茲查四年七月至五年六月止最近一年之内僅共觧到錢三十二萬六千二十一串三百五十六文，五年七月間經本廳長通飭清理舊案，自五年七月一日起作爲新案。凡實解丁漕等項並將學捐隨同正款一文觧省，不得僅觧正款不觧學捐，致生挪移之弊。至坐支各款例准抵解者先儘學捐請抵，如有不敷然後再抵正款通行遵辦在案 五五學捐項内以五成爲省中各學校經費，其餘五釐爲勺庭、晴川、啓黄、蘭台、漢東、荆南、鹿門、鄖山、彝陵、南陵、龍泉十一區學校經費	

七、串票捐

查錢糧串票，前清雖於收捐之縣，然多寡不一，係屬陋規，向不報解。改革後和盤托出，悉數歸公，屬於地方附捐，就地充學堂、自治、警察等項之用。民國三年，經財政廳詳准，於原有地方附捐之外，每串票一張加收錢十二文，內以五文爲造串紙費，以七文抵補徵收經費。四年一月，經前將軍巡按使於認解中央協款案內會呈抽收串票捐，飭令財政廳擬定辦法，詳奉咨部核准，自四年上忙開征之日起，每串票一張，連去年加收之十二文併計，一律收錢七十文，作爲解省正款，其各縣造串紙費暨抵補徵收經費，由財政廳通盤籌計，分別核發。至向有地方串票附捐仍各照舊抽收。每丁漕屯租串票一張收錢七十文，六十九縣需用串票約在八百萬張上下，全省約收錢五十七萬五千六百六十一串文，除抵補徵收經費外，約應解省錢四十三萬八千三百六十三串文。五年預算列洋三十萬元，新五年度預算列洋二十萬元。茲將串捐年額及抵支徵收費並解省錢數列表如左：

湖北省各縣串捐年額及抵支徵經費開解省數一覽表

縣別	串捐額數	抵支徵收費	解省定數
武昌	一一、四一七、〇〇〇	六、七五八、〇〇〇	四、六五八、〇〇〇
鄂城	一三、三〇〇、〇〇〇	五、八四八、〇〇〇	七、四五二、〇〇〇
咸甯	五、六〇〇、〇〇〇	二、六二二、〇〇〇	二、九七八、〇〇〇
嘉魚	三、三六〇、〇〇〇	二、〇〇三、〇〇〇	一、三五七、〇〇〇
蒲圻	六、六五〇、〇〇〇	三、八〇五、〇〇〇	二、八四五、〇〇〇

續表

縣別	串捐額數	抵支徵收費	解省定數
崇陽	四、一三八、〇〇〇	一、二一四、〇〇〇	二、九二四、〇〇〇
通城	四、七八一、〇〇〇	九六一、〇〇〇	三、八二〇、〇〇〇
陽新	一九、五三〇、〇〇〇	二、九〇二、〇〇〇	一六、六二八、〇〇〇
大冶	一三、六五七、〇〇〇	二、六一八、〇〇〇	一一、〇三九、〇〇〇
通山	二、三七四、〇〇〇	九六三、〇〇〇	一、四一一、〇〇〇
漢陽	九、三一〇、〇〇〇	三、二四四、〇〇〇	六、〇六六、〇〇〇
夏口	一、四〇〇、〇〇〇	八二八、〇〇〇	五七二、〇〇〇
黃陂	一四、七〇〇、〇〇〇	二、七七一、〇〇〇	一一、九二九、〇〇〇
漢川	八、五一二、〇〇〇	二、五三一、〇〇〇	五、九八一、〇〇〇
孝感	一九、八五九、〇〇〇	四、二一一、〇〇〇	一五、六四九、〇〇〇
沔陽	二二、四〇〇、〇〇〇	七、〇九八、〇〇〇	一五、三〇二、〇〇〇
黃岡	一三、四一六、〇〇〇	一、六八四、〇〇〇	一一、七三二、〇〇〇
黃安	六、八六〇、〇〇〇	二、〇二七、〇〇〇	四、八三三、〇〇〇
黃梅	一四、〇四一、〇〇〇	三、一六七、〇〇〇	一〇、八七四、〇〇〇
蘄春	一〇、六四九、〇〇〇	二、六六八、〇〇〇	七、八九一、〇〇〇

續表

縣別	串捐額數	抵支徵收費	解省定數
蘄水	一九、八八〇、〇〇〇	五、五六〇、〇〇〇	一四、三二〇、〇〇〇
麻城	六、九八〇、〇〇〇	一、六二五、〇〇〇	五、三五五、〇〇〇
羅田	三、九二〇、〇〇〇	一、六五四、〇〇〇	二、二六六、〇〇〇
廣濟	一三、二二四、〇〇〇	一、七三三、〇〇〇	一一、五一一、〇〇〇
安陸	一二、一二四、〇〇〇	二、〇六六、〇〇〇	一〇、〇五八、〇〇〇
雲夢	七、一〇九、〇〇〇	一、四二〇、〇〇〇	五、六八九、〇〇〇
應城	一二、六〇〇、〇〇〇	八七、〇〇〇	九、七五三、〇〇〇
隨縣	六、八六〇、〇〇〇	一、五五四、〇〇〇	五、三〇六、〇〇〇
應山	七、一四〇、〇〇〇	一、四四七、〇〇〇	五、六九三、〇〇〇
襄陽	一七、三八八、〇〇〇	一、九八三、〇〇〇	一五、四〇五、〇〇〇
棗陽	四、九〇六、〇〇〇	一、一二一、〇〇〇	三、七八五、〇〇〇
宜城	三、三二九、〇〇〇	九七四、〇〇〇	二、三五五、〇〇〇
南漳	二、五七〇、〇〇〇	五八九、〇〇〇	一、九八一、〇〇〇
均縣	三、八五〇、〇〇〇	六四四、〇〇〇	三、二〇六、〇〇〇
光化	二、六三四、〇〇〇	八八二、〇〇〇	一、七五二、〇〇〇

續表

縣別	串捐額數	抵支徵收費	解省定數
穀城	四、二二八、〇〇〇	三五二、〇〇〇	三、八七五、〇〇〇
鍾祥	一四、〇〇〇、〇〇〇	一、六八〇、〇〇〇	一二、三二〇、〇〇〇
京山	一四、〇〇〇、〇〇〇	二、七八三、〇〇〇	一一、二一七、〇〇〇
潛江	三五、〇〇〇、〇〇〇	四、一一二、〇〇〇	三〇、八八八、〇〇〇
天門	四二、〇〇〇、〇〇〇	六、七〇二、〇〇〇	三五、二九八、〇〇〇
鄖縣	五、二四五、〇〇〇	一、〇七五、〇〇〇	四、一七〇、〇〇〇
鄖西	三、六四〇、〇〇〇	八〇〇、〇〇〇	二、八四〇、〇〇〇
房縣	五、六〇〇、〇〇〇	一、四二三、〇〇〇	四、一七七、〇〇〇
竹山	二、二七五、〇〇〇	四〇一、〇〇〇	一、八七四、〇〇〇
竹谿	一、八九七、〇〇〇	四七一、〇〇〇	一、四二六、〇〇〇
保康	五五六、〇〇〇	一一二、〇〇〇	四四四、〇〇〇
荊門	二〇、〇二〇、〇〇〇	七、四九〇、〇〇〇	一二、五三〇、〇〇〇
當陽	五、三三四、〇〇〇	一、〇五一、〇〇〇	四、二八三、〇〇〇
遠安	一、二六〇、〇〇〇	七〇五、〇〇〇	五五五、〇〇〇

續表

縣別	串捐額數	抵支徵收費	解省定數
宜昌	一、四七〇、〇〇〇	六一二、〇〇〇	八五八、〇〇〇
秭歸	一、七六一、〇〇〇	一一〇、〇〇〇	一、六五一、〇〇〇
巴東	一、六八〇、〇〇〇	三四八、〇〇〇	一、三三二、〇〇〇
長陽	五七〇、〇〇〇	無	五七四、〇〇〇
五峰	二六六、〇〇〇	四三、〇〇〇	二二三、〇〇〇
興山	二五三、〇〇〇	一五九、〇〇〇	九四、〇〇〇
江陵	三四、六五〇、〇〇〇	九、三三三、〇〇〇	二五、三一七、〇〇〇
公安	四、〇六〇、〇〇〇	二九九、〇〇〇	三、七六一、〇〇〇
石首	四、二〇〇、〇〇〇	一、六八六、〇〇〇	二、五一四、〇〇〇
監利	二四、一〇〇、〇〇〇	五、三五五、〇〇〇	一八、七四五、〇〇〇
松滋	六、二三〇、〇〇〇	一、五〇六、〇〇〇	四、七二四、〇〇〇
枝江	一、六一〇、〇〇〇	六九一、〇〇〇	九一九、〇〇〇
宜都	一、二二五、〇〇〇	二三一、〇〇〇	九九四、〇〇〇
恩施	一、六〇三、〇〇〇	四八六、〇〇〇	一、一一七、〇〇〇

續表

縣別	串捐額數	抵支徵收費	解省定數
建始	一、九六〇、〇〇〇	四八二、〇〇〇	一、四七八、〇〇〇
宣恩	六七二、〇〇〇	三四八、〇〇〇	三二四、〇〇〇
咸豐	七〇〇、〇〇〇	二六八、〇〇〇	四三二、〇〇〇
來鳳	三七一、〇〇〇	無	三七一、〇〇〇
利川	一、七四二、〇〇〇	無	一、七四二、〇〇〇
鶴峰	九九一、〇〇〇	一六一、〇〇〇	八三〇、〇〇〇
共計	五七五、六六一、〇〇〇	一三七、二九八、〇〇〇	四三八、三六三、〇〇〇
備考	——此項串捐收數多寡，本視正項徵收淡旺爲轉移。惟各縣時有挪用，故解不足數。四年七月至五年六月止，僅共解到錢十六萬五千七百九十串六百文 ——此項每張七十文之串捐，本自四年上忙開始徵收，嗣因各縣徵收經費從前收不敷支，挪墊虧欠之款無法籌還，由財政廳通飭各縣帶徵三年以前民欠錢糧，准其一律照收串捐七十文，以資彌補		

貨物稅捐

一、過境銷場稅

鄂省百貨釐金，自前清咸豐五年，經前湖北巡撫胡文忠因軍餉匱乏仿照揚州仙女廟章程抽收釐金，在水陸各處設局六十五所。同光之際迭次裁併，至光緒三十一年由前湖廣總督張文襄改辦統捐，裁撤鮎魚套、法泗洲等局，實存百貨統捐及兼收落地共二十局。宣統元年春，又將皇經堂分卡移設蔡甸改爲漢口分局，將蔡甸分局移設沙洋改爲襄河中路統捐局，共爲二十一局。其分局所時有增減，遇江河水漲由局員稟請添設堵卡，水退即行裁撤。所收捐率悉循釐金之舊，年額共爲二百四十七萬五千一百四十串，又寶塔洲茶捐銀一萬八千兩。徵收方法略分三項：一外省客貨徵之於入境第一卡；一本省土貨徵之於由產地運出內河第一卡，其指運地方沿途經過幾局卡，將向章應完釐數合併計算，統於此第一卡徵收一次，以後概不重徵；一本省銷售落地之貨徵之於最大之市漢①，以後轉運他處，除經過各局應補統捐外，該貨行抵轉運售銷之地其落地捐概不重徵，如有指近銷遠者，前途查明時，仍應將朦免之數補完加罰。徵收經費，除臨時活支不計外，核計常年額支共爲三十五萬五千五百一十串。辛亥政變，廢除統捐。民國元年二月間，經財政司呈准改辦過境銷場稅，會商漢口商務總會，議定稅則：值百抽二，不分遠銷近銷，一道徵足。其復運出境時仿照前清籌餉例，刊用分撥票，以示不復重徵。民國四年二月間，經財政廳更訂章程，改爲過境銷場稅，分道徵收過境稅，仍爲值百抽二。銷場稅分爲落地銷場、轉運銷場二項，於落地時或落地後復轉運出境時各爲值百抽五釐，廢除分撥票。行之數月，商民以手續繁重，咸苦不便。復經改訂稅則爲值百抽三，辦法一仍其舊，過境銷場一道徵足，規復分撥票，但將名目改爲分運驗放單，於四年七月一日起實行。計五年預算列洋三百九十四萬八千四百二十四元，新五年度預算列洋三百八十五萬三千三百八十八元。茲將各局每年比額列表如左：

---

① 此處疑爲"漢市"之誤排。

各局過境銷場稅每年比額表

局別	一月(千串)	二月(千串)	三月(千串)	四月(千串)	五月(千串)	六月(千串)	七月(千串)	八月(千串)	九月(千串)	十月(千串)	十一月(千串)	十二月(千串)	共計(千串)	合洋數(千元厘)
武昌徵收局	三三〇,七	一八二,一二	三二一,一	二四〇,九	二九一,六	二七九,七	三二一,一	三三〇,二	三三四,二三	三一九,三	三二五,七	三四四,一	三四二四,九	三二七一,四
漢口徵收局	七,七六四	七,九六五一	六,五六五一	七,八〇一	八,六九七	六,三一一	四,五〇九	四,六四四	七,〇五二	九,七九九	五,六八九	六,七四六	八〇八三,七	六八九一,四五五
沙市徵收局	四,二一三	三,四二三	四,三四	三,四五	三,四九	三,六一	三,三三	三,三	三,一〇	四,〇三	四,〇七七九	四,六七八	四四〇〇四	三四六,一六
老河口徵收局	三,一二二	一,六〇八	三,四五七	一,五八〇	九,四八七	三,六八九	七,四八	四,〇六六	五,二八六	三,二八	六,二一八	七,七	三九九七,八	三六一,五六八
張家灣徵收局	二,〇九七	一,四六〇〇八	三,九五	一,三二,〇	二,九六三	九,四六三	八,四九五	一,四	九,四一	一,四五九	八,四四九	二,七五〇四	一,八〇六七	一,四〇九九六

歲　入

续表

局別	一月 (千串)	二月 (千串)	三月 (千串)	四月 (千串)	五月 (千串)	六月 (千串)	七月 (千串)	八月 (千串)	九月 (千串)	十月 (千串)	十一月 (千串)	十二月 (千串)	共計 (千串)	合洋數 (千元圓)
宜昌徵收局	五、三二六九	七、三二九	五、三〇四一	四、四六四	四、三一九	三、一三六〇	二、九一二二	一、九六四二	三、〇二三九	二、九七四	七、一〇二	四、七五	四五、八二六八	三六、八七三六
寶塔洲徵收局	四、五六九	七、三四七	七、〇八九	八、二五四一	七、七二三二	七、八二八二	五、六〇八	五、九三〇四	五、六一八二	六、一六三六	五、七一七九	六、五六九九	七五、三〇五八	六〇、五九六四、八五二
新堤徵收局	一、二八	一、〇〇〇〇	一、〇〇七六	七〇	七〇	九三、三〇	一、〇〇〇	一、九一七〇	一、五一七〇	一、六四九〇	一、六二三〇	一、五六〇七	一四、〇〇〇〇	一一、二九二三、〇〇〇
武穴徵收局	二、一二九二三	二、一〇三、八九一	二、一、〇三、八九一	一、五五六	一、八六二	三、〇九六六	三、九五一	二、九一四三	四、一九七五	四、五二六	四、六二一	〇、三四三一九	三八、〇一九	三〇、八〇五三

续表

局別	一月(千串)	二月(千串)	三月(千串)	四月(千串)	五月(千串)	六月(千串)	七月(千串)	八月(千串)	九月(千串)	十月(千串)	十一月(千串)	十二月(千串)	共計(千串)	合洋數(千元庫)
沙洋徵收局	二,〇九五	一,八七〇	一,五三三七	一,五六一	一,六三四	一,二八九五	一,一八二四	一,六四七	一,三二六	一,三一九	一,三四七九	三,二八〇〇	二三,九二五〇	一八,五七七五
蔡甸徵收局	一,三七八五	一,八八一	一,八三六六	一,六一,二三〇二	二,〇〇四二二	二,七三四七	一,四〇六八八	二,〇五九九	三,三〇二	三,二二四	三,〇四八〇	三,二三一〇	二六,九〇二一	二一,一四七五
清灘口徵收局	七三,一二	四,一六九	七四,七	五,〇三七六五	二,七三九	四,六三九	四,八二	三,六六六	一,〇四七	九,四一	一,六五五	一,五三四五	八,八〇三八	六,七五三七
黃陵磯徵收局	七五三一	二,二九七	四,六三七	五,〇一八一	三,九五六	七,〇一一	六,八七三	口七八一	四,一五三	一,四〇六四	三,八〇五五一	一,三四一四	九,三一〇二一	一,五三九八
金口徵收局	三七,三三八	三二,八八	三,一三八六	二,五六一	三,二三一	三,二三五	八,七九一	六,〇八四	五,六六二	五一,三五五	三七,三五	四,五八五	五,二〇二一	四一,二二一 九,五四

續表

局別	一月(千串)	二月(千串)	三月(千串)	四月(千串)	五月(千串)	六月(千串)	七月(千串)	八月(千串)	九月(千串)	十月(千串)	十一月(千串)	十二月(千串)	共計(千串)	合洋數(千元座)
樊口徵收局	六九二九	四三六八	六六五五	六三五	六二六二	一,八二	一,一〇六二	六六三	六七三二	六七二八	九四八八	一,〇三九七	九,五八一	七三,一五二六
鵝公頸徵收局	一,四〇一七	五三七一二	一,二三	一,二三六	一,二一〇	四六三	九二八	八三六六	九九一	一,四〇五	一,四二二六	一,四九〇九	一四,七五〇三	一一,一八八〇六
府河口徵收局	二,七一八	一,八六二	一,四六五四	二,二九六	二,三二七九八	七,八四〇〇	二,一八〇	二,一九二七	二,三八二三	二,三四一二	二,九一八一	三,二六一〇	三九,二三八四	六一,二六二七
總計	四一,三〇六	九二二	四五	四,二三八	三,八六六〇	三,九〇九	五,三四八	一一,四三二五	四四四六二	四,八〇八六	四,七〇八	五,〇三五二	四八,七五六八	六三,二七九九七

二、茶稅

羊樓峒茶稅原係茶釐，創自咸豐五年，定章在咸甯、嘉魚、蒲圻、崇陽、通山等縣產茶地方設局抽收。論其名，分箱釐、業釐、行釐三項，實則一道并徵。又箱釐分廣莊箱、大面箱、洋莊箱、二五箱，均係成箱出口之貨，每百斤抽箱釐銀一兩二錢五分，小舢箱紅茶抽銀九錢三分七釐，花箱抽銀六錢二分及三錢不等，其茶末茶梗茶斤每百斤抽收錢一二百文至數十文不等，名目甚多。行、業兩釐分頭茶、子茶、夏茶、秋茶四等，頭茶每百斤共抽錢七百三十六文，子茶、夏茶、秋茶等釐以照七折遞減。湖南過境茶船未完正捐者歸寶塔洲抽收，只收箱釐，其科則與前項同，抵漢後起坡凡係包茶套□，無論鄂湘所產均收落地釐一道，每百斤抽錢二三百文不等，過載減半。光緒二十四年五月，因英商偉德於滬關請領聯單，照正稅減半，祇完半稅六錢二分五厘，遂將湖北釐捐概行規避，於是改章抵制，奏明無論洋商、華商，箱捐減半徵收，另加二成，共抽銀七錢五分，改行、業兩釐之名曰出產稅，銀錢併徵，每百斤抽銀八錢四分（現章七錢加二成，共八錢四分），錢七百三十六文，免去一切雜款，並奏定凡請有稅單商人祇抵箱捐不抵產稅，以杜取巧。又二成茶釐係光緒二十年遵照部咨籌餉案內議章，由羊樓峒等處專收茶捐，六局及補收湖南茶捐寶塔洲局於抽收正釐外加抽二成，漢口落地一律照加。民國以來循舊辦理。嗣因春設冬撤，漏稅甚多，且同在羊樓峒局管轄範圍採辦之茶，繞道經百貨卡運出即照百貨稅率徵收，避重就輕，流弊更大。五年，經財政廳詳准改組，於地點、時期酌量擴充延長，規定簡要辦法，飭局試辦。計五年預算列洋十七萬零三百四十四元，新五年度預算列洋二十二萬七千七百九十五元。茲將其年比分月列表如左：

湖北茶稅局年比分月表

月分	收錢數（串）	合洋數	備考
一月分	七、九一七	六、二七二、六三九	該局所徵銀數仍儘徵儘解，惟比額內以銀一兩作錢一千九百文，與應徵錢數一併列比
二月分	六〇九	四八二、五一一	
三月分	一、三五二	一、〇七一、一九〇	
四月分	一五、一三〇	四、〇六四、四九九	
五月分	八四、七〇六	六七、一一二、五六四	
六月分	三五、五〇八	六、一三二、九八八	
七月分	二六、一八五	二〇、七四六、三七五	
八月分	二四、六一九	一九、五〇五、六三四	
九月分	三一、九〇二	二五、二七五、九五五	
十月分	二九、九五二	二三、七三〇、九六九	
十一月分	二三、五八九	一八、六八九、五六五	
十二月分	一七、三五九	一三、七五三、五三六	
共計	二二八、八二八	二二八、八三六、四二四	

三、膏鹽稅

石膏一項，論抬抽收。清光緒年間膏商分爲漢幫、外幫，漢幫每抬徵銀五分八厘六毫，外幫每抬徵錢一百二十二文。又無論漢幫、外幫每抬隨徵籌防捐錢六文、賑捐錢一文，又按道徵收統捐錢二十二文至五十二文不等。民國開辦後，除籌防、賑捐、統捐一律免收外，不分漢幫、外幫均每抬徵產地稅錢一百二十二文。至三年五月，經國稅廳籌備處呈准規復統捐，仍照舊抽收錢二十二文至五十二文不等。至鹽課向分紅、黑二宗抽收，開火熬鹽爲紅課，蓄水不熬爲黑課。清光緒年間紅課子目繁多，曰水陸課，曰江海防，曰抵補藥稅，曰練兵新餉，合計每爐收錢五串二百文，黑課每日徵錢四百文。民國開辦後刪除一切名目，紅課共徵錢五串二百文，黑課每日徵錢二百文。所熬之鹽照章行銷本邑及天門、京山三縣，天門一隅因旱道艱阻難以運銷，上年六月間奉前巡按使核准，假道漢川運銷，天門每爐加錢三串八百文，以一串八百文作爲正課，二千文作附稅，現在紅課每爐正稅收錢七串文。統計膏鹽稅，五年預算列洋七萬五千一百八十八元，新五年度預算同。茲將其年比分月列表如左：

應城膏鹽稅局年比分月表

月分	收錢數（串）	合洋數	備考
一月分	一一、三二五	八、九七二、七九七	
二月分	五、八四三	四、六二九、四〇九	
三月分	一〇、八一四	八、五六七、九三二	
四月分	一一、七九三	九、三四三、五九四	
五月分	一一、二五八	八、九一九、七一二	
六月分	九、六九〇	七、六七七、三八七	
七月分	七、四一〇	五、八七〇、九四三	

續表

月分	收錢數（串）	合洋數	備考
八月分	七、七三〇	六、一二四、四七九	
九月分	七、三九一	五、八五五、八八九	
十月分	八、二六九	六、五五一、五二九	
十一月分	八、五九二	六、八〇七、四四三	
十二月分	九、八八五	七、八三一、八八五	
共計	一一〇、〇〇〇	八七、一五三、〇〇〇	

四、紗蔴絲布稅

紗蔴絲布稅，其名稱由承租紗蔴絲布局之楚興公司而起。實則紗布出廠稅，係民國二年八月經國稅廳籌備處核准，由楚興公司按年認稅一萬串，分六、臘二期直接繳納。蔴局出廠稅係民國三年四月經國稅廳籌備處核准，由楚興公司按月認稅錢五十串，交武昌局轉繳，四年二月因變更稅章按月加認錢二十五串。至絲稅由經過第一局卡照章征收，歸入百貨稅彙繳財政廳，並不在內。

五、炭山灣煤稅

炭山灣煤稅向由武穴局漳源口分卡經徵，嗣因該卡有扞量錯誤情事，經漳源口批銷所經理揭詳，並商人稟控，委查屬實，由財政廳核定改爲就廠徵稅，詳准派員於民國四年十二月開辦，即照過境銷場稅柴煤率徵收。五年預算併入武穴局過境銷場稅之內，未列專項，新五年度預算列洋七千三百四十元。茲將其年比分月列表如左：

炭山灣煤稅年比分月表

月分	收錢數（串）	合洋數（元厘）	備考
一月分	五四七	四三三、三八八	
二月分	五〇八	四〇二、四八八	
三月分	七六八	六〇八、四八六	
四月分	一、〇一四	八〇三、三九二	
五月分	一、二〇〇	九五〇、七六〇	
六月分	七六八	六〇八、四八六	
七月分	二四三	一九二、五二九	
八月分	一、三六四	一、〇八〇、六九七	
九月分	一、一五〇	九一一、一四五	
十月分	二七八	二二〇、二五九	
十一月分	六一七	四八八、八四九	
十二月分	八〇七	六三九、三八六	
共計	九、二六四	七、二三九、八六七	

六、菸酒糖稅

鄂省煙酒糖三項前清名爲籌餉稅，始於光緒二十五年因籌練兵薪餉奏請征收。菸酒糖稅分設省城、漢口、宜昌、沙市、老河口、張家灣、團風、武穴、法泗洲、蔡甸等籌餉局十處。稅章：菸葉每觔徵收錢五文，每百觔除皮照七十觔內納，定子菸每塊徵錢一文，雙毛每塊徵錢五毫，福建皮絲每包徵錢四十文，江西皮絲每包徵錢二十文，蘭州青條水煙每觔征錢二十文，過境蘭州水煙大箱征錢二串文，小箱一串二百文。本產土酒原花每觔征錢八文，黃酒、甜酒每觔征錢四文，外省汾酒每簍征錢八百文，每罈四百文，紹酒每京罈一百五十文，小罈一百文，大號花雕每罈八百文，二號花雕每罈六百文，三號花雕每罈三百文，南酒每罈一百文。水糖每觔征錢十文，白糖、外洋頭車糖每觔八文，紅糖、外洋二三車糖每觔六文，米麥等雜糖每觔四文。以上稅則係原征釐金在外，惟菸酒兩稅於二十七年十一月由善後局會同牙厘局詳准免厘，照章加倍征稅，糖稅於二十九年、三十二年據川廣糖商一再稟懇，亦經詳准酌減五成，在鄂省祇完一稅，經過局卡驗票不再重征。各州縣土產有限，俱責成地方官帶征。民國以還一仍其舊，惟向設專局者改由百貨稅局兼辦。各局往往以事非專責未能一意整頓，四年八月詳准財政部，將收數較鉅之漢口、宜昌兩處糖捐各設專局。糖捐一項計五年預算列洋一十四萬二千一十六元，新五年度預算列洋一十七萬二千二百六十一元，此項增加之數係由漢口征收局原征糖厘移列。又百貨稅局兼征之煙酒兩項，適因公賣分區稅費同類，亦經歸併公賣各分局所辦理，並與公賣局商定寓稅於費辦法詳部核准，自五年四月一日起關於煙酒稅征收事項已移交公賣局完全接管。計五年預算煙稅列洋三十一萬一千八百二十七元，酒稅列洋一十五萬七千八百八十九元，新五年度預算同。

七、竹木捐

竹木厘金始於清咸豐五年，嗣因收數逐年遞減，於光緒二十六年奏改統捐，歸鸚鵡州局徵收，設查驗分局卡十六處，旋於二十八年改訂抽收章程，立定比較。向章自鸚鵡洲完厘後分行長江下游及內河，武漢三鎮各局卡以次遞加征收，捐章多不劃一。自光緒二十六年二月改辦統捐，上至引港下至武穴均設分卡稽查，而收捐只鸚鵡洲一局。其抽收章程係估本抽厘，分樊武、內河、三鎮為三項辦法，樊武每估本一串抽正捐錢八十二文，內河估本一串抽四十三文，三鎮估本一串抽三十六文，所用尺碼係屬木尺，每丈合灘尺八尺八寸，較營造尺稍昂。民國元年初開辦時，將稅則改爲內河估本每串征錢四十五文，外江估本每串徵錢六十文，三鎮估本每串征錢三十文，而原用木尺復改灘尺，以致稅收頓減十分之四。三年五月，經前國稅廳籌備處呈准先行規復稅則，除內河仍照估本每串抽錢四十五文外，外江各估本一串抽錢八十二文，三鎮估本一串抽捐錢三十六文，年比定爲三十三萬串。雖收數略增，終以尺碼未復，其暗虧仍居百分之十三分有奇。四年四月經財政廳詳准規復木尺，年比定爲三十五萬七千七百串。辦理逾年，收數頗盈。計五年預算列洋二十八萬二千八百五十一元，新五年度預算同。茲將其年比分月列表如左：

鸚鵡洲竹木捐局年比分月表

月分	收錢數	合洋數	備考
一月分	九、七〇〇	七、六八五、三一〇	
二月分	九、七〇〇	七、六八五、三一〇	
三月分	二一、七〇〇	一七、一九二、九一〇	
四月分	二八、〇〇〇	二二、一八四、四〇〇	
五月分	三四、六〇〇	二七、四一三、五六〇	
六月分	四三、〇〇〇	三四、三八五、八二〇	
七月分	五四、二〇〇	四二、九四二、六六〇	
八月分	五二、三〇〇	四一、一九九、六六〇	
九月分	四一、二〇〇	三二、六四二、七六〇	
十月分	三二、六〇〇	二五、八二八、九八〇	
十一月分	一九、六〇〇	一五、五一九、〇八〇	

續表

月分	收錢數	合洋數	備考
十二月分	一一、〇〇〇	八、七一五、三〇〇	
共計	三五七、七〇〇	二八三、四〇五、七一〇	

八、火車貨捐

前清光緒二十七年因京漢路通車奏設徵收火車貨捐，鄂豫各半。按照海關半稅值百抽二五之例，以法磅爲標準，二十噸車計載重三萬三千斤，十五噸車計載重二萬四千七百五十斤，凡整梱整件及零件之貨均照章抽捐，惟油箱、廣雜貨箱均論箱完捐。鄂豫兩省完捐一次。其汴洛火車捐局已征之貨物運經豫鄂路線者，由鄂豫局查有汴洛捐票，照鄂豫捐則折半徵收，此項捐款全歸鄂有。民國以來循舊辦理，三年十一月間經財政廳擬具徵收貨捐章程並各項單據籌式詳准施行，以資整頓，惟藍票貨物因元年規復時商人要求減讓，經漢口商會議定八折完捐，報廳有案。其後紅票大同、豫業、宏大三公司因藍票折減，援例要求，由局通融，照八折完捐，並未報廳。上年經廳整頓，各加一成，原係八折者加至九折，八五折者加至九五折，終以時局未寧，商情艱困，致未實行。計五年預算列洋十七萬八千七百五十九元，新五年度預算同。茲將其年比分月列表如左：

鄂豫火車貨捐局年比分月表

月分	收錢數	合洋數	備考
一月分	四二、七六八、六二〇	三三、八八五、五七七	

續表

月分	收錢數	合洋數	備考
二月分	二七、八三一、五六六	二二、〇五〇、九四九	
三月分	四三、九四二、三五四	三四、八一五、五二七	
四月分	四四、二〇八、六一一	三五、〇二六、四八二	
五月分	四四、〇二九、六一八	三四、八八四、五六六	
六月分	三〇、九九二、八九二	二四、五五五、六六八	
七月分	二四、八二三、八六九	一九、六六七、九五一	
八月分	二九、六六五、九八六	二三、五〇四、三六一	
九月分	三三、七六六、七八九	二七、五四五、七二七	
十月分	四四、四六三、三〇七	三五、二二八、二七八	
十一月分	五〇、六二三、四七六	四〇、一〇八、九八〇	
十二月分	五一、八八二、九一二	四一、一〇六、八三一	
共計	四七〇、〇〇〇、〇〇〇	三七二、三八一、〇九七	本表所列比額係鄂豫兩省總數，鄂省應分得一半。參觀預算數

九、米捐

鄂省米捐計分三項：一爲兩湖賑糶米捐；二爲藕池口米捐；三爲出口賑糶米捐。兩湖賑糶米捐，前清光緒二十八年由湖南巡撫會同兩湖總督奏設兩湖賑糶米捐局，于省河、蘆林潭、雷灣、岳州、澧安等處設局，稽徵出口米穀，每米一石捐錢四百文，穀半之，儲爲鄂湘兩省賑糴之用。二十九年，湘紳張祖同等以捐額過重，米價奇昂，請減米爲三百，穀亦如米照減。三十三年，歲收大歉，仍議徵如前。是年議贖粵漢路票及美國金元小票需款暫在此款内撥付，於宣統元年經湖廣總督奏奉部議，每年除提還贖回粵漢鐵路英款本息及未贖之美國金元小票利息外，專爲接濟賑糴及地方積穀之需。宣統二年湘省試辦預算各經費不敷，議加抽米捐錢二百文，穀半之，爲籌還歷年虧欠，仍由各米捐局經收。按照向章湘鄂對分定案，而於加抽米捐分鄂之款内暫由湘留二成半作爲鄂省借撥之款，俟湘省財力充裕再行陸續撥還。農會補助捐，宣統二年經湘撫批准，米每石加抽十文，穀半之，爲補助農會經費。民國元年，湘省力翻前案，請將此款概歸湘有，經都督咨交前省議會核議主張分辦，一面令行財政司委派金委員崇爵赴湘磋議仍主合辦，擬于鄂之太平、藕池、調絃，湘之岳州、荆河腦五口設局，由湘派員駐局經收。凡南北米由民船裝運經過五口者，每石一律收捐六百文，穀則減半，不得再有北票照驗免釐之效，捐款兩省均分。其由輪運湖北下游各省銷售米穀，與湖北食户負擔無涉，由湘省全數收捐，不在均分之列。再米捐每石湘省向有農會捐錢十文，穀石減半，現南北米既一律抽收，此項附捐勢難獨爲，北米區分免納。查公、石等縣出境穀米無多，鄂省即可依據歷年收捐平均概數，于所收附捐内劃出，撥充湖北省農會經費。湘省贊同定案。此兩湖賑糴米捐之情形也。至藕池口米捐，係前清光緒二十九年因湘省勸辦賑糴米捐，由湘鄂兩省派員在荆州府屬石首縣藕池口、公安縣太平口設立復查卡專司查驗，出口南米有湘票者查驗放行，無湘票者照章補捐，本產所產北米免捐。嗣以藕池口毗連湘境，湖汊紛歧，路路可通，且船式土音無可辨別，往往南米混作北米，即使查出扣捐，而該幫人衆爭執滋事，請將北米照南米一律抽捐，旋據石首縣印委稟稱：該縣設立學堂每年約需三千串，亦請加抽北米捐，藉資挹注。當經核定北米每石抽錢二百文，另給北米捐印票，以杜影射。于三十年四月開辦，除提留該縣學堂經費三千串外，餘解交度支公所充用。民國元年開辦過境銷場稅，未及詳攷沿革，一律照前清統捐各局改辦過境銷場稅，作爲常設機關，並兼徵百貨，此藕池口米捐之情形也。查兩湖米捐，五年省地方預算列洋八萬元，新五年度省地方預算同藕池口。米捐，五年省地方預算列洋十一萬零一百八十二元，新五年度省地方預算列洋一十三萬八千陸百五十二元。又出口賑糶米捐，前清本有此項名目，前年各屬歲稱中稔，禁湘又開，灌輸較多，供過於求，米價低落，由漢口商董詳奉前巡按使署飭由武漢兩商會核議詳准暫予弛禁，自五年一月十四日爲始規定辦法，以一百五十萬擔爲額，每擔以一百斤爲標準，每米一百斤照海關稅率捐關平銀一錢。惟以輸運爲限，無論川贛湘等省輸入鄂省之米以及本省之米，凡商人採運由江漢關出口者一律收捐。自五年一月開辦起截至十月底止，共收關平銀二萬三千三百二十八兩七錢九分五釐。此項捐數每關平銀一百兩須提支關委津貼銀二兩、銀行經費銀二錢七分，餘款儘數作爲備荒經費之用。

十、船捐

安陸船捐始於前清咸豐八年因鍾祥堤工要需奏請抽收，至光緒三十一年改辦統捐，將襄陽、張家灣兩局船釐併由安陸局統收，定章鹽茶以包計算，其餘皆以石計，以所裝貨物之多少定捐數之多少。嗣因貨件多少彼此爭執，改爲以船隻之種類，分別大中小三等抽收，以一百文爲起點，以四串捌百文爲極點，爲中毛板一號征錢伍串文係屬例外。後以估抽辦法有抽至十串上下者，流弊極多，又經規定每船寬一尺收捐錢二百四十文，仿造部尺量船，但小船不用尺量，分別名目收捐，以一百文起至一串二百文止，空船一概免收。見於本省諮議局第二次常會議案並湖廣總督復文。但據該局報案，謂關辦之初每船止收數百文或一串文不等，後以船之寬長深計算，以三十文一石爲率，一百石之船捐錢三串文，不止百石與不及百石者皆照三十文類推。民國元年，暫照舊章抽收。嗣經張局長融以舊章三十文一石限至十串文爲度，有大船取巧之弊，因定以二十四文一石，無論大小照推抽收。至量船方法，區分幫口，以寬爲主，寓深長於寬之中，變通舊章，分條繕摺呈由財政司批准施行。今仍以二十四文一石抽收。五年省地方預算列洋八萬零零陸十九元，新五年度省地方預算列洋一十二萬一百零七元。茲將其年比分月列表如左：

鍾祥船捐局年比分月表

月分	收錢數（文）	合洋數（元）	備考
一月分	一七、四二〇、〇〇〇	一三、八〇二、〇〇〇	
二月分	九、二八〇、〇〇〇	七、三五二、〇〇〇	
三月分	一三、五四〇、〇〇〇	一〇、七二七、〇〇〇	
四月分	一二、六八〇、〇〇〇	一〇、〇四六、〇〇〇	
五月分	一一、七七〇、〇〇〇	九、三二五、〇〇〇	
六月分	一二、四七〇、〇〇〇	九、八八〇、〇〇〇	
七月分	一〇、一〇〇、〇〇〇	八、〇〇〇、〇〇〇	
八月分	七、〇〇〇、〇〇〇	五、五四六、〇〇〇	
九月分	八、二七〇、〇〇〇	六、五三六、〇〇〇	
十月分	一三、五八〇、〇〇〇	一〇、七五九、〇〇〇	
十一月分	一五、八三〇、〇〇〇	一二、五四二、〇〇〇	
十二月分	一九、六八〇、〇〇〇	九一、五五二、〇〇〇	
共計	一五一、六二〇、〇〇〇	一二〇、一〇七、〇〇〇	

十一、包裹稅

包裹稅一項創始於甘肅國稅廳籌備處，會商郵局，擬定簡章，於三年八月一日實行。嗣奉財政部通飭仿照辦理，經財政廳商同郵政管理局訂定辦法，其稅率按照過境銷場稅值百抽三例估本抽收，不及百文者免抽，責成各稅局經徵，其無局卡地方由各郵政局所代收。此項稅數隨徵隨解，尚無定額。至鄂豫火車貨捐局經收包裹稅，因豫省稅率係百分之五，鄂省稅率係百分之三，輕重不同，斷難因包裹稅一部分強使兩省一致。三年十二月，經湖北財政廳咨准河南財政廳，此後徵收包裹稅，凡在豫境分局遵照豫章辦理，鄂境則照鄂章辦理，但豫省火車局卡經收包裹稅仍應隨正解廳，以便連同鄂省收入稅款一併分撥，以符定章。

十二、貨物附加稅

按鄂省省防圍經費歲需四十三萬餘元，原在中央解款內動放。嗣因財政部停止發給，本年六月間奉省長令，飭以過境銷場稅現行稅則估本較輕，核定于正稅外附加十分之一，以資抵補，所有漢口、宜昌、沙市、武穴、襄陽各徵收局奉准附收之警捐即在此項附稅內撥用，不再另加，由財政廳轉令各徵收局一律自本年七月一日起實行。旋以竹木捐、膏鹽稅、茶稅均屬本省貨物範圍，又鍾祥船捐捐率本輕，奉令應一體附加，抵充省防圍及水警不敷經費，復經轉令各該局自八月十五日起照案啓徵，惟應鹽黑課因商情困難，又以爲數無多，經廳呈准暫免附加在案。

十三、應鹽紅爐附稅

應鹽紅爐附稅由應城膏鹽局經徵。應鹽徵稅向分紅、黑二課：開火熬鹽爲紅課，蓄水不熬爲黑課。紅課按爐計算，每爐一晝夜爲一班，徵錢五串二百文；黑課每峒按日計算，每日徵錢二百文。應鹽照章行銷本邑及天門、京山二縣，天門旱道艱阻，難以運銷，四年六月經該處峒商稟奉前巡按使署核准，假道漢川轉運，天門紅課每爐加稅錢三串八百文，以一串八百文作爲正課，連同原有正稅併案報解，以二串文作爲附稅另案報解，於四年六月一日起實行。自四年七月一日起至五年六月末日止，計實徵附稅錢一萬四千六百八十八串文。此項稅收除每月坐支附稅徵收經費錢三百二十八串外，餘數解繳財政廳，專款存儲，聽候省署撥用。

正 雜 稅 捐

一、契稅

鄂省契稅辦法屢經變易，前清季年有賣九典六之規定，民國成立改爲賣五典三。三年二月，奉頒布契稅條例及施行細則，定爲賣契九分、典契六分，曾經通飭遵辦。三年三月，奉財政部元、陽等電減輕稅率，又經電准仍照原案賣五典三徵收，十二月續奉財政部銑電，飭即遵照條例所定賣九典六稅率辦理，經財政廳詳准自四年四月一日起實行，飭縣遵辦，即現行之稅率。四年一月奉部頒補訂契稅條例施行細則爲手續上之整理，無關稅率問題。惟其中屢議變更，如四年四月奉財政部飭發驗契稅契辦法大綱內開：契稅稅率准照賣四典二征收。經財政廳查議，以所減過鉅，請仍改照舊案賣五典三。已奉部准，前巡按使爲顧全預算起見，批廳再行核議，即經酌擬變通辦法，除民國三年五月末日以前未經驗契之白契，一律投驗，准照賣五典三補稅，以九月一日至十月末日兩個月爲限（嗣又續展兩個月至十二月末日實行廢止）外，其三年六月一日以後成立者毋庸投驗，概照原案賣九典六完稅。奉部核准，遂以定案。計五年預算列洋四十六萬伍千四百六十四元，又專款預算列洋三十七萬二千三百元，新五年度預算及專款預算所列洋數俱同，現定每年全省總比額爲錢一百五十二萬七千一百六十串文。其各縣細數詳於左表：

湖北省各縣契稅比額表

縣別	元二兩年產價銀平均數（千串）	應徵九分契稅數（千串）	酌加二成徵數（千串）	核定全年比額（千）	折合法價洋數（千元厘）
武昌	一七七、二四〇	一五、九五一	三、一九〇	一九、一四〇	一五、一六四、六二二
鄂城	八八、〇四九	七、九二四	一、五八〇	九、五〇〇	七、五二六、八五〇
咸寧	一〇三、七九六	九、三四一	一、八七〇	一一、二一〇	八、八八一、六八三
嘉魚	七二、七六七	六、五四九	一、三一〇	七、八六〇	六、二二七、四七八
蒲圻	三九、〇五一	三、五一四	七〇二	四、二二〇	三、三四三、五〇六
崇陽	三六、五八九	三、二九二	六五八	一二、九五〇	三、一二九、五八五
通城	二二、八九〇	二、〇六〇	四一二	二、四七〇	一、九五六、九八一
陽新	一三三、八七〇	一二、〇四八	二、四〇九	一四、四六〇	一一、四五六、六五八
大冶	一三三、三七一	一二、〇〇三	二、四〇〇	一四、四〇〇	一一、四〇九、一二〇
通山	四〇、〇二一	三、六〇一	七二〇	四、三二〇	三、四二二、七三六
漢陽	一八一、九一七	一六、三七二	三、二七四	一九、六五〇	一五、五六八、六九五

續表

縣別	元二兩年產價銀平均數（千串）	應徵九分契稅數（千串）	酌加二成徵數（千串）	核定全年比額（千）	折合法價洋數（千元厘）
夏口				七八、八二〇	六二、四四九、〇八六
黃陂	二二五、九一〇	二〇、三三二	四、〇六六	二四、四〇〇	一九、三三二、一二〇
漢川	一三一、六〇九	一一、八四四	二、三六八	一四、二一〇	一一、二五八、五八三
孝感	一六七、七〇一	一五、〇九三	三、〇一八	一八、一一〇	一四、三四八、五五三
沔陽	三〇〇、六七一	二七、〇六〇	五、四一二	三二、四七〇	二五、七二五、九八一
黃岡	三五二、六一八	三一、七二五	六、三四七	三八、〇八〇	三〇、一七〇、七八四
黃安	八四、二三二	七、五八〇	一、五一六	九、一〇〇	七、二〇九、九三〇
黃梅	四一、三一八	三、七一八	七四三	四、四六〇	三、五三三、六五八
蘄春	二三四、四七八	二一、一〇三	四、二二〇	二五、三二〇	二〇、〇六一、〇三六
蘄水	三四七、八六三	三一、三〇七	六、二六一	三七、五七〇	二九、七六六、七一一

續表

縣別	元二兩年產價銀平均數（千串）	應徵九分契稅數（千串）	酌加二成徵數（千串）	核定全年比額（千）	折合法價洋數（千元厘）
麻城	三三四、八六八	三〇、一三八	六、〇二七	三六、一七〇	二八、六五七、四九一
羅田	七一、九七〇	六、四七七	一、二九五	七、七七〇	六、一五六、一七一
廣濟	二四七、八四九	二二、三〇六	四、四六一	二六、七七〇	二一、二〇九、八七一
安陸	七六、四九八	六、八八四	一、三七六	八、二六〇	六、五四四、三九八
雲夢	九二、四一五	八、二一七	一、六六三	九、九八〇	七、九〇七、一五四
應城	二二九、〇四三	二〇、六一三	四、一二二	二四、七四〇	一九、六〇一、五〇二
隨縣	七八五、六四九	七〇、七〇八	一四、一四一	八四、八五〇	六七、三二六、六五五
應山	二七七、九五四	二五、〇一五	五、〇〇三	三〇、〇二〇	二三、七八四、八四六
鍾祥	四四七、六九五	四〇、二九二	八、〇五八	四八、三五〇	三八、三〇七、七〇五
京山	六〇〇、五一一	五、四〇四	一、〇八〇	六、四八〇	五、一三四、一〇四
潛江	二三、七一七	二、一三四	四二六	二、五六〇	二、〇二八、二八八

續表

縣別	元二兩年產價銀平均數（千串）	應徵九分契稅數（千串）	酌加二成徵數（千串）	核定全年比額（千）	折合法價洋數（千元厘）
天門	三五〇、九〇〇	三一、五八一	六、三一六	三七、九〇〇	三〇、〇二八、一七〇
襄陽	四四四、〇五九	三九、九六五	七、九九三	四七、九六〇	三七、九九八、七〇八
棗陽	二一六、六一二	一九、四九五	三、八九九	二三、三九〇	一八、五三一、八九七
宜城	二二八、四八五	二〇、五六三	四、一一二	二四、六八〇	一九、五五三、九六四
南漳	四一五、九五四	三七、四三五	七、四八七	四四、九二〇	三五、五九〇、一一六
均縣	二四七、六四二	二二、二八七	四、四五七	二六、七四〇	二一、一八六、一〇二
光化	九四、九一四	八、五四二	一、七〇八	一〇、二五〇	八、一二一、〇七五
穀城	三五一、五〇二	三一、六三五	六、三二七	三七、九六〇	三〇、〇七五、七〇八
鄖縣	三四六、一五四	三一、一五三	六、二三〇	三七、三八〇	二九、六一六、一七四

續表

縣別	元二兩年產價銀平均數（千串）	應徵九分契稅數（千串）	酌加二成徵數（千串）	核定全年比額（千）	折合法價洋數（千元厘）
鄖西	一五九、二〇〇	一四、三二八	二、八六五	一七、一九〇	一三、六一九、六三七
房縣	一七三、五七一	一五、六二一	三、一二四	一八、七五〇	一四、八五五、六二五
竹山	一二一、〇八三	一〇、八九七	二、一七九	一三、〇八〇	一〇、三六三、二八四
竹谿	二四〇、〇〇四	二一、六〇〇	四、三二〇	二五、九二〇	二〇、五六三、四一六
保康	四八、五五一	四、三六九	八七三	五、二四〇	四、一五一、六五二
荊門	五三八、一〇〇	四八、四二九	九、六八五	五八、一二〇	四六、〇四八、四七六
當陽	二二三、八九七	二〇、一五〇	四、〇三〇	二四、一八〇	一九、一五七、八一四
遠安	五五、二三八	四、九八〇	九九六	五、九八〇	四、七三七、九五四
江陵	三一五、五四〇	二八、三九八	五、六七九	二四、〇八〇	一九、〇七八、五八四
公安	三〇七、七三六	二七、六九六	五、五三九	三三、二四〇	二六、三三六、〇五二

續表

縣別	元二兩年產價銀平均數（千串）	應徵九分契稅數（千串）	酌加二成徵數（千串）	核定全年比額（千）	折合法價洋數（千元厘）
石首	一二〇、三七〇	一〇、八三三	二、一六六	一三、〇〇〇	一〇、二九九、九〇〇
監利	九六、六八五	八、七〇一	一、七四〇	一〇、四四〇	八、二七一、六一二
松滋	二九五、三三五	二六、五八〇	五、三一六	三一、九〇〇	二五、二四七、三七〇
枝江	二四八、八八六	二二、三九九	四、四八〇	二六、八八〇	二一、二九七、〇二四
宜都	四九二、九一〇	四四、三六一	八、八七二	五三、二三〇	四二、一七四、一二九
宜昌	五二一、一六四	四六、九〇四	九、三八〇	五六、二八〇	四四、五九〇、六四四
秭歸	一二一、八八七	一〇、九六九	二、一九三	一三、一六〇	一〇、四二六、六六八
巴東	一三六、三八七	一二、二七四	二、四五四	一四、七三〇	一一、六七〇、五七九
長陽	九四、三三五	八、四九〇	一、六九八	一〇、一九〇	八、〇七三、五三七

續表

縣別	元二兩年產價銀平均數（千串）	應徵九分契稅數（千串）	酌加二成徵數（千串）	核定全年比額（千）	折合法價洋數（千元厘）
五峰	二七、五二九	二、四七七	四九五	二、九七〇	二、三五三、一三一
興山	六一、九〇七	五、五七一	一、一一四	六、六九〇	五、三〇〇、四八七
恩施	二四七、六五八	二二、二八九	四、四五七	二六、七五〇	二一、一九四、〇二五
建始	一二〇、二〇二	一〇、八一八	二、一六三	一二、九八〇	一〇、二八四、〇五四
宣恩	三六、六六六	三、三〇〇	六六〇	三、九六〇	三、一三七、五〇八
咸豐	五一、八六七	四、六六八	九三三	五、六〇〇	四、四三六、八八〇
來鳳	七二、六七六	六、五四〇	一、三〇八	七、八五〇	六、二一九、五五五
利川	二八二、九五七	二五、四六六	五、〇九三	三〇、五六〇	二四、二一二、六八八
鶴峰	三一、一六一	二、八〇四	五六〇	三、三六〇	二、六六二、一二八
共計	一三、五〇三、四九五	一、二一五、二八四	二四三、〇二九	一、五二七、一六〇	一、三〇九、九六八、八六八

續表

備考	——表列之數以錢爲本位 ——鄂省銀圓缺乏，所有商民交易均以錢爲本位。民間買典不動產，契價以錢數填寫者多，間有填寫銀數或洋數者，銀以一五合洋，洋以一五合錢征稅，故表列比均以錢數核定 ——表列折合洋數，係按鄂省預算，以七九二三法價折合 ——夏口一縣因受改革影響，元二兩年本有特別情形，不能作爲標準，前於核定各縣比額時曾經聲明另案核辦備案，嗣於本年三月間，查照四五兩年徵收實數，另定比額如表列之數，故上三欄從缺 ——典契稅包括本表酌加二成數內 ——表列比額總數共一百五十二萬七千一百六十串，以七九二三合法價洋一百二十萬另九千九百六十八元八角六分八釐。按照鄂省五年度預算，契稅共列洋八十三萬七千七百六十四元，以七九二三法價申合錢一百另五萬七千三百八十二串三百另五文，實多列錢四十六萬九千七百七十七串六百九十五文，以七九二三合法價洋三十七萬二千二百另四元八角六分八釐。合併聲明

二、牙稅

鄂省牙稅，前清向係征銀，原定稅率頗輕（繁上二兩，繁中一兩，繁下五錢，偏上一兩，偏中五錢，偏下三錢），嗣復酌量加重（繁上三兩，繁中一兩五錢，繁下七錢五分，偏上一兩五錢，偏中七錢五分，偏下肆錢五分），概由各縣按年徵解，並無一定徵期，且以錢折銀價格亦復參差不一。民國初元，仍循舊制。三年四月，奉財政部電頒整頓牙稅大綱四端，由國稅廳籌備處於擬定鄂省牙帖牙稅章程內規定改徵銀元（繁上年徵十六元，繁中十二元，繁下八元，偏上十二元，偏中八元，偏下四元），並定每年陽曆十月底爲繳清之期，逾期按月遞加十分之一罰金，至年底不完即責成原保賠繳稅款，於是年六月間詳准施行。四年九月，又奉財政部頒發整頓大綱八條，其第三條云：各牙紀常年稅則應比較直隸現行稅率（直隸稅率分六等：一等一百六十元，二等一百三十元，三等一百元，四等七十元，五等四十元，六等二十元）切實加徵，飭即妥定章程報部，並將此次牙稅增收之數專儲報解。經財政廳遵飭核議，於重訂徵收牙捐稅章程內，將常年稅率酌量增加，即以長期捐率十分之一爲牙稅稅率，並將徵收期限改爲上下兩期，仍分別規定滯納處分。短期稅率亦如之，惟併入捐款一次繳納。詳准於五年三月一日起一律實行，各縣均已遵照新章辦理。計五年預算列洋九千九百七十六元，新五年度預算同，又專款預算列洋十萬元。現照各縣造送牙戶清册所列戶數折作八成，再以新定稅率計算，共洋十一萬六千零四十元。其各縣應解稅款如附表：

各縣五年應徵牙稅表

縣別	五年應征牙稅表	備考
武昌	三、六四〇、〇〇〇	
鄂城	三、三八〇、〇〇〇	
咸寧	一、四〇〇、〇〇〇	
嘉魚	八四〇、〇〇〇	
蒲圻	二、五九〇、〇〇〇	
崇陽	七四〇、〇〇〇	
通城	一四〇、〇〇〇	
陽新	一、〇九〇、〇〇〇	
大冶	一、六四〇、〇〇〇	

續表

縣別	五年應征牙稅表	備考
通山	一九〇、〇〇〇	
漢陽	四、九四〇、〇〇〇	
夏口	一八、八六〇、〇〇〇	現由駐漢牙貼委員經收
黃陂	一、五六〇、〇〇〇	
漢川	四、一二〇、〇〇〇	
孝感	一、五六〇、〇〇〇	
沔陽	三、八六〇、〇〇〇	
黃岡	二、六二〇、〇〇〇	
黃安	四六〇、〇〇〇	
黃梅	一、三四〇、〇〇〇	
蘄春	一、五三〇、〇〇〇	
蘄水	二、三五〇、〇〇〇	
麻城	二、一五〇、〇〇〇	
羅田	二〇〇、〇〇〇	
廣濟	二、六六〇、〇〇〇	
安陸	一、二二〇、〇〇〇	
雲夢	一、四〇〇、〇〇〇	

續表

縣別	五年應征牙稅表	備考
應城	二、五四〇、〇〇〇	
隨縣	一、三四〇、〇〇〇	
應山	一、八一〇、〇〇〇	
鍾祥	三、一〇〇、〇〇〇	
京山	一、六〇〇、〇〇〇	
潛江	二、五四〇、〇〇〇	
天門	五、九八〇、〇〇〇	
襄陽	二、二二〇、〇〇〇	
棗陽	一、六八〇、〇〇〇	
宜城	七〇〇、〇〇〇	
南漳	二〇〇、〇〇〇	
均縣	一、一〇〇、〇〇〇	
光化	二、六七〇、〇〇〇	
穀城	五二〇、〇〇〇	
鄖縣	三五〇、〇〇〇	
鄖西	三〇、〇〇〇	
房縣	一〇〇、〇〇〇	

續表

縣別	五年應征牙稅表	備考
竹山	一四〇、〇〇〇	
竹谿	五〇、〇〇〇	
保康	五〇、〇〇〇	
荆門	二、一三〇、〇〇〇	
當陽	一、二二〇、〇〇〇	
遠安	七〇〇、〇〇〇	
江陵	九、七六〇、〇〇〇	
公安	四、三二〇、〇〇〇	
石首	七、〇七〇、〇〇〇	
監利	一、四六〇、〇〇〇	
松滋	一、三六〇、〇〇〇	
枝江	二、二六〇、〇〇〇	
宜都	一、五二〇、〇〇〇	
宜昌	四、三二〇、〇〇〇	
秭歸	向無牙戶	
巴東	三〇、〇〇〇	
長陽	八〇、〇〇〇	

續表

縣別	五年應征牙稅表	備考
五峰	二六〇、〇〇〇	
興山	向無牙戶	
恩施	一〇〇、〇〇〇	
建始	一二〇、〇〇〇	
宣恩	二〇、〇〇〇	
咸豐	四三〇、〇〇〇	
來鳳	三五〇、〇〇〇	
利川	六七〇、〇〇〇	
鶴峰	五二〇、〇〇〇	
共計	一一六、〇四〇、〇〇〇	

三、當稅

鄂省當舖前清分典質兩種，每年徵稅僅及典舖，稅率亦輕（年約銀十兩）。若質舖不過年納海防、善後等捐（約在百兩上下）而已，並無所謂稅也。民國初元，亦未定有徵稅專章。至三年四月間奉財政部電頒牙稅大綱四端，對於典帖收稅主張特別加重。經國稅廳籌備處擬具鄂省當帖稅章程，會同前民政長呈部核准，於六月間通頒遵行。依據此項章程，不分典質，一律征收，繁盛年征稅銀二百元，偏僻年征稅銀一百五十元，分兩期完納。計五年預算列洋一萬零二百八十六元，新五年度預算同。五月四月間，經財政廳按照近年各縣實解數核定年額共洋二萬一千七百元。其各縣細數如左表：

各縣當稅年額表

縣別	應徵稅額		備考
武昌	一、二〇〇	〇〇〇	
鄂城	六〇〇	〇〇〇	
咸甯	七五〇	〇〇〇	
嘉魚	七五〇	〇〇〇	
崇陽	六〇〇	〇〇〇	
通城	九〇〇	〇〇〇	
陽新	三〇〇	〇〇〇	
大冶	三〇〇	〇〇〇	
通山	四五〇	〇〇〇	
漢陽	一五〇	〇〇〇	
夏口	四〇〇	〇〇〇	
漢川	一五〇	〇〇〇	
孝感	六〇〇	〇〇〇	
沔陽	一、五〇〇	〇〇〇	
黃岡	一、〇五〇	〇〇〇	

续表

縣別	應徵稅額		備考
黃安	一五〇	〇〇〇	
黃梅	三〇〇	〇〇〇	
蘄春	三〇〇	〇〇〇	
蘄水	一五〇	〇〇〇	
麻城	一、三五〇	〇〇〇	
廣濟	六〇〇	〇〇〇	
雲夢	一五〇	〇〇〇	
應城	三〇〇	〇〇〇	
鍾祥	七五〇	〇〇〇	
天門	四五〇	〇〇〇	
襄陽	九〇〇	〇〇〇	
棗陽	一五〇	〇〇〇	
宜城	一五〇	〇〇〇	
均縣	三〇〇	〇〇〇	
房縣	一五〇	〇〇〇	
荊門	六〇〇	〇〇〇	
當陽	四五〇	〇〇〇	

续表

县别	应征税额		备考
江陵	二、〇〇〇	〇〇〇	
石首	一五〇	〇〇〇	
监利	一五〇	〇〇〇	
松滋	九〇〇	〇〇〇	
枝江	六〇〇	〇〇〇	
宜都	一五〇	〇〇〇	
宜昌	四〇〇	〇〇〇	
共计	二一、七〇〇	〇〇〇	

四、屠宰税

查屠宰税前清并无此项收入，民国四年一月间，奉财政部颁行屠宰税简章，是为屠宰税之缘起。是年二月，由财政厅遵饬拟定省城屠宰税施行细则奉部核准，并奉将原订细则第二条修改，颁发各县，限文到半月内实行开办。陆续据各县报告，至四年十二月开办齐全。原定税额，猪每头大洋三角，牛每头大洋一元，羊每头大洋二角。此项税额由宰户完纳，不分牝牡大小及冠婚丧祭年节等用，亦不问曾否完纳统捐或通过等捐一律照征。凡屠宰时，须先期赴征收所完纳屠宰税，领取厅颁执照，方准宰杀，逐日清晨由征收所查验，查验之后方准出售。如不纳税领照而宰杀者，一经查出或告发，每猪牛羊一头照税额以二十倍处罚征收。经手人如有扶同舞弊及浮收侵蚀者，照所得之数以百倍处罚。征收官如有前項情弊，照徵收釐稅考成條例第十六條處罰。其告發漏納屠宰稅者，查實後准於所收罰金內提十分之五作獎賞費。至於徵收手續，應先調查城鄉市鎮屠户姓名牌號及每户屠宰豬牛羊之約數，或以日計，或以月計，編造清册。俟徵收區域劃定以後，將此項屠户清册分區發交徵收所覆查釐定。如有閉歇或新開之屠户，均應向該管徵收所報明，分別開除增補。如新開之户未經報明擅自開宰者，每豬牛羊一頭處以應納稅額之二十倍罰金，屠户有抗不服查或抗不納稅者，由各徵收所陳明縣知事嚴懲，并得就近送交警察官署罰辦。又屠户每日開宰豬牛羊，如有以多報少情弊，一經查實或告發，每豬牛羊一頭處以應納稅額之二十倍罰金。至徵收經費，照部定簡章准由屠宰稅項下提百分之五開支，其後經財政廳詳准改作百分之十，由縣於屠宰稅項下坐扣。旋經財政部以宰殺耕牛有妨農業，而所收稅款又以豬羊兩項爲多，於五年十一月重行修正呈准，將宰牛一項停止課稅，就豬羊兩項每頭酌加一角，計豬每頭改徵四角，羊每頭改徵三角，以資抵補，令飭照辦。經財政廳遵將施行細則修正呈部備案，一面通令各縣遵照辦理。計五年預算列洋九萬元，新五年度預算同。又專款預算列洋五萬零四百元，現定全年比額爲三十六萬八千六百元。茲將各縣分配比額及解數列表如左：

湖北省各縣屠宰稅三年七月至五年六月解數表

縣別	全年比額	全年實解	盈	絀	摘要
武昌	三〇、〇〇〇、〇〇	一七、七八五、三〇		四成	四年六月開辦，至五年六月止
鄂城	四、〇〇〇、〇〇〇	二、五六六、八〇〇		三成以上	四年五月開辦，至五年六月止

續表

縣別	全年比額	全年實解	盈	絀	摘要
咸寧	二、〇〇〇、〇〇〇	二、七〇七、二九〇	三成以上		四年五月開辦，至五年五月止
嘉魚	二、〇〇〇、〇〇〇	一、二二一、三〇〇		三成以上	四年五月開辦，至五年六月止
蒲圻	二、〇〇〇、〇〇〇	二、一二一、六四四	不及一成		四年六月開辦，至五年五月止
崇陽	三、〇〇〇、〇〇〇	一、六三七、四四六		四成以上	四年六月開辦，至五年四月止
通城	二、〇〇〇、〇〇〇	二、五六三、九二〇	二成以上		四年五月開辦，至五年二月止
陽新	四、〇〇〇、〇〇〇	一、九四五、七一〇		五成以上	四年五月開辦，至五年六月止
大冶	四、〇〇〇、〇〇〇	六、〇〇九、一二〇	五成以上		四年五月開辦，至五年六月止
通山	二、四〇〇、〇〇〇	一、七六七、三七五		二成以上	四年六月開辦，至五年六月止
漢陽	二一、〇〇〇、〇〇〇	八、三七八、八一〇		六成以上	四年六月開辦，至五年五月止
夏口	六六、〇〇〇、〇〇〇	三、四六二、五〇〇		四成以上	四年七月開辦，至五年六月止
黃陂	八、〇〇〇、〇〇〇	五、九七七、七一〇		二成以上	四年六月開辦，至五年四月止

續表

縣別	全年比額	全年實解	盈	絀	摘要
漢川	六、〇〇〇、〇〇〇	二、六四六、七二〇		五成以上	四年十月開辦，至五年二月止
孝感	一〇、〇〇〇、〇〇〇	一一、二八一、三一三	一成以上		四年六月開辦，至五年四月止
沔陽	六、〇〇〇、〇〇〇	三、五八一、六四〇		四成以上	四年五月開辦，至五年三月止
黃岡	六、〇〇〇、〇〇〇	一、三七六、一一〇		七成以上	四年十一月開辦，至五年六月止
黃安	六、〇〇〇、〇〇〇	四、七三五、八〇〇		二成以上	四年五月開辦，至五年四月止
黃梅	四、〇〇〇、〇〇〇	三、四七五、二二八		一成以上	四年五月開辦，至五年六月止
蘄春	四、〇〇〇、〇〇〇	三、三六〇、〇〇〇		一成以上	四年五月開辦，至五年六月止
蘄水	四、〇〇〇、〇〇〇	三、九五六、九三五		不及一分	四年七月開辦，至五年六月止
麻城	六、〇〇〇、〇〇〇	八六四、〇〇〇		八成以上	四年十二月開辦，至五年三月止
羅田	二、〇〇〇、〇〇〇	一、二七一、一五〇		三成以上	四年四月開辦，至五年五月止
廣濟	五、〇〇〇、〇〇〇	三、五四〇、〇六〇		二成以上	四年六月開辦，至五年六月止

續表

縣別	全年比額	全年實解	盈	絀	摘要
安陸	四、〇〇〇、〇〇〇	一、九四一、七〇〇		五成以上	四年七月開辦,至五年六月止
雲夢	四、〇〇〇、〇〇〇	三、〇二〇、六五□		二成以上	四年五月開辦,至五年五月止
應城	四、〇〇〇、〇〇〇	二、五二七、九〇〇		三成以上	四年六月開辦,至五年六月止
隨縣	四、〇〇〇、〇〇〇	三、九四八、四二〇		一分以上	四年四月二十一日開辦,至五年六月止
應山	四、〇〇〇、〇〇〇	二、四一二、□三〇		三成以上	四年七月開辦,至五年六月止
鍾祥	六、〇〇〇、〇〇〇	四、五八四、八四〇		二成以上	四年六月開辦,至五年六月止
京山	六、〇〇〇、〇〇〇	四一八、五〇〇		九成以上	四年十一月開辦,至五年三月止
潛江	二、〇〇〇、〇〇〇	六一八、七五〇		六成以上	四年四月開辦,至五年六月止
天門	八、〇〇〇、〇〇〇	六、五三四、一八〇		一成以上	四年六月開辦,至五年六月止
襄陽	六、〇〇〇、〇〇〇	五、七六九、七三〇		不及一成	四年四月十五日開辦,至五年六月止
棗陽	五、〇〇〇、〇〇〇	二、二八〇、□六一		四成以上	四年七月開辦,至五年六月止

續表

縣別	全年比額	全年實解	盈	絀	摘要
宜城	三、〇〇〇、〇〇〇	七六二、〇八〇		七成以上	四年六月開辦，至是年年底止
南漳	二、〇〇〇、〇〇〇	七八〇、五七〇		六成以上	四年九月開辦，至五年六月止
均縣	三、〇〇〇、〇〇〇	一、二〇二、二四四		五成以上	四年六月開辦，至年底止
光化	五、〇〇〇、〇〇〇	二、五六一、七四〇		四成以上	四年四月十日，至五年六月止
穀城	四、〇〇〇、〇〇〇	七、九一六、〇四〇	十成		四年六月開辦，至五年六月止
鄖縣	三、〇〇〇、〇〇〇	二、一八〇、三三〇		二成以上	四年五月開辦，至五年五月止
鄖西	一、二〇〇、〇〇〇	三、〇一七、三三〇	五成以上		四年九月開辦，至五年三月止
房縣	二、〇〇〇、〇〇〇	一、〇七六、五八〇		一成	四年十月開辦，至五年六月止
竹山	一、〇〇〇、〇〇〇	八五三、九二〇		一成以上	四年七月開辦，至五年三月止
竹谿	一、〇〇〇、〇〇〇	七八四、五六五		二成以上	四年十月開辦，至五年六月止
保康	一、〇〇〇、〇〇〇	三二七、〇六〇		六成以上	四年五月開辦，至十二月九日止

續表

縣別	全年比額	全年實解	盈	絀	摘要
荊門	六、〇〇〇、〇〇〇	五、一六三、七五〇		一成以上	四年六月開辦，至五年六月止
當陽	六、〇〇〇、〇〇〇	二、六〇四、七八〇		五成以上	四年七月開辦，至五年六月止
遠安	一、〇〇〇、〇〇〇	六一七、二二〇		三成以上	四年七月開辦，至五年六月止
江陵	一六、〇〇〇、〇〇〇	七、九八一、七五五		五成以上	四年十一月開辦，至五年六月止
公安	三、〇〇〇、〇〇〇	二、三六一、二四〇		二成以上	四年六月開辦，至五年四月止
石首	四、〇〇〇、〇〇〇	一、七五二、五七〇		六成以上	四年七月開辦，至五年三月十九日止
監利	六、〇〇〇、〇〇〇	一、三二〇、七五〇		七成以上	四年七月開辦，至五年一月止
松滋	六、〇〇〇、〇〇〇	六、九二五、八六〇	一成以上		四年五月開辦，至五年六月止
枝江	四、〇〇〇、〇〇〇	三、〇二六、一七〇		二成以上	四年十二月開辦，至五年五月止
宜都	三、〇〇〇、〇〇〇	二、二一一、三六三		二成以上	四年六月開辦，至五年六月止
宜昌	八、〇〇〇、〇〇〇	一〇、三六八、七一〇	三成以上		四年六月開辦，至五年六月止

續表

縣別	全年比額	全年實解	盈	絀	摘要
秭歸	一、二〇〇、〇〇〇	四三二、〇〇〇		六成以上	四年十二月十日開辦，至五年五月止
巴東	一、二〇〇、〇〇〇	一、一〇二、五七〇		不及一成	四年七月開辦，至五年六月止
長陽	一、二〇〇、〇〇〇	六二四、九六〇		四成以上	四年七月開辦，至五年六月止
五峰	一、〇〇〇、〇〇〇	未解			
興山	一、〇〇〇、〇〇〇	六一九、七四〇		二成以上	四年六月開辦，至五年六月止
恩施	三、〇〇〇、〇〇〇	四〇〇、〇〇〇		八成以上	四年七月開辦，至年底止
建始	一、六〇〇、〇〇〇	六三八、九九〇		六成以上	四年四月開辦，至五年二月止
宣恩	一、二〇〇、〇〇〇	四一五、七九三		六成以上	四年六月開辦，至年底止
咸豐	一、〇〇〇、〇〇〇	未解			
來鳳	一、六〇〇、〇〇〇	四八四、五二〇		六成以上	四年七月開辦，至五年上半年止。來文未叙月分，無從查填

续表

县别	全年比额	全年实解	盈	绌	摘要
利川	二、〇〇〇、〇〇〇	二、八一四、三一〇	四成以上		四年六月开办，至五年六月止
鹤峰	一、〇〇〇、〇〇〇	一、〇〇〇、〇〇〇	及额		四年分系由胡恩溥垫解。未叙月分，无从查填
共计	三六八、六〇〇、〇〇〇	二三七、七九五、〇八二		三成以上	
备考	查屠宰税比额系从四年七月起算，惟各县开办时日未能一致，有五月间已开办者，有迟至十二月始行开办，是以比较盈绌并无一定标准，姑就各县已解到库之款列表备攷。总计自四年七月起，至五年六月止，扣足十二个月，亏短三成以上。合并附志					

五、印花税

民国元年十月公布印花税法，二年四月奉财政部通令开办并颁发施行细则，六月奉令京内外各衙门各局所发放款项内搭放印花，随发搭放印花办法理由书。凡由国库发放之款搭放印花税票千分之二。二年七月准财政部总发行所邮寄印花税票到鄂，八月经国税厅筹备处将奉发印花连同法案及施行细则分别转发各县局，饬遵部限自奉到印花三十日为施行之期，并饬知查照施行细则，各支发行所承售印花得照实售印花票面价额扣提百分之七经费。惟各属风气未开，新税创行不无观望。至二年拾二月始，据各县局呈送报告册，销数均极微末，各县大半多系搭放，惟各局稍有发卖。嗣奉部令严饬整理。三年四月经处拟具各县发卖印花暨省城及各县招募代售印花酬金暂行专则，呈部核准，通颁各县遵办，大縣每月派銷一百圓，中縣七十圓，小縣五十圓。又於三年陸月以各徵收局之銷售尚形暢旺者，由於來往貨船責令呈驗發貨憑單補貼印花所致，當將第一類發貨票憑單兩種參照第二類十一種紙面銀數一律估本照累進法貼用印花，擬具簡章呈部核准通行，并由部通飭各省仿照辦理。現在已於第二類項下列爲專條，定名爲商民運貨憑單（如無此項憑單得由釐局代立），其第一類貨票憑單仍照列。三年九月奉部飭發制定關於人事證憑貼用印花條例，三年十二月奉部飭推廣印花稅額，所有各種契約單據除價值銀圓十圓以上者仍依法定稅額貼用印花外，在十圓以下者無論屬於第一類第二類均一律貼用印花一分，並發修正稅法各條。是月又奉部飭改定提成辦法，嗣後印花稅收入除由縣提七厘經費外，縣知事得提三成補助費，巡按使、財政廳各提一成公費，各局仍照原案提扣百分之七經費，但逾三百圓者，得照公估局提成法辦理，各局收入票價使署及財政廳不得照提一成公費，自四年一月實行。當經財政廳以貼用辦法既已推廣各縣，派額自應增加，每月派額一千元者計武昌夏口兩縣，八百元者三縣，五百元者二十六縣，三百元者二十五縣，二百元者十三縣，各縣月額合計二萬七千五百元，年額合計三十三萬元，并定勸懲章程通行遵辦。四年二月奉部發印花稅法罰金執行規則，四年三月奉飭試辦藥品香類貼用印花頒定辦法七條，四年五月於轉詳商會議改貼用印花辦法案內奉部批未滿一元之契約單據准予免貼，四年九月奉部電改定印花提成辦法，無論部省委託承售各機關均按額定經費扣支百分之七。惟縣知事扣支一成並准予縣署實售票價內提撥百分之五爲津貼巡警檢查之用，其轉發商會代售者提給百分之七經費，縣知事仍提一成，惟不得再提巡警津貼，其財政廳經費准其實用實銷，但至多不得逾各縣票價總數百分之三，自四年十月一日實行，所有從前補助經費公估局提成辦法一律廢止。又當票一種本爲稅法第一類十五種之一，其貼用印花辦法原頒法案十元以上者貼印花一分，自推廣印花辦法頒行後，於是十元以下一元以上均一律貼用印花一分，惟當商以商情困難，各省亦未通行爲詞，並據蘄春縣典商以蘇贛兩省各典一元以上當票照收來當者票紙費一分，其印花概歸典商貼用，詳部核准有案，禀由該縣知事詳情查示仿辦，當即咨准蘇贛兩省財政廳查案咨復，經廳參照蘇贛兩省成案，凡三元以下一元以上之當票在三個月內取贖者，於取贖時由典商酌收票紙費一分，詳奉巡署核准，咨部立案，即定四年十一月一日爲實行期。四年十二月奉飭，據各省商會暨各省典商代表以當業困難公同請求將當本在四元以上者遵貼印花一分，仍由各該典商担負繳納，不向民人索取紙費，其一圓以上四圓以下之票如當商照章貼用仍准酌收票紙費，以上辦法經部核准以五年六月底爲限，限滿仍照推廣印花稅辦法辦理，即經通行遵辦，并將廳詳定案取銷。五年六月奉部飭將前案再准展限半年，截至五年十二月底爲限。至派銷之數，五年四月間經廳又將上年各縣派額重行更定，計夏口年額一萬八千圓，武昌年額九千圓，漢陽、江陵、宜昌等三縣年額七千二百圓，鄂城、蒲圻、陽新、大冶、黃陂、漢川、孝感、沔陽、黃岡、黃安、黃梅、蘄春、蘄水、麻城、廣濟、應城、隨縣、鍾祥、京山、天門、襄陽、棗陽、宜城、光化、荊門、監利等二十六縣年額四千五百圓，咸甯、嘉魚、崇陽、通城、通山、羅田、安陸、雲夢、應山、潛江、南漳、均縣、穀城、鄖縣、鄖西、房縣、當陽、遠安、公安、石首、松滋、枝江、宜都、恩施、利川等二十五縣年額二千七百圓，竹山、竹谿、保康、秭歸、巴東、長陽、五峰、興山、建始、宣恩、咸豐、來鳳、鶴峰等十三縣年額一千八百圓，統計各縣年額爲二十五萬六千五百圓。各局向未派有定額，現仍舊貫。計五年專款預算列洋二十四萬圓，新五年度專款預算列洋三十萬圓。此項稅務自本年二月起已移交印花稅分處辦理。

六、特種營業執照稅

特種營業執照稅，民國三年八月奉財政部頒發特種營業執照條例及施行細則，飭定開辦日期先行報部，當經財政廳擬具籌辦方法及期限清單，定三年十月一日爲施行之期，詳部核准，通飭各縣遵辦。三年十月奉部飭，辦理此項營業稅經費准照直隸辦法，於所收稅款內提百分之五，以二分解充財政廳印刷郵電費，其餘三分作爲各縣辦理經費。三年十二月間，各縣多以商業困難、碍難舉辦爲詞，詳請展緩，其詳報開辦者僅大冶、通山、黃安、棗陽、天門、松滋等十餘縣，並請領營業執照。巴東一縣雖將進行方法詳報，然至今並未實行。嗣因京師地方奉大總統批令緩辦後，各縣又復懇請援案展緩，雖經批飭照舊進行，仍多觀望。又據全國商會聯合會湖北事務所函請轉詳財政部暫緩舉辦，當以稅率僅及千分之二五，數極輕微，應請勸導遵行等語函復。當時實行徵稅者尚衹二十二縣，每年收入不過二千餘圓。上年十一月奉財政部令飭暫行停辦，即經由廳通行各縣遵照。

七、烟酒牌照稅

民國三年財政部頒定烟酒牌照稅條例，遵令分飭各縣局自三年上期起一律開辦。各縣局因調查手續繁重，卒難辦竣，詳請自三年下期實行，均未照准。然三年上期開徵者實居少數。四年經財政廳詳部核准，改由三年下期爲始，並將已完上期稅款遞抵下期稅款飭縣遵行。此項稅務已於五年四月咨交公賣局接管。計五年專款預算列洋十二萬五千圓。

八、牙帖捐

鄂省牙帖前清定章分爲繁盛、偏僻兩種，每種又分爲上中下三則，捐率固各不同（繁上計錢一千串，繁中五百串，繁下二百串，偏上七百串，偏中三百串，偏下一百串），而年限則均以六十年爲滿。民國元年二月間，前財政司議從整理舊帖入手，擬具章程，會同內務司呈由都督咨交省議會議決，就舊有牙帖不及等級一律收捐一成，繳帖換照，其營業年限統按經過未及來合併計算，仍以六十年爲滿，於五月間公布施行，并派委員分赴各縣辦理。七月間復由財政司擬訂鄂省牙帖暫行登記章程，將行商資格請帖手續以及防制弊混等項畧爲規定，並將繁中、繁下捐率改爲六百串及三百串，餘仍前清之舊，會同內務司呈由前民政長咨交省議會議決，于十月間公布施行。至二年七月一日國稅廳籌備處成立，前項一成執照經處電飭，於是日起一律停換，其未經換照各戶令照新章領帖，以漢口爲牙戶繁盛之區，委任專員駐辦。三年四月間，奉財政部電頒整頓牙稅大綱四端，經處參照原章擬具鄂省牙帖牙稅章程並施行細則，會同前民政長呈部核准，即於六月間飭縣遵行。所有各種辦法與舊章略有異同，惟年限改爲三十年。四年四月間，財政廳又將前項章程加以修改，訂定修正徵收牙稅章程內增短期牙戶一種，期限以一年爲滿，捐率則照長期年限攤算酌量加重，并將年稅併入一次徵收（繁上計錢一百串，繁中七十五串，繁下五十串，偏上八十五串，偏中五十串，偏下二十串）。又復嚴加限制，以杜避就（原章第十四條內載，短期牙帖原爲無力請領長期者而設，除繁盛區域內之藥材、杉木、大木、建板、綫蔴、棉花、苧蔴、西貨、綢緞、牛皮、棉紗、茶葉、鷄鴨蛋、桐油、木油、菜蔴油、石膏、紙張、生漆、夏布、白布，偏僻區域內之西貨、廣貨、綢緞、鋼鐵、大木、紅茶、黑茶、絲、苧蔴、棉花等牙行，著名大宗營業仍應捐領長期牙帖外，其餘各牙行，無論新開舊設，願領長期、短期，聽從其便）。並另訂整理一成捐換執照辦法，凡前經繳帖換照之戶，各按前清發帖之年起算，經過三十年者一律無效，令請新帖；其在三十年以內者，准自領帖之年起算，按經過年分之多寡爲補繳捐款之標準，未滿年限准予抵捐，前繳一成捐款並准扣除，均於六月間詳准頒行。除漢口已設專員外，並於牙戶較多區域（廣濟、襄陽、光化、江陵、荆門、宜昌等縣）派員會縣辦理。四年九月間，奉財政部飭發整頓大綱八條，除第一、二、六、八各條係關於取締舊帖及徵解款項各手續外，其第三條云各牙紀常年稅率則應比照直隸現行稅率（直隸分六等，每年應納稅率，一等一百六十元，二等一百三十元，三等一百元，四等七十元，五等四十元，六等二十元，分兩期完納）切實增加，第四條云牙帖營業年限至多不得過十年，凡從前逾限之舊帖概行取銷，另行繳費領帖；第五條云帖捐稅率亦以直隸爲適中數（直隸牙帖分六等，各牙應繳捐率，一等三百元，二等二百五十元，三等二百元，四等一百六十元，五等一百二十元，六等八十元，均於領帖時一次繳足），其各省定章有超過者悉仍其舊，不及者應比較加增各等語；又第七條云各縣田地房屋之牙紀應改名爲官中，其繳捐領帖等手續悉照牙帖例辦理。經廳衡量商力，參酌情形，除捐換一成執照展期至五年三月底截止實行取銷外，此後新領牙帖年限均以十年爲滿，幷將短期牙帖章程另行修正，至第七條牙紀改爲官中一節，以鄂省民間買賣田房產業向係自由憑中說合，並非官爲經紀，習慣相沿，與北地情形不同，勉強組織，恐不便民，且恐置產者擔負過重，影響及於契稅，揆諸鄂省情形礙難遽行遵辦各情，於五年一月間詳部核准，即飭各縣於三月一日起一律遵照重訂徵收牙捐稅章辦理，帖捐改錢爲銀，除年限縮短外，與原章無甚出入。牙稅雖經酌加，但照部定標準減縮已多，其整理一成執照辦法，原擬是年三月底停止捐換，嗣因各屬請求展限，迄今尚未結束，惟新開行戶無論長期、短期統已遵照新章繳捐領帖。此項帖捐定率：長期牙帖繁上計銀幣六百元，繁中四百元，繁下二百元，偏上四百元，偏中二百元，偏下一百元；短期牙帖繁上一百八十元，繁中一百二十元，繁下六十元，偏上一百二十元，偏中六十元，偏下三十元。但係捐稅幷計，一次繳納，仍由縣以三分之二爲捐，三分之一爲稅，分款報解。當請領牙帖時，由商民自行呈請報明開行地點、姓名、牌號及何項貨目納捐等則，幷取具同行三家三聯保結，照頒定程式填寫，以二聯遞送縣署，以一聯送請商會稽查。如該處無同行三家，得由殷實商號三家作保，其保結送縣時，連同應繳捐款一幷繳縣審查登記，經縣知事審查合格，即行加具印結，連同保結一聯並該商所繳捐稅呈解到廳，查核無訛，填給牙帖及告示，發由該縣加蓋縣印，轉給具領。夏口一縣現由駐漢委員經辦，各種手續皆同，惟發給牙帖須先由委員送該縣公署加蓋縣印再行給領。五年四月間曾由委員詳請准予預發空白印帖以便隨時填發，仍須送縣加蓋縣印。至徵收經費，商民請領牙帖，不分等則，每張繳帖費洋一元二角，於請帖時與捐款一並繳納，以一半留縣作辦公經費，以一半解廳作製帖工料及催辦委員薪費之用，此外不得需索分文（此項經費從前未有規定，三年六月始定每帖一張僅大洋一元，悉數解廳，上年六月又改爲按照捐額附收百分之五之手數料，以七成留縣作辦公經費，以三成解廳作收回紙張印刷工本之用，本年三月新章實行，改爲今制）。近年來牙帖捐款收數尚屬暢旺，三年度收入總數計洋一十三萬六千八百一十二元，四年分（自七月分起至十二月分止）收數計洋一十八萬四千五百五十四元。

九、當帖捐

當舖一業前清分爲典、質兩種，均未定有帖章。惟經營典當者於開設之時，造具財產清册並同行保結稟，由該管縣署轉詳藩司專案報部，給予司帖開賈，所繳規費悉由各署分潤，並未歸公。至質當則由各縣詳請藩司彙案呈報，並司帖而無之，不過於海防、善後等捐，年稍報效，數雖不等，要皆不逾百兩，是當商雖經繳款而國家並未收有帖捐也。民國初元亦未議及徵收帖捐，至三年四月間，奉財政部電頒牙稅大綱四端，其第一條云典業爲大宗營業，典帖收稅應特別加重以裕稅源等語，經國稅廳籌備處以經營當業多係有力之家，自應化私爲公，飭領當帖，惟鄂省改革以來慘遭兵燹，當商損失較巨，亦應稍予體恤。議定捐取其輕，稅取其重，擬具鄂省當帖稅章程，會同民政長呈部核准，即於六月間飭縣遵行，無論典質均令換領新帖，新開之戶亦照此項章程辦理。規定帖捐，繁盛當帖銀元二百元，偏僻當帖銀元一百元。其請帖辦法由典商取具同行三家保結，並造具不動產清册，連同應納捐款繳縣審查登記，呈廳核給當帖。計三年度共徵收銀元六千七百二十一元，四年分（七月分起，十二月分止）共徵銀元五千零二十八元。

十、稅票捐

民國四年一月，前彰武上將軍與前巡按使會呈鄂省四年分籌濟中央增加各款案内列有税票捐一項，預算每年約收洋十萬元，五月抄發會呈，飭令財政廳核議辦法，定期實行，經廳以鄂省所用稅票約署計算，年需一百萬張上下，酌擬辦法，分等抽收，呈奉兩府咨部核准。會頒示諭，通飭縣局於四年七月一日一律施行。其定率，凡各縣局稅票，無論百貨及煙酒糖、竹木、膏鹽、船捐、茶釐及牲畜屠宰等一律隨票收捐，分爲六等，計正稅五十串以上每張收錢一串文，五十串以下三十串以上每張收錢五百文，三十串以下十串以上每張收錢二百文，十串以下五串以上每張收錢一百文，一串以上每張收錢五十文，不及一串者概收錢二十文；分撥票，無論撥貨若干，每張收錢五十文。各縣局經收稅票捐，應於票上另蓋紅戳，以爲收取之據，文曰奉飭附收稅票捐若干文，按月分別等次另造清册報廳查核。計五年預算列洋十萬元，但四年七月一日起至五年六月底止，縣局共收錢一十萬零五千九百二十四串三百七十二文，合洋八萬三千九百二十三元八角八分，比較預算短收洋一萬六千零七十六元一角二分，故新五年度預算僅列洋六萬元。惟於此所最宜注意者，稅票收捐以上列各種稅票爲限，他如罰金收據及驗契、稅契、牙當稅收據、特種營業執照、烟酒牌照並包裹稅稅單、免稅憑單等均准免收耳。

十一、夫役捐

夫役捐即漢口碼頭夫役所納之捐。民國二年十月規定每月額數爲一千七百六十三名，每名收捐錢二百文，由夏口縣知事署經徵報解，其夫役名額仍時有增減。自四年七月一日起至五年六月末日止，計收洋四千二百一十三元三角三分七釐。

十二、舖戶房捐

按舖戶房捐一項係由警察廳局向舖戶徵收之房捐，即以充警察經費之用。計漢口警捐局年約收洋九萬七千三百九十三元，宜昌警廳年約收洋二千三百八十七元，沙市警局年約收洋一萬零七百七十一元，共計收洋一十一萬五百五十一元。

雜　收　入

一、契紙費

查前清光緒末年行用官契紙徵收紙費係分四等，以產價之高下定收費之多寡，二十串以下者收銀六分，五十串以下者收銀一錢二分，五十串以上者收銀二錢，百串以上者收銀三錢二分。民國成立即經停止，當時適用白契執照並不收費。三年奉部頒契稅條例，規定契紙式樣由財政廳頒發，每張收費五角，但所收之費均作田賦徵收經費之用，並未解省。嗣於是年十一月，奉部飭祗准提支十分之二，其餘十分之八解省，定自三年十二月一日爲始，經廳詳准改由四年一月一日實行，分別解支。嗣於五年十二月，由廳呈准在各縣設立契紙發行所，規定以所售契紙價五成解省，五成留充辦公經費。計五年預算列洋五萬元，新五年度預算列洋四萬元。

二、申串

申串名稱因九八制錢而起，鄂省各縣徵收申串係因民國三年度預算所列田賦徵收經費奉財政部全數刪除，飭於正稅以外附收經費，經民政長、國稅廳籌備處會呈財政部，奉准規復賦稅申串以資抵補，四年七月於改定徵收經費案內分縣核計，全省六十九縣共約收申串錢一十四萬九千四十六串文。又各徵收局徵收申串係於民國三年五月經國稅廳籌備處呈奉財政部令准辦理，其用途原案呈明充作稅廳印製聯票等費，及稅廳各局臨時經費，續經財政廳呈准撥補本廳不敷經常費每月洋一千五百元。

三、漢粤川鄂路米釐公股息金

鄂省米釐公股即係鄂境漢粤川路款之賑糶捐，以湘鄂米捐一部分撥作贖路及路局經費之款，前經交通部呈准，以該款之用於贖路及川粵漢兩局經費者共八十一萬一千九百七十九兩一錢八分七釐，撥交財政部專案存儲，永爲湖北公共事業之不動基金，即以其息充地方公共事業之用。茲查該款八十餘萬兩，以七錢折合銀元一百一十五萬九千九百七十元二角六分七釐，自四年七月一日起全年六釐計息，每年應收息金六萬九千五百九十八元，現在通志局及武昌商業專門學校並省立工廠經費皆就此款指撥。

四、紗蔴絲布四局及模範大工廠租金

查湖北前清所辦紡紗、製蔴、繅絲、織布四局，自民國二年四月十六日起歸楚興公司承租，每年租金洋例銀一十二萬兩。又自三年十二月十五日起，每年加租銀八千兩，共計年收洋例銀一十二萬八千兩。現在此項收款每年除扣支修理費銀二萬餘兩外，餘數作爲退還應昌公司押款及賠償大維公司損失之用。又模範大工廠於本年一月一日起，由公信公司承租，定期十年，每年繳租錢一千二百串文，歲修之費概歸該公司擔認。

五、禁煙罰款

按鄂省各縣禁煙罰款，經前巡按使署規定，以三成立時充賞外，餘七成內以四成解交財政廳代收，聽候省長公署隨時撥充公用，又以三成充辦理貧民工廠經費，由各本管道尹監督。惟現值厲行煙禁，本年春間即屆禁絕之期，此後即無罰金收入。

六、警捐收入

警捐收入係漢口、宜昌、沙市三警察局專爲籌警察經費之收入，有客棧捐、車捐、樂戶捐、樂工捐、花捐、戲捐、輪渡捐、牲畜捐、肉捐、牛皮捐、百貨附加捐、錢攤捐、客戶捐、公房租金罰款、官錢局協餉等

項，名目繁多，極爲瑣細。照新五年度省地方預算列洋二十一萬二千五百零九元。

七、教育收入

教育收入即各學校向學生所收學費之收入，以省立法政專門學校、外國語專門學校、甲種農業學校、甲種工業學校、甲種商業學校、第一第二各中學校、第一第二第三各師範附屬小學校、模範高等小學、國民學校等所收學費，合計新五年度省地方預算列洋一萬九千四百零二元。

八、官業收入

按官業收入即官辦營業之收入，照新五年度省地方預算案，除模範大工廠業已停辦外，計官書處年收洋六千元，農事試驗場年收洋一萬元，林事試驗場年約收洋七百二十元，蠶桑試驗場年約收洋四千元，勸業場商品陳列館年約收洋一千九百六十二元，官紙印刷局年約收洋四萬零四百零七元，共計洋六萬三千零八十九元。

歲　　出

外　交　費

一、交涉員公署經費

鄂省改革以後即設外交司，直隸軍政府，草創之際並無預算。民國元年，臨時省議會議決，規定月支洋三千三百八十元，旋因事務員額少，不敷辦公，復經添設三員，追加洋一百四十元，月共支洋三千五百二十六元。二年五月遵令改組特派交涉員署，經費仍之，并於宜昌、沙市兩埠各設交涉員一人，每處歲支洋一萬一千八百三十六元。至三年四月奉財政部呈准，鄂省交涉經費定為年支洋三萬五千六百四十元，時則各交涉員已由外交部先後呈准歸各關監督兼任，經就規定數目分配漢口交涉署支洋二萬七千二百四十元，宜昌兼署支洋四千三百二十元，沙市兼署支洋四千零八十元，即於是年七月實行。惟漢口交涉紛繁，各國領事往來贈答交際費用數極不貲，不敷之數三年度係就前外交司節存款內動用，四年下半年列支洋一萬六千二百六十元，自五年度起年支洋三萬五百二十元。茲將其分配數目列表於左：

湖北各交涉署全年經費分配表

款目＼署別	官俸	薪水	工資	文具	郵電	購置	消耗	修繕	交際	雜支	共計（元）
漢口交涉署經費	一〇、八〇〇	三、八四〇	一、四四〇	一、二〇〇	二、一五六〇	三六〇	一、四四〇	二四〇	四、〇〇〇	五、六四〇	三〇、五二〇
宜昌交涉署經費	二、四〇〇	三一二	一八〇	一四四	二十六				七二〇	二四八	四、三三〇
沙市交涉署經費	二、八八〇	三一二	二六四	九六	一二〇				二八八	一二〇	四、〇八〇
總計	一六、〇八〇	四、四六四	一、八八四	一、四四〇	一、八九六	三六〇	一、四四〇	二四〇	五、〇〇八	六、一〇八	三八、九二〇
備考	各交涉署特派交涉員均係兼任職，不另支薪。其餘委任職，漢口八員，月支一百六十元者二員，一百二十元者一員，八十元者二員；宜昌三員，月支一百二十元者一員，八十元者一員，四十元者一員。此官俸之支配。漢口十二人，月支四十元者二人，三十元者一人，二十元者六人；宜昌一人，月支二十六元，沙市亦如之。此薪水之支配。兵役，漢口衛兵五名，月給十元者一，七元五角者四，公役十名，月各給八元。宜昌雜役一名，月給八元者一，七元者一，沙市雜役三名，月給八元者一，七元者二。此工食之支配。至文具、郵電消耗等費皆爲辦公所必需，交際尤國體之攸關										

二、漢口交涉署附屬租界洋務會審所及拘留所經費

漢口租界洋務會審所、拘留所改革以後附屬外交司，所需經費由司自行支配。民國元年臨時省議會規定，會審所歲支洋四千零三十二元，拘留所歲支洋八千一百三十六圓。二年外交司改組特派交涉員署，仍附屬焉。三年四月奉財政部呈奉核定湖北國家支出行政經費案內，會審所年支洋四千二百六十五圓，拘留所年支洋七千八百八十四元，並飭就本省情形自行酌量緩急支配勻挪，當因他項支出必須增加，就會審所核減洋二百六十九元，實支洋三千九百九十六元；拘留所核減洋七元二角，實支洋七千八百七十六元。嗣以訴訟日繁，會審所應添設審員，增支洋一千二百圓，年實應支洋五千一百九十六元。又拘留所警隊服裝費當時漏未列入，應添支洋一百三十二元，年實應支洋八千零零八元，均經詳奉財政部核准在案。五六兩年預算照此估列，茲將其經費分配數目列表如下：

漢口租界洋務會審所及拘留所全年經費分配表

款目\所別	薪俸	工資	文具	郵電	消耗	雜支	共計（元）
會審所	二、五四四	一、八一二	一四四	七八	四〇八	二一〇	五、一九六
拘留所	一、二九六	二、七一二	一三二		二、七七二	一、〇九六	八、〇〇八
總計	三、八四〇	四、五二四	二七六	七八	三、一八〇	一、三〇六	一三、二〇四
備考	會審所委員二人，一月支百元，一月支六十元；書記二人，各月支二十六元；承發吏門役四名，月各九元；收發一名，月支八元；局差五名，月各七元；法警六名，月各八元；偵探二名，月各十二元。又押犯口食一項月約十四元，在消耗費之內。拘留所所長，月支津帖六十元；書記二員，月各支二十四元；警士四名，月支九元者一，七元者三；衛目四名，月支各十二元；衛兵十三名，月各十元；雜役三名，月各六元。又押犯口食月約一百八十元，在消耗費之內。警衛服裝列入雜支						

內 務 費

一、省長公署經費

鄂省改革伊始軍政府兼領民政，至元年四月倡軍民分治之議，始設民政府，內務、財政、教育、實業、交通、司法各司屬焉。有時戎馬倉皇，一切政費均係隨時支銷，并無一定之準則。二年改組行政公署，裁交通、司法兩司爲閣署辦事制，經省議會規定，歲支洋四十二萬六千四百九十二元，至三年四月奉財政部呈奉核定年支洋二十五萬八千元。旋於六月遵令改組巡按使公署，裁司併科，復奉核減十一萬八千元，計年支洋十四萬元。上年改爲省長公署，一切仍舊，經費亦照案支給。茲將其經費分配數目列表如左：

湖北省長公署全年經費分配表

款目	全年應支數	備考
官俸	八八、八〇〇	省長月俸二千元，公費一千六百元；政務廳長月支四百六十元；秘書長月支三百元；秘書三員，月各支二百元；僉事四員，月各支二百二十元；技正一員，月支二百元；技士二員，月各支一百元；一級主事九員，月各支一百元；二級主事八員，月各支八十元；三級主事七員，月各支六十元；額外主事十員，月各支四十元
薪金	一六、九九二	一等事務員二十四員，月各支二十八元；二等事務員三十一員，月各支二十四元
工資	五、七六〇	公役八十名，月各支六元

續表

款目	全年應支數	備考
文具	六、五〇四	紙張年需三千六百元,筆墨年需八百四元,印刷年需二千一百元
郵電	一〇、四二八	郵電年需四千八元,電報費年需六千四百二十元
消耗	四、八六〇	油燭年需二千元,茶炭年需一千八百六十元
修繕	五〇四	
旅費	三、〇〇〇	
雜支	三、一五二	
共計	一四〇、〇〇〇	

二、道尹公署經費

鄂省民國二年二月置各道觀察使,曰鄂東觀察使,月支經費洋三千二百三十元;曰鄂西觀察使、曰鄂北觀察使,月各支經費洋三千一百三十元。三年四月奉財政部呈准,三署經費概算數爲十一萬二千八百元,經本省支配,鄂東、鄂西兩道年各支洋三萬八千四百元,鄂北一道年支洋三萬六千元。旋奉令改易各道名稱,并由內務部分別等級咨行到鄂,鄂東觀察使改爲江漢道尹,列一等,年支洋三萬五千元,是年九月實行;鄂西觀察使改爲荊南道尹,鄂北觀察使改爲襄陽道尹,均列二等,年各支洋三萬元,十月實行。嗣於十一月奉財政部飭知,各道尹公費業經呈奉批准減半給發,自十一月起,每月江漢道署應減洋五百元,荊南、襄陽兩道署各四百元。現查江漢道尹署每年實支洋二萬九千元,荊南、襄陽兩道尹署年各實支洋二萬五千二百元,三道署合計年共支洋七萬九千四百元。茲將其分配數目列表如左:

湖北各道尹公署全年經費分配表

款目＼署別	俸薪	工資	文具	郵電	消耗	旅費	雜支	共計（元）
江漢道尹公署	二〇、四九六	二、五〇四	一、六八〇	一、〇八〇	一、九二〇	四八〇	八四〇	二、九〇〇〇
荊南道尹公署	一八、五〇四	一、八六六	一、〇八〇	一、一五二	一、〇〇	八四〇	七二〇	二五、二〇〇
襄陽道尹公署	一八、五〇四	一、八九六	一、〇八〇	一、一五二	一、〇〇八	八四〇	七二〇	二五、二〇〇
總計	五七、五〇四	六、二九六	三、八四〇	三、三八四	三、九八六	二、一六〇	二、二八〇	七九、四〇〇

三、縣知事公署經費

鄂省改革之初，軍書旁午，地方政務無暇顧及，府縣組織各自爲謀，經費支銷參差不一。旋經內務司規定府縣暫行政綱，除武昌設府管轄舊江夏縣區域即今武昌縣外，其餘府廳州一律正名曰縣，縣府各設知事。不置書記、承啓、監印等官。內務、財政、勸業、統計各課，課設課長一人。惟統計課長大縣則以勸業課長兼任，中小縣則以書記兼任；勸業課長中小縣均由知事兼任，視事務之繁簡置課員三員或一員不等。並復會同財政司釐定府縣等級經費數目，提交臨時省議會議決，計全省六十九府縣，以武昌府暨夏口、江陵、宜昌爲大縣，月支錢一千六百零四串，其餘有爲中縣者，月支錢一千二百四十三串六百文，有爲小縣者月支錢九百七十三串四百文，以秭歸、興山、長陽、巴東、長樂、宣恩、來鳳、咸豐、建始、鶴峰、保康、竹山、竹谿等十三縣地僻事簡爲特別小縣，月支錢以八百串爲限，於元年八月實行。二年，中央公布現行官制組織，員額略減於前，省議會議決經費因之稍遜，大縣年支洋一萬五千二百六十四元，中縣年支洋一萬一千八百三十二元，小縣年支洋九千二百五十六元，秭歸等十三縣一體准此，並無所謂特別小縣名目也。三年四月，奉財政部呈准，本省六十九縣經費概算數共洋五十八萬四千六百四十元，旋經支配增加四千八百元，以漢陽升大縣，監利升中縣之故，至是全省凡稱大縣者五，年各支經費洋一萬二千元；中縣二十六，年各支經費洋九千八百四十元；小縣三十八，年各支經費洋七千二百元，七月一日隨新頒縣官制實行，迄今因之。茲將其經費分配數目列表如左：

湖北各縣知事公署全年經費分配表

款目 縣別	薪俸	工資	文具	郵電	消耗	旅費	雜支	共計 （元）
武昌縣	七、一七六	一、二二四	五二八	三四〇	五〇四	九八四	一、三四四	一二、〇〇〇
鄂城縣	六、〇九六	一、二二四	三一二	八四	二五二	七二〇	一、一五二	九、八四〇
咸甯縣	二、五五六	一、〇二〇	二四〇	六〇	二一六	二四	一六八	七、二〇〇
嘉魚縣	五、二五六	一、〇二〇	二四〇	六〇	二一六	二四〇	一六八	七、二〇〇
蒲圻縣	六、〇九六	一、二二四	三一二	八四	二五二	七二〇	一、一五二	九、八四〇
崇陽縣	五、二五六	一、〇二〇	二四〇	六〇	二一六	二四〇	一六八	七、二〇〇
通城縣	五、二五六	一、〇二〇	二四〇	六〇	二一六	二四〇	一六八	七、二〇〇

續表

款目\縣別	薪俸	工資	文具	郵電	消耗	旅費	雜支	共計（元）
陽新縣	六、○九六	一、二二四	三一二	八四	二五二	七二○	一、一五二	九、八四○
大冶縣	六、○九六	一、二二四	三一二	八四	二□二	七二○	一、一五二	九、八四○
通山縣	五、二五六	一、○二○	二四○	六○	二一六	二四○	一六八	七、二○○
漢陽縣	七、一七六	一、二二四	五二八	二四○	五○四	九八四	一、三四四	一二、○○○
夏口縣	七、一七六	一、二二四	五二八	二四○	五○四	九八四	一、三四四	一二、○○○
黃陂縣	六、○九六	一、二二四	三一二	八四	二五二	七二○	一、一五二	九、八四○
漢川縣	六、○九六	一、二二四	三一二	八四	二五二	七二○	一、一五二	九、八四○
孝感縣	六、○九六	一、二二四	三一二	八四	二五二	七二○	一、一五二	九、八四○
沔陽縣	六、○九六	一、二二四	三一二	八四	二五二	七二○	一、一五二	九、八四○
黃岡縣	六、○九六	一、二二四	三一二	八四	二五二	七二○	一、一五二	九、八四○
黃安縣	六、○九六	一、二二四	三一二	八四	二五二	七二○	一、一五二	九、八四○
黃梅縣	六、○九六	一、二二四	三一二	八四	二五二	七二○	一、一五二	七、八四○
蘄春縣	六、○九六	一、二二四	三一二	八四	二五二	七二○	一、一五二	九、八四○
蘄水縣	六、○九六	一、二二四	三一二	八四	二五二	七二○	一、一五二	九、八四○
麻城縣	六、○九六	一、二二四	三一二	八四	二五二	七二○	一、一五二	九、八四○

續表

款目縣別	薪俸	工資	文具	郵電	消耗	旅費	雜支	共計（元）
羅田縣	五、二五六	一、〇二〇	二四〇	六〇	二一六	二四	一六八	七、二〇〇
廣濟縣	六、〇九六	一、二二四	三一二	八四	二五二	七二〇	一、一五二	九、八四〇
安陸縣	五、二五六	一、〇二〇	二四〇	六〇	二一六	二四	一六八	七、二〇〇
雲夢縣	五、二五六	一、〇二〇	二四〇	六〇	二一六	二四	一六八	七、二〇〇
應城縣	六、〇九六	一、二二四	三一二	八四	二五二	七二〇	一、一五二	九、八四〇
隨　縣	六、〇九六	一、二二四	三一二	八四	二五二	七二〇	一、一五二	九、八四〇
應山縣	五、二五六	一、〇二〇	二四〇	六〇	二一六	二四	一六八	七、二〇〇
鍾祥縣	六、〇九六	一、二二四	三一二	八四	二五二	七二〇	一、一五二	九、八四〇
京山縣	六、〇九六	一、二二四	三一二	八四	二五二	七二〇	一、一五二	九、八四〇
潛江縣	五、二五六	一、〇二〇	二四〇	六〇	二一六	二四	一六八	七、二〇〇
天門縣	六、〇九六	一、二二四	三一二	八四	二五二	七二〇	一、一五二	九、八四〇
襄陽縣	六、〇九六	一、二二四	三一二	八四	二五二	七二〇	一、一五二	九、八四〇
棗陽縣	六、〇九六	一、二二四	三一二	八四	二五二	七二〇	一、一五二	九、八四〇
宜城縣	六、〇九六	一、二二四	三一二	八四	二五二	七二〇	一、一五二	九、八四〇

續表

款目\縣別	薪俸	工資	文具	郵電	消耗	旅費	雜支	共計（元）
南漳縣	六、二五六	一、〇二〇	二四〇	六〇	二一六	二四〇	一六八	七、二〇〇
均　縣	五、二五六	一、〇二〇	二四〇	六〇	二一六	二四〇	一六八	七、二〇〇
光化縣	六、〇九六	一、二二四	三一二	八四	二五二	七二〇	一、一五二	九、八四〇
穀城縣	五、二五六	一、〇二〇	二四〇	六〇	二一六	二四〇	一六八	七、二〇〇
鄖　縣	五、二五六	一、〇二〇	二四〇	六〇	二一六	二四〇	一六八	七、二〇〇
鄖西縣	五、二五六	一、〇二〇	二四〇	六〇	二一六	二四〇	一六八	七、二〇〇
房　縣	五、二五六	一、〇二〇	二四〇	六〇	二一六	二四〇	一六八	七、二〇〇
竹山縣	五、二五六	一、〇二〇	二四〇	六〇	二一六	二四〇	一六八	七、二〇〇
竹谿縣	五、伍二六	一、〇二〇	二四〇	六〇	二一六	二四〇	一六八	七、二〇〇
保康縣	五、二五六	一、〇二〇	二四〇	六〇	二一六	二四〇	一六八	七、二〇〇
荊門縣	六、〇九六	一、二二四	三一二	八四	二五二	七二〇	一、一五二	九、八四〇
當陽縣	五、二五六	一、〇二〇	二四〇	六〇	二一六	二四〇	一六八	七、二〇〇
遠安縣	五、二五六	一、〇二〇	二四〇	六〇	二一六	二四〇	一六八	七、二〇〇
江陵縣	七、一七六	一、二二四	五二八	二四〇	五〇四	九八四	一、三四四	一二、〇〇〇

續表

款目 縣別	薪俸	工資	文具	郵電	消耗	旅費	雜支	共計（元）
公安縣	五、二五六	一、〇二〇	二四〇	六〇	二一六	二四〇	一六八	七、二〇〇
石首縣	五、二五六	一、〇二〇	二四〇	六〇	二一六	二四〇	一六八	七、二〇〇
監利縣	六、〇九六	一、二二四	三一二	八四	二五二	七二〇	一、一五二	九、八四〇
松滋縣	五、二五六	一、〇二〇	二四〇	六〇	二一六	二四〇	一六八	七、二〇〇
枝江縣	五、二五六	一、〇二〇	二四〇	六〇	二一六	二四〇	一六八	七、二〇〇
宜都縣	五、二五六	一、〇二〇	二四〇	六〇	二一六	二四〇	一六八	七、二〇〇
宜昌縣	七、二七六	一、二二四	五二八	二四〇	五〇四	九八四	一、二四四	一二、〇〇〇
秭歸縣	五、二五六	一、〇二〇	二四〇	六〇	二一六	二四〇	一六八	七、二〇〇
巴東縣	五、二五六	一、〇二〇	二四〇	六〇	二一六	二四〇	一六八	七、二〇〇
長陽縣	五、二五六	一、〇二〇	二四〇	六	二一六	二四〇	一六八	七、二〇〇
五峰縣	五、二五六	一、〇二〇	二四〇	六〇	二一六	二四〇	一六八	七、二〇〇
興山縣	五、二五六	一、〇二〇	二四〇	六〇	二一六	二四〇	一六八	七、二〇〇
恩施縣	五、二五六	一、〇二〇	二四〇	六〇	二一六	二四〇	一六八	七、二〇〇
建始縣	五、二五六	一、〇二〇	二四〇	六〇	二一六	二四〇	一六八	七、二〇〇

續表

款目\縣別	薪俸	工資	文具	郵電	消耗	旅費	雜支	共計（元）
宣恩縣	五、二五六	一、○二○	二四○	六○	二一六	二四○	一六八	七、二○○
咸豐縣	五、二五六	一、○二○	二四○	六○	二一六	二四○	一六八	七、二○○
來鳳縣	五、二五六	一、○二○	二四○	六○	二一六	二四○	一六八	七、二○○
利川縣	五、二五六	一、○二○	二四○	六○	二一六	二四○	一六八	七、二○○
鶴峰縣	五、二五六	一、○二○	二四○	六○	二一六	二四○	一六八	七、二○○
總計	三九、○四	一七、○四	六、八七二	一、九六四	五、六二八	六、七六○	三、四三五六	五八九、四○○

備考：

大縣：知事月俸三百元；科員四，技士一，月各支五十元；僱員四，月各支十二元；傳達四，衛兵八，月各給六元；雜役六，月各給五元。紙張筆墨印紅月約二十八元，印刷月約十六元，郵費月約八元，電費月約十二元，油燭月約十八元，茶水薪炭月約二十四元，旅費月約八十二元，雜支月約一百一十二元。共支一千元

中縣：知事月俸二百六十元；科員三，技士一，月各支五十元；僱員四，月各支十二元；傳達四，衛兵八，月各給六元；雜役六，月各給五元。紙張筆墨印紅月約十七元，印刷月約九元，郵費月約二元，電費月約五元，油燭月約九元，茶水薪炭月約十二元，旅費月約六十元，雜支月約九十六元。共支八百二十元

小縣：知事月俸二百四十元；科員二，技士一，月各支五十元；僱員四，月各支十二元；傳達四，衛兵六，月各給六元；雜役五，月各給五元。紙張筆墨印紅月約十四元，印刷月約六元，郵費月約一元，電費月約四元，油燭月約十元，茶水薪炭月約八元，旅費月約二十元，雜支月約十四元。共支六百元

四、縣佐經費

鄂省設置縣佐，幾經籌備，始酌定爲三十三缺。其駐在地點爲武昌縣之山坡鎮、漢陽縣之蔡甸、夏口縣之新溝、黃岡縣之新洲、沔陽縣之新堤、麻城縣之宋埠、孝感縣之小河溪、應城縣之長江埠、襄陽縣之樊城、棗陽縣之平林店、南漳縣之馬良坪、鍾祥縣之臼口鎮、穀城縣之石花街、房縣之上龕、當陽縣之河溶鎮、江陵縣之龍灣、枝江縣之江口、巴東縣之野山關、來鳳縣之卯峒、利川縣之忠路街、黃陂縣之河口鎮、蒲圻縣之羊樓峒、黃梅縣之蔡山鎮、蘄春縣之張家灣、蘄水縣之團陂鎮、廣濟縣之武穴、大冶縣之黃石港、隨縣之竹林總、天門縣之岳口、京山縣之多寶灣、竹谿縣之丰豁、荊門縣之沙洋、宜昌縣之山斗坪等處。原擬經費以一百元、八十元、七十元分爲三等，由各縣自籌，嗣因未能籌足或籌而不當，此項經費經財政廳呈准在國稅項下開支，並奉省長核定不分等差一律改爲每月支洋一百元，以三十三缺計之，月共支洋三千三百元，年共支洋三萬九千六百元，於五年捌月起實行，照數支給。

五、警備隊經費

湖北全省向無防營，軍興以後賴陸軍得力，每經匪變，旋即蕩平。惟陸軍爲國防而設，征發無常。巡按使負地方治安責任，手無一兵，因于三年捌月就部定省公署經費支餘捌萬玖千玖百肆十圓，并勻挪漢口警察經費十二萬零伍百伍十三圓，呈明招募警備隊三營壹千伍百人以資調遣，嗣因漢口防務緊要，尚須添設臨時巡警，擬挪經費碍難提撥，僅僅招練壹營。至四年四月，奉大元帥諭，飭將駐鄂第二師調集一處，專事訓練；各地防務由巡按使將警備隊擴充等因。遂令漢口臨時巡警另籌商捐，提原擬之數，設警備處於巡按公署，籌備進行，定營制爲三百人，就原有一營添募百人，改編兩營，置司令部以資統率，一面另招新兵三營，設所訓練，呈准交部有案。每年經費共計洋二十一萬零四百九十六元，自四年下半年起至今照案支給。茲將其分配數目列表如左：

湖北警備隊經費分配表

款目＼名稱	俸給	餉項	馬乾	辦公	雜支	共計
警備處	一二、五二八	一、一一六	三〇〇	一、六八〇	七一九	一六、三四三
第一營	六、三三六	二一、九四八	一二〇	八四〇	二、〇四〇	三一、二八四
第二營	六、三三六	二一、九四八	一二〇	八四〇	二、〇四〇	三一、二八四
輪船紅船		二、三二八			三、八四〇	六、一六八
第一區司令	五、九〇四	七九二	二四〇	一、二〇〇	二、一三五	一〇、二七一
新兵三營		六七、五七二	三六〇	二、五二〇	五、四〇〇	七五、八五二
教練所	二四、四八〇	一〇、三七四	二四〇	二、〇四〇	二、一六〇	三九、二九四
總計	五五、五八四	一二六、〇七八	一、三八〇	九、一二〇	一八、三三四	二一〇、四九六

續表

備考	警備隊處長月支二百元，公費一百元，一等副官月支一百元，二等副官月各支六十元，三等副官月各支四十元，餉械官月支八十元，餉械助理員月支三十元，一等文牘員月支六十元，二等文牘員月支四十元，執法官月支六十元，一等司書月支二十元，二等司書月支十六元，司號長月支十六元，護兵月支六元五角，馬夫伙夫月支五元
	各營營長月支一百元，營副月支四十元，連長月支四十元，排長月支二十四元，文牘月支二十四元，三等司書月支十四元，司務長月支十六元，什長月支七元，正兵月支六元五角，副兵月支六元，號目月支七元，護兵月支六元五角，馬夫伙夫月支五元
	教練所所長公費一百元，隊長月支一百元，教練官月支六十元，助教月支四十元，餉械官月支六十元，醫官月支三十元
	區司令官月支一百六十元，公費一百元，軍械官月支四十元，助理員月支二十元

六、全省警務處及所屬省會廳署隊所經費

鄂省改革之初省會警察機關名曰警視廳，二年中央頒布警察官制，於是遵照改組。當時省會警察廳經費計列支洋二十六萬一千八十六元，其後詳准追加警務處經費洋二萬八千九百九十二元。歐戰發生，臨時添募警察保護教堂及居留各外人，又奉准加支洋一萬一千七百八十四元，續又加支服裝費洋二千九百六十四元。復因滇黔事起，奉准設立保安警察隊，分駐城外沿江二十六碼頭，專司盤查研究，保護公安，計年支洋四萬零四元，此項經費全年共支洋三十四萬四千八百三十元。茲將其分配數目列表如左：

湖北全省警務處及所屬省會廳署隊所經費分配表

項目 名稱	俸薪	工餉	辦公	雜費	保護外人添募警察費	保安警察隊	服裝費	共計
全省警務處及所屬省會廳署隊所	八六、三四〇	一六九、五九六	二一、三二〇	一二、八二二	一一、七八四	四〇、〇〇四	二、九六四	三四四、八三〇
備考	處長兼廳長月俸七百元，公費五百元；諮議官月支一百六十元；秘書、督察長各一員，科長四員，署長七員，月各支一百元；技正一員，月支六十元；一等科員四員，月共支二百元；二等七員，月共支二百八十元；技士三十元；拘留所長四十元；辦事員四員，月共支一百六十元；視察員八員，月共支八百元；隊長四員，月共支三百五十元；分隊長七員，探訪員四員，城守巡官十員，月共支八百四十元；署員四員，月共支二百四十元；各署巡官十八員，月共支四百八十五元；學監一員，月支四十元；教員十二員，月共支三百元；僱員二十九員，月共支七百六元。每月共支七千一百九十五元 巡長一百四十七名，月共支二千八十二元；巡警一千一百十二名，月共支九千五百十九元；助教四名，月共支六十四元；教練所學生一百二十名，月共支津帖四百八十元；清道溝路燈夫役及雜役等三百六十二名，月共支一千九百八十八元。每月共支一萬四千一百三十三元 文具月支三百四十元六角六分七厘，郵電月支二百元，購置月支一百一十元，消耗月支一千三十元，馬乾月支一千三十元，修繕月支二百六十八元，雜支月支八百元五角							

七、漢口警察廳武裝警察經費

鄂省自上年漢口華景街一帶土匪擾事之後，德領藉口我國警力不足，擬於該地派警代管，幾經交涉，議由漢口警察廳添設武裝警察，在毗連各租界地方加設崗位，保護治安，以杜外人之口。計自五年九月呈准添設，月需經費洋二千六百六十六元六角六分六厘，又開辦費洋一千八百九十九元，共計新五年度內應支洋二萬八千五百六十二元零。本年復由警務處呈准，將武裝警察隊名稱武裝二字刪去，改爲警察第三、第四兩隊，茲仍以月支洋二千六百六十六元六角六分六厘計算，全年共應支洋三萬二千元之則。

八、漢口、宜昌、沙市等處警察經費

鄂省漢口、宜昌、沙市等處係屬商埠，爲華洋雜處之地，均經分別設置廳局以保治安，但其經費除就地自籌外，不敷之數由貨物附加稅內撥補。照新五年度預算案所列，漢口商埠警察廳經費年計洋二十五萬四千七百八十一元，宜昌商埠警察廳經費年計洋四萬五千四百一十一元，沙市商埠警察專局經費年計洋三萬六千二百零四元。又因就地籌捐，漢口設有警捐局，年支經費洋一萬七千零六十八元；沙市設有警察捐務所，年支經費洋二千四百零四元。茲將其分配數目列表如左：

漢口宜昌沙市等處全年警察經費分配表

款目名稱	俸薪	工餉	馬乾	辦公	雜費	服裝費	共計
漢口商埠警察廳	三五、四六〇	一六、二一六	七五六	一六、三二四	一〇、八一五	二九、二一〇	二五四、七八一
宜昌商埠警察廳	一四、七八〇	二一、六六五		三、六〇二	一、六四四	四、〇〇〇	四五、四一一
沙市商埠警察專局	七、六八〇	一七、六七〇		五、六一〇	三五〇	四、八九四	三六、二〇四

續表

款目＼名稱	俸薪	工餉	馬乾	辦公	雜費	服裝費	共計
漢口警捐局	一三、〇〇八	一、一〇四		二、〇〇七	九四九		一七、〇六八
沙市警察捐務所	一、八二〇	四六〇			一二四		二、四〇四
總計	七二、七四八	二〇三、三一五	七五六	二七、五四三	一三、四〇二	三八、一〇四	三五五、八六八

九、水上警察經費

鄂省水警係由長江、襄河水師改編，經費年需六十餘萬元。民國三年部定概算爲三十二萬九千六百十六元，驟減半數，殊覺窒碍難行，經一面酌量歸併，一面以各縣警隊費十九萬九千四百五十三元全數提撥，又在漢口警費內劃撥五萬二千五百十一元，計共五十八萬一千五百八十元，是爲三年概算數。四年下半年預算原列二十九萬零七百零五元五角，比較三年度半年應支數減少八十四元五角。五年分預算數計列洋五十八萬一千四百一十一圓。六年度預算擬自六年一月起年加六萬九千二百七十陸圓，將全體員警薪工酌量加增以資體恤，計共年需六十五萬零六百八十七圓。但五年度會計年度續又變更，其六年上半年應加之半數三萬四千陸百三拾陸圓應作爲新五年度下半年實支之數，故新五年度預算案列爲陸十一萬陸千零四十九圓。茲將其陸年度經費支配情形列表如左：

湖北水上警察廳暨所屬署廠全年經費分配表

款目名稱	俸薪	餉項	公費	雜支	預備費	共計	備考
總廳	二一、一二〇	一〇、九三二	四、〇〇	一六、四〇四	五二、六七九	一〇五、九三五	廳長月支薪水三百元，公費四百圓；參事、科長五員，月支各薪百元；科員書記、錄事二十九員，月薪不等
附屬船廠	三、八一六	二七六				四、〇九二	置委辦、副辦，照科員書記核算，採辦管工各員薪水不等
各專署	一七、六六四	一四、四〇〇	五、七六〇	四八〇		三八、三〇四	專署四，置署長、課長、總務、行政、司法、偵探，各員薪水不等
各署屬	一四二、六〇八	三九四、一四〇	九、〇〇	六、〇八	一、〇〇	五〇二、三五六	專署十陸，置署員、庶務、會計、書記、錄事、區長、段長、巡查，各員薪水不等
總計	一八五、二〇八	三七四、七四八	二〇、六〇	一七、八九二	五二、六七九	六五〇、六八七	內預備費一款係備修造、服裝、緝補、卹賞之用

十、雞公山工程局警察局經費

雞公山地連鄂豫兩省，曩時外人建房避暑，兩省長官因主權攸關，交涉收回，設工程局專司管修，設警察局用資保護，其經費由兩省分半担任。鄂省任發春秋兩季，計工程局支洋九百元，警察局支洋一千三百三十四元，後經詳准追加臨時餉裝費洋三百二十元。茲將其分配數目列表如左：

雞公山工程警察局經費分配表

款目＼名稱	俸薪	工資	辦公	雜費	餉裝費	共計	備考
工程局	四八六	七二	七八	二六四		九〇〇	委員一月支七十一元，公費在內；書記一月支十元；夫役二名，月各給陸元
警察局	三七二	五九六	三〇〇	六六	三二〇	一、六五四	
總計	八五八	六六八	三七八	三三〇	三二〇	二、五五四	

十一、堤工經費

鄂省堤工經費，亢旱之年祇須年修，一遇夏秋雨水過多、潰決出險、輒費鉅資，此蓋視天時以為衡。前清奏銷歷歷可稽，如沙洋李公堤糜費至七八十萬。民國以來可得而數者，元年報銷洋二十餘萬元，二年報銷洋五萬餘元，三年部定概算計洋二十五萬三千三百二十八元，就中支配武泰堤閘公所經費一千二百八十四元，武泰隄各磯工程局經費五千四百三十二元，武豐隄工局經費一千零八元，省城各閘經費四百四十圓，共洋八千六十四圓。除洋二十四萬五千一百六十四元係備全省各路隄工之需，是年適逢亢旱，尚得節省。歷年預算俱照三年成案開列，新五年度全省各路隄工款內奉財政部核減洋二萬元，暫行遵辦，仍聲明遇有險工實報實銷。至鍾祥隄工局經費年支洋三萬四千四百七十二元。又襄陽老龍堤工局經費年支洋二萬八千九百八十元，均就鍾祥船捐收款開支，並非仰給正項，茲並列入，以資參考。

十二、水利分局暨測量處經費

鄂省自民國三年設立全省水利局，月支經費洋一千二百四十元，未幾即因政費支絀，裁併巡按使公署內務科辦理，減支洋九百六十四元。至四年五月復照全國水利局計畫設立分局，置測量處，切寔進行，其年下半年預算經費爲一萬二千零三十六元。旋奉財政部核覆衹准五千元，因測量業已著手進行，復請照數追加。五年分列洋二萬四千零七十二元，仍未照准，故新五年度六年分僅列洋一萬元，但寔在支出水利分局年支經費洋一萬四千七百元，測量處年支經費洋九百六十元，共計洋二萬四千三百元。

十三、典禮經費

鄂省祀典改革後，省議會議決，將孔子、關帝、先農、岳武穆、周濂溪、賀文忠照舊致祭，省縣開支多寡不一。民國二年部定各省預算典禮經費，鄂省獨付闕如，後經追加洋一千元。春秋兩祭仍屬不敷，因將周、賀兩祀祭費停發，各縣則飭就學租款項支銷，每祭以五十元爲限。近年各祀典禮均奉中央頒行，鄉賢熊襄愍兩祭亦由國稅支出，益覺不敷甚鉅，故四年下半年預算列洋一千元，自五年起年支洋二千元，奉財政部核准有案。

十四、內務卹金

按卹典爲國家獎勸官吏盡職而設，議卹之案必經院部核定遵照文武卹金令辦理，分終身卹金、一次卹金、遺族卹金。鄂省內務卹金皆係因公遇害請卹，屬於遺族卹金之一類，每年支出數目俱以卹案爲據，并無額定，照新五年度預算年共支洋二千四百一十六元。

十五、禁煙經費

鄂省禁烟自經外人會勘，私種肅清以後，專事禁運禁吸。三年度預算省垣調驗戒除所並查緝處年支經費洋四千四百四十元，夏口、武穴、沙市、老河口、宜昌五處禁煙查緝處各年支經費洋二千五百四十四元，共計洋一萬七千一百六十元，歷年照案支給，新五年度奉部裁減。現就禁煙罰款收入項下開支，茲將其經費分配數目列表如左：

湖北禁煙經費分配表

名稱＼款目	俸薪	役食	公費	共計	備考
全省禁烟調驗所并查緝處	四、二〇〇		二四〇	四、四四〇	
夏口禁煙查緝處	一、九六四	五七六		二、五四四	
武穴禁煙查緝處	一、九六四	五七六		二、五四四	
沙市禁煙查緝處	一、九六四	五七六		二、五四四	
老河口禁煙查緝處	一、九六四	五七六		二、五四四	
宜昌禁煙查緝處	一、九六四	五七六		二、五四四	
總計	一四、〇四〇	二、八八〇	二四〇	一七、一六〇	

十六、省議會經費

按省議會自上年奉明令召集，所需經費部飭查照二年度成案辦理，鄂省議會即於是年九月開會，所有經費一項議決依據二年四月分概算酌量規定，月計需洋一萬五千八百五十一元，全年約支洋一十九萬零二百一十二元。茲將其分配數目列表如左：

湖北省議會經費分配表

款目\名稱	公費	薪金	工食	文具	郵電	消耗	預備費	共計
省議會	一二七、二〇〇	一七、〇四〇	三、二四〇	六、四六八	八、〇六四	九、〇〇〇	一九、二〇〇	一九〇、二一二
備考	議長一月支二百元；副議長二員，各支一百五十元；議員一百零一員，各支一百元							

十七、漢口工巡管理處經費

漢口工巡管理處係由馬路工程局改組，於民國三年八月成立，掌管建築工程暨警察衛生事項，設工程師、監工、醫官、差遣、文牘等員，月支經費洋一千九百八十九元，由省地方項下支出。旋經每月核減洋二百三十元，年支洋二萬一千一百零八元。又養路費每年應支洋三千一百九十二元，併計年共支洋二萬四千三百元。茲將其經費分配數目列表如左：

漢口工巡捐管理處全年經費分配表

名稱＼款目	俸薪	工資	辦公	雜費	共計	備考
漢口工巡捐管理處	一六、九八〇	二、六六四	三、四三二	一、二二四	二四、三〇〇	

十八、峽江灘務委員經費

按峽江帆檣上下，危險萬狀，向由商幫派人經理灘務，官廳委員彈壓。民國紀元，據沙市商會呈准循舊派委一人，月支薪水錢五十串，年支錢六百串，合法價洋五百元。

十九、武漢公渡局經費

武漢公渡局設於前清光緒十六年，專司渡濟，以利民生，惟因需費過鉅，酌收渡資，不敷之項由地方補助，年約需洋三千六百元。民國以來循舊辦理。

二十、廣仁堂經費

鄂省廣仁堂係於光緒十七年創設，收養孤貧，俾資保育。此項經費，口糧居其多數。照五年分在堂孤貧人數所需口糧，連同員薪、役食、辦公雜費，年支洋四千九百八十八元。

二十一、敬節兩堂經費

鄂省敬節堂係前清道光初年開辦，經理節婦入堂並發給口食，保孀，勵俗，頗著宏效。嗣因房屋窄小，復於光緒九年另設分堂，年需經費洋七千七百四十元，民國以來相沿勿替。

二十二、育嬰普濟兩堂經費

按武昌縣育嬰堂、夏口縣普濟堂均創自清代，育嬰經費除房租收入外，向由公家補助，年需洋二千一百三十四元。普濟堂係收養貧苦男女，除由漢口夫役捐項下開支外，年需補助洋一千四百四十元。

財　政　費

一、財政廳經費

鄂省改革之初設理財政部，旋改財政司，掌管全省財賦。民國二年奉設國稅廳籌備處，專司整理國稅，其他政務仍屬司中。三年五月頒布省官制，裁撤司處，立財政廳，復併而爲一。奉定經費年支洋六萬元，嗣因不敷支配，詳部核准年加洋一萬八千元，在申申項下動支。茲將其分配數目列表於左：

湖北財政廳全年經費分配表

款目	全年應支數	備考
官俸	八、四〇〇	廳長官俸每月七百元
公費	一二、〇〇〇	廳長公費每月一千元
薪金	三七、三二〇	科長三員，一二三等科員各八員，助理員書記四十員

續表

款目	全年應支數	備考
工資	二、二八〇	
文具	三、〇〇〇	
郵電	七、二〇〇	
購置	二、四〇〇	
消耗	二、四〇〇	
修繕	一、二〇〇	
旅費	六〇〇	
雜費	一、二〇〇	
共計	七八、〇〇〇	

二、各縣徵收田賦經費

鄂省各縣徵收田賦經費，民國元年由前內務、財政兩司會定按丁漕之額數，定開支之多寡。凡地丁正銀在三萬兩以上，漕糧在五千石以上者，年支錢四千串；地丁正銀在三萬兩以下二萬兩以上，漕糧在五千石以下四千石以上者，年支錢三千串；地丁正銀在二萬兩以下一萬兩以上，漕糧在四千石以下三千石以上者，年支錢二千串；其地丁在一萬兩以下，漕糧在三千石以下，各按地之遠近，分別核實報銷。

而規定各縣仍多不敷，每每溢支，均由正項開銷。至三年部定概算，將此項刪除，飭由本省另行籌補。經前國稅廳查明，前清各縣徵收丁漕契稅等項，每錢一串內有申收補底錢二十文，呈請規復舊制，並就收入契紙費項下提撥若干以資抵補，詳奉財政部核准通行遵辦。旋因申串、契紙等費各縣仍有收不敷支，紛紛詳請撥補，復於四年七月由財政廳通盤籌計，重新規定，或酌予加增，或仍循舊制。除由申串支用外，不敷之數准就向有串票捐項下撥補，其契紙費毋庸動用。全省六十九縣年支徵收經費錢二十八萬五千五百九十九串，業經開單分報省署、財政部有案。茲將分配數目列表如左：

湖北各縣田賦徵收經費分配表

縣別	造串費	經徵費	共計（串）
武昌	一、〇八八	九、八〇〇	一〇、八八八
鄂城	一、三五〇	六、九六八	八、三一八
咸甯	七四〇	三、九〇〇	四、六四〇
嘉魚	三〇〇	三、〇〇〇	三、三〇〇
蒲圻	六八四	五、二〇四	五、八八八
崇陽	四六五	二、四〇〇	二、八五六
通城	三四二	二、七九六	三、一三八
陽新	一、五五〇	七、二八〇	八、八三〇
大冶	五、八一〇	四、八〇〇	五、八八五

續表

縣別	造串費	經徵費	共計（串）
通山	一七〇	一、六二〇	一、七九〇
漢陽	八三一	五、四二〇	六、二五一
夏口	一〇〇	二、二九二	二、三九二
黃陂	一、二二五	五、一六〇	六、四八五
漢川	七六〇	三、三〇〇	四、〇六〇
孝感	二、〇二七	五、五八〇	七、六〇七
沔陽	二、八五〇	九、二四八	一二、〇九八
黃岡	一、二七八	六、一四〇	七、四一八
黃安	四九〇	三、五六四	四、〇五四
黃梅	一、〇一七	五、六八〇	六、六九一
蘄春	七六一	六、八六〇	七、六二一
蘄水	四二〇	八、三〇〇	八、七二〇
麻城	四九九	四、一九六	四、六九五
羅田	二八〇	三、一二〇	三、四〇〇
廣濟	九四七	五、六八〇	六、六二七
安陸	八六七	三、二五二	四、一一九

續表

縣別	造串費	經徵費	共計（串）
雲夢	五〇八	二、三八八	二、八九六
應城	九〇三	四、八〇〇	五、二〇三
隨縣	五〇〇	五、〇三六	五、五三六
應山	五一五	三、〇二四	三、五三九
襄陽	一、二四三	四、七〇〇	五、九四三
棗陽	三五一	二、六〇〇	二、九五一
宜城	二六〇	二、二五〇	二、五一〇
南漳	一八四	一、五六〇	一、七五四
均縣	二七五	一、三三六	一、六一一
光化	一八九	一、七〇〇	一、八八九
穀城	三〇三	一、九〇〇	二、二〇三
鍾祥	一、八〇〇	四、七〇四	六、五〇四
京山	一、八五〇	四、七六〇	六、六一〇
潛江	二、五〇〇	四、五四四	七、〇四四
天門	三、〇〇〇	九、八〇〇	一一、八〇〇
鄖縣	三七五	二、三二〇	二、六九五

續表

縣別	造串費	經徵費	共計（串）
鄖西	二六一	一、四一〇	一、六七一
房縣	四〇〇	二、〇九二	二、四九二
竹山	一六三	九〇〇	一、〇六三
竹谿	一三六	八八八	一〇二四
保康	四〇	四五六	四九六
荊門	一、四三〇	一一、一六〇	一二、五九〇
當陽	三八一	二、〇六四	二、四四五
遠安	九〇	一、〇四〇	一、一三〇
宜昌	一〇五	一、六八四	一、七八九
秭歸	一二六	三〇四	四三〇
巴東	一五〇	五二五	六七五
長陽	四一	六五四	六九五
五峰	一九	一七四	一九三
興山	一九	三〇六	三二五
江陵	三、〇九六	一一、〇〇〇	一四、〇九六
公安	二九〇	一、八四〇	二一、三〇

續表

縣別	造串費	經徵費	共計（串）
石首	三〇〇	一、八〇〇	二、一〇〇
監利	三、一三五	五、八二〇	八、九五五
松滋	六六〇	二、八八〇	三、五四〇
枝江	一一五	一、六九六	一、八一一
宜都	八八	一、一四四	一、二三二
恩施	一一五	六四五	七六〇
建始	一四〇	七八八	九二八
宣恩	四八	四一〇	四五八
咸豐	五〇	五四七	五九七
來鳳	二七	一七五	二〇二
利川	一二五	二一二	三三七
鶴峰	七一	四〇〇	四七一
總計	四九、六〇三	二三五、九九六	二八五、五九九

三、各征收局暨稽查所經費

鄂省各征收局改革以後迭經變更，征收經費亦時有損益，俱以錢數計算合洋報部，三年度預算各局經費計洋四十二萬三百零二元，五年分預算添設五路稽查所，經費即就各局原支經費勻節攤支，連各局經費併計列洋四十三萬零三百二十元。嗣因寶塔洲添設新堤分局，炭山設煤稅委員，火車貨捐局添稽查委員，又五路稽查裁撤復設四路總稽查，所需經費就議定預算切實勻支，連同各局共計年需洋四十三萬八千六百零八元，是以新五年度預算即照前項洋數開列。上年新隄改設專局，年又增支洋一千五百五十九元，未及加入，其各糖捐局經費洋二萬二千一百一十元，因五年分詳請追加，部飭應歸另案辦理，不在此內。又尚有藕池口米捐、鍾祥船捐兩局經費洋二萬四千七百二十元係列在地方預算。以上共計列入預算洋四十八萬五千四百三十八元，實應支洋四十八萬六千九百九十七元。茲將其分配數目列表如左：

湖北各征收局暨稽查所經費分配表

局別	月支數（串）	年支數（串）	合洋數（元）	備考
武昌徵收局	一、二四〇、〇〇〇	一四、八八〇、〇〇〇	一一、七八九	
漢口徵收局	七、一八〇、〇〇〇	八六、一六〇、〇〇〇	六八、二八八	
沙市徵收局	三、一二一、〇〇〇	三七、四五二、〇〇〇	二九、六七三	
老河口徵收局	二、三七〇、四〇〇	二八、四四四、八〇〇	二二、五三七	
張家灣徵收局	一、六二九、〇〇〇	一九、五四八、〇〇〇	一五、四八八	

續表

局別	月支數（串）	年支數（串）	合洋數（元）	備考
宜昌徵收局	二、一〇四、〇〇〇	二五、二四八、〇〇〇	二〇、〇〇四	
寶塔洲徵收局	二、六一八、〇〇〇	三一、四一六、〇〇〇	二四、八九一	
武穴徵收局	二、九七一、〇〇〇	三五、〇〇四、〇〇〇	二七、七三四	
沙洋徵收局	一、七三三、〇〇〇	二〇、七九六、〇〇〇	一六、四七七	
蔡甸徵收局	一、〇八九、〇〇〇	一三、〇六八、〇〇〇	一〇、三五四	
清灘口徵收局	七七八、〇〇〇	九、三三六、〇〇〇	七、三九七	
黃陵磯徵收局	七五三、〇〇〇	九、〇三六、〇〇〇	七、一五九	
金口徵收局	七八〇、〇〇〇	九、三六〇、〇〇〇	七、四一六	
樊口徵收局	八〇三、〇〇〇	九、六三六、〇〇〇	七、六三五	

續表

局別	月支數（串）	年支數（串）	合洋數（元）	備考
鵝公頸徵收局	一、三一九、〇〇	一五、八二八、〇〇〇	一二、五四一	
府河口徵收局	一、五七〇、二〇〇	一八、八四二、四〇〇	一四、九二九	
新堤徵收局	一、二三六、〇〇	一四、八三二、〇〇〇	一一、七五一	此款新五年度預算少列洋一千五百五十九元
藕池口徵收局	一、二〇〇、〇〇	一四、四〇〇、〇〇〇	一一、四〇九	此款新五年度預算列在地方歲出
鄂豫火車貨捐局	四、四〇〇、〇〇	五二、八〇〇、〇〇〇	四一、八三三	
羊樓峒茶稅局	一、三三三、〇〇	一五、九九六、〇〇〇	一二、六七四	
鸚鵡洲竹木捐局	二、八八二、〇〇	三四、五八四、〇〇〇	二七、四〇一	
應城膏鹽稅局	一、〇七一、〇〇	一二、八五二、〇〇〇	一〇、一八三	

續表

局別	月支數（串）	年支數（串）	合洋數（元）	備考
鍾祥船捐局	一、四〇〇、〇〇〇	一六、八〇〇、〇〇〇	一三、三一一	此款新五年度預算列在地方歲出
漢口糖捐局	一、五五八、〇〇〇	一八、六九六、〇〇〇	一四、八一三	
宜昌糖捐局	七六七、五〇〇	九、二一〇、〇〇〇	七、二九七	
炭山灣煤稅委員	一七三、〇〇〇	二、〇七六、〇〇〇	一、六四五	
東路稅捐稽查所	六七九、〇〇〇	八、一四八、〇〇〇	六、四五六	
西路稅捐稽查所	六七九、〇〇〇	八、一四八、〇〇〇	六、四五六	
南路稅捐稽查所	七七〇、〇〇〇	九、二四〇、〇〇〇	七、三二一	

續表

局別	月支數（串）	年支數（串）	合洋數（元）	備考
北路稅捐稽查所	六七九、〇〇〇	八、一四八、〇〇〇	六、四五六	
稽查鄂豫火車貨捐委員	三八九、四〇〇	四、六七二、八〇〇	三、七〇二	此項員薪役食每月額支錢二百串，年計錢二千四百串，餘係火車費，實支實銷
共計	五一、二二一、五〇〇	六一四、六五八、〇〇〇	四八六、九九七	此款新五年度預算合計列洋四十八萬五千四百三十八元，實應支洋四十八萬六千九百九十七元

四、漢口牙帖委員經費

按漢口一鎮爲鄂省著名繁盛之區，行戶櫛比，牙稅捐款向稱鉅數，改革以後，以舊帖矇充及無帖私開者不知凡幾。民國三年，國稅廳籌備處爲整理帖政起見，詳奉財政部核准派員常川駐漢，專事查辦，以資整頓，原定經費月支錢二百串，嗣因不敷支配，自四年七月起每月加支錢六十二串，續又另加房租錢三十二串九百六十文，月共應支錢二百九十四串九百六十文，全年應支錢三千五百三十九串五百二十文，合洋二千八百零四元，於五年度追加預算案內詳奉核准，至今照案支給。

陸 軍 費

鄂省居天下之中，襟江帶漢，形勝所資，歷代視爲重鎮。改革以後，防務尤關緊要。民國元年，因係首義之邦，用費時鉅，實支洋三千零二十三萬八千一百七十二元七角八分二釐。二年逐漸裁減，實支銀七百八十五萬五千二百九十四元八角九分，三年中央核定預算銀五百十二萬一千七百八十二元。四年下半年預算銀二百六十一萬六千八百五十五元，五年度預算銀五百二十三萬三千七百二十元，新五年度預算銀五百七十九萬四百六十二元，內省防團經費銀四十三萬六千五百四十四元奉部裁減，改由新增過境銷場附加稅項下抵補，實支銀五百三十五萬三千九百一十八元。茲將其分配數目列表如左：

湖北陸軍經費分配表

名稱＼數目	經常費	臨時費	共計（元）	備考
督軍行署經費	二六六、一一六	八〇、六一七	三四六、七三三	
漢口鎮守使署經費	二七、六七七		二七、六七七	
襄鄖鎮守使署經費	二三、八二六		二二、八二六	
憲兵連經費	一三、七八八		一三、七八八	
差輪兼輪駁處經費	三七、二〇〇		三七、二〇〇	

續表

名稱＼數目	經常費	臨時費	共計（元）	備考
衛隊營暨機關鎗連經費	九九、六六七		九九、六六七	
調查處經費	一〇、八〇〇		一〇、八〇〇	
第一師經費	一、二〇一、三四三	七〇、七八三	一、二七二、一二六	
北洋混成第六旅補充十三團暨山礮一營經費	一、〇〇〇、〇〇〇		一、〇〇〇、〇〇〇	
第三旅經費	六四六、九八六	一六、四〇〇	六六三、三八六	
憲兵營經費	四六、八一六	六〇〇	四七、四一六	
軍樂連經費	八、八八八		八、八八八	
測量局經費	八二、四一九	三五、四〇五	一一七、八二四	
軍儲局經費	三三、二三六		三三、二三六	
五金廠經費	一八、〇〇〇		一八、〇〇〇	
軍米局經費	六、〇〇〇		六、〇〇〇	
兵工鋼藥兩廠經費	一、二二〇、〇〇〇		一、二二〇、〇〇〇	
漢口巡緝一二兩營經費	一五三、七二四		一五三、七二四	

續表

名稱＼數目	經常費	臨時費	共計（元）	備考
武漢總稽查經費	二三、○四○	一二、九六○	三六、○○○	
武昌各城門巡查經費	五、七六○		七、七六○	
楚材兼轄各巡輪經費	五○、四○○		五○、四○○	
陸軍審判及監獄經費	四一、七二六	四、三五○	四六、○七○	
陸軍病院經費	二四、七九三		二四、七九三	
軍學研究員寺西秀武年金	一○、○○○		一○、○○○	
省防團一二兩營經費	四三六、五四四		四三六、五四四	此款列入新五年度預算，奉部裁減，並於六年一月截止發放，現由省長令飭籌加過境銷場附加稅，以資抵補
陸軍積勞病故卹金		三、五五○	三、五五○	
各畢業學生候差津帖		一一、七六○	一一、七六○	
臨陣因公傷亡卹金		六五、二八八	六五、二八八	
總計	五、四八八、七四九	三○一、七一三	五、七九○、四六二	

司 法 費

一、各級審檢廳經費

按鄂省改革後，軍政府設司法司總攬司法，省置高等審檢廳，府置地方審檢廳，縣置初級審檢廳，司法獨立之形式粗具。元年冬部令改司爲籌備處，縣設初級廳，行幫審制。二年秋復設籌備處，而地方廳之留者僅武昌、夏口、宜昌、沙市四處。兩年之中旋設旋廢，經費數目時有變更。三年四月財政部呈准概算，各廳經費爲十五萬元。繼裁宜沙四廳，以其經費攤配高等、武夏六廳。四年添設高等分廳。其下半年經費爲八萬四千四百九十元，比照部定三年概算折半增洋九千四百九十元，就監獄經費內自行勻配，詳奉部准在案。五年分預算列洋一十六萬八千九百八十元，新五年度預算列洋一十八萬七千七百六十四元，奉部核覆定爲一十九萬九千五百八十元，反增洋一萬一千八百一十六元。六年度本可照案開支，因監獄經費被減過鉅，遂由高等廳重行支配，定爲年支洋一十八萬五千九百七十六元，即於六年七月一日起照數支給。茲將其分配數目列表如左：

湖北各級審檢廳經費分配表

廳別 \ 款目	俸薪	辦公費	雜費	共計（元）	備考
湖北高等審判廳	三八、二八〇	三、七二〇	一、八二〇	四三、八二〇	
湖北高等檢察廳	二一、〇七二	三、六〇〇	一、九六四	二六、六三六	

續表

款目＼廳別	俸薪	辦公費	雜費	共計（元）	備考
第一高等檢察分廳	一六、二九六	一、八〇〇	一、二四〇	一九、三三六	
第二高等檢察分廳	一六、八七二	一、八〇〇	一、二四〇	一九、九一二	
武昌地方審判廳	一八、二八八	一、一六〇	一、一七六	二〇、□□□	
武昌地方檢察廳	一二、八四〇	一、一〇〇	二、二三二	一六、一七二	
夏口地方審判廳	二〇、〇〇〇	九六〇	一、五三六	二二、五三六	
夏口地方檢察廳	一三、九二〇	一、〇四八	一、八七二	一六、八四〇	
總計	一五七、六〇八	一五、一八八	一三、一八〇	一八五、九七六	

二、各縣知事兼理訴訟經費

　　鄂省各縣知事兼理訴訟經費，向就司法收入項下抵支，并未列入預算。此項經費四年七月間經高等審檢兩廳規定，分爲三等，以宜、襄兩縣爲大縣月支洋三百元，江陵等三十縣爲中縣月支洋二百二十元，嘉魚等三十五縣爲小縣月支洋一百六十元。凡辦理司法事務，添用承審、書記各員，彌補囚糧，遞解人犯，一切關於司法用費概行包括在內，以六十七縣照分配等級，合計月共支洋一萬二千八百元，全年應支洋十五萬三千六百元。茲將其分配數目列表如左：

湖北各縣知事兼理訴公經費分配表

縣別＼數目	月支數（元）	年支數（元）	備考
宜昌縣	三〇〇	三、六〇〇	
襄陽縣	三〇〇	三、六〇〇	以上兩縣爲大縣
江陵縣	二二〇	二、六四〇	
黃岡縣	二二〇	二、六四〇	
廣濟縣	二二〇	二、六四〇	
安陸縣	二二〇	二、六四〇	
鍾祥縣	二二〇	二、六四〇	
鄖　縣	二二〇	二、六四〇	
恩施縣	二二〇	二、六四〇	
漢陽縣	二二〇	二、六四〇	
蒲圻縣	二二〇	二、六四〇	
鄂城縣	二二〇	二、六四〇	
陽新縣	二二〇	二、六四〇	
大冶縣	二二〇	二、六四〇	
孝感縣	二二〇	二、六四〇	

續表

數目縣別	月支數（元）	年支數（元）	備考
黃陂縣	二二〇	二、六四〇	
漢川縣	二二〇	二、六四〇	
沔陽縣	二二〇	二、六四〇	
黃梅縣	二二〇	二、六四〇	
蘄春縣	二二〇	二、六四〇	
黃安縣	二二〇	二、六四〇	
蘄水縣	二二〇	二、六四〇	
麻城縣	二二〇	二、六四〇	
監利縣	二二〇	二、六四〇	
隨　縣	二二〇	二、六四〇	
京山縣	二二〇	二、六四〇	
天門縣	二二〇	二、六四〇	
荊門縣	二二〇	二、六四〇	
宜城縣	二二〇	二、六四〇	
棗陽縣	二二〇	二、六四〇	
光化縣	二二〇	二、六四〇	

續表

縣別＼數目	月支數（元）	年支數（元）	備考
應城縣	二二〇	二、六四〇	以上三十縣為中縣
嘉魚縣	一六〇	一、九二〇	
咸甯縣	一六〇	一、九二〇	
通山縣	一六〇	一、九二〇	
通城縣	一六〇	一、九二〇	
崇陽縣	一六〇	一、九二〇	
羅田縣	一六〇	一、九二〇	
雲夢縣	一六〇	一、九二〇	
石首縣	一六〇	一、九二〇	
應山縣	一六〇	一、九二〇	
公安縣	一六〇	一、九二〇	
松滋縣	一六〇	一、九二〇	
枝江縣	一六〇	一、九二〇	
宜都縣	一六〇	一、九二〇	
當陽縣	一六〇	一、九二〇	
潛江縣	一六〇	一、九二〇	

續表

縣別＼數目	月支數（元）	年支數（元）	備考
秭歸縣	一六〇	一、九二〇	
興山縣	一六〇	一、九二〇	
巴東縣	一六〇	一、九二〇	
長陽縣	一六〇	一、九二〇	
五峰縣	一六〇	一、九二〇	
鶴峰縣	一六〇	一、九二〇	
遠安縣	一六〇	一、九二〇	
建始縣	一六〇	一、九二〇	
利川縣	一六〇	一、九二〇	
宣恩縣	一六〇	一、九二〇	
來鳳縣	一六〇	一、九二〇	
咸豐縣	一六〇	一、九二〇	
穀城縣	一六〇	一、九二〇	
南漳縣	一六〇	一、九二〇	
均　縣	一六〇	一、九二〇	
房　縣	一六〇	一、九二〇	

續表

縣別＼數目	月支數（元）	年支數（元）	備考
鄖西縣	一六〇	一、九二〇	
保康縣	一六〇	一、九二〇	
竹山縣	一六〇	一、九二〇	
竹谿縣	一六〇	一、九二〇	以上三十五縣爲小縣
共計	一二、八〇〇	一五三、六〇〇	此款各縣均就司法收入項下抵支，故中小之縣收不敷支，時有所聞

三、各監獄經費

鄂省監獄經費民國元二兩年並無預算，三年奉部呈准概算數爲二十萬元，武昌、夏口兩看守所經費均在其內。四年因開辦第一第二兩分廳經費無着，亦就此款範圍勻挪。是年下半年預算列支洋九萬零五百零六元，五年分預算列洋一十八萬一千零一十二元，新五年度預算列洋二十四萬九千二百零六元。嗣奉部核定爲二十萬零一千零一十二元，刪減過多，不敷甚鉅，經另案呈請實支實銷後，准高等廳重行支配，就各廳經費節縮洋一萬三千六百零四元移補。於此定爲年支經費洋二十一萬四千六百一十六元，內新監及看守所計支洋七萬四千三百二十八元。又各縣舊監計支洋一十四萬零二百八十八元，合計在上數於本年七月一日起支。茲將其分配數目列表如左：

湖北新監及看守所經費分配表

名稱 \ 數目	月支數	年支數（元）	備考
湖北第一監獄	二、四五七	二九、四八四	原名武昌監獄
湖北第二監獄	一、二七四	一五、二八八	原名武昌分監
湖北第三監獄	七八六	九、四三二	原名宜昌監獄
武昌地方檢察廳看守所	一、〇〇五	一二、〇六〇	
夏口地方檢察廳看守所	六七二	八、〇六四	
共計	六、一九四	七四、三二八	

湖北各縣監獄經費分配表

縣別 \ 數目	月支數（串）	年支數（串）	合洋數（元）	備考
江陵縣	七一四、八〇〇	八、五七七、六〇〇	七、一四八	
襄陽縣	五三八、〇〇〇	六、四五六、〇〇〇	五、三八〇	
恩施縣	三九四、〇〇〇	四、七二八、〇〇〇	三、九四〇	以上三縣作為特等
鍾祥縣	三三一、〇〇〇	三、九七二、〇〇〇	三、三一〇	
大冶縣	三三一、〇〇〇	三、九七二、〇〇〇	三、三一〇	
宜昌縣	三三一、〇〇〇	三、九七二、〇〇〇	三、三一〇	以上三縣作為中等

續表

數目\縣別	月支數（串）	年支數（串）	合洋數（元）	備考
孝感縣	三〇一、〇〇〇	三、六一二、〇〇〇	三、〇一〇	
宜城縣	三〇一、〇〇〇	三、六一二、〇〇〇	三、〇一〇	
荊門縣	三〇一、〇〇〇	三、六一二、〇〇〇	三、〇一〇	
鄖縣	三〇一、〇〇〇	三、六一二、〇〇〇	三、〇一〇	
漢陽縣	三〇一、〇〇〇	三、六一二、〇〇〇	三、〇一〇	以上五縣作爲乙等
黃陂縣	二四九、〇〇〇	二、九八八、〇〇〇	二、四九〇	
隨縣	二四九、〇〇〇	二、九八八、〇〇〇	二、四九〇	
均縣	二四九、〇〇〇	二、九八八、〇〇〇	二、四九〇	
建始縣	二四九、〇〇〇	二、九八八、〇〇〇	二、四九〇	
咸甯縣	二四九、〇〇〇	二、九八八、〇〇〇	二、四九〇	
來鳳縣	二四九、〇〇〇	二、九八八、〇〇〇	二、四九〇	
京山縣	二四九、〇〇〇	二、九八八、〇〇〇	二、四九〇	
光化縣	二一七、五〇〇	二、六一〇、〇〇〇	二、一七五	
漢川縣	二一七、五〇〇	二、六一〇、〇〇〇	二、一七五	
黃岡縣	二一七、五〇〇	二、六一〇、〇〇〇	二、一七五	
天門縣	二一七、五〇〇	二、六一〇、〇〇〇	二、一七五	

續表

縣別＼數目	月支數（串）	年支數（串）	合洋數（元）	備考
穀城縣	二一七、五〇〇	二、六一〇、〇〇〇	二、一七五	
利川縣	二一七、五〇〇	二、六一〇、〇〇〇	二、一七五	
通城縣	二一七、五〇〇	二、六一〇、〇〇〇	二、一七五	
廣濟縣	二一七、五〇〇	二、六一〇、〇〇〇	二、一七五	
長陽縣	一七二、〇〇〇	二、〇六四、〇〇〇	一、七二〇	
沔陽縣	一七二、〇〇〇	二、〇六四、〇〇〇	一、七二〇	
鄖西縣	一七二、〇〇〇	二、〇六四、〇〇〇	一、七二〇	
枝江縣	一七二、〇〇〇	二、〇六四、〇〇〇	一、七二〇	
宜都縣	一七二、〇〇〇	二、〇六四、〇〇〇	一、七二〇	
秭歸縣	一七二、〇〇〇	二、〇六四、〇〇〇	一、七二〇	
安陸縣	一四五、〇〇〇	一、七四〇、〇〇〇	一、四五〇	
宣恩縣	一四五、〇〇〇	一、七四〇、〇〇〇	一、四五〇	
羅田縣	一四五、〇〇〇	一、七四〇、〇〇〇	一、四五〇	
陽新縣	一四五、〇〇〇	一、七四〇、〇〇〇	一、四五〇	
監利縣	一四五、〇〇〇	一、七四〇、〇〇〇	一、四五〇	以上二十六縣作爲丙等
鄂城縣	一九〇、〇〇〇	二、二八〇、〇〇〇	一、九〇〇	

續表

數目縣別	月支數（串）	年支數（串）	合洋數（元）	備考
當陽縣	一九〇、〇〇〇	二、二八〇、〇〇〇	一、九〇〇	
松滋縣	一九〇、〇〇〇	二、二八〇、〇〇〇	一、九〇〇	
房　縣	一九〇、〇〇〇	二、二八〇、〇〇〇	一、九〇〇	
棗陽縣	一九〇、〇〇〇	二、二八〇、〇〇〇	一、九〇〇	
潛江縣	一六四、〇〇〇	一、九六八、〇〇〇	一、六四〇	
南漳縣	一六四、〇〇〇	一、九六八、〇〇〇	一、六四〇	
麻城縣	一六四、〇〇〇	一、九六八、〇〇〇	一、六四〇	
蘄春縣	一六四、〇〇〇	一、九六八、〇〇〇	一、六四〇	
竹谿縣	一六四、〇〇〇	一、九六八、〇〇〇	一、六四〇	
咸豐縣	一六四、〇〇〇	一、九六八、〇〇〇	一、六四〇	
竹山縣	一六四、〇〇〇	一、九六八、〇〇〇	一、六四〇	
嘉魚縣	一六四、〇〇〇	一、九六八、〇〇〇	一、六四〇	
蘄水縣	一六四、〇〇〇	一、九六八、〇〇〇	一、六四〇	
黃梅縣	一六四、〇〇〇	一、九六八、〇〇〇	一、六四〇	
應山縣	一六四、〇〇〇	一、九六八、〇〇〇	一、六四〇	
應城縣	一六四、〇〇〇	一、九六八、〇〇〇	一、六四〇	

續表

數目＼縣別	月支數（串）	年支數（串）	合洋數（元）	備考
公安縣	一六四、〇〇〇	一、九六八、〇〇〇	一、六四〇	
鶴峰縣	一六四、〇〇〇	一、九六八、〇〇〇	一、六四〇	
蒲圻縣	一五一、五〇〇	一、八一八、〇〇〇	一、五一五	
興山縣	一五一、五〇〇	一、八一八、〇〇〇	一、五一五	
五峰縣	一五一、五〇〇	一、八一八、〇〇〇	一、五一五	
通山縣	一二四、五〇〇	一、四九四、〇〇〇	一、二四五	
崇陽縣	一二四、五〇〇	一、四九四、〇〇〇	一、二四五	
石首縣	一二四、五〇〇	一、四九四、〇〇〇	一、二四五	
遠安縣	一一四、〇〇〇	一、三六八、〇〇〇	一、一四〇	
黃安縣	一一四、〇〇〇	一、三六八、〇〇〇	一、一四〇	
巴東縣	一一四、〇〇〇	一、三六八、〇〇〇	一、一四〇	
保康縣	一一四、〇〇〇	一、三六八、〇〇〇	一、一四〇	
雲夢縣	一一四、〇〇〇	一、三六八、〇〇〇	一、一四〇	以上三十縣作爲丁等
共計	一四、〇二八、八〇〇	一六八、三四五、六〇〇	一四〇、二八八、〇〇〇	

教　育　費

一、國立武昌高等師範學校經費

國立高等師範學校依教育部計畫原擬籌設六處，現在成立者僅北京與武昌兩校。武昌高等師範學校開辦之始，經費由部直接發放，民國三年二月奉財政部電飭就國稅項下月撥洋四千八百三十七元，是年四月財政部呈准三年度該校經費爲二萬五千二百元，嗣因無可核減，復由教育部呈奉批令財政部議覆飭就鄂省核定政費內勻挪，年計洋五萬八千零四十四元。四年下半年續招預科兩班、小學四班，經教育部商准財政部每年增加洋五萬四千元，年共應支洋十一萬二千零四十四元，其分配數目計俸給洋六萬九千零七十二元，辦公費洋二萬七千八百七十二元，雜費洋一萬五千一百元，合計應支洋如上數。新五年度預算即照此編列，惟財政部覆核定爲一十四萬五千四百五十八元，計增洋三萬三千四百一十四元。

二、留學經費

派遣留學爲國家樹人之計，鄂省派遣東西洋留學生經費，民國三年度部定預算爲銀八萬五千一百九十五元，實際支出不止此數。四年規定留學生名額：美國三名，年支銀九千七百七十七元；英國一名，銀二千八百八十元；法國五名，銀一萬五千七百二十五元；比國十六名，銀四萬二千一百二十五元；日本七十一名，銀五萬三千九百六十五元，年計應支銀十二萬四千四百七十二元。旋因留歐學生監督經費奉教育部派定年攤銀一千五百元，又遣派香港大學留學生八名學費銀七千二百元，合計每年實應支銀一十三萬三千一百七十二元。

三、公立高等專門學校經費

鄂省公立高等專門學校有二：一曰法政專門學校，係前清光緒三十四年開辦，改革以後繼續辦理，民國二年省議會議決預算全年經費洋三萬六千七百三十六元，三年班數較少核減洋一萬零一百零八元，是年應支洋二萬六千六百二十八元，四五兩年均照案支給，嗣據該校擬添預科一班，年請加支洋三千四百五十六元，故新五年度預算列洋三萬零八十四元；一曰外國語專門學校，係由英文館改設，三年九月成立，年支銀二萬零四百三十六元相沿至今，並無變更。茲將其經費分配數目列表如左：

湖北公立專門學校經費分配表

款目 校別	俸給	辦公費	雜費	共計	備考
法政專門學校	二七、〇二四	一、六五六	一、四〇四	三〇、〇八四	
外國語專門學校	一七、八三二	二、〇二八	五七六	二〇、四三六	
總計	四四、八五六	三、六八〇	一、九八四	五〇、五二〇	

四、公立師範學校經費

鄂省公立師範學校計凡四處。民國元二兩年經費均由前教育司酌量支配，三年度經前行政公署規定，第一師範學校年支經費洋四萬五千一百八十四元，第二師範學校年支經費洋一萬七千一百六十元，第三師範學校年支經費洋二萬三千零五十二元，女子師範學校年支經費洋二萬四千四百八十元。其後第一師範擬添新班，每年議加支洋三千六百元，並未實行；第二師範因上年八月添招一班，應增支洋六千二百五十九元；第三師範以原定數目不敷支配，自五年起計增支洋七十二元；女子師範亦以添班年增支洋三百元。以上四校經費，新五年度預算共列洋一十一萬六千五百零七元，茲將分配數目列表如左：

湖北公立師範學校經費分配表

校別＼款目	薪資	辦公費	雜費	共計	備考
省立第一師範學校	二三、一九六	二一、五三二	四五六	四五、一八四	
省立第二師範學校	一〇、八九九	八、三一〇	四、二一〇	二三、四一九	此係上年八月起添班，故新五年度預算數如上列。若以全年計算，應支洋二萬八千八百九十九元
省立第三師範學校	一三、〇六八	九、四三二	六二四	二三、一二四	
省立女子師範學校	一五、六一八	八、八六三	二九九	二四、七八〇	
總計	六二、七八一	四八、一三七	五、五八九	一一六、五〇七	

五、公立實業學校經費

鄂省清季設立高等農業工業各校，軍興以後悉遭破壞。比年遵照部章，創辦甲種農業工農商業各校，改弦更張，將以是爲振興實業之嚆矢矣。各校經費：甲種農業學校三年支洋一萬一千零四十元，五年起實行養蠶制絲，加支洋二千四百元，年共支洋一萬三千四百四十元。又甲種農業學校附屬農林試驗場，自三年起年支洋一千四百八十八元。又甲種工業學校暨附設各實習廠，三年支洋二萬七千八百四十元，五年分增加電科，添辦高等工業一班，原擬加支洋三千六百元，及通盤支配又增出洋六百四十元，年共應支三萬二千零八十元。又甲種商業學校經費，三年起支洋一萬二千二百四十元。茲將其分配數目列表如左：

湖北公立實業學校經費分配表

校別＼款目	薪資	辦公	雜費	添班費	共計	備考
省立甲種農業學校	一〇、五六〇	一、七〇八	一、七三二	四四〇	一三、四四〇	
省立甲種農業學校附屬蛇山農林試驗場	一、二七二	一九二	二四		一、四八八	
省立甲種工業學校暨附設實習廠	二三、〇八二	四、七九四	六八四	三、五二〇	三二、〇八〇	
省立甲種商業學校	一〇、六九八	一、三二〇	二二二		一二、二四〇	
總計	四五、六一二	七、〇一四	二、六六二	三、九六〇	五九、二四八	

六、公立中學校經費

鄂省公立中學校經費民國以來完全由省稅支出者原有五處，後經停併二處，現仍開辦者計共三處，照新五年度預算所列：第一中學校年支洋一萬九千七百一十六元，第二中學校年支洋一萬五千零四十六元，女子職業學校兼辦中學年支洋九千五百八十八元，共支洋四萬四千三百五十元。惟第一中學校是年適應修理校舍，另須添支洋二千元。茲將其經費分配數目列表如左：

湖北公立各中學校經費分配表

校別＼款目	薪資	辦公	雜費	修理費	共計	備考
省立第一中學校	一七、三八八	一、九三二	三九六	二、〇〇〇	二一、七一六	
省立第二中學校	一三、〇七七	一、六四一	三二八		一五、〇四六	
省立女子職業學校兼辦中學	八、五六八	九二四	九六		九、五八八	
總計	三九、〇三三	四、四九七	八二〇	二、〇〇〇	四六、三五〇	

七、公立小學校經費

按鄂省於師範學校內附設小學本為師範生練習教育而設，至模範小學亦為全省男女小學式瞻起見，照新五年度預算所列，計第一師範附屬國民高等小學校年支洋一萬三千七百一十元，第二師範附屬小學校年支洋二千一百七十二元，第三師範附屬小學校年支洋四千三百四十四元，省立模範高等小學校國民學校年支洋一萬二千零九十元，省立女子高等小學校國民學校年支洋五千零二十一元，共支洋三萬七千三百三十七元。茲將其分配數目列表如左：

湖北公立各小學校經費分配表

款目 校別	薪資	辦公	雜費	共計	備考
省立第一師範附屬國民高等小學校	一一、五二六	一、七二八	四五六	一三、七一〇	
省立第二師範附屬小學校	一、八一二	二七〇	九〇	二、一七二	全年應支洋四千三百四十四元，因當時尚未開辦，故列半數
省立第三師範附屬小學校	三、六二四	五四〇	一八〇	四、三四四	
省立模範高等小學校國民學校	九、八〇四	二、一一八	一六八	一二、〇九〇	
省立女子高等小學校國民學校	四、六〇八	四一三		五、〇二一	
總計	三一、三七四	五、〇六九	八九四	三七、三三七	

八、公立半日學校經費

　　鄂省半日學校係於民國二年設立，省會之內凡十五處，置總理一員，以資統率，每校管理兼教員一人、教員二人、均分日夜兩班，教授專重貧民教育，書籍紙張概由公家發給，每年支洋一萬八千元，內分薪資洋一萬三千五百元，辦公費洋三千六百四十八元，雜費洋八百五十二元，合計如上數。

九、圖書館經費

圖書館爲通俗教育之一，鄂省圖書館創自前清，規模宏大，年支經費洋四千一百五十二元。改革以後率由舊章，三年議減政費，定爲年支洋一千二百元。五年因添購雜誌報章，加支洋二百六十四元，共應支洋一千二百六十四元。內分薪資洋一千一百零四元，辦公費洋二百八十八元，雜費洋七十二元，合計數如上。

十、官書處經費

官書處爲保存國粹、啓發民智而設。鄂省官書處開辦有年，經售書籍照本取資，不計贏利，無非爲嘉惠士林起見，其辦事經費由公款項下開支。三年支洋一千八百六十元，自四年起添支洋一百九十二元，年共支洋二千零五十二元，至今仍之。內分薪資洋一千二百三十六元，辦公費洋一百九十二元，雜費洋六百二十四元，合計如上數。惟新五年度預算另又列支購料印刷費洋三千九百四十八元，如書籍銷售暢旺，所支尚不止此云。

十一、省立通俗教育講演所經費

鄂省通俗教育講演所係由模範講演團改組，該團於民國元年十一月成立，設總所於省城，每日分遣團員在省會暨漢陽、夏口各地演講。原定經費月支洋七百五十二元，至三年五月減爲月支洋四百八十四元，旋復更定年支洋四千三百六十八元，至今仍之。內分薪資洋三千九百八十四元，辦公費洋三百六十元，雜費洋二十四元，合計如上數。

十二、教育公報暨通俗教育報經費

按鄂省教育公報與通俗教育報均於民國二年先後出版，各設機關，需費甚鉅，嗣於三年五月歸併，月領經費洋五百五十元。旋經規定年支洋五千三百七十六元，至今仍之。內分薪資洋一千一百五十二元，辦公費校①一千一百五十二元，雜費洋三千零七十二元，合計如上數。

十三、各區中學校補助費及五釐經費

按鄂省十一區中學校補助費，前清定章由全省教育經費內酌撥，其各縣在丁漕項下徵解，五成五學捐內，有五厘專歸各該區中學校之用。改革以後歷經照辦，並於民國元年規定每校每年由省補助洋四千八百元，自三年起減爲每校每年補助洋二千四百元，迄今仍之。至五厘學費，須俟各縣解到實數，各歸各區分配。照新五年度預算計列支各區中學校補助費洋二萬六千四百元，又支五厘學費洋二萬四千七百七十三元。茲將其分配數目列表如左：

湖北各區中學校補助費及五厘經費分配表

校別＼費別	補助費	五厘學費	共計	備考
第一區勺庭中學校	二、四〇〇	四、一三六	六、五三六	
第二區晴川中學校	二、四〇〇	四、〇四七	六、四四七	
第三區啓黃中學校	二、四〇〇	四、九八六	七、三八六	
第四區蘭臺中學校	二、四〇〇	二、八八〇	五、二八〇	
第五區漢東中學校	二、四〇〇	一、六二八	四、〇二八	
第六區荊南中學校	二、四〇〇	三、〇〇八	五、四〇八	
第七區鹿門中學校	二、四〇〇	二、一六一	四、五六一	

---

① 應爲洋之誤。

續表

費別 校別	補助費	五厘學費	共計	備考
第八區鄖山中學校	二、四〇〇	五〇九	二、九〇九	
第九區彝陵中學校	二、四〇〇	一三一	二、五三一	
第十區南郡中學校	二、四〇〇	二二六	二、六二六	
第十一區龍泉中學校	二、四〇〇	一、〇六一	三、四六一	
總計	二六、四〇〇	二四、七七三	五一、一七三	

十四、省城私立各學校補助費

省城私立各學校，每因經費支絀，多由公家酌量補助，屢經裁減，至今尚有十一處。照新五年度預算所列，計私立法政學校年支補助費洋七百六十八元，私立女子美術學校年支補助費洋三百八十四元，私立中華學校年支補助費洋二千五百七十三元，私立荊南中學校年支補助費洋三百八十四元，私立日新學校年支補助費洋六百八十五元，私立和衷女子職業學校年支補助費洋七百一十五元，私立聖功兩等小學校年支補助費洋一百九十七元，私立正本兩等小學校年支補助費洋三百五十一元，私立育才兩等小學校年支補助費洋一百六十八元，私立養正兩等小學校年支補助費洋一百二十元。又鄂園係前清張文襄所創辦久，已歸紳經理，年支補助費洋三百八十四元。以上十一校年共支補助費洋六千七百二十九元。

十五、視學經費

鄂省視學員係於民國二年設置，全省八人，年需經費洋四千八百八十元。三年依照部章各道設視學二員，遂將省視學裁去四人，分別規定經費，計省視學四員，每員月支薪俸洋八十元，川資洋五十元；道視學六員，每員月支薪俸洋五十元，川資洋五十元。惟二七兩月不支川資。全年計算，省視學經費支洋五千八百四十元，道視學經費支洋五千四百元，共計洋一萬一千二百四十元，至今照案支給。

十六、曆書經費

按曆書爲授時要典，鄂省翻印曆書所需經費向由公家支給，四年六月奉巡按使飭知，歷年翻印曆書價值既昂，印刷尤劣，殊多不便，應即託部代印，以資傳布，計年需經費洋四百元。

農 商 費

一、財政廳兼管礦務科經費

鄂省礦務行政向歸第四區礦務署辦理，四年春奉飭歸併各省財政廳兼管，仍設技正、技士各一員，奉定經費年支洋七千二百元，至今仍之。內俸薪洋四千零八十元，調查費洋二千元，辦公費洋一千一百二十元，合計如上數。

二、農事試驗場經費

按鄂省農事試驗場創於民國元年，原分第一、第二兩場所，需經費第一場年支洋七千七百八十八元，第二場年支洋七千二十二元四角。至三年五月歸併一處，定爲年支洋八千三百八十八元，其後實支洋七千元。故新五年度預算照實支數開列，內分薪資洋六千三百十二元，辦公費洋四百八十元，雜費洋二百零八元，合計如上數。

三、林事試驗場經費

鄂省林事試驗場始於民國元年三月,原定經費年支洋一萬七千六百二十八元,至三年五月核減洋一萬三千四百七十六元,僅支洋四千一百五十二元,四年三月又定爲年支洋二千六百四十元,今仍之。內分薪資洋二千二百五十六元,辦公費洋一百六十二元,雜費洋二百二十二元,合計如上數。

四、蠶桑試驗場經費

鄂省民國元年開辦蠶業講習所,附設桑園,所需經費年支洋一萬七千一百零九元六角。又立女子蠶業講習所,年支洋五千二百七十四元,至三年五月分別核減,併計年支洋九千八百零四元,四年三月取銷講習所,更名爲蠶業試驗場,酌定年支洋三千二百四十元,至今仍之。內分薪資洋三千零七十二元,辦公費洋一百零八元,雜費洋六十元,合計如上數。

五、林務專員經費

林務專員爲振興林業而設,由農商部委派,照章年需經費洋七千六百八十八元,內分薪資洋三千元,辦公費洋一千一百三十六元,雜費洋二千七百六十元,規定在省行政實業經費項下開支。編製新五年度預算時尚未開辦,故祇列半數,洋三千八百四十四元。

六、勸業場商品陳列館經費

鄂省勸業場商品陳列館創自民國元年三月,所需經費年支洋四千九百零八元,至三年五月減爲一千九百五十六元,至今仍之。內分薪資洋一千六百八十元,辦公費洋二百七十六元,合計洋如上數,向由該館入場券售費項下開支,尚無不敷云。

七、官紙印刷局經費

鄂省官紙印刷局係民國二年十月開辦，原屬官營業之一，乃開支太鉅，以致歷有虧耗。照新五年度預算所列，年支洋四萬二千一百零四元。內分薪資洋一萬三千四百七十元，辦公費洋四千六百五十六元，雜費洋二萬二千一百七十八元，兼辦公報津貼洋一千八百元，合計洋如上數，雖印刷收入爲數尚不在少，終覺不能相抵。

荆楚文庫

湖北財政史略

賈士毅 著　王　平 點校

湖北財政史略例言

一、本書略仿史例，於敘述事實而外，間亦稍加論列。

一、本書材料，蒐求繁難，檔案亦苦殘缺不完，祇得略於往昔，詳於近今，故第二章祇可作沿革觀。

一、本書注重歲入歲出之數字，以覘各時期財政之盈絀狀況；并附錄本年所撰"四年來整理鄂省財政經過情形"一文，及近年歲入歲出預算比較各表，以資參證。

一、本書對於近年財政上之整理及興革，亦略有敘述，惟各項法令章制，則均未輯入。

一、本書以官書檔案爲依據，并參攷内外人士之著述。

一、本書倉猝編印，疏誤在所不免，幸希閱者指正。

一、本書承趙科長朗山、賀科長采庭協同蒐集材料，吳股長季惠助同編纂，附誌於此，以示勤勞。

自　序

　　往昔言財政者，大抵偏重國家，而於地方財政之需要與發展，恒忽視焉。自十九世紀中葉以降，歐美各邦競言都市社會政策，於是地方財政始確定乎基礎。歐戰以還，民治之説益昌，地方事業既伸張而擴充，地方財政亦遂趨於繁賾，而為學者之所重視。我國地方財政向無專名，有清晚季，雖號稱地方自治，而地方財政仍未獨立。洎乎民國肇造，中央始有國家税與地方税之劃分，並規定國家費目及地方費目標準，雖範圍甚狹，而地方財政之確立，實權輿於此；惜以國家多故，而政府財政方針，復傾向於中央集權；所謂地方財政者，仍名實不相副。迨國民政府成立以後，知中央集權制之不適於用，依據總理均權主義，以事務必須國家辦理者，劃歸中央，事務可以因地制宜者，劃歸地方，不囿於中央集權，不偏於地方分權，本此主旨，毅然將國家收支、地方收支重行釐訂，至是而地方財政制度，固已駸駸改觀矣。

　　士毅曩著《民國續財政史》，於總論、歲出、歲入、公債、會計、泉幣諸編而外，復增入地方財政一編，蓋以近今民治思潮益趨澎湃，地方財政範圍日廣，吾人既於財政有所論述，則其含有重要性質如地方財政者，又烏得而遺；顧統論地方財政，與專論一省財政，雖或廣狹不同，而以財政實相貢獻於社會，初無二致，是則就一省之財政變遷，沿流溯源，提綱挈要，論列而著之於篇，固亦治財政史者所不廢也。士毅於二十二年春奉命來鄂，典財政，歲月不居，忽忽已逾四載，任事既久，於是邦財政之利病得失，知之較詳，竊欲細羅往迹，甄綜近情，略仿專史之例，凡關財政源流及補救方術，悉為纂錄，從事裒輯，亦閱歲時。惟以材料之蒐求匪易，檔案之殘缺不完，於舊時財政，繁證博引，蓋有未能，不得不簡述前事，備論今制，編次既竟，名曰《湖北財政史略》，亦以甄采所及，敘厥大凡，爲一省財政史之大輅椎輪已耳。

　　是書都凡三章，首述地方財政之重要，與夫鄂省財政遞嬗之迹；次述前代財政沿革，起自清末，下暨民國，又分爲民十五以前之財政，則屬於北京政府時代者，民十六以後之財政，則屬於國民政府時代者，趨勢既有不同，紀載亦因而互異；復次述現代財政狀況，自二十二年迄二十五年止，此最近四年中之財政，爲士毅所身自親歷，甘苦熟諳，故於整理興革諸端，亦多纂入，藉以今時實況，告諸邦人；綜是數章，於鄂省財政之歷史，略可攷見，由此以推求財政消長之故，亦不難得其概要矣。抑又有言者，古者蒿籍皆出於王官之守，劉班箸録，卓然具在，鄂省財政，夙鮮系統紀載，今以職掌汹爲成編，於古義既不相背，而叙述亦觕有闡明，後之覽者，或足爲取鑑之一助歟。

陽羨　賈士毅

目　　錄

第一章　總論 ………………………………………… 213
第二章　前代財政之沿革 …………………………… 223
　第一節　概說 ………………………………………… 223
　第二節　民國以前財政情況 ………………………… 227
　　（甲）歲入 ………………………………………… 227
　　　一、鹽茶土稅 …………………………………… 227
　　　二、田賦 ………………………………………… 228
　　　三、厘捐 ………………………………………… 228
　　　四、正雜各稅 …………………………………… 228
　　　五、協款 ………………………………………… 228
　　　六、官業收入 …………………………………… 228
　　（乙）歲出 ………………………………………… 229
　　　一、解款 ………………………………………… 229
　　　二、協款 ………………………………………… 230
　　　三、行政費 ……………………………………… 230
　　　四、交涉費 ……………………………………… 230
　　　五、民政費 ……………………………………… 230
　　　六、財政費 ……………………………………… 230
　　　七、典禮費 ……………………………………… 230
　　　八、教育費 ……………………………………… 230
　　　九、司法費 ……………………………………… 230
　　　十、軍政費 ……………………………………… 230
　　　十一、實業費 …………………………………… 230

　　　　十二、交通費 …………………………………………… 231

　　　　十三、工程費 …………………………………………… 231

　　　　十四、官業支出 ………………………………………… 231

　　　　十五、公債費 …………………………………………… 231

　第三節　民十五以前之財政情況 …………………………… 234

　　第一項　元年至七年之財政 ……………………………… 234

　　　（甲）歲入 ……………………………………………… 234

　　　　一、田賦 ………………………………………………… 235

　　　　二、正雜稅捐 …………………………………………… 237

　　　　三、貨物稅捐 …………………………………………… 239

　　　　四、雜收入 ……………………………………………… 241

　　　　五、官業收入 …………………………………………… 241

　　　　六、債款收入 …………………………………………… 242

　　　（乙）歲出 ……………………………………………… 251

　　　　一、外交費 ……………………………………………… 251

　　　　二、內務費 ……………………………………………… 252

　　　　三、財政費 ……………………………………………… 254

　　　　四、教育費 ……………………………………………… 255

　　　　五、軍政費 ……………………………………………… 256

　　　　六、司法費 ……………………………………………… 257

　　　　七、農商費 ……………………………………………… 258

　　　　八、中央解款 …………………………………………… 259

　　　　九、債款 ………………………………………………… 260

　　第二項　八年至十五年之財政 …………………………… 262

　　　（甲）歲入 ……………………………………………… 262

　　　　一、田賦 ………………………………………………… 263

　　　　二、契稅 ………………………………………………… 264

　　　　三、牙帖稅捐 …………………………………………… 265

　　　　四、当帖稅捐 …………………………………………… 266

五、百貨稅捐 …………………………………… 267

　　　六、屠宰稅 ……………………………………… 267

　　　七、官產收入 …………………………………… 268

　　　八、官業收入 …………………………………… 269

　　　九、正雜稅捐 …………………………………… 269

　　　十、雜項收入 …………………………………… 270

　　　十一、債款 ……………………………………… 271

　　　十二、官款繳還 ………………………………… 272

　　（乙）歲出 ……………………………………………… 274

　　　一、外交費 ……………………………………… 274

　　　二、內務費 ……………………………………… 275

　　　三、財政費 ……………………………………… 275

　　　四、教育費 ……………………………………… 276

　　　五、軍政費 ……………………………………… 276

　　　六、司法費 ……………………………………… 277

　　　七、農商費 ……………………………………… 277

　　　八、雜項支出 …………………………………… 278

　　　九、債款 ………………………………………… 278

　　　十、中央解款 …………………………………… 279

　第四節　民十六以後財政情況 ……………………………… 282

　　（甲）歲入 ……………………………………………… 283

　　　一、田賦 ………………………………………… 283

　　　二、統稅 ………………………………………… 284

　　　三、正雜稅捐 …………………………………… 284

　　　四、契稅 ………………………………………… 285

　　　五、牙稅 ………………………………………… 285

　　　六、當稅 ………………………………………… 285

　　　七、屠宰稅 ……………………………………… 286

　　　八、營業稅 ……………………………………… 286

九、地方財產收入 …………………………………… 287
　　十、房捐 ……………………………………………… 287
　　十一、地方事業收入 ………………………………… 288
　　十二、地方行政收入 ………………………………… 288
　　十三、補助款收入 …………………………………… 289
　　十四、特稅協款 ……………………………………… 289
　（乙）歲出 ……………………………………………… 293
　　一、黨務費 …………………………………………… 293
　　二、行政費 …………………………………………… 294
　　三、財務費 …………………………………………… 295
　　四、司法費 …………………………………………… 295
　　五、公安費 …………………………………………… 296
　　六、教育文化費 ……………………………………… 297
　　七、建設費 …………………………………………… 297
　　八、衛生費 …………………………………………… 298
　　九、債務費 …………………………………………… 298

第三章　現代財政之狀況 …………………………………… 306
　第一節　概說 …………………………………………… 306
　第二節　歲入 …………………………………………… 309
　　（甲）田賦 …………………………………………… 310
　　　一、田賦之額徵數 ………………………………… 310
　　　二、田賦之預算數 ………………………………… 326
　　　三、田賦之實收數 ………………………………… 326
　　（乙）契稅 …………………………………………… 327
　　　一、契稅之整理 …………………………………… 327
　　　二、契稅之預算數 ………………………………… 328
　　　三、契稅之實收數 ………………………………… 328
　　（丙）營業稅 ………………………………………… 328
　　　一、營業稅之改進 ………………………………… 328

二、營業稅之預算數 ·· 329
　　三、營業稅之實收數 ·· 331
（丁）地方財產收入 ·· 331
　　一、公產事務之整理 ·· 332
　　二、公產收益之增進 ·· 333
　　三、地方財產收入之預算數 ·· 334
　　四、地方財產收入之實收數 ·· 336
（戊）中央補助及特稅協款 ·· 336
（己）地方事業收入 ·· 338
（庚）房捐收入 ·· 338
（辛）地方行政收入 ·· 339
（壬）各項補助款收入 ·· 339
（癸）其他收入 ·· 340

第三節　歲出 ·· 345
（甲）黨務費 ·· 346
（乙）行政費 ·· 348
（丙）司法費 ·· 350
（丁）公安費 ·· 352
（戊）財務費 ·· 355
（己）教育文化費 ·· 357
（庚）經濟行政費 ·· 360
（辛）其他各費 ·· 362
（壬）補發積欠各費 ·· 365

第四節　債務 ·· 372
（甲）過去債務情形 ·· 373
（乙）近年整理債務辦法 ·· 376
（丙）現在債務狀況 ·· 380
（丁）將來債務之展望 ·· 383

第五節　公共營業 …………………………………… 387
　（甲）公營事業之收支 …………………………… 387
　（乙）推進湖北省銀行業務 ……………………… 389
第六節　保安經費 …………………………………… 391
　（甲）保安經費之改進 …………………………… 391
　（乙）保安經費之收支 …………………………… 407
第七節　市縣財政 …………………………………… 416
　第一項　漢口市財政之收支 ……………………… 416
　　（甲）二十一年以前情形 ……………………… 417
　　（乙）二十二年以後情形 ……………………… 418
　第二項　各縣縣財政概況 ………………………… 421
　　（甲）改進縣財務行政組織 …………………… 422
　　　一、推設縣金庫 ……………………………… 422
　　　二、組織經徵處 ……………………………… 423
　　　三、改組縣財務委員會 ……………………… 424
　　（乙）裁廢苛捐雜稅及減輕田賦附加 ………… 424
　　（丙）確定預算收支 …………………………… 440
附錄　四年來整理鄂省財政經過情形 ……………… 523

第一章　總　論

地方財政之範圍，常視國家政務之方針而定，有採中央集權制者，有採地方分權制者，如採中央集權制，則國家財政範圍廣，而地方財政範圍狹，反之若採地方分權制，則地方財政範圍廣，而國家財政範圍狹，抑或不然，採取中央與地方均權之制，則國地財政範圍，介乎集權與分權之間，而凡百政務，咸獲平衡發展之機能，是地方財政固與國家財政，相為表裏也。我國地方財政之確定，實肇端於民國二年財政部頒布之劃分國家稅地方稅法草案及國家費目地方費目標準案，蓋以民國初建，地方政務日趨繁賾，國家始於相當範圍內，與地方以財政獨立之權，然其範圍甚狹，仍偏重於中央集權，復以國是紛乘，未能實施，致地方事業日形萎縮。自國府奠都南京後，知中央集權之不適宜於現代，依遵總理均權主義之精神，將國家收支地方收支，重行劃分，視事務有全國一致之性質者，劃歸中央，有因地制宜之性質者，劃歸地方，至是地方財政始確立基礎，凡關賦稅之徵收，經費之支配，與夫事業之經營，咸授權地方主持，而中央負其監督及指導之責。惟地方事業之範疇愈廣，地方財政之整理愈不可緩，故地方財政問題遂為世所重視焉。

歐戰以還，各國於平民政治極端重視，而所謂社會主義之財政亦遂應運而興，故近來各國地方財政趨勢，已由公經濟收入時期，轉而為私經濟發達時期，公營事業之入款，日益發達，已居歲入之重要地位，而地方經費之運用，亦漸由注重教育注重交通而至專力擴張公共企業之一途，藉以繁榮國民經濟。我國近年適應世界潮流，舉凡公營事業，公有財產，遂亦漸呈擴張之勢。

有清末葉，國家財政與地方財政尚未劃分，名義上雖稱中央集權制度，實則財政運用之權，均歸督撫主政。就鄂省而論，其舉辦新政，當首推張文襄公督鄂之時，顧文襄籌辦新政而絕無財乏之慮者，厥因有三：

一、關鹽兩稅尚未盡歸中央，外省往往指定款目撥用。

二、鑄幣權尚未集於中央，以是鑄造銅元銀元之餘利，亦可指撥。

三、官錢局發行官票，中央并未加以限制，故指撥之款頗多。

因上三端，故文襄不患財力之匱絀，得以實施各項新政；今則關鹽兩稅既歸中央，鑄幣權亦由中央統制，鈔票發行權僅許省銀行於相當限度內酌發輔幣券，財政權限既經縮小，緣是省地方財政有所牽制，而新事業之範圍，亦不能如文襄時代之廣泛矣。考清季鄂省財政情形，在光緒末年間收支兩額常在六七百萬兩左右，迨宣統年間，收支兩額驟然增高，其預算總數如下：

宣統元年　歲入一七・一八〇・三一〇兩　　歲出二〇・二九四・〇九六兩

宣統三年　歲入一三・五四五・一四七兩　　歲出一五・七八五・三一二兩

右列數額，以宣統元年為最高，三年則收支均有縮減，出入相衡，雖元年約不敷三百一十一萬餘兩，三年約不敷二百二十四萬餘兩，但海關稅與常稅收入并未列入，可以指撥，故實際上差額甚微。

民國肇造，鄂省為首義之區，軍隊之多，政務之繁，為各省冠；是時戎馬倉皇，政局混沌，收入則以人心未定，稅源枯絕，支出則以軍費浩繁，漫無限度，雖是年之收支總額，因案牘闕略，無從稽考，但僅就債款一項而言，已達四千數百萬元，同時官錢局之存款及錢票亦被提用殆盡。民二，大局雖漸告定，但政治紊亂之象，尚未完全恢復，收支相抵，不敷仍鉅。民三，地方秩序已復常軌，財政亦漸見起色，又經四五兩年之整理，收數逐年遞增，頗稱充裕，惟此時關鹽兩稅，已劃歸中央，攤解中央協款，亦復年有遞增，而軍費仍鉅，常佔歲出總額二分之一左右，因是地方各項事業，每為籌撥軍費所牽制，不能次第興辦。茲將民國二年度至五年度歲入歲出狀況列表如下：

民國二年度至五年度歲入歲出狀況表

年度	歲入		歲出	
	預算數（元）	實收數（元）	預算數（元）	實收數（元）
二年度 國家		四・七一八・九六三		一〇・四一七・二六六
二年度 地方	三・七二七・七五八		二・九五九・〇四八	
三年度 國家	八・三九八・六六四	九・九六八・三二七	八・〇七五・〇三七	八・九九三・〇二八
三年度 地方				
四年度 國家	一一・六九一・一三〇	一三・一五六・三二六		一三・〇八三・〇五六
四年度 地方				
五年度 國家	一一・七九四・〇〇〇	一二・〇一一・一二四		一三・二〇二・〇三九
五年度 地方				

上表預算數，因案牘闕略，蒐考艱難，無從覘其盈虛，就收支實數而言，以二年度差額為最鉅，約不敷五百七十萬元，其餘三年，歲入則較民二增加二分之一以至三分之二，歲出則較民二有減有增，以收抵支，三四兩年度均有羨餘，祇五年度略有不敷，故當時收支情況頗佳，是為財政充裕時期。

民六川湘告警，繼復荊襄用兵，稅收陡減，軍費增巨，財政又陷困境，自斯以後，連年軍事不已，以收抵支，年有不敷，惟賴債款濟用，財政已漸伏崩潰之機。迨十四五年之交，政局愈陷杌陧，財政益趨紛亂，十五年五月，官錢局以歷年借墊省庫及各官署款項，數達四千另九十五萬餘元，無法周轉，所發行之錢票九千一百七十九萬餘串，及銀元票六萬五千餘元，亦難維持，內外相擠，因而風潮鵲起，陡然倒塌，省庫收入，幾等於零，於是頒布稅款向收錢串者改為徵現辦法，雖曾嚴厲執行，但亦未收若何效果，蓋人民因收官票倒塌之重大損失，兼以災禍迭乘，元氣斲喪，已乏納稅能力，財政遂呈一蹶不振之象矣。茲將民國六年度至十四年度之歲入歲出狀況列表如下：

民國六年度至十四年度歲入歲出狀況表

年度	歲入		歲出	
	預算數（元）	實收數（元）	預算數（元）	實收數（元）
六年度	國家 八‧三二〇‧〇三八	七‧六九二‧六一六	國家 七‧二三二‧五〇九	一〇‧四〇七‧五四九
	地方 二‧七一七‧〇〇八		地方 二‧七一七‧〇〇八	
七年度	國家 七‧三七八‧五二五	一〇‧三九一‧六八七	國家 七‧二七八‧五二五	一一‧二五一‧八三四
	地方 二‧一八三‧一六二		地方 二‧一八三‧一六二	
八年度	國家 七‧九八六‧六三一	九‧〇九〇‧三二七	國家 七‧二九七‧四四〇	一〇‧一〇二‧一三〇
	地方 二‧一六五‧九〇九		地方 二‧一六五‧九〇九	
九年度	國家	八‧七四四‧〇六二	國家	九‧〇六三‧九九九
	地方 二‧一九四‧七〇六		地方 二‧一九四‧七〇六	
十年度	國家	六‧六九五‧一八一	國家	八‧七七五‧一六五
	地方 二‧二五三‧二九一		地方 二‧二五三‧二九一	

續表

年度		歲入		歲出	
		預算數（元）	實收數（元）	預算數（元）	實收數（元）
十一年度	國家		一〇・六四九・九七八		一二・〇一六・八〇五
	地方	二・二七一・二〇〇		二・二七一・二〇〇	
十二年度	國家		一二・二一四・〇八三		一三・〇四六・五〇六
	地方	二・七四一・三六一		三・一一一・七〇一	
十三年度	國家		八・七二〇・九四五		一〇・三七三・七九四
	地方	二・八七一・五三七		三・一四三・三八八	
十四年度	國家		七・二三二・一七四		一七・四一四・〇六五
	地方	三・一四〇・四二七			

上表自六年度至八年度國家地方均有預算數字可考。九年度以後，僅有地方預算，而無國家預算，至收支實數，各年均係國地合計，無從分晰，探索上列數字之盈絀，自六年度至十三年度，表面上雖年差一二百萬元，實則歲入以債款為大宗，歲出以軍費為大宗，而籌措之特殊軍費尚不在內，故其虧短之數，實際上較諸數字之差額更鉅，迨十三年以後，收支兩數，已屬無從查考，上兩列十四年度收支總數，係根據是年國地兩稅收支對照表查列，計不敷一千另一十八萬餘元，良可驚駭，由此觀之，當時財政情況，殊為惡化也。

十五年冬國民革命軍底定武漢後，十六年之財政仍爲混亂狀態，經十七、十八兩年之整理，財政頗見充裕，漸從事地方建設，但支用亦隨而浩繁，惟其時中央稅款，間多留在地方，故支應雖鉅，仍無匱乏之慮。茲將民國十六年度至十八年度之歲入歲出狀況列表如下：

民國十六年度至十八年度歲入歲出狀況表

年度	歲入		歲出	
	預算數（元）	實收數（元）	預算數（元）	實收數（元）
十六年度	一六・四六九・四七〇	六・三一一・六一三	一六・四六九・四七〇	五・五三三・六三四
十七年度	一六・三一〇・九五一	一六・六三九・〇一二	二三・三七一・一四四	一七・三八七・二五四
十八年度	一七・五二三・六六九	一五・三〇八・四八三	二三・四〇一・三五〇	一五・二四七・六三〇

　　上表十六年度因政局混亂，收支兩數均甚萎縮，未可覘悉全般財政之趨勢，十七、十八兩年度歲入驟增，以厘金居大宗，計此項入款，十七年度爲一千一百三十五萬三千三百二十四元，十八年度爲九百二十三萬六千一百八十八元，幾佔全部收入三分之二，歲出則純爲政教各費之驟增，建設事業費十七年一百五十餘萬元，十八年祇九十餘萬元左右，而巨大之軍費并不在內。

　　自十八年中央軍抵鄂後，始實施國地財政之劃分，向留在鄂省動用之中央稅款，亦歸中央，於是財政漸行支絀，然厘金收數尚佳，仍歸地方支用。至二十年一月裁厘之後，收入銳減，又值大水爲災，一方則舉債維持，一方則欠壓政費，故至二十一年應付更感艱困。茲將民國十九年度至二十一年度之歲入歲出狀況列表如下：

民國十九年度至二十一年度歲入歲出狀況表

年度	歲入		歲出	
	預算數（元）	實收數（元）	預算數（元）	實收數（元）
十九年度	二二・三二八・二三五	二一・五八六・三八〇	二六・八四九・八〇五	二一・六一一・一八八
二十年度	二三・六〇〇・一二一	二四・四三六・二七三	二八・〇〇六・六九四	二四・四八二・九三七
二十一年度	一八・三八一・〇四九	二三・八四三・九三〇	一八・三八一・〇四九	二三・六九五・九六六

上表十九、二十兩年度歲出預算數，雖與十七、十八兩年度無甚出入，但實支數較諸十七、十八兩年財政充裕時期增高甚鉅，歲入額在表面上雖亦較十七、十八年間遞增，但實際稅源減少，收數多屬虛列，独賴借入債款之彌補而已，故其時財政之病徵有三：

一、經費支出按年遞增。

二、所增之款多為機關費，而非事業費。

三、收入方面并未確實增加，多屬虛列之數。

二十一年夏，蔣委員長駐節鄂垣，洞悉鄂省財政傾危狀態，為澈底之整理，于是年十一月間屬行裁并機關節縮政費及增益事業費之政策，核實收入，重訂新預算，其支配標準如下：

一、各項政費，每月由一百八十萬餘元，縮至七十二萬元。

二、債務費每月列二十六萬五千元，為省公債基金，及攤還借款本息的款。

三、添列行政督察專員經費及保安處經費每月五萬四千元。

四、預備費每月列六萬元。

五、縣行政經費及監獄費田賦徵收費均照原預算數不減。

六、另列新增營業稅收入一百二十萬元，以六十萬元充建設事業費，六十萬元充償還積欠費。

自經此次整理之後，至二十二年財政遂稍見轉機，故二十三、四、五三年，雖經旱災水患，財政尚可維持，而漸恢復常軌。茲將民國二十二年度至二十五年度歲入歲出狀況列表如下：

民國二十二年度至二十五年度歲入歲出狀況表

年度	歲入		歲出	
	預算數（元）	實收數（元）	預算數（元）	實收數（元）
二十二年度	一八・一一九・八一四	二五・〇一四・八四一	一八・一一九・八一四	二五・一七五・八三六
二十三年度	一九・〇九二・八二〇	二八・〇七五・九〇四	一九・〇九二・八二〇	二七・九二四・六四三
二十四年度	二四・五五三・五五三	二四・二四九・三二六	二四・五五三・五五三	二四・一〇五・七〇二
二十五年度	二三・九四三・九三三	二三・八〇二・九九一	二三・九四三・九三三	二三・八〇二・九九一

上表二十二、二十三兩年度預算數，雖較十九、二十兩年度爲減，但收支實數較諸十九、二十、二十一各年度爲增，而二十四、五兩年度預算數以及二十四、五兩年度收支實數，亦較十九、二十、二十一等年度略有遞增。又銀行活動借款之收入支出，概包括於收支實數之內，故表列各年度實收實支兩數，每較預算數字爲巨。此數年中雖迭經災患，但在收入方面，稅款確有增收，債項入款爲數不大；在支出方面，建設

事業費年有遞增，已佔歲出之大宗，而償還舊債及清發積欠政費，爲數亦鉅，至機關費則省政費年有縮減，以其所減之款，移增縣政費，綜近年財政措施，其已獲得相當效果者，有如下端：

甲、就收入言

一、整理原有之正當稅源，以謀稅額之確定，稅率之平均，稅收之增進及普遍。

二、實行裁廢苛雜稅捐，以排除國民經濟之障礙。

三、協力推廣公共事業，漸謀公營業收入之發達，俾於積極方面調劑國民經濟，消極方面減輕人民負担。

四、整頓公有財產，藉使私經濟入款之遞增，以輔佐稅收之不足。

乙、就支出言

一、擴張經濟行政費，緊縮機關費，以貫澈理財生產化與經濟化之兩大原則。

二、本量入爲出主義，月清月款，以增進一般行政效率。

三、以省庫餘力，逐步清發積欠政費，以安定公務人員之生活。

四、保持債信：公債則按期撥足本息，使其基金穩固與獨立；舊債則澈底清償，以謀社會金融之發展；銀行借款則本借新還舊，化零爲整，減高利爲低利之原則辦理，以期周轉靈活，并減輕省庫負担。

夫財政狀況，既隨政治之趨勢爲推遷，而於國民經濟及事業範疇，亦莫不相互關聯，故今日之財政情況，與二十餘年以前之清代財政情況，迥然不同，其因有三：

一、在昔生計程度甚低，物質需要亦頗簡省，故機關經費與官吏俸給，均甚微薄，今則生計程度增高，物質文明發達，故機關經費與官吏俸給，雖節縮至最低限度，亦較昔日超越數倍。

二、在昔政尚簡單，地方機關甚少，組織範圍亦狹，今則已由簡單政治而入於複雜政治，因事務之繁瑣，地方機關已較昔日增多，組織範圍亦較昔日龐大。

三、在昔公營事業尚未發達，社會公用事業亦多忽略，事業範圍既狭，需費自少，今則公營公用事業，均在建設之列，需要迫切，範圍彌廣，故事業費之支出，亦十百倍於曩昔。

因上三端，故現代地方經費之用途，日益推廣，國民經濟之負担，自亦與之俱增；惟地方經費支出之多寡，不足以判財政之當否，全視與國民經濟是否有利爲前提，果能以地方之款，悉用於生產之途，則數額雖鉅，人民亦罔不欣然贊助也。故當茲地方建設積極推進之時，地方支出遂呈日益加增之趨勢，宜有宏遠精密之計慮，內而適應地方需要，外而迎合世界潮流，以助長事業之發展；則將來國民經濟之利益，正未有涯也。

地方財政之範圍，及財政變遷之趨勢，與夫近年整理財政所持之方針，已俱如上述，至本輯之作，略仿史例中分前代財政之沿革與現代財政之狀況兩章，對各時代財政之剝復情形，并略加論列，俾明鄂省過去財政遞嬗之迹，與夫現代財政因應之緒，而證其得失焉。

第二章　前代財政之沿革

第一節　概　說

　　地方財政之範圍，及鄂省財政過去嬗變之趨勢，已略述於總論章內，考清代財政，係採中央集權制度，雖有內銷外銷之名，而無國家財政地方財政之別，蓋當時地方政事尚簡，自治之雛形未成，遑言地方財政，有清之季，國民遠慕列邦地方政績，渴望民治之念甚切，清廷遂籌備立憲，於省會設諮議局，并頒布自治章程，始具地方自治組織之雛形，故宣統三年試辦預算，始有國家歲出與地方歲出之編定，但歲收則混合如故，尚未劃分焉。

　　民國初年，自治之說益盛，劃分國地收支之議隨起，二年春財政部遂頒劃分國家稅地方稅法草案，及國家費目地方費目標準案，雖地方財政之權興肇基於此，惟其範圍甚狹，誠以斯時財政制度，率多因襲舊規，其事權大都偏重於中央，而忽略於地方，更以國是多變，自治事業屢受頓挫，地方財政職權，雖經磋定亦未見諸實施，十六年國府定都南京，鑒於民治思潮日益膨漲，地方事業逐漸重要，本總理建國大綱之精神，內審本國情況，外參列邦通例，毅然將國家收支地方收支重行劃分，茲將地方收支標準分述如次：

　　甲、地方歲入之標準：攷地方收入標準，係十六年財政部所頒布，至十七年略有修正，即現行地方歲入之標準也，此案內容，凡涉地方歲入之範圍，較諸北京政府所頒之國家地方稅劃分艸案，已為廣汎，在昔國民屢請將田賦劃入地方，政府概未允准，即十二年曹氏憲法將田賦改列地方，財部亦未照行，以致地方事業，日瀕枯澀，至現行之制，以直接稅爲地方稅之中堅，不僅將向歸國用之田賦劃歸地方，并將契稅牙稅當稅屠宰稅以及營業稅，亦均劃爲地方收入，揆厥大旨，無非欲圖地方事業之興盛，故擴大其財源，俾得有相當之發展耳。爰將新舊地方稅目列表如次：

地方稅目新舊比較表

國民政府地方稅之標準（即現行地方收入標準）		北京政府地方稅之標準	
現行之地方稅款目	將來之地方稅款目	現行之地方稅款目	將來之地方稅款目
一、田賦	一、營業稅	一、田賦附加稅	甲、特別稅之稅目
二、契稅	二、市地稅	二、商稅	一、房屋捐
三、牙稅	三、所得稅之附加稅（但不得超過正稅百分之二十）	三、牲畜稅	二、國家不課稅之營業稅
四、當稅		四、糧米捐	三、國家不課稅之消費稅
五、屠宰稅		五、土膏捐	四、入市稅
六、內地漁業稅		六、油捐及醬油捐	五、使用物稅
七、船捐		七、船捐	六、使用人稅
八、房捐		八、雜貨捐	乙、附加稅之稅目
九、地方財產收入		九、店捐	一、營業附加稅
十、地方營業收入		十、房捐	二、所得附加稅
十一、地方行政收入		十一、戲捐	
十二、其他屬於地方性質		十二、車捐	

續表

國民政府地方稅之標準（即現行地方收入標準）		北京政府地方稅之標準	
之現有收入		十三、樂户捐	
		十四、茶館捐	
		十五、飯館捐	
		十六、肉捐	
		十七、漁捐	
		十八、屠捐	
		十九、夫行捐	
		二十、其他之雜稅雜捐	

上表係新舊地方稅目之情形，而足表現新地方歲入標準之擴充者有二：一爲現行之田賦及契、牙、當、屠等稅，由國家劃入地方；二爲將來之營業稅亦劃歸地方；是由國家劃入地方之稅目，既已明晰，而因此劃分稅目之結果，地方收入，亦緣以增多矣。

乙、地方歲出之標準：考地方歲出標準，係十六年財政部所頒布，至十七年略有修正，即現行之地方歲出費目標準也。地方收入既較前加多，故地方支出款目亦隨而俱增，曩時省縣行政經費及司法省防等費，固列入國家預算案內，即教育實業諸費，大部分亦由國家預算項下支出，今省政府及所屬各廳與縣政府經費，暨教育建設諸費，均改歸地方支給，而司法費亦暫由地方直接撥給，誠以此數項經費，與其歸諸國家，轉多周折，毋寧劃入地方，較爲簡捷，而一切事業之興辦，均可因地制宜，不致再蹈以前隔閡阻滯之覆轍矣。爰將新舊地方費目列表如次：

地方費目新舊比較表

國民政府地方費之標準（即現行地方支出標準）		北京政府地方費之標準	
款目	性質	款目	性質
一、地方黨務費	此項係指各行省特別市及縣市鄉各級黨部之經費而言	一、立法費	指地方議會之經費
二、地方立法費	此項係指省市等地方議會之經費	二、教育費	除教育部直轄機關及國立學校外，凡地方所辦教育之經費屬之
三、地方行政費	此項係指地方行政職員之俸給及公署費用，省政府各廳及市縣政府等屬之	三、警察費	除國都省城商埠外，凡地方所辦警察之經費屬之
四、公安費	凡警察及一切維持公安之經費，應由地方經費內支出	四、實業費	除中央所管實業外，凡地方所辦實業之費屬之
五、地方司法費	此項經費在承審制度未廢以前暫應由地方經費內支出	五、衛生費	係指地方所辦保衛人民生命各費
六、地方教育費	此項除中央直轄教育機關及國立專門以上學校外，其他各項教育費應由地方經費內支出	六、救濟費	係指地方所辦救卹事業之費
七、地方財務費	此項專指徵收地方收入所需之經費而言	七、工程費	係指地方所辦工程各費
八、地方農礦工商費	農礦工商各業由地方團體自辦或為增進農工利益所需之行政經費，均由地方經費內支出	八、公債償還費	係指地方公債應償本息之費
九、公有事業費	此項除中央之官營事業外，凡地方公有事業應由地方經費內支出	九、自治職員費	為市長鄉董之俸給而與立法費有別
十、地方工程費	凡地方經營之工程各省道、縣道及疏濬河道等均由地方經費內支出	十、徵收費	係指地方收入所需費用
十一、地方衛生費	地方衛生行政費由地方經費內支出		
十二、地方救卹費	地方救卹行政費由地方經費內支出		
十三、地方債款償還費	此項經費以地方所借合法之公債為限		

上表係新舊地方費目之情形，而新地方支出之所增加者，爲黨務費、司法費、地方政府與所屬機關經費，以及併入公安費內之省防費四種，前一種經費係新增之款，後三種經費係由國家歲出項下劃入地方者；外如警察費之納入公安費，征收費之改爲財務費，實業費之改爲農礦工商費，其範圍均較前稍廣，即名義相同之教育費工程費衛生費救卹費等項，亦均較前案之範圍廣汎，上爲地方財政收支標準之變遷概要，舊案之收入財源雖寡，惟其經費支出亦少；新案之收入財源雖廣，而負荷之地方事業責任，則日趨繁重焉。

至前代財政沿革，均可分爲三期：一爲民國以前即前清末葉時期之財政，二爲民十五以前時期之財政，三爲民十六以後時期之財政，而迄二十一年爲止。茲就三時期中因應消長之迹，分節闡述於後。

第二節　民國以前財政情況

清時財政係完全集權制度，收支均歸國家統籌支配，當時地方政事尚簡，既無獨立之稅源，亦無"地方財政"之名稱，即有地方性質之支出，大率依賴私人捐募及國家補助而已，故國地財政無分系統，迨宣統三年試辦預算，始編定國家歲出與地方歲出，但收入則仍多混合尚不足語於健全。爰將宣統年間鄂省財政情況概略言之：

(甲) 歲入

鄂省於宣統元年歲入總額爲一千七百一十八萬另三百十兩，至宣統三年歲入總額減爲一千三百五十四萬五千一百四十七兩，考其時主要收入約有以下數項：

一、鹽茶土稅　即鹽課、茶厘、烟土稅三項之統稱，年共收入三百二十餘萬兩。鹽課有川、淮、應之別，川鹽淮鹽均係就承銷額按引計徵，應鹽即爲本省應城縣所產之膏鹽，稅額甚微，係就地按爐課稅。茶厘係設專局征收，類似厘金而與鰲金有別，征稅分產地、落地、過境三種，税目有箱鳌、业厘、行厘之别。因汉口为我国三大茶市之一，而鄂南各县又为产茶之区，故亦为岁入之大宗。烟土税系光绪末年归部征收，其时收数甚钜，年可一二百万两，嗣以禁烟令严，收数锐减，降至宣统年间，收数已不及十万两矣。

二、田赋 清制田有二等，曰民田曰屯田，各有科则，惟民田之赋重于屯田，赋目大别有五：一为地丁，因摊丁银入于地税之内，故名地丁；二为漕粮，分南漕北漕，向例北漕运京，南漕供当地满营饷糈，后停运改价解部；三为屯饷，系军田正项，归其田坐落之州县经征；四为芦课湖课地租学田租等，向例征银；五为耗羡，随正带征形同附加。合计丁、漕、屯、租以及耗羡等项年共收入一百五十余万两。

三、厘捐 即厘金与杂捐等混合之名称，捐目繁多，计有百货统捐、竹木捐、土布捐、火车捐、石膏捐、船捐、丝捐、牙帖捐、菸糖捐、煤油捐、杂粮牛皮捐、米谷捐等项捐率极不一致，均以钱串计征，年共收入三百一十万余两。

四、正杂各税 即当税、契税、牙税，及其他杂税，年收约共八十余万两。

五、协款 所谓协款者，系有余省份补助不足省份之款也。鄂省受湘省厘金局认拨之协款，计分两种：一为补助鄂省水师经费，一为补助盐厘，共银一百四十余万两；此外尚有临时协款，计银三万余两，系江汉、宜昌两关认拨，作为审判厅经费。

六、官业收入 即鍼钉造纸毡呢等厂及官钱局硝磺局等官营事业之盈利，年共收入四十余万两，盖其时国人鉴于列邦工业商业之发达，竞相创办实业，鄂省以张文襄公之首先筹办与经营，官营事业大具规模，羡余颇多，旋因继其事者之不善经营，致新兴实业中塗踬蹶，丝麻纱布四局，因受亏折相继停办，所存者仅鍼钉造纸毡呢等厂，而获利亦甚微矣。

除上六项之外，尚有杂收入年共二百六十余万两。至关税收入，常关年约一十四万余两，洋关年约二百五十七万余两，系由度支部及税务司主持，直接收解，未能视为鄂省收入。总计本省岁入，宣统三年预算案内，共列收銀一千三百五十四萬五千一百四十七兩五錢六分。茲列表如下，以作參考。

宣統三年湖北省歲入預算分類表

類別	歲入經常預算數（兩）		歲入臨時預算數（兩）		備註
鹽茶土稅	三・二八五・三一三	八九一			
田賦	一・五〇四・四二二	六五一			
厘捐	三・一八〇・九二八	〇三九			
正雜各稅	八九三・一九五	六三九			
協款	一・四〇五・九〇一	九一九	三二・五〇〇	〇〇〇	
官業收入	四六四・一三七	五八六			
雜收入	四六九・〇一二	二六一	二・二〇一・四一〇	五一二	
捐輸			一〇八・三二五	〇六二	
總計	一一・二〇二・九一一	九八六	二・三四二・二三五	五七四	經臨兩項收入共爲一三・五四五・一四七・五六兩

（乙）歲出 鄂省於宣統元年歲出總額爲二千另二十九萬四千另九十六兩，收支相抵約不敷銀三百一十一萬餘兩，迨宣統三年歲出總額爲一千五百七十八萬五千三百一十二兩，雖較元年爲大減，然與同年歲入額相較，仍不敷銀二百二十四萬餘兩。考其時歲出約有下列數項：

一、**解款** 係鄂省解繳國庫之款，分京餉、部款、賠款、洋款等項，或係額定，或係認攤，年共解銀四百一十二萬四千二百另二兩。

二、協款　爲鄂省補助甘桂滇黔四省之餉款，歲共二十六萬七千三百二十八兩，按協款原額，爲數頗鉅，但歷年均未解足，上數以宣統元年解數爲標準，與原額大相懸殊。

三、行政費　爲全省各機關官吏之俸給及公費，年共支銀六十萬另六千八百八十六兩。

四、交涉費　爲交涉衙門及洋務局經費，與其他外交用費，年支經常費一萬三千七百二十兩，臨時費二萬另六百八十九兩。

五、民政費　爲警務、調查、諮議局、及一切自治行政用費，其時正興辦警察，以警務用費佔大部份，計國家民政費，歲出經常銀一十一萬二千四百三十六兩，臨時銀四十二萬五千七百另七兩；地方民政費，歲出經常銀四十五萬二千零九十兩，臨時銀六萬七千三百四十六兩。

六、財政費　爲收稅機關經費，募集公債用費亦屬之年支經常費八十五萬七千六百二十二兩，臨時費二萬另一百八十九兩。

七、典禮費　爲春秋祭祀及旌表褒賞等用費，年計支經常銀一萬八千五百九十三兩，臨時銀五百七十六兩。

八、教育費　爲提學使署、省學務公所、府廳州縣學務公所、勸學所、圖書館，及省、府、廳、州、縣各官立學堂與補助私立各學堂等經費，國家歲出銀七萬七千八百四十八兩，地方歲出銀六十八萬七千二百二十二兩，此外地方臨時歲出銀三十七萬九千四百四十八兩，爲建築校舍，官費留學生及添購圖書等用。

九、司法費　爲臬司提法司衙署及各級審判廳與發審局模範監獄等經費，歲出共二十五萬二千四百四十九兩。

十、軍政費　係綠營、防營、新軍、陸軍學堂，及兵工鋼藥廠等經費，歲出經常銀四百七十萬四千七百四十八兩，臨時銀一十八萬六千二百八十五兩，幾佔全部歲出三分之一。

十一、實業費　爲勸業之用，但其時農工商業發達遲緩，歲出甚微，國家歲出僅四萬二千三百七十九兩，此外地方歲出十七萬二千七百七十一兩，擬作舉辦農工商礦各學堂之用。

十二、交通費 爲道路橋樑運河航政等用費，其時交通尚未發展，歲出僅銀二萬二千五百另一兩。

十三、工程費 爲隄工局經費及城池倉庫廨宇等歲修費，國家歲出銀八萬一千另四十六兩，又地方臨時工程費銀六千七百五十九兩。

十四、官業支出 爲官運局及工商各局廠經費，國家歲出銀七萬五千另六十四兩，地方歲出銀五萬五千九百四十八兩。

十五、公債費 係公債還本付息之用，爲國家臨時歲出，計共一百七十萬六千五百八十八兩，但無確實基金擔保，全恃舊有官業變價籌還。

除上十五項之外，尚有預備金四十萬兩，係作爲臨時工賑用費，但未列入預算，故不專項贅述。總計鄂省歲出，宣統三年預算案內，國家行政共列支銀一千三百九十六萬三千七百二十五兩，地方行政共列支銀一百八十二萬一千五百八十七兩，合爲一千五百七十八萬五千三百一十二兩。茲列表如下，以作參考。

宣統三年湖北省國家行政經費歲出預算分類表

類別	歲出經常預算數（兩）		歲出臨時預算數（兩）		備注
解款	四・一二四・二〇二	二八五	三三六・八六〇	一八〇	
協款	二六七・三二八	四八三			
行政費	六〇六・八八六	九八二			
交涉費	一三・七二〇	三三六	二〇・六八九	六二一	
民政費	一一二・四三六	四三四	四二五・七〇七	七二五	
財政費	八五七・六二二	四九二	二〇・一八九	一四七	
典禮費	一八・五九三	六三七	五七六	〇〇〇	

續表

類別	歲出經常預算數（兩）		歲出臨時預算數（兩）		備注
教育費	七七・八四八	四四九			
司法費	二五二・四四九	九七二			
軍政費	四・七〇四・七四八	三一六	一八六・二八五	二八八	
實業費	四二・三七九	三三四			
交通費	三二・五〇一	七五五			
工程費	八一・〇四六	〇六五			
官業支出	七五・〇六四	二一三			
公債費			一・七〇六・五八八	七二七	
總計	一一・二六六・八二八	七五三	二・六九六・八九六	六八九	經臨兩項歲出共爲一三・九六三・七二五兩

宣統三年湖北省地方行政經費歲出預算分類表

類別	歲出經常預算數（兩）		歲出臨時預算數（兩）		備注
民政費	四五二・〇九〇	六〇四	六七・三四六	九五七	
教育費	六八七・二二二	〇四一	三七九・四四八	二〇六	
實業費	一七二・七七一	二二二			
官業支出	五五・九四八	三五八			

續表

類別	歲出經常預算數（兩）		歲出臨時預算數（兩）		備注
工程費			六·七五九	七八三	
總計	一·三六八·〇三二	二二五	四五三·五五四	九四六	經臨兩項歲出共爲一·八二一·五八七兩

　　上二表國家地方經臨兩項歲出合共銀一千五百七十八萬五千三百一十二兩。

　　清代財政，既號集權制度，在初收支款項，省方均須於年前列入估撥冊內，依限送部，彙編黃冊，悉歸中央統盤分配。迨至咸同以後，時事多故，各省以軍糈及新政各款緊迫，率多就地籌款之舉，而舊有收支，則仍照例奏報，謂之內銷款項，其新增收支，則由各省自行核銷，謂之外銷款項，而外銷各款，不盡爲地方政務之用，與今日地方財政之性質，殊難強同，故當時財政之通病有二：一爲財務權限之紊亂，中央雖設有財務機關，徒具綜核之虛名，凡關田賦鹽茶厘金及其他一切稅捐之征權事宜，均由督撫主持，以是各省需用之款，可以自由指撥，中央需費，則反仰求於各省之解款，彼此盈絀互異，雖中央迭飭將外銷之款，一并冊報，然未嘗和盤托出也。二爲財政之系統不明，各省收支款項，不辨性質，但期挪移彌補，苟且敷衍。更因推行新政，正供恒患不足，多出於另立稅捐名目，籌款應急。因上兩端，故宣統三年試辦預算，雖國地支出強爲判分，國地收入則仍糅雜難別也；再就預算數字而言，雖收支相抵，年有不敷，但以省方有均衡財政之權，其未入預算冊之收入，可以酌量指撥，故實際上之差額較諸預算數字上之差額爲少，蓋清代財政，含有守密性質，預估之數，既不可憑，冊列之數，尤多掛漏，降及今茲，則虛實若何，無從考查矣。

第三節　民十五以前之財政情況

第一項　元年至七年之財政

民國肇造，鄂省爲首義之區，戎馬倉皇，軍費浩繁，是時人心未定，稅源枯澀，而支出則驟增，以致官錢局之存款台票提用殆盡，債額數逾四千餘萬元，但因事支款，案牘闕略，收支實況，殊難查考；民二地方秩序漸定，不得不計及財用之盈虧，迺實行裁併機關縮減經費，惟此時關鹽兩稅，適劃歸中央，入款驟減，故民二收支仍不敷五百六十九萬餘元；民三以後，因支出之不能核減，收入即不得不有所增加，曾將各項賦稅，切實整頓，收數年有遞增，故三、四、五三年之財政頗見充裕，但其時軍費仍鉅，常在五百萬元以上，約當歲出總額二分之一左右，而攤解中央協款四五兩年均在二百萬元以上，亦當歲出總額六分之一左右，緣是而地方事業，每爲籌撥此兩項鉅款所牽制，雖號財政充裕，仍不獲次第推行；蓋三、四、五三年之教育費年僅四五十萬元，而農商費則更微末，年僅二三萬元，以今視昔，則今日地方事業之擴充，實不啻什百倍於疇昔矣。民六鄰省發生戰爭，本省荊襄等地亦相繼用兵，於是軍費激增，收入則因戰事影響而銳減，財政遂又陷困境，民七收支，雖較六年爲佳，但視四五兩年之財政，則遜色多矣。爰將民七以前各年之歲入歲出情形，概略言之。

（甲）歲入

鄂省在民二以後，預算上雖有國家歲入與地方歲入之分，但因國家稅收徵權之權，由省方主政，故各年實收之數，均係國地合計，無從分晰，且預算數字，類多臆測，亦未能切實履行，緣是探討歲入情形，尚以各年庫收實數，較爲可憑。考鄂省歲入，二年度實收總額僅四百七十一萬八千九百六十三元，三年度增爲九百九十六萬八千三百二十七元，四年度又增爲一千三百一十五萬六千三百二十六元，較諸二年度增收三分之二，較三年度亦幾增三分之一，五年度略減爲一千二百另一萬一千一百二十四元，是爲民十五以前鄂省財政收入最高時期；六年度因受軍事影響，驟降爲七百六十九萬二千六百一十六元，較諸五年度竟減收三分之一，七年度增爲一千另三十九萬一千六百八十七元，雖較六年度增收二百三十餘萬元，但已遠遜四、五兩年度之收數矣。此數年間之主要稅收，約有以下數項：

　　一、田賦　民國以後，田賦徵收，一仍清制，惟將舊有耗羨、平餘等名目，入於私項者，和盤託出，歸併正款，并分爲丁、漕、屯、租四大款。一曰地丁，民四呈準每地丁一兩，以三串文爲定價，一律徵錢解錢；二曰漕米，民國以後，無分北漕、南漕、秋米等名目，統改稱漕米，民四改定折徵價值，每米一石，徵錢六串文；三曰屯餉，即衛所屯田錢糧，賦率至輕，民元之後，以內中軍幫等款，無田起徵，經呈准免徵，惟各縣有已請豁免者，有未曾請免者，以是辦法兩歧，至民五又查明軍幫、加津、義運、資役等款，凡屬無田有賦者，其未免之縣，準一律免徵，其有田民屯者，一律按照銀米折徵定價，照舊徵收；四曰租課，即舊有之蘆課，前清本歸地丁之內計考，民國以後，部頒田賦册式案內，始改稱租課，亦係按照課額，折價徵收。至田賦附加名目亦有三項：一曰丁漕附稅，丁漕之有附稅名稱者，自民國四年始，蓋民四劃一丁漕折價案內，凡地丁每兩多於三串及漕米每石多於六串者，所多之數，名爲附稅，仍行徵解，旋中央以預算不敷，財政部飭援冀魯兩省例，籌辦田賦附稅，遂呈準自四年下忙起，除漕米屯餉兩項原有正附已重各縣免予再加外，就地丁一項，比較正附稍輕之縣，每銀一兩，加征錢一二百文以至七八百文不等，其糧額最輕之縣，加至一千八百文爲止；二曰學捐，前清初名賠款捐，即鄂省攤解庚子賠款之捐，旋改爲學捐，作爲學務專款，民三以後，定爲每銀一兩每米一石各附徵錢五百六十文，內以五成五解省，四成五留縣，作爲教育用費；三曰券票捐，前清各縣向視爲陋規，收數多寡不一，并不報解，民國後始和盤託出，悉數歸公，初作縣地方學校、自治、警察等費用，民三呈準於原有縣附捐外，每券一張，加收錢十二文，內以五文爲造券費，七文爲抵補徵收經費，四年上忙復改爲每券一張收錢七十文，一律解省，其各縣之造券費及抵補征收經費，概由省通盤籌發，至向有之縣地方券票附捐，仍各照舊抽收。再考田賦收數，以二年度爲最少，四五兩年度爲最高，三年度與六七兩年度雖較二年度爲增，但視四五兩年度收數，幾減三分之一。茲將二年至七年田賦正附收數列表如下：

民國二年度至七年度田賦正附稅實收狀況表

年度	田賦正稅（包括丁漕屯租四項）（元）	田賦附加稅捐		
		丁漕賦稅（元）	券票賦稅（元）	學捐（元）
二年度	一・二二〇・二〇六〇〇			八・二六三〇〇
三年度	二・四〇三・四四六〇〇			一〇〇・七〇六
四年度	三・九四八・五三三〇〇	一八六・六一四〇〇	一三〇・八五五〇〇	二五八・三〇七〇〇
五年度	三・三八七・〇五二〇〇	三三六・九一六〇〇	二九八・三四一〇〇	三一六・四三五〇〇
六年度	二・〇四九・一二八〇〇	一九五・七九一〇〇	一三八・六三三〇〇	一四五・五二八〇〇
七年度	二・六五九・七五七〇〇	二三七・五三六〇〇	一九五・九九四〇〇	二三九・三二〇〇〇

二、正雜稅捐 包括契稅、牙稅、牙帖捐、當稅、當帖捐、鑛稅、屠宰稅、印花稅、特種營業執照稅、烟酒牌照稅、稅票捐、夫役捐、鋪戶捐等十三種，茲就收數較重要者，略加說明：一、契稅，前清稅率原爲賣九典六，民國成立，改爲賣五典三，民三奉頒契稅條例，仍定爲賣九典六，旋呈准三年五月末日前未驗之白契，一律投驗，準仍照賣五典三補稅，三年六月一日後成立之契，無須投驗，概照賣九典六完稅。二、牙稅，民國以後，牙稅仍循清制，迨三年規定改徵銀元，仍分繁偏上中下三則，以每年十月底为繳清期，逾期按月遞加十分之一罰金，至年終不完，責成原保賠納，五年又重訂牙捐章程，增加稅率，以長期捐率十分之一为牙稅稅率，并改分上下兩期徵收，短期稅率亦同，惟須與捐款一次繳納。三、牙帖捐，屢有變更，民初係將舊帖不分等級，概收捐一成，繳帖換照，其年限係併同已過及未來年份仍合六十年爲滿，二年停止換照，其未換之戶照章領帖，至三年又改定章則，年限改爲三十年，增短期一種，以一年爲限，捐率照長期攤算而酌加，五年又改以十年爲滿，捐稅併計，一次繳納，以三分之二爲捐，三分之一爲稅，並改錢收銀，至手續費每帖一元二角，省縣各半。四、鑛稅，係自民三照部頒鑛業條例起徵，分鑛區鑛產兩項，鑛區稅每畝年徵一角五分，鑛產稅按產地市價徵千分之十五，初由專員駐辦，嗣歸財廳徵收，惟收數至微，五年又將鑛區稅劃歸實業廳主辦。五、屠宰稅，係民國三年籌辦，至民四始完全開辦，稅率原定，每頭猪三角，羊二角，牛一元，由宰戶完納，徵收經費在稅款內提百分之十五，旋將宰牛稅停止，將猪、羊各加一角抵補。六、印花稅，係於民二開辦，由中央製發稅票，寄省轉縣售貼，初辦人民率多觀望，至民三以後，始漸推廣，徵收經費係採提成辦法，至六年由部設立專處直接辦理。此外各稅，除當稅及當帖捐係仍清制辦理者外，均爲民國以後所創辦，但收數甚少，并有涉及苛細者，不復贅述。再考正雜稅捐之收數，亦以四五兩年度最旺，二三兩年度爲最少，六七兩年度則較四五兩年度爲減，而較二三兩年度略增。茲將二年至七年正雜稅捐收數列表如下：

民國二年度至七年度正雜稅捐實收狀況表

年度	契税 (元)	牙當税 (元)	屠宰税 (元)	礦税 (元)	雜税 (元)	牙當捐 (元)	税票捐 (元)	夫役捐 (元)	印花税 (元)	煙酒牌照税 (元)	特種營業税 (元)
二年度	四三二・〇四八	四・三二八			一・七八四	四・二三〇 五九			一・六〇五		
三年度	四八五・八八七	五一・四六〇	一・四二九	三三一	四三九	一四三・五三四		四・二一四	八一・四四六	二八・九六〇	六四五
四年度	一・〇三二・九一五	八三・六四三	一・九八三・二四二	三・五一八	二二・一一六	三六七・八八二	八三・九二五		一五一・〇二七	四五・七九	二三二一
五年度	九三五・四六四四	一二四〇・四七	二八六・七八一	三・七六一		一五四一・七四	九七一・五〇	四一二三	八一・七四七	四七・〇五八	一九・三口
六年度	六二三・七八二	九八三・一一五	二三六・七八七	三・六八四	八二一・六	九八一・一二	六四・七七	三四五	六一五	二八・八三三	一九
七年度	一・〇一八・一〇六	一二〇・二六二	一四〇・〇〇〇	三・五〇〇		五七・一一六	八〇・七九三	四・六四〇		五四・九六	

① 原稿此處有缺漏。

三、貨物稅捐 包括百貨厘捐、茶捐、膏鹽捐、菸酒糖稅、竹木捐、火車捐、米捐及紗麻絲布稅、煤稅、船捐、包裹稅、貨物附加稅、應鹽附加等十三種，茲就收數較重要者略加說明：一、百貨厘捐，係於民元改稱過境一銷場稅，稅率初為值百抽二，不分遠近，一道徵足，民四改為分道徵收，過境稅仍值百抽二，銷場稅分為落地銷場轉運銷場兩種，各為值百抽五，旋又改為過境銷場不分，一律值百抽三。二、茶稅，民國以還，仍沿清制，惟民五將徵收地點及時間，略為擴充與延長。三、膏鹽稅，石膏每抬徵產地稅一百二十文，統捐抽二十二文至五十二文不等；至鹽課向分紅黑二種，抽收開火熬鹽為紅課，蓄水不熬為黑課，民元以後，紅課每爐徵錢五串二百文，黑課每日徵錢二百文，四年又復酌量加徵。四、菸酒糖稅，民國以後，一循清制，惟向設專局者，改歸百貨稅局兼辦，僅將收數較大之漢口宜昌兩地糖捐，各設專局徵收，至五年將菸酒兩稅，移歸部設公賣局接辦。五、竹木捐，民初改定稅則為內河估本每串徵四十五文，外江估本每串徵六十文，三鎮估本每串徵三十文，民三又將外江估本加徵二十二文，三鎮估本加徵六文。六、米捐，計分三項，一為兩湖賑糶米捐，二為藕池口米捐，三為出口賑糶米捐、兩湖米捐，在鄂之太平、藕池、調絃，及湘之岳州、荊河腦等五口設局徵收，米每石收六百文，穀則減半，捐款由兩省均分；藕池口米捐分通過銷場計徵，出口米捐係按海關稅捐率徵收。此外各稅捐，除火車捐收數較鉅，係沿清制辦理者外，其餘稅捐，或係民國以後所籌辦，或雖為舊有稅捐，而收數並不重要，綜貨物捐收數，亦以三四兩年度為最高，其餘各年度均鮮起色。茲將二年至七年之收數列表如下：

民國二年收至七年度貨物稅捐賣收狀況表

年度	百貨捐(元)	茶稅(元)	烟酒糖稅(元)	膏鹽稅(元)	竹木捐(元)	火車捐(元)	米捐(元)	紗嚴綠布稅(元)	煤稅(元)	船捐(元)	烟酒加稅(元)	包裹稅(元)	捐稅附加(元)
二年度	一·六八一·八九三	一二六·〇六二	一六·二〇九	六〇·八五九	三二八·七九三	二三〇·三六四				六五·〇三〇			
三年度	三·四〇二·三九一	一四四·三八二	五五·五〇八	八〇·四六五	二九七·八七六	一四〇·六四七	三〇三·一八三	七·九二三	一·六	七五·九八六			
四年度	三·七六二·七一一	一九五·八〇七	五七一·八六四	八八·一四四	三四三·八四八	二三六·六〇七	二二·四九八	七·九二三	二·五五三	一一〇·六六六	五三·〇〇〇		
五年度	三·七五九·三三四	二一三·二六	四九七·四八一	九五·七三五	二五八·一六五	二〇五·五七	一五九·八七	六·六六七	四·四四四	一三二·一〇二	五三·五〇〇		
六年度	三·一四七〇·二一八	一四二·七六一	二七二·二〇八	七五·六〇五	二三二·二一一	一四〇·二二八	一五九·二三九	六·六六七	四·〇三六	五五·〇九五	一三·二五三	二四四	二四四
七年度	三·二二〇·五七〇	一九一·六六四	三八〇·九六六	六〇·二二六	二三二·〇〇〇	一五〇·四〇一	七九·四三三	六·六六七	六·七六	一〇·〇六二	一五·二五八	三·六五七	三九四·三五八

四、雜收入 爲契紙費、驗契費、官產租金、禁烟罰款,及警捐教育收入、司法收入、官款繳還,與夫其他雜項收入,或雖爲經常入款而無定額,或則屬於臨時性質之入款。茲將二年至七年收數,列表如下:

民國二年度至七年度雜項收入狀況表

年度	契紙費（元）	驗契費（元）	罰款（元）	官產收入（元）	雜項入款（元）	關稅附入（元）
二年度			三六一	一一・〇三五	三〇一・八四四	
三年度		二・四二八・八八四	一四・七六一	二五・六八七	一五三・五七六	
四年度	二二・七〇四	六九二・三六三	六三・七五六	五・一八一	二二五・三二三	
五年度	四二・八一二	九六・九〇四	九三・六三七	五・七五三	二九九・九八四	
六年度	二二・二四〇	二七・〇五六	六四・八一〇	五二	五九・六七二	
七年度	三一・二五〇		三・二一四		三〇九・六六一	三〇・〇〇〇

五、官業收入 即官營事業之入款,包括模範工廠、農林蠶桑各試驗場,及勸業場、商品陳列館、官印刷局等營業收入,惟民國以後,以營業幾陷停頓,故入款至微,年僅一二萬元而已,至七年度收數略高,茲列表如下:

民國二年度至七年度官營業收入狀況表

年度	官業收入（元）
二年度	
三年度	一八・三五五
四年度	二六・一五八
五年度	一三・四六七
六年度	一五・〇二五
七年度	三七七・三九七

六、債款收入 自民國元年至七年間債項入款，除元年爲數最鉅，而又無可稽考其確數外，一爲財政部撥還地方公債之款每年一十萬兩（地方公債係前清宣統元年，鄂省因籌辦新政，積欠華洋商款至二百餘萬兩，以是籌募債額二百四十萬兩，實募足一百七十萬兩，在民初年間由部每年撥付鹽款十萬兩湊還），二爲各機關借撥還款，爲數甚多。至銀行及官錢局借款，因年代久遠已難考查。茲將各年度債項入款數目列表如下：

民國二年度至七年度債款收入狀況表

年度	債款收入	備考
二年度		無從考查
三年度	五四八・二八〇	上列係財政部撥交鄂省湊還公債之款及各機關借撥還款
四年度	七四・五四九	上列係各機關借撥還款
五年度	三五六・五七一	上列係財政部撥交鄂省湊還公債之款及各機關借撥還款
六年度	一・三三五・七六八	上列係各機關借撥還款
七年度		無從查考

綜上歲入情形，以二年度收數爲最短，三年度漸有轉好之象，四五兩年度境況頗佳，六七兩年度則又趨於逆境，茲將各該年度收入預算數，及收入實數，分列總表於後，藉作參考。

湖北省民國四、五、六三年度歲入預算總表（注一）

科目	年度預算數			備考
	四年度預算數（元）	五年度預算數（元）	六年度預算數（元）	
田賦	三・二三三・七八二	三・二二〇・六二五	二・六五九・七五七	
貨物稅	四・〇四八・四二四	三・八五三・三八八	三・二二三・二二七	
茶稅	一七〇・三四四	二二七・七九五	一九一・六七四	
契稅	八三七・七六四	八三七・七六四	七〇四・九二二	
牙當稅	七〇・二六二	一二〇・二六二	一二〇・二六二	
烟酒糖稅	六一一・七三二	六四一・九七七	六三三・七九九	
膏鹽稅	七五・一八八	七五・一八八	六三・二六六	
屠宰稅	一一五・二〇〇	一四〇・四〇〇	一四〇・〇〇〇	
紗麻絲布稅	一〇・〇〇〇	一〇・〇〇〇	六・六六七	
田賦附加稅	一四一・一五〇	二八二・三〇〇	二三七・五三六	
煤稅		七・三四〇	六・一七六	
鑛稅		二・五〇〇		
雜稅				

續表

科目	年度預算數			備考
	四年度預算數（元）	五年度預算數（元）	六年度預算數（元）	
竹木捐	二九九・八九〇	二八二・五八一	二三八・〇〇〇	
火車貨捐	一四三・九一一	一七八・七五九	一五〇・四一四	
牙當捐	五七・一二六	五七・一二六	五七・一二六	
串票捐	三〇〇・〇〇〇	二〇〇・〇〇〇	一九五・九九四	
稅票捐	一〇・〇〇〇	六〇・〇〇〇	八〇・七九三	
契紙費	二五・〇〇〇	四〇・〇〇〇	三一・二五〇	
司法收入	一一四・四〇〇			
罰款	三・二一四	三・二一四	三・二一四	
學捐	二七・八二九	二七二・五三五	二二九・三二〇	
米穀捐	五五・〇九一	一三八・六五二	一一六・六六六	
船捐	四〇・〇三四	一二〇・一〇七	一〇・〇六二	
夫役捐	二・七五七	五・五一四	四・六四〇	
官業收入	五六・三六八	一六七・二四一	二三九・六九七	
官產收入	一七・六一三			
雜收入	一八二・八九九	二三一・九一一	二五三・六六二	

續表

科目	年度預算數			備考
	四年度預算數（元）	五年度預算數（元）	六年度預算數（元）	
兩湖米捐	四〇·〇〇〇	八〇·〇〇〇	六七·三一五	
驗契費	九三四·九九八			
印花稅	二二五·〇〇〇	一五〇·〇〇〇		
烟酒牌照稅	一二五·〇〇二	一二五·〇〇〇	一二五·〇〇〇	
烟酒加稅	二一一·一五二	一五〇·〇〇〇		
特種營業稅				
鋪戶房捐		一一〇·五五一		
捐稅附加稅			三九七·三五六	
合計	一一·六九一·一三〇	一一·七九四·〇〇〇	一〇·二七八·七九八	

説明

一、四年度國家預算爲九·七六六·三五〇元，地方預算四七四·九七八元，又專款一·四四九·八〇二元，國地及專款都爲一一·六九一·一三〇元。

二、五年度修正國家預算爲九·六〇三·三八一元，又五年下半年專款預算七六五·〇〇〇元，六年上半年專款預算四六五·〇〇〇元，除去虛額外，實共專款一·〇六四·一〇八元，又原編省地方預算一·二〇二·一〇六元，實列一·一二六·五一一元，國地及專款併計都爲一一·七九四·〇〇〇元。

三、六年度原編國家預算八·三二〇·〇三八元,除去虛列之款外,實共七·二八四·七五四元,又專款九三〇·〇〇〇元,又原編地方預算二·〇六四·〇四四元,國地及專款併計都爲一〇·二七八·八九八元。

湖北省民國二年度至七年度財政收入狀況表(注二)

科目	年別						備考
	二年度	三年度	四年度	五年度	六年度	七年度	
田賦	一·二二〇·二〇六	二·四〇三·四四六	三·九四八·五三三	三·三八七·〇五二	二·〇四九·一二八	二·六五九·七五七	上列係地丁、漕米、屯餉、租課等項
貨物稅	一·六八一·八九二	二·四四二·三九一	三·七六二·七一一	三·七五九·三七四	二·四六〇·二一八	五·二二〇·五七〇	
茶稅	一三二·〇六二	一四四·三八二	一九五·八〇七	二一三·二九六	一四二·七六二	一九一·六七四	
契稅	四二三·〇四八	四八五·八八七	一·〇三二·二九五	九二五·四六四	六二三·七八二	一·〇一八·一〇六	
牙當稅	四·二三八	五一·四六〇	八三·六四三	一三四·四七一	九八·一一五	一二〇·二六二	
烟酒糖稅	一六八·二〇九	五二五·五〇八	五七二·八六四	四九七·七八二	二七七·二〇八	三八〇·九六〇	
膏鹽稅	六〇·八五九	八〇·四六五	八八·一四五	九五·七五五	七五·六〇五	六五·二六六	

續表

科目	年別						備考
	二年度	三年度	四年度	五年度	六年度	七年度	
屠宰稅		一・四二九	一九八・三四二	二八六・七八一	二三六・七六七	一四〇・〇〇〇	
紗蔴絲布稅		七・九二三	七・九二三	七・九二三	六・六六七	六・六六七	
田賦附加稅			一八六・六一四	三三六・九一六	一九五・七九一	二三七・五三六	
煤稅		一一六	二・五五三	四・四七四	四・〇三六	六・一七六	
礦稅		三三〇	三・五二八	二・七六一	三・六八四	三・五〇〇	
雜稅	一一・七八四	四三九	二二・一六一				
竹木捐	三二八・七九三	二九七・八七六	三四三・八四八	二五八・一四五	二二七・二一一	二八三・〇〇〇	
火車貨捐	二三〇・三六四	一四六・六四九	二六二・六〇七	二〇八・五五七	一四一・二二八	一五〇・四一四	
牙當捐	五九・四七〇	一四三・五三四	三六七・八二二	一五四・七一一	九八・一一二	五七・一二六	

科目	年別						備考
	二年度	三年度	四年度	五年度	六年度	七年度	
串票捐			一三〇·八五五	二九八·三四一	一三八·六三三	一九五·九九四	
税票捐			八三·九二五	九七·五九〇	六四·七二八	八〇·七九三	
契紙費			二二·七〇四	四二·八一二	二二·二四〇	三一·二五〇	
罰款	三六一	一四·七六一	六三·七五六	九三·六三七	六四·八一〇	三·二一四	
米穀捐		三〇三·一八三	二〇一·四八五	一五九·一八九	一五七·一三九	七九·四〇三	此項所列收數係藕池口米捐及兩湖米捐等款，惟七年度因湘局不靖，兩湖米捐未辦，並無收數
船捐	六五·〇三〇	七五·九八六	一一〇·六六六	一二三·一〇二	五五·〇九五	一〇一·〇六二	
夫役捐		四·二七四		四·二一三	三·四五五	四·六四〇	

科目	年別						備考
	二年度	三年度	四年度	五年度	六年度	七年度	
學捐	八・二六三	一〇〇・七〇六	二五八・三〇七	三一六・四三五	一四五・五二八	二二九・三二〇	
官業收入		一八・三五五	二六・一五八	一三・四六七	一五・〇二五	三七七・三九七	
官產收入	一一・〇三五	二五・六八七	三・一八一	五・七五三	五二		
雜收入	三〇一・八四四	一五三・五七六	二二五・三二三	二九九・九八四	五九・六七二	三〇九・六六一	
驗契費		二・四二八・八八四	六九二・三六三	九六・九〇四	二七・〇五六		
印花稅	一一・六〇五	八一・四四六	一五五・〇二七	八三・七四七	六一五		
烟酒牌照稅		二八・九六〇	四五・七八九	四七・〇五八	二八・八三二	五四・九二六	
烟酒加稅			五三・〇〇〇	五三・五〇〇	一五・二五三		
特種營業稅		六四五	二・三三一	一・九三〇	一九		

科目	年別						備考
	二年度	三年度	四年度	五年度	六年度	七年度	
包裹稅						二·六五七	此項係由各徵收局派員在郵局徵收，原係併列百貨稅預算之內，惟稅目不同，故七年度另列
關稅附加稅						三〇·〇〇〇	此項因本省隄工經費不敷，係由省署令飭武昌、新隄兩關自七年九月起徵
捐稅附加稅					二四四·一五一	三九七·三五八	此項附加之款因省防經費無着，由軍省兩署議定征收，作爲撥補省防團經費
合計	四·七一八·九六三	九·九六八·三二七	一三·一五六·三二六	一二·〇一一·一二四	七·六九二·六一六	一〇·三九一·六八七	

（乙）歲出

攷鄂省民國二年之實支總額，爲一千另四十一萬七千二百六十六元，是年度收入最少，出入相抵約不敷五百六十九萬八千餘元，此爲七年中虧額最鉅之一年；三年度因鑒於二年度財政窘竭狀況，力謀緊縮，歲出實數減爲八百九十九萬三千另二十八元，收支相抵約盈九十七萬五千餘元，此爲七年中歲出總額最低而又爲羨餘最多之一年；四年度歲出實數驟增爲一千三百另八萬三千另五十六元，較諸二年度支出尚增二百六十餘萬元，惟是年度之收入最旺，出入相衡，尚可存餘七萬三千餘元，此爲七年中收支兩方同趨高峰而又爲財政情況最佳之一年；五年度歲出復略增爲一千三百二十萬另二千另三十九元，是年度收入稍形縮退，約不敷一百一十九萬餘元；六年度歲出雖減爲一千另四十萬另七千五百四十九元，但是年度收入驟降，約不敷二百七十一萬四千餘元，致財政又入困境；七年度歲出爲一千一百二十五萬一千八百三十四元，是年度收入雖較六年度爲增，但仍不敷八十六萬餘元。至各該年度歲出之款，以軍費居首位，次爲內務費及中央解款，又次爲債款及財政費、教育費及事業費之支出，則爲數甚微。此數年間之主要支出，約有以下數項：

一、外交費 民國初建，鄂省設有外交司，直隸於軍政府，至二年五月改組爲特派交涉員署，奉令規定經費月支三千五百二十六元，并於宜昌、沙市兩埠各設交涉員，每處規定年支經費一萬一千八百三十六元；三年四月奉令改定交涉經費年支三萬五千六百四十元，時則各交涉員已歸各關監督兼任，經費仍就改定之數分配，另增漢口交際費年三千二百元。此外漢口租界洋務會審所及拘留所經費，亦入外交費內，民元二年間，規定會審所年支四千另三十二元，拘留所年支八千一百三十六元，至三年四月奉核定會審所歲支四千二百六十五元，拘留所年支七千八百八十四元，嗣又改爲會審所年五千一百九十六元，拘留所年八千另另八元。至各年度實支之數，與規定之數略有出入，内以四年度數目最大，二六兩年度次之，三五兩年度又次之，七年度爲最少，茲列表如下：

民國二年度至七年度實支外交經費數目表

年度	實支數/元
二年度	七八・二三二
三年度	五八・三〇九
四年度	一一四・四九七
五年度	五七・三七九
六年度	八三・七九二
七年度	二八・七七七

二、內務費　內務範圍至廣，舉凡省縣民政、警政、水利、典禮、救卹、禁烟等項，均屬內務行政，故所需經費甚鉅，鄂省入內務費之款十一項：（一）省長公署經費，按鄂省改革以後，初由軍政府兼領民政，旋設民政府，經費均無一定準則，至二年改組行政公署，分司合署辦事，規定經費年四十二萬六千四百九十二元，三年四月奉令改定經費年支廿五萬八千元，是年六月又改組爲巡按使公署，經費減爲年支十四萬八千元，迄五年始改省長公署，經費仍照十四萬元支給。（二）各道尹公署經費，民二置各道觀察使，分鄂東鄂西鄂北三道，民二改觀察使爲道尹制，江漢道尹（原鄂東）年定經費三萬五千元，荊南道尹（原鄂西）及襄陽道尹（原鄂北）年定經費各三萬元；嗣又改定經費，江漢道年支二萬九千元，荊南襄陽兩道，年各支二萬五千二百元。（三）各縣知事公署經費，民三照中央公布現行官制組織員額規定，大縣年支一萬五千二百六

十四元，中縣年支一萬一千八百三十二元，小縣年支九千二百五十六元；民三以後又經核減，計大縣年支一萬二千元，中縣年支九千八百四十元，小縣年支七千二百元。（四）各縣縣佐經費，設置縣佐者，凡三十三縣，於五年八月實行，每一縣佐月支經費一百元，全省年共三萬九千六百元。（五）警備隊經費，警備隊爲省防武力，其編制屢有變更，兵額亦屢有增減，民四以後，每年定經費二十一萬另四百九十六元。（六）警察經費，民二遵中央頒布警察官制規定，組省會警察廳，年定經費二十六萬一千另八十六元，旋加警務處經費及臨時服裝等費，共年支三十四萬四千八百三十元；此外漢口、宜昌、沙市等埠，均分設廳局，其經費除就地自籌外，規定漢口警廳年撥補二十五萬四千七百八十一元，又武裝警察年支三萬二千元，宜昌警廳年撥補四萬五千四百一十一元，沙市警局年撥補三萬六千二百零四元，此外因就地籌捐，設有警捐局所，其經費亦在警察費內開支。（七）水警經費，按水警係由長江與襄河水師改編，民元二年經費年需六十餘萬元，民三部定概算減爲三十二萬九千六百一十六元，但難敷實支，經一面縮減，一面移用警費，計年支五十八萬一千五百八十元，至五年度又復增爲六十一萬六千另四十九元。（八）堤工經費，應視天時而定經費之多寡，民二報銷五萬餘元，民三部定概算爲二十五萬三千三百二十八元，至五年度減至二萬元，此外鍾祥堤工局經費年支三萬四千餘元，襄陽堤工局經費年支二萬八千餘元，均係就鍾祥船捐收入內開支。（九）水利經費，按鄂省自民三設立全省水利局，月支經費僅一千二百四十元，未幾即裁併巡按使署辦理，經費亦減爲月支九百六十四元，至民四又照全國水利計劃，設立水利分局，并置測量處，共年支經費一萬五千六百六十元。（十）省議會經費，按省議會於民二改組成立後，年定經費十五萬二千六百八十八元；民三奉令解散，遂停支經費，民五又恢復議會，經費仍照民二原案辦理，嗣又規定按九個月計算，經常共應支十四萬二千六百五十九元，臨時費爲一萬九千二百元。（十一）其他經費，計典禮經費民二定爲一千元，民五改定年支二千元。

岍金以年支數目爲定額，但五年度預算定二千四百十六元。禁烟經費，係省會及各埠查緝所用費，共年支一萬六千一百六十元。漢口工巡管理處經費，該處係由馬路工程局改組於民三成立，年支經費二萬一千一百另八元，又養路費年支三千一百九十二元。慈善經費，係養孤、敬節、育嬰等善堂經費，均爲前清創設，共年需經費一萬四千八百六十四元。綜各年度内務費實支之數，以五年度爲最鉅，四六七三個年度次之，三年度又次之，二年度爲最少，列表如下：

民國二年度至七年度實支内務經費數目表

年度	實支數（元）
二年度	一・〇八五・七二〇
三年度	一・九四七・五一七
四年度	二・二七八・六一七
五年度	二・四九九・五三六
六年度	二・一〇〇・五四二
七年度	二・一九四・五一四

三、**財政費** 財政費爲辦理財務行政及徵收賦稅所需之用費，經費之多寡，常視稅收之盈絀爲衡，該時期中入財政費之款，可別爲三：（一）財政廳經費，民初鄂省設財政司，掌理全省財賦出納，民二設國稅廳籌備處，專司國稅整理事務，徵收支應仍由司中主持，民三照中央官制規定，裁併司處，改爲財政廳，奉定經費年支六萬元，嗣又增爲七萬八千元，此外印製票照及其他臨時費，均係實用實銷，尚無定額。（二）

各縣徵收田賦經費，民初係按各縣丁漕額數定經費之多寡，民三部定概算，將此項經費刪除，飭省另行籌補，迺就契紙等費項下撥補，至民四復規定在串票捐內抵補，始定各縣征收經費年共錢二十八萬五千五百九十九串。（三）各徵收局所經費，按民國以還，各局所徵收經費時有損益，三年度規定各局經費年共四十二萬另三百另二元，嗣增爲四十三萬八千六百另八元，五年度又增爲年支五十一萬九千八百三十九元。此外自民三起尚有漢口牙帖委員經費年支二千八百另四元。綜各年度財政費實支之數，以二三四五等四個年度爲鉅，六七兩年度次之，列表如下：

民國二年度至七年度實支財政經費數目表

年度	實支數（元）
二年度	七三六・三〇二
三年度	五七三・二三九
四年度	六七六・一二一
五年度	六二〇・〇八六
六年度	四三九・七九七
七年度	四九〇・九〇七

四、教育費 民國以還，教費雖年有增加，但以歲出各費相比較，爲數仍嫌過少，且財政因應困難，每致壓欠教育費，故該時期中之教育事業，未能獲得發展之機能，按此時國立者僅高等師範一校，省立者計專門學校凡二，師範學校凡四，實業學校凡二，普通中學校凡五，小學校凡五，各校經費年有盈縮及變更；此外除派遣留學生經費爲數較鉅外，

補助私立學校經費及通俗平民教育各費，爲數均甚微少。綜各年度教育費實支之數，逐年均有遞增，列表如下：

民國二年度至七年度實支教育經費數目表

年度	實支數（元）
二年度	二三一·四五一
三年度	四九六·一一二
四年度	五六五·七一九
五年度	五八五·三二五
六年度	六五六·五三三
七年度	六七六·六八四

五、軍政費 軍政費爲數最鉅，因其不能以財政能力之厚薄，而定適當之數目，故各項事業均受牽制，無由發展，鄂省軍費，在該時期中僅可查攷總數，蓋軍隊給養，及軍事機關經費，胥由軍署支配，按民元軍費爲特鉅，竟達三千餘萬元，民二雖無預算之規定，但經裁減之結果，尚實支七百八十五萬五千二百九十四元，民三以後，改定各項軍事經費預算，年共列支五百三十五萬三千九百一十八元，又省防團經費年列四十三萬六千五百四十四元，而臨時軍用之款，尚不在內，至各年度實支軍費數與預算數亦略有不同，綜各年實支之數，以二年度爲最鉅，四五六七等四個年度次之，三年度爲最少，列表如下：

民國二年度至七年度實支軍政經費數目表

年度	實支數（元）
二年度	七・八五五・二九四
三年度	四・五三七・五一一
四年度	五・三六〇・五〇〇
五年度	五・三五八・六〇三
六年度	五・五六三・三〇三
七年度	五・二〇二・〇二七

六、司法費 民國以還，鄂省司法制度，除各級審檢廳外，各縣司法，係由行政兼理，監獄設備，雖較前清爲改良，但仍多因陋就簡，故該時期中之司法費，爲數并不甚大，此費性質，大別爲四：（一）各級審檢廳經費，自民元至民三，除高等審檢廳外，各地方廳屢有設廢，故經費數目，時有變更，民四以後，各級審檢廳年定經費共一十八萬五千九百七十六元。（二）各縣知事兼理訴訟經費，此項經費，向就司法收入項下抵支，在民國初年，并未列入預算，至民四方經規定，分爲大中小三等縣份，及其開支數目，年共列支一十五萬三千六百元。（三）夏口華洋訴訟幫審員經費，年定六百元。（四）各監獄經費，按此項經費，民初并無預算，至民三部定概算數爲二十萬元，嗣經重行支配，定年支二十一萬四千六百十六元。綜各年度司法費實支之數，鮮有鉅大之增減，僅三年度支數獨少，列表如下：

民國二年度至七年度實支司法經費數目表

年度	實支數（元）
二年度	三八五・九七六
三年度	二八五・一三七
四年度	三八四・八四六
五年度	三五〇・三四三
六年度	三三六・三六〇
七年度	三一九・五四八

七、農商費 民元以還，農商事業，衰落不振，此項經費支出，除七年度驟增外，其餘各年爲數至微，僅數萬元而已，按該時期中入農商費內之款，包括農林蠶桑各場及勸業場、商品陳列館、官紙印刷局、模範工廠，與鑛務處等項經費，以上各種事業，原爲生產機關，迺因辦理不善，以致虧損，而恃庫款之補助，良可慨惜，綜各年度農商費實支之數，以七年度爲多，二六兩年度次之，三四兩年度又次之，五年度爲最少，列表如下：

民國二年度至七年度實支農商經費數目表

年度	實支數（元）
二年度	四四・二九一
三年度	三二・一四九
四年度	三二・七四五
五年度	二四・一九九

續表

年度	實支數（元）
六年度	四一・〇五〇
七年度	五一五・九〇〇

八、中央解款 民國以還，鄂省解濟中央之款，按其性質，可別爲二：（一）中央專款，係中央指定在某幾種稅款內提解若干，民三奉令指定驗契、印花稅、特種營業稅、烟酒牌照稅、所得稅（其時尚未開辦）等五項，民四又奉令將特種營業稅、所得稅兩項，改爲烟酒加稅、契稅加收兩項，年共認解一百四十六萬九千六百元，民五又奉令於原有五項之外，加列特種營業稅、田賦附加稅、牙稅加收、屠宰稅加收等項，年共認解一百八十三萬元，嗣減爲一百六十萬另五千元。（二）中央解款，有奉令劃撥者，有奉派解部者，鄂省在民元二兩年，以軍需浩繁，尚賴中央接濟，民三始可自給，民四因國庫支絀，擔任年解二百萬元，內以一百萬元劃撥漢陽兵工廠，一百萬元分月解部，五年於劃撥兵工廠一百萬元外，復奉派定協款一百五十二萬元，旋以無款可籌，於六年一月起奉令免解，至此僅有專款一項解部矣。綜各年度實支中央解款，以四五兩年度爲數最鉅，蓋此時財政狀況頗佳，故有餘力可以協濟中央，六七兩年度次之，三年度爲數最少，列表如下：

民國二年度至七年度實支中央解款數目表

年度	實支數（元）
二年度	
三年度	七一・〇〇〇
四年度	二・四二六・八七八

續表

年度	實支數（元）
五年度	二・三〇五・八四六
六年度	三九五・六二九
七年度	七一四・八四三

九、債款 該時期中償付債款，大別爲三：一爲償付省庫經借各銀行之債款，二爲償還各銀行及各機關各商號承募前清公債款項，三爲代還各機關欠款，綜各年度實支債款數目，以四七兩年度爲最鉅，三五兩年度次之，六年度又次之，列表如下：

民國二年度至七年度實支債款數目表

年度	實支數（元）	
二年度		
三年度	八八六・三二一	
四年度	一・〇九七・五七二	
五年度	八七八・四七八	
六年度	七九〇・五四三	
七年度	一・一〇八・六三四	

總上歲出情形，以三年度出款爲最少，四五兩年度支出之數雖鉅，但此兩年度之收入亦增，反足表現財政充裕之象，六七兩年度支出雖略減縮，但此兩年度收入驟降，虧短甚鉅，蓋已預伏將來財政崩潰之機，茲將各該年度歲出實數，另列總表於後，籍供參攷。（注三）

湖北省民國二年度至七年度財政支出狀況表（注四）

科目	二年度	三年度	四年度	五年度	六年度	七年度	備考
外交費	七八・二三二	五八・三〇九	一一四・四九七	五七・三七九	八三・七九二	二八・七七七	
內務費	一・〇八五・七二〇	一・九四七・五一七	二・二七八・六六七	二・四九九・〇八六	二・一〇〇・五四二	二・一九四・五一四	
財政費	七三六・三〇二	五七三・二三九	六六六・一一一	六二〇・〇八六	四三一・七九七	四〇九・九〇七	
教育費	二二一・四〇五	四九六・一一二	五六五・七一九	五八五・三二五	六七六・五八四	六六六・六八四	
軍法費	七・八五一・二九四	四・五三七・五一一	五・三六〇・八〇〇	五・三五八・六〇二	五・六五三・三〇二	五・二〇三・〇二七	
司法費	三八五・九七六	二八五・一三七	三八四・八四六	三五〇・三四二	三三六・三六〇	三一九・五四八	
農商費	四四・二九一	三二・一四九	三二・七四五	二四・一九九	四一・〇五〇	五五・九〇〇	
雜項支出		五・二三三	一四六・五〇一	五二一・二四四			
債款		八八六・三二一	一・〇九七・五七〇	八七八・四七七	七九〇・五四三	一・一〇八・六七四	
中央解款	一七・〇〇〇		三四二・八七七	二三五・八四七	三九五・六二九	七一四・八四三	
合計	一〇・四一七・二六六	八・九九三・三〇八	一三・二〇八・三〇八	一三・二〇二・〇三九	一〇・四〇七・五四九	一一・二五三・八三四	

第二項　八年至十五年之財政

民國八年至十五年間，爲鄂省財政最感艱困時期，蓋此數年間，以地方多故，兵事迭興，不但本省軍費難於籌措，即駐防客軍餉糈，亦多取給於鄂，左支右絀，可謂羅掘俱窮，彼時主要收入爲田賦、百貨稅（即厘金）及其他稅捐三項，平均併計約年收七百餘萬元，而因災患影響，或尚折收，支出以軍政教等費爲大宗，平均併計年支約在一千萬元以上，故收支兩抵，每年差額至鉅，且鄂省收入，除屠宰牙當等少數稅款，係徵銀元外，其餘田賦厘金等大宗稅收，概以錢爲單位，以錢數折成銀元數支出，在民七以前，錢價平衡，固無出入，但自民八以後，錢價逐年低落，遂成重大問題，省庫每年因折合銀幣虧短之數，竟達四五百萬之譜，所有不敷及虧短之款，祇有舉債抵補之一途，以是負債之額日增，除十二年以前短期借款隨借隨還者外，計自十二年八月起至十五年一月止，在此兩年又五個月中，共負臨時債額本息七百二十二萬八千餘元，若連同積欠官錢局歷年墊借軍政各費之款併計，負債約達四千萬元以上，而官錢局借墊之款，無非加印官票濟急，官票發行愈多，信用愈受動搖，價格亦愈趨低落，省庫收入，亦隨而愈形枯竭。雖此數年間亦迭經籌劃整理財政，但爲環境所迫，未能收得若何效果。蹉跎而迄十五年五月，官票倒塌風潮乃起，維時官票既倒，省庫收入幾等於零，雖籌議救濟，改定稅捐徵現辦法，以期渡過難關，但因頻年災患之餘，重受官票倒塌影響，國民經濟屢遇襲擊，貧乏已達極點，自難打開局面，稍挽財政之厄運。爰將此數年間之歲入歲出情形，概略言之。

（甲）歲入

考鄂省自民八以後，各項稅捐收入實數，大都均較預算數爲短，至各項稅捐章制及徵收情形，與民七以前大略相同。實收總額，八年度爲九百另九萬另三百二十七元，九年度減爲八百七十四萬四千另六十二元，十年度更銳減爲六百六十九萬五千一百八十一元，十一年度驟增爲一千另六十四萬九千九百七十八元，惟是年度之主要收入如田賦釐金等稅，并未見增，所增之款，乃爲雜項收入，蓋前數年僅收數十萬元，是年度驟增而爲三百五十餘萬元，佔歲入各款之首位，故歲入雖增，并非財政轉好之象；十二年度又增爲一千二百二十一萬四千另八十三元，是年度歲收以債款爲大宗，共四百五十餘萬元；十三年度更減爲八百七十二萬另九百四十五元，而債款收入竟達五百餘萬元，各項稅捐僅收三百六十餘萬元，亦可見當年財政危頹狀態矣；十四年度爲七百二十三萬二千一百七十四元，至十五年度歲入總額，無從考查。再鄂省自十三年以後，政治已漸混亂，歲入總散各數，均屬無從查考，所述十四年度收入亦僅悉總數，至各項稅捐收入之細數，則無法蒐輯。此數年間之主要稅收，約有以下數項：（注五）

一、田賦　本期各年度徵收田賦仍沿以前章制辦理，除十四十五兩年度預算及收入情況無從查考外，茲將八年度至十三年度預算數及實收數，列表比較如下：

民國八年度至十三年度田賦預算數及實收數比較表

年度	預算數（元）	實收數（元）	比較成數
八年度	三·一九三·二八七	二·六八二·〇四二	短收二成
九年度	三·一九三·二八七	二·六二二·三五九	短收二成
十年度	三·一九三·二八七	二·〇九五·三九二	短收四成
十一年度	三·一九三·二八七	二·一八六·八七一	短收四成
十二年度	三·一九三·二八七	二·一一〇·一〇三	短收四成
十三年度	三·一九三·二八七	九六二·三二〇	短收七成

以上各年度預算數內：計田賦正稅爲二百六十五萬九千七百五十七元，田賦附加稅爲三十三萬七千五百三十六元，串票捐爲一十九萬五千九百九十四元，實收數因原案散失，無從分晰，觀察前列統計，收入逐年銳減，其原因不外頻年水旱災歉，暨軍事迭興所受影響，以致收入大爲減色。其關田賦興革方面較重要者，厥爲改定徵收貨幣一案，鄂省大宗收入，稅捐而外，以田賦爲最，各縣徵解，全以錢爲本位，質言之，純係官票，民八以後，票價日落，洋價日增，而支出各款，多屬銀本位，出入相比，積成鉅虧，迨至十五年，票潮鵲起，官票破產，田賦收入，更屬無幾，於是召集行政會議，公同討論，僉以鄂省田賦收入，向以銀爲本位，前清舊制，人民於完納正供之外，復有升平耗羨等名目，地丁一兩，由各縣實解到庫者，須庫平庫色銀一兩五錢三分，漕米每石，亦折解庫平庫色銀三兩有零，而各縣所謂平餘者，尚不在內，民國初元，改爲徵錢解錢，維時以錢合銀，原無出入，近以錢價逐年低落，庫款收入，虧累甚鉅，而民間糧價增昂，日高一日，田業收益，較前增加，奚啻倍蓰，亟應酌改徵收貨幣本位，以劑於平，又以民四割一丁漕折價時，每錢一串，值銀元七角零九厘二毛，當時錢價，比較不及半數，賦額輕減，殆爲各省所僅見，於是查照舊案折價數目，參酌民四錢價，規定地丁正稅，原徵錢三串者，改徵銀元二元一角三分，漕米正稅，原徵錢六串者，改徵銀元四元二角六分，屯餉正稅，銀同丁銀，米同漕米，租課正稅，亦同地丁，所有丁漕附稅，學捐、券票捐等項，並應隨正改徵，通令各縣自十五年下忙開徵之日實行，乃通令未及到達各縣，而反對之聲浪，早已普遍全省，適因國軍克復武漢，此項改定田賦徵收貨幣一案，卒未果行。

二、**契稅** 民八至民十五年契稅，仍遵向章辦理，在此數年間，對於推銷官契紙，最爲努力，是以歷年漸有盈收，惟本省契稅產價，因銀元缺乏，商民交易，向以錢爲本位，民間買典不動產，以錢數填寫者爲最多，間有填寫銀數或洋數者，亦係以錢數折合，其折合方法，銀以一五合洋，洋以一五合錢，官廳徵稅，遂亦準此，故各縣契稅解款，除契紙費徵解銀元外，全以錢爲本位，質言之，純係官票，迨至民國十五年官票破產，遂於改定徵收貨幣案內，規定產價原爲銀兩銀元者，應照原幣課稅，產價係屬錢數者，每三串折作銀元一元，依率徵收，自十五年七月一日實行，除十四十五兩年度須預算及收入各數，無從查考外，茲將八年度至十三年度預算數及實收數，列表比較如下：

民國八年度至十三年度契稅預算數實收數比較表

年度	預算數（元）	實收數（元）	比較成數
八年度	四九一・一五九	一・〇八五・六六一	盈收十二成以上
九年度	四九一・一五九	一・〇八一・五一一	盈收十二成以上
十年度	四九一・一五九	九六七・七六〇	盈收九成以上
十一年度	四九一・一五九	一・三二一・〇六四	盈收十六成以上
十二年度	四九一・一五九	一・一四五・八一四	盈收十三成以上
十三年度	四九一・一五九	七二九・七二七	盈收四成以上

　　三、牙帖稅捐　　牙紀開行，例須請帖，行商完稅，年有定期，無如私充混貿，及積欠牙稅，均仍不免，民國九年，特派委員會縣催完欠稅，查禁私牙，規定調查牙戶暨欠稅清冊式樣通飭遵行，如查出無帖私充，廢帖混貿，以及朋充頂替各牙，隨時查照定章，從嚴罰辦，再如短期牙帖，期滿不換，尚復營業，並飭令分別繳換，自經此次整頓之後，各年度牙稅收入，較有起色，茲將八年度至十三年度預算數及實收數，列表比較如下：

民國八年度至十三年度牙帖稅捐預算數及實收數比較表

年度	預算數（元）	實收數（元）	比較成數
八年度	一六六・一〇二	二三〇・九七三	盈收三成以上
九年度	一六六・一〇二	一七一・三二五	盈收不及一成
十年度	一六六・一〇二	一七三・一七八	盈收不及一成
十一年度	一六六・一〇二	一八七・九八二	盈收不及一成以上
十二年度	一六六・一〇二	二七一・一六三	盈收六成以上
十三年度	一六六・一〇二	一九六・〇六四	盈收一成以上

四、当帖稅捐　當稅及當帖捐，均仍照向章辦理，惟在此數年，因水旱災歉，軍事迭興，土匪潰兵，盤據城邑，以致當業日漸衰弱，影響当帖稅捐收入，亦復不淺，茲將八年度至十三年度預算數及實收數，列表比較如下：

民國八年度至十三年度當帖稅捐預算數實收數比較表

年度	預算數（元）	實收數（元）	比較成數
八年度	一一・二八六	一四・八六三	盈收三成以上
九年度	一一・二八六	一一・二四三	短收不及一成
十年度	一一・二八六	七・六八四	短收三成以上
十一年度	一一・二八六	八・四〇六	短收二成以上
十二年度	一一・二八六	一〇・二七二	短收不及一成
十三年度	一一・二八六	三・五三二	短收六成以上

五、百貨稅捐 本款計包括釐金、茶稅、糖稅、竹木捐、火車捐、米穀捐、船捐、膏鹽稅、煤稅、包裹等捐目，民八以後，對稅捐率雖亦間有變更之處，但大體仍係沿照民七以前章制辦理。茲將八年度至十三年度之預算數及實收數，列表比較如下：

民國八年度至十三年度百貨稅捐預算數及實收數比較表

年度	預算數（元）	實收數（元）	比較成數
八年度	四‧一二〇‧三八七	三‧八〇五‧九一九	短收不及一成
九年度	四‧一五八‧〇一七	三‧四六二‧一一三	短收一成以上
十年度	四‧一五八‧〇一七	二‧五四一‧七六二	短收三成以上
十一年度	四‧二六九‧〇一七	二‧九〇九‧四五六	短收三成以上
十二年度	四‧二六九‧〇一七	二‧九五一‧五六一	短收三成以上
十三年度	四‧二九二‧〇一七	一‧三三一‧四〇三	短收六成以上

六、屠宰稅 屠宰稅自民四開辦起至民十止，中間經過多次之整理，年比額數，由十餘萬元，陸續增加至三十六萬六千餘元，民十一財政廳派員分赴各縣實地調查，統盤合計，約得四十一萬餘元，正在釐定比額，適有人條陳整頓屠宰稅可增加比額為八十萬元，於是劃設專局辦理，經年毫無效果，請減比額為六十四萬元，但徵收稅款按照請減比額，仍屬虧短甚鉅，復於民十二改設屠宰稅專處，為慎重責任起見，確定比額為五十萬圓，民十三年專處又改為屠宰稅處，曾將比額定為銀元六十五萬餘元，民十五年採用包徵辦法，將各縣劃分十區，每區設立一局，由財政廳遴員包徵，預繳兩月押金，並將比額以九成列比，計實額銀元五十八萬七千餘元。茲將八年度至十三年度預算數及實收數，列表比較如下：

民國八年度至十三年度屠宰稅預算數及實收數比較表

年度	預算數（元）	實收數（元）	比較成數
八年度	二五二・七六六	二七三・五九九	盈收不及一成
九年度	二八七・〇六九	二六一・八四二	短收不及一成
十年度	三〇二・〇六九	一五五・一一二	短收四成以上
十一年度	三六八・六〇〇	三二・二六八	短收九成以上
十二年度	五〇〇・〇〇〇	二八一・二九一	短收四成以上
十三年度	六二二・八〇〇	三〇一・九〇八	短收五成以上

七、官產收入 官產收入，係布紗絲蔴四局、模範大工廠，及勸業場、商品陳列館、紅磚廠等處租金，其中以四局租金二十五萬零八百八十元爲最鉅，次如紅磚廠租金一千九百二十元，模範大工廠租金八百元，勸業場商品陳列館租金一千五百七十元。茲將民八至民十三各年度實收之數列表如下：

民國八年度至十三年度官產收入實收數目表

年度	實收數（元）
八年度	一〇九・五五六
九年度	一九一・〇九一
十年度	四一・三一九
十一年度	一・〇五四
十二年度	五一七・七五〇
十三年度	二〇・〇一八

八、官業收入 鄂省官辦營業，規模較大之布紗絲蔴四局，暨氈呢造紙製革針釘紅磚各廠，及模範大工廠，早已停辦，本期各年官業收入，計有農事林事試驗場、農桑試驗場、官紙印刷局、官書處、營業炭山灣煤礦官廠、鐵砂捐等項，其中以炭山灣煤礦收入約十七萬七千餘元為最鉅，次如鐵砂捐本有五十五萬餘元，實際收入僅三萬七千餘元，此外官紙印刷局營業收入，約三萬五千餘元，其他收入無多。茲將民八至民十三各年度預算數及收入數，列表如下：

民國八年度至十三年度官業收入預算及實收數目表

年度	預算數（元）	實收數（元）
八年度	三七七・九〇四	二七四・〇四五
九年度	三七七・九〇四	二八七・八〇五
十年度	三七七・九〇四	二〇・四三三
十一年度	三七七・九〇四	九・二四八
十二年度	三七七・九〇四	
十三年度	三七七・九〇四	

九、正雜稅捐 計有礦稅、關票附加、稅票捐、夫役捐，及教育附加等項，除教育附加，係隨釐稅帶收，自十三年起徵，為新增之教育專款外，其餘均係民八以前原有稅捐，一仍向章徵收。此外又有捲烟特捐一項，係於十二年仿浙江省成案試辦，年比為一百五十萬元，但此項特捐并未列入預算，再正雜稅捐之實收數，未知歸入何項歲收科目內，抑

庫收竟無此款目，均屬無從查考。茲將八年度至十三年度之預算數列表如下：

民國八年度至十三年度正雜稅捐預算數目表

年度	礦稅（元）	關稅附加（元）	稅票捐（元）	夫役捐（元）	教育附加（元）
八年度	三・五〇〇	三六・〇〇〇	八〇・七九三	四・六四〇	
九年度	三・五〇〇	一七・一六六	八〇・七九三	八・九六四	
十年度	三・五〇〇	一七・一六六	八〇・七九三	八・九六四	
十一年度	三・五〇〇	三〇・七九七	八〇・七九三	八・九六四	
十二年度	三・五〇〇	三〇・七九七	八〇・七八三	八・九六四	
十三年度	三・五〇〇	三〇・七九七	八〇・七九三	八・九六四	一六〇・〇〇〇

十、雜項收入　民八至民十三各年度，雜項收入，有警察收入、路捐收入、教育收入暨學捐，以及罰款等項。警察收入包括各處警察廳局，爲籌集警察經費所收各種捐款，民八至民十三各年度預算列洋二十九萬二千餘元至三十五萬一千餘元。教育收入包括學校所收學費，與夫出品售價，及教育上一切雜項收入，民八至民十三各年度預算列洋一萬七千餘元至四萬九千餘元。學捐係隨粮帶徵，撥充辦學之款，民八民九兩年度規定以五成五解省，預算列洋二十二萬九千餘元，民十以後規定五釐解省，預算列洋二萬零八百四十餘元。路捐收入，即漢口馬路工程局所收馬路捐，充修理馬路費用，民十二起預算列洋二萬四千元。茲將所有雜項收入，并計之預算數及實收數，列表如下：

民國八年度至十三年度雜項收入預算及實收數目表

年度	預算數（元）	實收數（元）
八年度	五四二・一九五	六一三・六六九
九年度	五四二・一九五	六三八・八〇六
十年度	三六二・六六〇	三六五・三四四
十一年度	三八三・三一七	三・五一八・四〇七
十二年度	四一六・九〇七	一九一・一四八
十三年度	四二一・六〇三	一〇三・三六五

十一、**債款** 債款收入，係由各機關借撥歸還之款，但民八民九兩年度，庫收無此科目。茲將十年度至十三年度債款收入列表如下：

民國十年度至十三年度債款收入實數表

年度	實收數（元）
十年度	三二二・五〇〇
十一年度	一六九
十二年度	四・五六〇・一七五
十三年度	五・〇五五・二一〇

十二、官款繳還 此係各機關繳回省庫歲計結餘之款，茲將八年度至十三年度實收數列表如下：

民國八年度至十三年度官款繳還收入實數表

年度	實收數（元）
八年度	
九年度	一五・九六七
十年度	四・六九七
十一年度	四七五・〇五三
十二年度	一七四・八〇六
十三年度	一七・三九八

綜上歲入情形，可見逐年稅收短絀之趨勢，茲將歲入各款，併列總表於後，以資參考。（注六）

湖北省民國八年度——十三年財政收入狀況表（注七）

年別\科目	八年度（元）	九年度（元）	十年度（元）	十一年度（元）	十二年度（元）	十三年度（元）	備考
田賦	二、六八二・○四二	二、六二・五三九	二、○九五・三三○	二、一八六・八七一	二、一一○・一○三	九六二・三二○	上列係地丁、漕米、屯餉、租課、丁漕附稅券票捐等項
契稅	一、○八五・六六一	一、○八一・五一一	九六七・七三一	一、三二一・○六四	一、一四五・八一四	七二九・七二七	上列係契稅、契紙費等項
牙稅	二三○・九七三	二七○・九七三	一七三・一一八	一八七・九八二	二七一・一六五	一九六・○六四	上列係牙稅、契稅等項
當稅	一四○・八六三	一一・二四三	七一・六八四	八・四○六	一○・二七六	三・五三三	上列係當稅、當帖捐等項
百貨稅	三、八○五・九一九	三、四六二・一一一	三、一五四・一七六	二、九○九・四五六	二、九三五・五六四	一、三三二・一四○二	上列係百貨釐稅及款酒糖稅、茶捐、米捐、船捐、竹木捐、火車貨捐、百貨附加捐等項
屠宰稅	二七三・五九九	二六・八四二	一五五・二一	三三・二六八	二八一・二一九	三○一・九○八	上列係屠宰稅、屠宰執照等項
官產收入	一○二・五五六	一九一・○九五	四一一・三二九	一一○・五四八	五三一・七五○	二○○・一○八	上列係官產租金息款
官業收入	二七四・○四五	二八七・八○六	二○一・○四三二	九一・二四八			
官款撥還		一五・七○六	四○六・九六三	四七五・○三三	一七四・八○六	一七・三九八	上列係各機關繳回歉計餘款
雜捐收入	六三三・六六九	六三八・八八六	三三五・三三四七	三五、一八、四○七	一、九二、一四八	一○三・三二五	上列係各縣釐鐐捐及副金並雜項收入等項
債款			一六○	一○・六四九、九八	四、五六○・一七五	五、○八五・三一○	上列係各機關借撥還款
合計	九、○九○・○三七	八、七四四、○六六	六、九六五・八一八	一二、一六五・○八八	一二、○八一・○三一	八、七二○・九四五	
說明							

第二章　前代財政之沿革

（乙）歲出

考鄂省自民八以後，支出實數，均較預算所列數目爲少，而較歲入實數爲增，以是雖按預算減數支付，虧短仍鉅。至支出各款，仍以軍費佔首位，教育費較前微增，債款負担加重，其餘各款與民七以前約略相同，就實支總額與實收總額相較：八年度實支一千另十萬另二千一百三十元，約虧一百另一萬一千餘元，九年度實支九百另六萬三千九百九十九元，約虧三十一萬九千餘元，十年度實支八百七十七萬五千一百六十五元，約虧二百另八萬元，十一年度實支一千二百另一萬六千八百另五元，約虧一百三十六萬六千餘元，十二年度實支一千三百另四萬另五百另六元，約虧八十二萬六千餘元，十三年度實支一千另三十七萬三千七百九十四元，約虧一百六十五萬二千餘元，十四年度實支一千七百四十一萬四千另六十五元，約虧一千另一十八萬一千餘元。以所借債額之鉅，尚不能彌補各年度財政赤字，而歷年積虧數額之大，實爲全國各省所僅見，此數年間之支出款目，約有以下各項：

一、外交費　漢口、宜昌、沙市、交涉員公署經費，漢口洋務會審所、中德辦事處等經費，均在外交費項下列支。茲將八年度至十三年度預算數及實支數，列表如下：

民國八年度至十三年度外交費預算及實支數目表

年度	預算數（元）	實收數（元）
八年度	八〇・〇九九	七七・八九一
九年度	八〇・〇九九	七三・五二一
十年度	八〇・〇九九	四〇・六九八
十一年度	八〇・〇九九	三一・九五六
十二年度	四一・六九九	二八・二九二
十三年度	四八・二九五	二六・二〇九

二、内務費　入內務費之款目，與民七以前略同，為省長公署、各道尹公署、各縣公署、各縣縣佐等經費，以及省議會經費、水陸警察經費、省防經費，暨水利、堤閘、交道、典禮、慈善、卹金等各項經費。茲將八年度至十三年度之預算數及實支數，列表如下：

民國八年度至十三年度內務費預算及實支數目表

年度	預算數（元）	實收數（元）
八年度	三・二三三・三六九	二・一八二・〇七二
九年度	三・一三二・〇八八	二・三六二・一一七
十年度	三・二六〇・二七四	二・〇〇〇・六五六
十一年度	三・二九三・九三三	二・〇二〇・一三三
十二年度	三・七一二・六九三	一・七〇一・二二六
十三年度	四・〇二三・九一九	一・四一一・六二八

三、財政費　為財政廳經費、各縣田賦徵收經費，及附屬財政廳之各徵收稅捐局所等項經費。茲將八年度至十三年度之預算及實支數，列表如下：

民國八年度至十三年度財政費預算及實支數目表

年度	預算數（元）	實收數（元）
八年度	六八二・二五〇	四七五・一六九
九年度	六八三・〇五〇	四三〇・七二四
十年度	六八三・〇五〇	四一六・五八七
十一年度	六八三・〇五〇	三三九・三四四

續表

年度	預算數（元）	實收數（元）
十二年度	七三三・〇五〇	三〇五・二七二
十三年度	七五五・二三〇	五六三・一四三

四、教育費 爲教育廳經費、各學校經費、留學經費、補助區立中學及私立學校經費，與通俗教育暨圖書館經費等項。茲將八年度至十三年度之預算及實支數，列表如下：

民國八年度至十三年度教育費預算及實支數目表

年度	預算數（元）	實收數（元）
八年度	七七四・三〇七	七六二・六六二
九年度	六四四・三三二	五九四・四四〇
十年度	六七九・二五三	五三六・八六六
十一年度	七八二・七二九	六五七・四一五
十二年度	八七四・四七三	八六五・六〇三
十三年度	一・一六三・五九八	六八八・九〇九

五、軍政費 民八以後軍政費內分軍事經費及陸軍卹金兩大項，軍事經費內計包括督軍公署；漢口、襄陽、施宜各鎮守使署，駐防鄂省之中央各軍隊，及測量局、軍儲局、軍米局、軍事審判處、陸軍病院、軍事調查處、武漢總稽查處、武昌各城門巡查、楚材巡防艦隊、差輪兼運送處、五金廠等各經費，此外尚有特別軍事經費，亦在軍政費內列支。茲將八年度至十三年度之預算數及實支數，列表如下：

民國八年度至十三年度軍政費預算及實支數目表

年度	預算數（元）	實收數（元）
八年度	四・二四三・六五六	三・九五三・七五七
九年度		三・七二八・五二六
十年度	三・四六四・二六二	四・三五二・〇九七
十一年度		五・一六二・一五七
十二年度	七・〇一四・六五六	五・二五八・八〇〇
十三年度	七・〇六四・六五六	三・五〇一・六七五

六、司法費 爲各級審檢廳及各監獄與看守所經費。茲將八年度至十三年度之預算數及實支數，列表如下：

民國八年度至十三年度司法費預算及實支數目表

年度	預算數（元）	實收數（元）
八年度	三二〇・四七四	三二〇・六九三
九年度	三二〇・四七四	二六二・七二五
十年度	三二〇・四七四	二六八・一二一
十一年度	三二〇・四七四	二三三・七五八
十二年度	三二〇・四七四	二一八・二一五
十三年度	三二〇・四七四	一七五・五九四

七、農商費 爲實業廳經費，暨農事工業商業礦業各經費，至十三年度增列武陽夏商埠督辦公署經費，及各廠保存歲修費兩項。茲將八年

度至十三年度之預算數及實支數，列表如下：

民國八年度至十三年度農商費預算及實支數目表

年度	預算數（元）	實收數（元）
八年度	二六五・一一五	五七一・八八八
九年度	二七二・四五九	三七三・七〇九
十年度	七二一・五七一	四九・〇七七
十一年度	二七〇・二八九	五八・四一七
十二年度	二七一・八二七	四五・三〇四
十三年度	三五七・九二七	一〇一・一三五

八、雜項支出 查雜項支出在十年度預算案內，列有預備費五十七萬五千六百元，十二年度列有洋價虧耗二百七十五萬八千六百一十二元，十三年度亦列有洋價虧耗三百七十萬另七千七百二十八元，蓋當時實發軍政各費，大都須撥付現銀，而彼時現洋最低市價，每元兌換錢票約二串一百文左右，以預算所列收入稅款，其收錢串者，每元一五法價之折合率比較，則每洋一元應虧耗四角左右，故各年洋虧之數甚鉅，惟各該年度雜項支出實數已屬無從查考。

九、債款 民八以後，債款負擔逐年增加，故償還債款之額，亦隨而年年增鉅。茲將八年度至十三年度之債款支出實數，列表如下：

民國八年度至十三年度債款實支數目表

年度	實支數（元）
八年度	七二五・八六二
九年度	五〇二・八六二

續表

年度	實支數（元）
十年度	五五二・六〇八
十一年度	二・九〇九・一二五
十二年度	四・一三七・三〇七
十三年度	三・七八三・八三五

十、中央解款 鄂省解繳中央之協款，於六年起，即經停解，此爲應撥之中央專款，奉令劃撥陸軍第二十一混成旅薪餉及代付財政部息借漢陽兵工廠經費等項。茲將八年度至十三年度之實支數目，列表如下：

民國八年度至十三年度中央解款實支數目表

年度	實支數（元）
八年度	一・〇五〇・一三六
九年度	七三五・三七五
十年度	五五八・四五五
十一年度	六〇四・五〇〇
十二年度	四八〇・四八七
十三年度	一二一・六六六

綜上歲出情形，可見每年所負軍費之鉅大，以及洋折虧耗之不設法補救，均爲形成債額逐年遞增之主因，亦爲鄂省財政破產之總因。茲將八年度至十三年度歲出各款總表及十四年度國地兩稅及中央專款收支對照表，附列於後，以資參考。（注八）

湖北省民國八年度至十三年度財政支出狀況表（注九）

年度 科目	八年度（元）	九年度（元）	十年度（元）	十一年度（元）	十二年度（元）	十三年度（元）	備考
外交費	七七・八八一	七三・五二一	四〇・六八八	三一・九五六	二八・二九一	二六・二〇九	上列係交涉公署及洋務會審公所暨公山警察經費等項
內務費	二一八二・一〇七	二三六二・一一七	二〇〇〇・六五六	二〇二〇・一三二	一七〇一・一六二	一四一一・六二二	上列係巡按使署、各道尹公署、省警察廳暨各行政機關等費
財政費	四七五・一六九	四三〇・七四四	四一六・五八七	三三九・三四四	三〇五・二七二	五六三・一一四	上列係財政廳及各附屬機關經費
教育費	七六二・六六二	五九四・四四〇	五三六・八六六	六五七・四一五	八六五・六〇三	六八八・九〇九	上列係教育廳及各學校暨各附屬機關等費
軍政費	三・九五三・七五一	三・一七二・八五六	四・二三三・五〇七	五・一六三・一一五	五・一五八・八〇〇	三・五〇一・六七五	上列係督軍公署及附屬各軍隊、各機關暨漢陽兵工廠等費
司法費	三〇二・六九三	二二一・二七五	二六八・一二二	二三三・二七八	二一八・二一五	一七五・一五四	上列係高等審判檢查廳、地方審判檢查廳及各監獄各看守所等費
農商費	五七・一八八	三七二・七〇九	四九・〇七七	五八・四一七	四五・三〇四	一〇・一三五	上列係實業廳及各試驗場暨礦務經費
雜項支出							
債款	七二五・八六二	五〇二・八六二	五五二・六〇八	二九〇九・一二五	四一一・三〇七	三七八・八五	上列係還正金銀行中國銀行、交通銀行、鹽業銀行債款本息
中央解款	一一〇五・〇三六	七三五・三七五	五五八・四五五	六〇四・五〇〇	四八〇・四八七	二二・六六六	上列係陸軍第二十一混成旅新餉代付財政部倉借漢陽兵工廠經費
合計	一〇・一〇二・一三〇	九・〇六三・九九九	八・七七五・一六五	一二・〇〇六・八〇五	一三・〇四〇・〇五〇	一〇・三七三・七九四	
說明							

湖北省十四年度國地兩稅及中央專款收支對照表

科目	歲入（元）	歲出（元）
國際稅	四・八八八・七一九	一四・四二一・〇四七
省地方稅	一・九二一・四一八	二・二八六・〇一七
中央專款	四二二・〇三七	七〇六・〇〇一
共計	七・二三二・一七四	一七・四一四・〇六五

收支兩抵不敷銀一千零一十八萬一千八百九十一元。

註一：民國四、五、六三年度之歲入預算表，係參考張壽鏞廳長所編之"呈報湖北任內辦理財政情形文稿"，至二、三兩年度及七年度之歲入預算，因檔案殘缺，二年度僅查知地方預算總數，三年度僅查得國家預算總數，七年度僅查得國地兩預算總數，其總分各數，均難稽考。至各年度可考之預算總數，已列表入總論章內，故本節不再附表。又六年度預算總數，檔案所載與張編文稿，微有不符。

註二：民國二年度至七年度之實收狀況，係參考張編文稿及檔案冊簿記載編述。

註三：元年度至七年度歲出各費之定額，係參考各年財政檔案簿書編述，但各年度之歲出預算，因案卷殘缺，僅查出二年度之地方歲出預算總數，三年度之國家歲出預算總數，及六、七兩年度之國地預算歲出總數，其餘總數，頗難探索，因可考之預算總數，已列表於總論章內，故不再附表。

註四：係參考各年檔案簿冊記載編列。

註五：各項稅捐歸納類別，民八以後與民七以前互有不同，本節係依據各年歲收科目原狀敘述，未曾變更。

註六：歲入各款預算數及沿革，其有檔案可考者，係根據檔案所載敍述，其有檔案殘缺而無法稽考者，係參考各年財政月刊編述。

註七：係參考財政廳統計各年收支狀況表。

註八：歲出各費情形及預算數同註六。

註九：同註七。

第四節　民十六以後財政情況

民十六以後，鄂省財政趨勢，亦隨政治之推遷而轉變。在民十五以前，雖國家財政範圍廣，地方財政範圍狹，實則均歸省方主政，國地兩部份收支，彼此混合，殊難分晰，自民十六以後，此種情形，爲之一變，省方專管地方收支，國家財政與地方財政之界限，劃然判明：更以地方事業之逐漸擴張，地方財政之範疇，遂亦日益廣汎，不可謂非鄂省近年之一大進步。至十六年以後財政變革狀況，賅括言之，約有四端：

一、田賦及契牙當屠宰等稅，已劃歸地方，厘金一項，雖照案應屬國家稅，但當時因鄂省財政艱難，亦暫歸地方收撥。釐金裁撤後，以營業稅爲地方稅。

二、省縣行政及教育司法諸費，向歸國家支出者，已改歸地方支給。

三、軍費改歸中央直接支給，地方祇負擔省防自衛經費（入公安費內），惟十九年以後之剿匪費，曾由地方負擔一部份。

四、地方各項事業經費，年有遞增。

以上四端，均爲地方財政改進之階，曩昔鄂省財政枯竭之原因，大半由於軍費負担過重所致，地方既不須籌撥軍費，故各項事業，得有發展之機能，至本節所述，自十六年以迄二十一年爲止，其間財政盈虧之迹，有如下端：

一、財政充裕時期　鄂省收入，向以釐金爲主，惟因連年時局多故，收數日短，弊竇叢生，十七年以後曾經切實整頓，頗著成效，十七十八兩年釐稅收入，幾較往年激增三倍以上，約當全部歲入額三分之二，以是財政頗稱充裕，得有餘力從事各項建設事業。

二、財政艱困時期　二十年實行裁釐，頓失大宗稅源，營業稅創辦之始，收數甚微，所賴中央補助及特稅附加之抵補。復因九一八事變，中央協款愆期減撥，其時政費已極膨漲，一時無法收縮，更因水災匪禍交乘，以致財政匱乏，負債甚鉅。

三、財政緊縮時期　二十一年鄂省賦稅收入，每月僅四十萬元，加中央補助二十萬元，特稅協款四十萬元，合計月僅百萬元，而各項政費月支一百八十萬餘元，連同剿匪經費及應還債款本息併計，月需二百二十餘萬元，每月收支不敷約一百二十萬元之鉅，更以預算延緩不辦，收支益無標準，至是年十一月始實行縮減，規定月份預算，收支遂勉能適合，但遞欠債款及欠發政費，尚無餘力清還。

（甲）歲入

考鄂省歲入各款，在十九年度以前，以釐金爲大宗，在十九年度以後，以補助協款及債款收入爲大宗，次爲田賦及營業稅。至各年度實收總額，十六年度爲六百三十一萬一千六百一十三元，十七年度爲一千六百六十三萬九千另一十二元，十八年度爲一千五百三十萬另八千四百八十三元，十九年度爲二千一百五十八萬六千三百八十元，二十年度爲二千四百四十三萬六千二百七十三元，二十一年度爲二千三百八十四萬三千九百三十元。在表面上觀之，十九年度以後，歲入雖年有遞增，但并非稅款增收，而爲鉅額之補助協款及債款收入（約當全部入款三分之二），此種情勢，適足表徵財政之不能自給及艱窘狀態。爰將此數年間歲入各款，分述於次：

一、**田賦**　十六年實行改定田賦折價，地丁每兩一元四角，漕米每石二元八角，屯租類推，因所定折價過低，全省田賦總額降爲二百四十一萬餘元，又因迭經天災匪患，歷年徵起數目，最多不過七成，最少僅達三成左右。茲將各該年度預算數及實收數，列表如下：

民國十六年度至二十一年度田賦預算數及實收數表

年度	預算數（元）	實收數（元）①
十六年度	（注一）	四一〇・六一四・二五
十七年度	一・八六八・三五五	八六一・〇二三・二□
十八年度	一・六〇一・四四八	九三〇・七三一・八二
十九年度	一・一一八・五〇九	七六〇・一四五・六五
二十年度	一・一七五・九五五	一・〇二五・七八五・七一
二十一年度	九六〇・〇〇〇	一・五二三・一七九・三八

二、統稅 查十六年度鹽稅，係招商承包，至十七年度，則將包辦一律取銷，改爲委辦，并爲整頓稅收起見，將厘稅改辦統稅，至二十年一月始奉令裁釐，改辦營業稅。茲將各該年度預算數及實收數，列表如下：

民國十六年度至十九年度統稅預算數及實收數表

年度	預算數（元）	實收數（元）
十六年度		三・二〇二・五六七・六六
十七年度	七・八〇八・六八九	一一・三五三・三二四・八六
十八年度	一〇・一一〇・一〇八	九・二三六・一八八・四三
十九年度	（注二）	五・八三九・八六六・〇五
二十年度		（注三）四四四・二一五・七五

三、正雜稅捐 查十七、十八兩年度預算內所列正雜稅捐，係包括契稅牙稅當稅屠宰稅等項，至十九年度則將各該項收入各列一款，稅率仍與以前相同。茲將各該年度預算數與實收數列表如下：

---

① 書中表格部分數據最後的千位分隔符，其後祇有兩位數字，原稿如此，疑爲小數點。

民國十六年度至十八年度正雜稅捐預算數及實收數表

年度	預算數（元）	實收數（元）
十六年度		一・四一一・九九五・五一
十七年度	一・六一七・三三五	一・四六一・三五一・〇五
十八年度	一・一四二・六〇〇	一・〇五三・六三六・一〇

四、契稅 本省契稅，原定年徵額一百三十二萬元，歷年收數均在七成以下。茲將各年度預算數及實收數列表如下：

民國十九年度至二十一年度契稅預算數及實收數表

年度	預算數（元）	實收數（元）
十九年度	七二六・六〇〇	三六七・四六三・四五
二十年度	七二六・六〇〇	八三五・七七五・九八
二十一年度	七二〇・〇〇〇	二六三・六一七・五六

五、牙稅 牙稅稅率與前相同，茲將各年度預算數與實收數列表如下：

民國十九年度至二十一年度牙稅預算數及實收數表（注四）

年度	預算數（元）	實收數（元）
十九年度	一六〇・〇〇〇	八七・六三五・三九
二十年度	一六〇・〇〇〇	一二六・一八二・三〇
二十一年度	一六八・〇〇〇	九三・九五八・六八

六、當稅 本省當店，自十六年以後，因受時局影響，多數歇業，故歷年當稅，收數甚微。茲將各年度預算數及實收數列表如下：

民國十九年度至二十一年度當稅預算數及實收數表（注五）

年度	預算數（元）	實收數（元）
十九年度	六·〇〇〇	一·五〇〇·〇〇
二十年度	六·〇〇〇	四·三〇〇·〇〇
二十一年度	六·〇〇〇	三·四五〇·〇〇

七、屠宰稅 屠宰稅原定額徵六十五萬二千六百元，歷年收數，均在六成以下。茲將各年度預算數實收數，列表如下：

民國十九年度至二十一年度屠宰稅預算數及實收數表（注六）

年度	預算數（元）	實收數（元）
十九年度	三〇七·〇〇〇	一六〇·六七八·二三
二十年度	四八〇·〇〇〇	三五五·八四九·六九
二十一年度	四八〇·〇〇〇	一八二·七四五·三八

八、營業稅 查本省釐金，係於十九年十二月底止遵令取銷，即於二十年一月起，舉辦營業稅以資抵補。惟開辦之始，收入無多。茲將十九年度下半年度及二十、二十一兩年度預算數與實收數，列表如下：

民國十九年度下半年度至二十一年度營業稅預算數及實收數表

年度	預算數（元）	實收數（元）
十九年度下半年度	一·八〇〇·〇〇〇	四〇·五〇〇·〇〇
二十年度	二·四〇〇·〇〇〇	八五六·四五一·八六
二十一年度	一·五一二·〇〇〇	二·一六七·三二六·〇九

九、地方財產收入　地方財產收入，即公產收入，以官錢局產業爲大宗，計包括房屋租金、公地租金、公田租金、公湖租金、工廠租金、學產租金等項。除十六年度收數未歸省庫外，茲將十七至二十一各年度預算數與實收數，列表如下：

民國十七年度至二十一年度財產收入預算數及實收數表

年度	預算數（元）	實收數（元）
十七年度	五六一・七〇九	二八八・八八九・八九
十八年度	五六七・五二五	三五八・四五五・八三
十九年度	三八七・〇七〇	一・一八八・三四二・三八
二十年度	六八八・一一一	五六〇・〇〇一・九八
二十一年度	九五五・五四〇	三〇九・三五二・〇八

十、房捐　房捐一項，原祇武昌漢口及漢陽城區舉辦，十七十八兩年度，因此項捐款，係由武漢特別市徵收，故省預算內未列此項收入，至十九年度武昌市撤銷後，省會房捐，經省政府議決，繼續辦理，漢陽城區房捐，亦由漢口市劃分。茲將各年度預算數及實收數，列表如下：

民國十九年度至二十一年度房捐預算數及實收數表

年度	預算數（元）	實收數（元）
十九年度	一六三・二〇〇	二二・九六五・五三
二十年度	一・〇三三・二〇〇	二九五・一九三・八〇
二十一年度	九六七・二〇〇	八四・四五六・八三

十一、地方事業收入 地方事業收入，即公營業收入，包括公礦航政路政電政官紙製革書報農林等項，除十六年度收數無從考查外，茲將十七至二十一各年度預算數及實收數列表如下：

民國十七年度至二十一年度地方事業收入預算數及實收數表

年度	預算數（元）	實收數（元）
十七年度	四・〇八四・五七八	一六〇・八九一・三五
十八年度	三・六三八・七七六	五一〇・九一三・六五
十九年度	四・二二八・五七三	一・一五一・九〇九・九三
二十年度	四・〇五二・四五二	七七三・二二九・九二
二十一年度	一・六三九・七二〇	一・三二〇・一六四・四九

十二、地方行政收入 十七、十八兩年度，未列此項入款，自十九年度起，始將司法收入及各項行政罰金，列爲地方行政收入。茲將各該年度預算數及實收數，列表如下：

民國十九年度至二十一年度地方行政收入預算數及實收數表

年度	預算數（元）	實收數（元）
十九年度	一三四・〇三六	八五・二〇一・〇三
二十年度	一六四・三七二	七七・六九〇・五七
二十一年度	八〇・〇〇〇	一五一・九〇九・九二

十三、補助款收入 補助收入，係緣遵令裁厘之後，收不敷支，由中央核准按月撥款協助，以資維持，此項協款為省庫重要收入，計自二十年一月起至八月止，按月補助二十萬元，嗣後呈准自二十年九月份起，每月增為五十萬，但中間因國庫困難，略有欠撥，至二十一年度則改為每月補助二十萬元，均按月撥到。茲將各該年度之預算數及實收數，列表如下：

民國十九年度至二十一年度補助款收入預算數及實收數表

年度	預算數（元）	實收數（元）
十九年度	一・八〇〇・〇〇〇	一・八〇〇・〇〇〇
二十年度	五・六〇〇・〇〇〇	二・四三〇・〇〇〇
二十一年度	（注七）二・四〇〇・〇〇〇	二・四〇〇・〇〇〇

十四、特稅協款 此款為省庫重要收入，亦自十九年度起，由中央核定，月撥四十六萬五千元，全年合計為五百五十八萬元，至二十一年十月，省市收支劃分，劃出六萬五千元，為漢口市政府收入，省庫月收四十萬元，全年合計為四百八十萬元，其預算數與實收數相同（注八）。

除上述各項外，尚有雜項、債款、其他等入款，或無定額，或為數甚微，不另贅述。綜上歲入情形，十七、十八兩年度收入各款，恃統稅為大宗，統稅激增，歲入狀況即隨之轉佳，十九、二十、二十一等年度收入，雖因裁釐失去大宗稅源，但將營業稅、中央補助、特稅協款等收入，併計尚勉能抵補裁釐損失，可知當時財政困難關鍵，受支出膨脹之影響大，受裁釐損失之影響小。爰將各年度歲入預算數及實收數，分列總表於後，以資參考。

湖北省民國十七年度至二十一年度歲入預算表（注九）

科目	十七年度預算數	十八年度預算數	十九年度預算數	二十年度預算數	二十一年度預算數	備考
田賦	一,八六八・三三五	一,六0一・四四八	一,一一八・五0九	一,一一八・九五五	九六0・000	
統稅	七,八0八・六0九	一0,一一0・一0八				統稅自十九年十二月底撤銷，其十九年度收入已併入其他收入內編列
正雜稅捐	一,六一七・三三五	一,一四二・六六0				內包括契稅牙當等項收入，自九年度起將各該項收入各列一款
契稅			七二六・六00	七二六・六00	七二0・000	此項收入至二十一年度遵章併入營業稅項下編列
牙稅			一六0・000	一六0・000		同上
當稅			六・000	六・000		同上
屠宰稅			三0七・000	四八0・000	九六七・二00	
房捐			一六・二00	一0三三・二00	九六七・二00	
營業稅			一,八00・000	二,四00・000	三,一六六・二00	十七、十八兩年度預算係列為公產收入
地方財產收入	五六一・七0九	五六七・五五	三七・0七0	六0四・五二	九五六・五二0	十七、十八兩年度預算係列為公營事業收入
地方事業收入	四,0八四・五七八	三,六三八・七七七	四,二八・五七二	四,0五一・四五二	一,六三九・二七0	十七、十八兩年度預算係列為公營事業收入
行政收入	一,二四0・三六	一,二0三・0三六	一二四・0三六	一六四・000	八0・000	
補助款收入	一,八00・000	一,四0九・一四七	一,四00・000	五,六00・000	三,四0六・000	十七、十八兩年度預算係列為雜項收入，又特稅協款列為雜項收入此科目內
收入①	三七0・二八五	四六0・三一二	一,四0九・一四七	一,四00・000	八,四三二・五八八	
合計	一六,三二0・九五三	一七,五二三・六六九	一一,二二八・三三五	一三,六00・一一二	一八,三八一・0四九	

① 原稿"收入"二字之前有缺漏。

湖北省民國十六年度至二十一年度財政收入狀況表（以元爲單位）（注十）

年度＼科目	十六年度	十七年度	十八年度	十九年度	二十年度	廿一年度	備注
田賦	四二〇・六一四	八六一・〇二三	九三〇・七二一	七六〇・一一四	一・〇五一・七八五	一・五二二・一七九	
銃稅	三・二〇二・五六七	一一・三五三・三五四	九・二三六・一八八	五・八三九・八六六	四四四・三二五		
正雜稅捐	一・四一一・九九五	一・四六六・一三五					
契稅			六九・三六三	三六七・四六五	八三五・七七五	二六三・六六八	
牙稅			二〇八・五五三	八七三・六六三	一二六・一八二	九三三・九五八	
當稅			三・八二四	一・五〇〇	四〇・三〇〇	三・四五〇	
屠宰稅			二一一・八九五	一六〇・六七八	三五三・八四九	一・八二一・七四五	
房捐				二二・八八五			
營業稅				四〇・五〇〇	八五六・四五一	二一・一六七・三三六	
地方財政收入		二八八・八八九	三五五・四五五	一・一八八・三四一	五六六・〇〇一	三〇九・五三二	
地方事業收入		一六〇・八九一	五一〇・九一二	一一一・一九九	七七三・二二九	一・三三〇・一六四	
行政收入				八五・二〇一	七七・六九〇	一五一・九〇九	
公債收入			二四〇・〇二〇	九四三・〇五一	一・一六三・四六〇		

續表

科目	十六年度	十七年度	十八年度	十九年度	二十年度	廿一年度	備注
雜項收入	四二・四四五	一・六四六・六一九	一・二六五・三〇一	七二七・六三一	五二四・四〇二	六七一・七七七	二十、廿一兩年度房捐收入併計在內
輔助款收入				五・一一五・〇〇〇	八・〇一〇・〇〇〇	七・一五〇・〇〇〇	中央補助及特稅協款
借入金			一・〇〇一・〇〇〇	四・八〇六・六三〇	七・三〇五・七八八	五・二三九・八七九	
市政收入			六六一・〇六九	八二一・五四四		一・〇七九・七七九	
其他收入	八五四・九九〇	八六六・九一二	九八一・二四四	三九八・一五五	一・六五八・一七〇	八七八・三五三	
預解稅款			一八三・九四一	四九九・二九一			
有價證券收入						四六八・二四三	
經費結餘					五三三・六二四	三七九・六三九	
暫記					三九四・八〇四	三二一・九八一	
墊付金					七・九四三	二二一・〇〇	
合計	六・三二一・六三三	一六・六三九・〇二三	一・五二一・三〇八・四八三	二一・二五八・二三〇	二四・四三二・二七二	二三・八四三・九三〇	

（乙）歲出

鄂省歲出，自十九年度以後，年有遞增，而收入則不能如支出之鉅且速，故於裁釐後，財政極感困難，二十、二十一兩年度預算案，均因收支差額過鉅，無法如期編定，當時各項政費，雖屬折成發放，但收支仍難適合；至二十一年十一月起，遵令覈實收入，并酌增營業稅率，支出則極力縮減，對追加經費限制亦嚴；規定月份收支預算表，二十一年度預算書，即依據此表原則編定，財政情況始稍轉機。至各年度實支總額，十六年度爲五百五十三萬三千六百三十四元，十七年度爲一千七百三十八萬七千二百五十四元，十八年度爲一千五百二十四萬七千六百三十元，十九年度爲二千一百六十一萬一千一百八十八元，二十年度爲二千四百四十八萬二千九百三十七元，二十一年度爲二千三百六十九萬五千九百六十六元。在十八年度前，支出各款，以行政、公安、教育、建設等費爲鉅，十九年度後，支出各款，以債款支出爲鉅，行政、公安、教育、建設諸費次之。爰將此數年間歲出各款，分述於次：

一、**黨務費** 查十七年度黨務費，計列有湖北省黨務指導委員會、漢口特別市黨務指導委員會、武昌市黨務指導委員會、漢口特別市各區黨務指導委員會及黨校經臨各費。十八年度關於漢口市各區黨務指導委員會及黨校經費業已取銷，並將各指導委員會名稱改爲整理委員會。十九年度僅數目略有增減，機關名稱并未變更，二十年度又將武昌市黨務整理委員會裁撤，二十一年度黨務機關名稱仍與二十年度相同。茲將各年度預算數與實支數列表於下：

民國十六年度至二十一年度黨務費預算數及實支數表（注十一）

年度	預算數（元）	實支數（元）
十六年度		二八五・三一三・四五
十七年度	一・〇一二・四二二	九七〇・八〇四・二七

续表

年度	预算数（元）	实支数（元）
十八年度	六二九·七五七	五七六·五五二·二八
十九年度	四八〇·七〇〇	四二〇·二一六·六〇
二十年度	三四五·二七〇	二五二·九六五·六〇
二十一年度	二六一·五六三	二〇五·四〇五·五二

二、行政费 查十七年度预算内所列行政费，计包括民政、公安、慈善、江防、岬金、清乡经费等项；十八年度剔除清乡经费，十九年度遵照预算章程之规定，将公安费由行政费内划出另列一款，并因江防局已改组为水上公安局，遂将该局经费，亦列入公安费之内，二十、二十一两年度情形略同。兹将各年度预算数与实支数列表于下：

民国十六年度至二十一年度行政费预算数及实支数表

年度	预算数（元）	实支数（元）
十六年度		二·一一〇·八一九·三八
十七年度	六·三二二·九〇一	六·一七〇·二七七·四四
十八年度	二·二〇三·七三六	三·三二九·三〇九·〇二
十九年度	二·四三八·八二二	二·九〇四·三四〇·二六
二十年度	二·六五九·九一九	二·〇二三·九四九·七三
二十一年度	二·一〇三·一二七	一·六八二·七二七·五六

三、**財務費** 財務費一款，以十七年度預算列數最多，計列有財務行政經費、施鶴財政專員經費、徵收經費、公產經費、專賣經費、省銀行籌備用費等項。十八年度因取銷施鶴財政專員及逆產審查委員會、清理湖北公產暨官錢局產業委員會、湖北全省硝磺局等機關，并減列省銀行籌備用費等項，故列數較少，十九年十二月底，徵收局及護徵隊奉令裁撤，故十九年度預算，僅將上項經費按六個月編列，同時加列營業稅徵收經費。二十年度情形與十九年度略同。二十一年度，因各機關經費，經一再縮減，故列數最少。茲將各年度預算數與實支數，列表於下：

民國十六年度至二十一年度財務費預算數及實支數表

年度	預算數（元）	實支數（元）
十六年度		三八一・三三五・六三
十七年度	七・二六四・六五四	二・〇〇二・三〇三・一八
十八年度	四・八三〇・一六二	二・二二八・三三六・一〇
十九年度	三・三三五・五二一	三・一二一・二三三・一五
二十年度	一・五五三・九五四	一・八八八・七三一・五三
二十一年度	一・〇〇五・六六二	八九六・〇〇三・六四

四、**司法費** 查本省司法機關，在十七年度，原設有高等法院及第一第二兩分院，武昌漢口宜昌襄陽沙市黃岡等地方法院，暨各監所。十八年度機關無變更。十九年度增設孝感黃陂圻水漢川天門荊門漢陽隨縣等八分院。又於二十年度增設湖北反省院，二十一年度經費照通案折減，

機關無變更。茲將各年度預算數與實支數，列表於下：

民國十六年度至二十一年度司法費預算數及實支數表

年度	預算數（元）	實支數（元）
十六年度		三五二・〇一九・一七
十七年度	一・八一二・九九九	一・一三二・二五八・八九
十八年度	一・八七五・九六五	一・三〇四・〇五一・八八
十九年度	二・一三四・九七八	一・五二三・八五九・六九
二十年度	二・〇九四・二〇〇	一・二七三・三一八・九二
二十一年度	一・四二八・〇二九	九七二・八〇九・二一

五、公安費 查公安費在十七十八兩年度預算，係併入行政費款內編列。自十九年度起，始照章另列一款。所有十九二十兩年度勦匪經費，亦列入此項科目之內。至二十一年度，始將剿匪費取銷。茲將各年度預算數與實支數，列表於下：

民國十六年度至二十一年度公安費預算數及實支數表

年度	預算數（元）	實支數（元）
十九年度	六・八七〇・四九三	四・二七一・四六八・九九
二十年度	八・二八〇・五五五	五・九二一・〇三六・三六
二十一年度	三・一八三・七五〇	二・五一九・五四三・三三

六、教育文化費　查本省教育經費，因增加班次，擴充校館，逐年均有增加，至二十一年度，始照通案分別縮減。茲將各年度預算數與實支數，列表於下：

民國十六年度至二十一年度教育文化費預算數及實支數表

年度	預算數（元）	實支數（元）
十六年度		七九五・一五〇・八三
十七年度	二・〇三三・六二一	二・三七六・八三二・五〇
十八年度	三・三六四・九八九	二・四八七・六三〇・五六
十九年度	三・八八二・七四六	三・一四六・九三二・〇六
二十年度	四・九九八・八六二	二・三八九・七五九・四五
二十一年度	二・七〇七・二八三	二・四一四・四五九・一〇

七、建設費　查農礦、工商、交通等費，在十七、十八兩年度預算內，均係併入建設費款內編列，自十九年度起，始將上述各費分立專款。茲為便於參考起見，仍將上列各費預算數與實支數，併入建設費項下，列表於下：

民國十六年度至二十一年度建設費預算數及實支數表

年度	預算數（元）	實支數（元）
十六年度		六四五・九八二・八三
十七年度	三・四二四・五四七	一・五三四・〇〇七・五八

續表

年度	預算數（元）	實支數（元）
十八年度	三·一九六·七四一	九六六·二九三·四七
十九年度	四·一八七·〇七七	八三一·三九二·五七
二十年度	五·七七七·一三〇	一·六五七·一八五·一五
二十一年度	二·三二〇·〇七七	七五〇·七三六·九八

八、衛生費 查十七、十八兩年度預算內，未列有衛生費科目。至十九年度，始將省立醫院、漢陽市立醫院、食肉檢查所等機關經費，列入衛生費項下，二十年度，復將夏令防疫委員會暨漢口市立醫院及火葬場等項經費，加列預算。二十一年度情形略同。茲將各年度預算數與實支數，列表於下：

民國十九年度至二十一年度衛生費預算數及實支數表

年度	預算數（元）	實支數（元）
十九年度	四五·一二〇	一七·四〇〇·〇〇
二十年度	三四七·三三五	四八·二六五·七三
二十一年度	一七三·二四一	三三·七七九·四〇

九、債務費 十七十八兩年度預算，未列此項支出，自十九年度起，因奉令核准發行湖北善後公債，故將公債息金列入預算。二十年度，復加列漢口市政公債息金，及湖北省善後公債基金保管委員會、漢口市公債基金保管委員會公債收款處等機關經費，至二十一年十一

月起，奉令每月攤還各項債款三十萬元，茲將各年度預算數與實支數列表於下：

民國十九年度至二十一年度債務費預算數及實支數表

年度	預算數（元）	實支數（元）
十九年度	九〇・〇〇〇	五〇一・〇九三・八六
二十年度	五八七・九七〇	三一六・九六五・〇〇
二十一年度	四・二三六・七三六	五〇〇・〇〇〇・〇〇

綜上歲出情形，可知十六年後，支出各款遞增之鉅且速，至二十一年度始現減縮之象，惟債務費之負担與夫臨時借款之支出，則以二十一年度爲最鉅，至以上二十一年度支出各款，係按該年度公布之預算案編述，該年度預算，雖係依據月份預算表編定，但較之月份預算表所列之數爲增，蓋月份預算表係於二十一年十一月起實行，在此表未實行前之該年度已支四個月經費增加之數，及此表實行後追加經費之數，一概併入該年度預算內，故年度歲出預算數如分月攤計較月份支出預算數爲增，同時又爲平衡收支起見，并在歲入預算內，加列應收公債款項俾收支相符，故年度歲入預算數如分月攤計亦較月份收入預算數爲增。茲將各該年度歲出預算數及實支數分列總表於後，并將二十一年十一月份起實行之月份收支預算表附後，以資參證。

湖北省民國十七年度至二十一年度歲出預算表（注十二）

科目	十七年度預算數	十八年度預算數	十九年度預算數	二十年度預算數	廿一年度預算數	備考
黨務費	一,〇一二,四二一	六二九,七五七	四〇八,二八〇〇	三四五,二七〇	二六六,五八三	
行政費	六,三二二,九〇一	二,二〇九,七三六	三,二四八,八二二	二,六五九,九一二	二,一〇三,一一二	十七、十八兩年度係列爲民政費
司法費	一,八一二,九九九	一,八七五,九六五	二,一三四,九七八	二,〇九四,二〇〇	一,四二八,一〇二,九	
公安費			六,八七〇,四九三	八,二八〇,五五五	三,一八三,七〇四	十七、十八兩年度係列入民政費內
財務費	七,二六四,六五四	四,八三〇,一一六	一,三三五,五二一	一,八五三,九五四	一,〇〇五,六六二	
教育費	二,〇三三,六二一	三,三四〇,九四九	三,八八二,七四六	四,九九八,八八六	二,七〇五,二八五	
農礦費			七四一,〇二一	四四六,八七四	三九二,二五七	十七、十八兩年度係列入建設費內
工商費			六九,〇九四	九三二,八九四	一,二五二,三一〇	同上
交通費			三〇六,二〇六四	三,六八七,三四六	一,七三二,三四二	同上
衛生費			四五八,一二〇	三五八,二三五	六七六,八五〇	十七、十八兩年度係列入民政費內
建設費	三,四四二,五四七	三,一九六,七四一	二,八八八	一,五七九,三四〇	四,二三六,七二六	
債務費			九,〇〇〇	五,八七九,七〇	二,三六,〇六九	
協助費			六三,〇八五	二,〇四,六五	一,九四,〇八五	
營業費			九,一一二,六	九,一三四八		
中央解款		四,八〇〇,〇〇〇				
預備費	一,五〇〇,〇〇〇	二,五〇〇,〇〇〇	一,八三三,八九四	一,〇八七,五三六	七六七,四七一	
合計	二三,二八七,一四四	二三,四〇八,二五〇	二六,八八四,八〇五	二八,〇〇六,九六四	一八,八一六,〇四九	

湖北省民國十六年度至二十一年度財政支出狀況表（以元為單位）（注十三）

科目	十六年度（元）	十七年度（元）	十八年度（元）	十九年度（元）	二十年度（元）	廿一年度（元）	備注
黨務費	二五・三二三	九七〇・八〇四	五七六・五五二	四二〇・二六	二五二・九六五	二〇五・四〇五	
行政費	一五八八・六四九	四八八・五四九	三二四・五〇二	二・九〇四・三四〇	七六四・〇八六	七・一五・四〇一	
公安費	五二二・二二〇	四・三三五・八三八	八〇四・八〇六	四・二七・四六八	五・二一・〇三六	二・五一九・五四三	
民政費		一・四四五・八八九			一・二五九・八六三	九六七・三三六	
財務費	三八一・三三五	二〇〇二・三〇三	二二八・二三六	三一二・一二三	一・八八八・七三一	八〇六・〇〇三	
司法費	三五二・一〇九	一・一二二・一二八	一三〇四・〇五九	一・五三二・八五九	一・一七二・三一八	九七二・八〇九	
建設費	六四五・九八二	一・五三四・〇〇七	九六六・二九	八二三・一四〇五	九六七・四〇五	三六八・七四	
教育費	七九五・一五〇	二・三七六・八二二	二・一四八・六三〇	三・一四六・九三二	二・三八九・七四九	二・一四・四一・四五九	
農礦費					三三三・〇七一	二九七・四六一	
工商費					六〇・六五七	七・〇三一	
交通費					二八一・〇五二	九・四七八	
衛生費				一七・四〇〇	四〇八・二六五	三三・七七九	
市政支出			七〇七・八四	一六二・四四一	一・〇三三・五七六	二七五・四七四	
公營業支出				二〇〇・〇〇〇	一〇四・三九四	三二四・九一一	

續表

科目	十六年度(元)	十七年度(元)	十八年度(元)	十九年度(元)	二十年度(元)	廿一年度(元)	備注
雜項支出	一•六九三•一八四	一•八二三•三一八	一•〇九一•一八七	八二一•六七二	一三七•一八二	八一•五二八	
其他支出	七九三•七七八	一•三七七•四五二					
公債支出				五〇一•〇九三	三六•九六五	五〇〇•〇〇〇	
中央解款			二•〇〇〇•〇〇〇	四五〇•〇〇〇			
借入金			四二八•九〇〇	三•七〇九•三三八	六•五八八•二五〇	五•八八五•三二八	
利息			一二七•五三四	四六八•七三九	三八七•五六六	四九九•九八七	
預解稅款					一六二•四四六	一〇一•八六四	
補助費						三•七七七•七二〇	
清鄉綏匪費						四六三•二八二	
預備費					九三•九四九	六三•八九〇	
墊付金						三一〇•二七八	
暫記					二一四•四四		
合計	五•五三三•六三四	一七•三八七•二五四	一五•二四七•一六三〇	二一•六一一•一八八	二四•四八二•九一七	三三•六九五•九六六	

湖北省二十一年度新訂月份收支預算表（注十四）

收入項下

科目	每月收入預算數		備考
田賦	八〇・〇〇〇	〇〇	
契稅	六〇・〇〇〇	〇〇	
牙稅	一四・〇〇〇	〇〇	
當稅	五〇〇	〇〇	
屠宰稅	四〇・〇〇〇	〇〇	
營業稅	一二六・〇〇〇	〇〇	
武陽稅捐	二〇・〇〇〇	〇〇	
地方財產收入	三五・〇〇〇	〇〇	內係布局租金一萬五千元公產收入二萬元
地方事業收入	一六〇・六一四	〇〇	內係航政路政公礦及輪駁租金等項收入
地方行政收入	五・〇〇〇	〇〇	係司法收入
中央協款	二〇〇・〇〇〇	〇〇	
特稅附加	四〇〇・〇〇〇	〇〇	
合計	一・一四一・一一四	〇〇	

支出項下

科目	總部核定月支預算數		備考
黨務費	一〇・四三七	八四	

續表

支出項下

科目	總部核定月支預算數		備考
行政費	一二五・六〇七	六七	
司法費	一〇五・四五五	九一	
公安費	一五〇・七四六	六〇	
財務費	六〇・三七七	三一	
教育文化費	一六一・四九七	九六	
建設費	一四三・六一七	九四	
衛生費	二・二八五	一七	
協助費	一・〇八〇	〇〇	
債務費	二六五・〇〇〇	〇〇	
行政督察專員經費	四四・〇〇〇	〇〇	
保安處經費	一〇・九五五	二〇	
預備費	六〇・〇五二	四〇	
合計	一・一四一・一一四	〇〇	

說明：上列收支各款，係經前豫鄂皖三省剿匪總司令部核定自二十一年十一月份起實施。

注一：按十六年度并未成立預算公布，故該年度預算數一欄從缺，以下各項均屬相同（總論章內列有總教係根據未公布之預算草案而列）。

注二：統稅係於二十年一月裁撤，所有十九年度上半年度預算數，係并入其他收入內編列。

注三：二十年度統稅實收數，係各征收局裁撤後所呈解之尾數，原科目係并入雜項收入之內，爲便於查考起見，故仍將是項收入，列於表內。

注四、注五、注六：按牙稅、當稅、屠宰稅收入，在十七十八兩年度預算內，係併入正雜稅捐項下編列，十九二十兩年度預算，將各該項收入各列一款，至二十一年度則遵照中央規定，將上項收入并入營業稅內，所列牙當屠宰各稅二十一年度數目，係由營業稅內劃出開列。

注七：按補助款收入二十一年度預算列二・四六〇・〇〇〇元，惟內有六萬元爲特業清理會補助漢市公安局之款，故予刪除。

注八：特稅協款預算科目，係列入其他收入項內，金庫科目系列入補助款收入項內。

注九：十七至二十一各年度歲入預算表，係根據各該年度公佈之預算案開列。

注十：十六至二十一各年度收入狀況表，係根據財政廳所編統計表開列。

注十一：同注一。

注十二、注十三：同注九、注十。

注十四：係根據財政廳原案列表。

第三章　現代財政之狀況

第一節　概　　說

考理財之道，別無具體理論，惟在準對當前事實，確定施行方針：鄂省在二十一年以前財政上所形成之事實，即為收支不能平衡，發放各項政費，常感竭蹶，迺賴舉債維持，以致積虧甚鉅，截至二十二年二月底止，所有未還債款公債發行額及欠發政教各費，多至二千二百九十三萬餘元（內未還債款計一千八百五十四萬二千八百一十二元，發行公債額計二百三十七萬五千四百五十元，欠發政教各費計二百另一萬八千五百八十七元）。此實為鄂省財政極度恐慌時期，欲解脫此種艱難境況，使收支平衡，舍"開源節流"外，別無他途。但所謂開源者，并非增辦新稅，或加重人民負擔，妨礙國民經濟之發展，係就原有稅源切實整理，一方使人民依法應納之稅，人人繳付，消滅隱漏拖欠情事；一方使人民所納之稅，涓滴歸公，剷除舞弊中飽情事；故整頓稅收，必求其達於：稅額確定化、手續簡單化、徵稅普遍化。至所謂節流，係節不應用或不急用之款項，而用於應用或急用之途，以期增進政務及事業之效率，故整理支出，必求其達於：合理化、經濟化、生產化。近年（二十二年——二十五年）鄂省財政，即係本此方針進行，不無成效可睹，雖二十三、四、五三年，頻遭旱災水患，財政尚可維持，故省庫收支，漸入常軌。綜近年財政改進之緒，約其大要，可分四端：

一、省庫收入，除中央補助及特稅協款頗關重要外，以田賦及營業稅為主要收入，經切實整理，稅收大有增進。就田賦言：十六年後，每年收數恒在一百萬元以內，二十二年度增至一百六十餘萬元，二十三年度，雖受旱災影響，蠲減之額頗鉅，尚收一百五十餘萬元，二十四年度水災影響，蠲減亦鉅，但該年度尚收一百五十餘萬元，至二十五年度收數增至二百四十八萬餘元；就營業稅而言，在創辦之初，收數甚微，已於上章述及，近年因積極改進，收數驟增，已居歲入重要地位，二十二年度收數增至三百六十二萬餘元，二十三年度蒙旱災影響，尚收三百另六萬餘元，二十四年因水災關係，免徵之數頗鉅，但該年度尚收二百七十六萬餘元，至二十五年度收數增至三百六十九萬餘元，至屠宰、牙、當等稅，向歸各縣政府兼辦，二十二年起特劃歸各營業稅局統一徵收。此外尚有公產收入一項，在二十一年前，每年平均約收二十四萬元左右，近年收入較前激增一倍左右，計二十二年度四十餘萬元，二十三年度四十八萬餘元，二十四年度雖受市面不景氣影響，尚收四十五萬餘元，至二十五年度收四十六萬餘元。故近年歲收情形，較諸二十一年以前，實有顯著之進步。

二、省庫支出，在昔因預算無法確立，致支出失其標準，發放政費，每採遇事應付方法，有權之機關，按月照發，無力之機關，乃多延欠；但就各機關立場而言，政務既同一推行，政費即同一需要，若故爲軒輊，不能一律發放，則必有一部份之行政效能，因政費愆延而無由推進，影響孰甚。近年以還，以厘行預算爲原則，發放各項政費，抱定月清月款，平均待遇之宗旨，先就本月經常收入，充作本月應支經臨各費，一律盡於月內全部撥發。同時并爲適合領款機關之需要，如教育費分上下半月各發半數，軍警伙食每月分四次發給，對剿匪之各保安團隊餉項，則定於月初先發；建設各費，則按需要情形提前籌撥。雖二十三、四、五等年稅款因災減收，支出各款亦均按月發清，從未稍有帶欠。但爲尊重預算獨立之精神，對於預算以外之支出，則限制頗嚴，各機關增溢出款，苟非切要，一概不予追加，歲出各款，即有一定範圍，緣此財政較昔穩定。至二十一年以前積欠之政教各費，約達二百萬元之鉅，其中以教育費欠至六個月以上爲最多，司法公安兩費次之，此項舊欠關係政教業務綦鉅，近年亦經籌定的款分別清理，并以教育機關清苦，規定每月補發舊欠四分之一，閱時兩年，始得全數發清。其餘各機關舊欠，先以各機關結餘經費悉數劃抵，不足并由省庫補發，計自二十二年三月起至二十五年度終了止，先後由庫補發積欠各費凡一百四十七萬餘元，以應解結餘經費抵發積欠各費凡三十四萬餘元，所欠尾數無多，尚有未解結餘經費可資劃抵。此近年省庫歲出情況，較諸二十一年以前進步實多。

三、清理債務，鄂省自民國八年以還，財政收支年有不敷，債款數字愈積愈鉅，在十五年以前所欠舊債多至一千三百九十萬元（内銀錢商業債款五百四十萬元，房屋押款一百五十萬元，倒塌官票七百萬元），雖十七十八兩年財政充裕時期，尚恝置未曾清理，迨十九、二十、二十一等年，財政艱困之際，債款因而增多，至二十二年二月底止共增加債額四百六十四萬餘元（内各銀行借款九十四萬元，積欠債款三百七十萬另二千八百一十二元一角七分），綜十五年以前及十六年以後各債款合計共爲一千八百五十四萬餘元，而二十二年二月以前所發行之公債額二百三十七萬餘元，尚不在内，省庫負担債累之重，於此可見。且此種鉅額債款，不僅爲財政難題，并足阻礙國民經濟之發展。近年以來，爲調劑市面金融及保持債信起見，經按照債務性質分別清理，十五年以前舊債，已於二十三年完全清償，十六年以後債款計分兩種：一爲各銀行借款早於二十二年按約悉數還清，一爲積欠債款，亦已分期清償，至二十五年度終了止，僅欠二百十一萬餘元。此債務方面，較諸二十一年以前，約減輕省庫負債額十分之九。

四、整理縣地方財政，鄂省縣地方財務向極紊亂，收入則捐稅繁苛，支出則漫無標準，往昔雖亦督促整理，成效殊鮮。自二十二年以還，經切實整理，一方以屬行預算制度着手，藉使收支均衡，一方裁廢苛雜稅捐以紓民生困苦，所有二十二、三、四、五等年度縣預算各縣均能按期編送，復以湔除積弊核实收支之原則，嚴格審定，各縣均能照案實行，已由紊亂而漸進於整飭。至捐稅方面，以刪繁就簡，裁廢苛雜爲原則，亦於核編各縣地方預算時，分縣嚴格審查，裁廢減併同時執行，綜二十三、四、五三年陸續裁廢各縣苛捐雜稅，及田賦附加，共約一百零六萬餘元，此外裁廢宜昌等七埠苛捐二十八萬餘元，尚不在内有裨民生，良非淺鮮。

以上四端，整理歲入，在求庫收之增益；核實歲出，在謀政費之安定；清理債務，在維政府之信用；整理縣財務，在發展縣地方事業與減輕人民負擔。爰將現代鄂省財政狀況，分節闡述於後。

第二節　歲　入

　　近代各國地方歲入之趨勢，不外四端：一為地方稅，多屬直接稅。二為地方收入，由土地而來者，佔重要部份。三為公共營業之入款，日益發達，已成歲入之大宗。四為各項補助款，在地方收入中，亦頗重要。就國內地方歲入情形觀察，自國府定都南京以還，地方稅制為之一新，亦多以直接稅為地方稅之中堅；目前各省均以田賦及營業稅為主要歲入（如蘇浙魯等省，田賦營業稅兩項，約當全部歲入額百分之六十左右）；次則除足以自給之省份外，補助款在各省歲入中，亦極重要；至公共營業收入，則多微末，良以我國公營事業并未發達，雖近年力事建設，尚少固定之入款。故各省地方歲入，漸有形成直接兩稅制之趨勢，以田賦及營業稅為地方之唯一稅源焉。

　　鄂省歲入，自二十二年迄於今茲，雖革新整理頗有效果，以收抵支，已漸適合，但尚未達到自給自足之途，蓋以公營事業，尚在萌芽時期，正需鉅款興辦，純益甚微；在稅收中，雖田賦營業稅居歲入之重要地位，約當全部稅收額百分之七十左右，但總本省各年度全部歲入額平均擾算，田賦營業稅兩項僅當歲入總額百分之三十五左右，其他稅收僅當歲入總額百分之十五左右，其餘百分之五十左右之歲入來源，則全恃中央補助及特稅協款，是以本省稅收入款，僅足供本省歲出各費之半數，此種依人為活現象，實可暫而不可久，況年來禁烟令嚴，設特稅協款一旦發生問題，財政必將立陷困境。補救之法，惟有培養稅源整理固有地方財產，與助長公營事業之發展；故近年對於田賦營業稅暨其他稅收，無不積極改進，地方財產，亦經切實整理，頗收成效，至公營事業之興辦，亦多儘力協助，今後對於增收之款，苟能限制不再膨漲政費，悉備抵補不可久悞之收入，則亦不患將來無以自給。茲將二十二年度至二十五年度之歲入情況，概略言之。

（甲）田賦

田賦爲省庫主要歲入，茲就額徵數、預算數與實收數三者，分別言之：

一、田賦之額徵數　查鄂省田賦，在民國初年，原係徵錢解錢，以官票壹串貳佰文折合壹元，定爲法價，全省徵收賦額數應爲叁百捌拾壹萬捌千元。民國四年，財政部劃一丁漕折價，每地丁一兩收錢叁串，每漕米一石收錢六串，每串按照柒角零九釐二毫計算，應徵肆佰貳拾陸萬貳仟元，此時全省賦額，較前略有增加。迨至民國十五年八月，我國民革命軍底定武漢，成立湖北財政委員會，以前財政廳改擬實徵銀元，每地丁一兩原徵錢叁串，改徵銀元貳元壹角叁分，漕米每石原徵錢陸串，改徵銀元肆元貳角陸分，所增未免過重，爲寬紓民力起見，經與政務委員會聯席會議議決每地丁一兩，改徵壹元肆角，漕米一石改徵貳元捌角，是以全省應徵賦額，減少三分之一有奇，田賦總額降至二百四十一萬餘元，連同省附加計算，實共應徵貳佰陸拾餘萬元，自此次改訂之後，中經六七年，均以此爲徵收預算之標準。自二十二年以還，認定整理田賦，爲鄂省財政上惟一之出路，緣即成立整理田賦設計委員會，先後擬具就户問粮，就田問賦，甲乙兩種辦法，暨整理田賦原則，以及鄂西鄂北整理田賦簡章，呈奉前豫鄂皖三省剿匪總司令部核准施行。數年來，廢兩廢石，改元改畝，斟酌各縣實際情形，分別訂定賦率，調整結果，查定全省徵賦之地，爲叁千捌佰伍拾叁萬柒仟餘畝，除二十三年份，因正着手辦理按糧推畝及改定賦率各縣未實施外，二十四年，計應徵額爲叁佰叁拾柒萬餘元，較之原有額數已增加柒拾陸萬餘元，約佔原額百分之三十，二十五年六月呈奉行政院核定本省歸併券捐，及平衡最低級賦率，計應徵賦類復增爲肆百叁拾餘萬元，比較民五以前舊額，尚超出拾伍萬餘元，是此項賦額，實已遞見增進。茲將田賦正稅稅額稅率對照表，附列於下：

湖北省各縣二十二、二十四、二十五年份田賦正稅稅額稅率比較表

縣別	田畝總額(畝)	二十二年份 正稅賦額(元)	二十四年份 等則	二十四年份 稅率	二十四年份 正稅賦額(元)	二十五年份 等則	二十五年份 稅率	二十五年份 正稅賦額(元)	備考
蒲圻	二二七・〇二〇	六六・六三六・二七	上	三〇	六九・五八〇・八五	上	三〇	六九・八三〇・一三	
			中	二八		中	三〇		
			下	一〇		下	一二		
武昌	一・〇五七・六九六	一〇四・一九九・九〇	上	一二	一〇八・六九三・五二	上	一四	一二九・八四七・四四	
			中	一〇		中	一二		
			下	〇八		下	一〇		
漢陽	六七五・〇〇〇	八三・三九九・八九	上	一六	七七・四〇〇・〇〇	上	一八	七八・七五〇・〇〇	
			中	一二		中	一四		
			下	一〇		下	一二		

續表

縣別	田畝總額（畝）	二十二年份 正稅額（元）	二十四年份 等則	二十四年份 稅率	二十四年份 正稅賦額（元）	二十五年份 等則	二十五年份 稅率	二十五年份 正稅賦額（元）	備考
嘉魚	四三六・四六九	三一・四六八・二六	上上	一二	三一・六〇七・三五	上上	一四	四〇・三三六・七二	
			上	一〇		上	一二		
			中	〇八		中	一〇		
			下	〇六		下	〇八		
咸寧	三七二・七四五	四六・七五三・〇五		一四	五二・一八四・三〇		一六	五九・六三九・二〇	
通城	二八八・〇六五	三九・二五四・三四	田	一四	三九・二五四・三八	田	一六	四五・〇一五・六八	
			地	〇六		地	〇八		
崇陽	二五〇・〇一五	三一・四九四・四二		一四	三五・〇〇二・一〇		一六	四〇・〇〇二・一四	
陽新	三〇七・五六一	一〇八・四五八・一五	上	三六	一〇六・〇九八・〇四	上	三二	一〇六・五八三・六五	
			中	一八		中	二〇		
			下	一六		下	一八		

續表

縣別	田畝總額(畝)	二十二年份正稅賦額(元)	二十四年份 等則	稅率	正稅賦額(元)	二十五年份 等則	稅率	正稅賦額(元)	備考
大冶	三九〇・六〇七	五六・四四八・一六	上	一六	六一・〇一〇・八八	上	一八	六八・八二三・〇二	
			中	一四		中	一六		
			下	〇八		下	一〇		
鄂城	四八〇・一二三	八一・七八一・九五	上	一八	八五・五九八・一七	上	二〇	九五・一九七・六二	
			中	一四		中	一六		
			下	一二		下	一四		
通山	六五・二三五	一五・五九一・〇一	上	二六	一六・九六八・八六	上	二八	一八・三七四・一六	
			下	一八		下	二〇		
蘄春	五八五・三七八	一〇〇・五三一・四〇	上	一四	一〇四・五五五・〇八	上	一六	一一六・二六二・六五	
			中	一〇		中	一二		
			下	〇六		下	〇八		
浠水	六一四・六三六	一四五・四〇二・三〇	上	二六	一五五・三九九・六七	上	二八	一六七・五九二・二〇	
			中	一〇		中	一二		
			下	〇六		下	〇八		

續表

縣別	田畝總額(畝)	二十二年份 正稅賦額(元)	二十四年份 等則	稅率	正稅賦額(元)	二十五年份 等則	稅率	正稅賦額(元)	備考
黃梅	七一·八三三	七一·五五一·○五	上上	一四	七八·二六六·九一	上上	一六	九二·六四三·五七	
			上	一○		上下	一二		
			中	○八		下上	一○		
			下	○六		下下	○八		
廣濟	四二·五七四	八二·○四一·四八		二○	八四·三一四·八九		二二	九二·七四六·三八	
羅田	二四·二○八二	三八·三六三·六二		一六	三八·七三三·二八	上	一八	四三·五七四·九四	
英山	六八·九八三			二二	三二·○七四·五八		一三	三二·○七四·五八	
黃安	二七·○○○	二九·六七六·八八	上	一四	二九·六八○·○○	上	一六	二五·○八○·○○	
			中	一二		中	一四		
			下	一○		下	一○		

第三章　現代財政之狀況　315

續表

縣別	田畝總額（畝）	二十二年份 正稅賦額（元）	二十四年份 等則	稅率	正稅賦額（元）	二十五年份 等則	稅率	正稅賦額（元）	備考
黃岡	八八一・二二九	一四四・五六二・七六	上	一二	一四六・一七一・八八	上	一四	一六三・七九六・四七	
			中	一〇		中	一二		
			下	〇三		下	〇五		
			特下	〇一		特下	〇三		
麻城	三七四・五六九	五七・三六六・三八	上	一八	五八・八〇四・六四	上	二〇	六五・二七六・九〇	
			中	一六		中	一八		
			下	一四		下	一六		
黃陂	五八一・五四八	六六・八九四・二七	上	一二	六八・八六二・六九	上	一四	八〇・四九三・六六	
			中	〇八		中	一〇		
			下	〇六		下	〇八		

续表

县别	田赋总额(亩)	二十二年份 正税赋额(元)	二十四年份 等则	二十四年份 税率	二十四年份 正税赋额(元)	二十五年份 等则	二十五年份 税率	二十五年份 正税赋额(元)	备考
礼山	一七八·二三四		上上	一六	一五·○八○·二七	上上	一八	一八·六四四·九六	
礼山			上	一四		上	一六		
礼山			中	○八		中	一○		
礼山			下	○六		下	○八		
安陆	三九三·二四四	二三·三三六·四八	上上	一一	二九·○六三·四二	上上	一四	五六·九二八·二九	
安陆			上	一○		上	一二		
安陆			中	○八		中	一○		
安陆			下	○六		下	○八		
孝感	六九四·七五六	五四·四五九·二八	上	一○	六七·四○三·五七	上	一二	八一·二九八·六九	
孝感			中	○八		中	一○		
孝感			下	○六		下	○八		

續表

縣別	田畝總額(畝)	二十二年份 正稅賦額(元)	二十四年份 等則	稅率	正稅賦額(元)	二十五年份 等則	稅率	正稅賦額(元)	備考
應山	四七〇八七	二七·九二六·三五	上	〇八	三八·一八〇·一八	上	一〇	四七·七〇八·七八	
			中	一四		中	一六		
			下	〇六		下	〇八		
雲夢	二六一·六六二	一九·八二四·一五	上	一四	三一·九四二·八一七	上	一六	二七·一八一·四〇	
			中	〇八		中	一〇		
			下	〇六		下	〇八		
隨城	四七三·五七七	三三·七四〇·九八	上	一〇	四〇·七八二·八四	上	一二	五五·五七一·七五	
			中	〇六		中	〇八		
			下			下			
隨縣	一·二一八·一·六三	四七·八二三·三八	上		七三·〇八九·七六	上	一二	一二一·八六三·二七	
			中	〇六		中	一〇		
			下			下	〇八		

續表

縣別	田賦總額(畝)	二十二年份 正稅賦額(元)	二十四年份 等則	稅率	正稅賦額(元)	二十五年份 等則	稅率	正稅賦額(元)	備考
天門	一・七六・一七三	一〇二・七七五・〇七	上	〇八	一三一・八六一・八六	上	一〇	一六七・三八五・三一	
			下	〇三		下	〇四		
			特下	〇一		特下	〇三		
漢川	七四二・四五四	三四・五四一・一九	上	〇六	四四・三四二・九三	上	一二	七四・二四五・四四	
			中	〇八		中	一〇		
			特下	〇一		下	〇八		
沔陽	四・〇六五・三六三	一一・八九〇・二三	上	〇八	一三六・二九二・五〇	上	一〇	三一七・五九九・七七	
			中	〇六		下	〇八		
			特下	〇一		特下	〇三		
京山	九八二・五六七	五三・五〇〇・八〇	上	〇六	五八・九五四・〇一	上	一二	九八・二五六・六八	
			中	〇三		中	一〇		
			下	〇六		下	〇八		

第三章 現代財政之狀況 | 319

續表

縣別	田畝總額（畝）	二十二年份 正稅賦額（元）	二十四年份 等則	二十四年份 稅率	二十四年份 正稅賦額（元）	二十五年份 等則	二十五年份 稅率	二十五年份 正稅賦額（元）	備考
鍾祥	一、三五七、二九四	八三・四五〇・〇〇	上	一二	一〇三・〇五四八	上	一四	一三〇・二〇一・三六	
			中	〇八		中	一〇		
			下	〇六		下	〇八		
潛江	一、〇〇七・四八一	五二・五五八・九七	上	〇八	五二・九一五・五一	上	一〇	七三・二三四・九四	
			中	〇六		中	〇八		
			下	〇四		下	〇六		
江陵	二・三九〇・八九〇	一三七・七九八・〇四	上	〇八	一七一・四六二・三六	上	一〇	二一九・三七九・〇七	
			中	〇六		中	〇八		
			下	〇六		下	〇八		
荊門	一・四五〇・〇八五	一〇二・六四二・六〇	上	〇八	一〇八・二七九・八八	上	一〇	一四一・七八〇・七八	
			中	〇六		中	〇八		
			下	〇六		下	〇八		

續表

縣別	田畝總額(畝)	二十二年份 正稅賦額(元)	二十四年份 等則	二十四年份 稅率	二十四年份 正稅賦額(元)	二十五年份 等則	二十五年份 稅率	二十五年份 正稅賦額(元)	備考
監利	八二〇·九二一	六三·二九二·九七	上	一〇	六二·五四五·一一	上	一二	七八·九六三·五	
			中	〇八		中	一〇		
			下	〇六		下	〇八		
			沙灘湖田	〇三		沙灘湖田	〇五		
石首	五六三·五〇二	三〇·九〇七·八〇	丁	〇八	三八·五一一·九九	丁	一〇	四九·七八二·〇二	
			也	〇六		也	〇八		
			蘆稞	〇三		蘆稞	〇五		
公安	七七一·二三一	二九·七四三·二〇	上	〇六	四五·一六七·九九	上	〇八	六〇·五九二·六一	
			下	〇四		下	〇六		
枝江	四五八·六五四	一二·三四五·九四	下	〇六	二七·五一九·二三	上	一二	四五·八六五·四三	
						中	一〇		
						下	〇八		

續表

縣別	田畝總額（畝）	二十二年份 正稅賦額（元）	二十四年份 等則	二十四年份 稅率	二十四年份 正稅賦額（元）	二十五年份 等則	二十五年份 稅率	二十五年份 正稅賦額（元）	備考
松滋	一一・〇四七・二二〇	二九・五六六・五一	上上	〇六	三〇・一〇・六六	上上	〇六	六二・八三三・一三	
			上	一二		一四			
襄陽	二・一六五・二四八	四四・四三一・六四	上	一〇	八六・四三二・六八	中	一二	一八五・〇一〇・七六	
			中	〇八		下	一〇		
			下	〇六			〇八		
棗陽	五六八・六三五	二一・九五〇・〇二		〇六	三四・一一八・一〇	上	一二	五六・八六三・五〇	
						中	一〇		
						下	〇八		
宜城	三八一・〇七九	一七・三三五・二二		〇六	二二・八六四・七四	上	一二	三八・一一〇七・九〇	
						中	一〇		
						下	〇八		

续表

县别	田赋总额（亩）	二十二年份 正税额（元）	二十四年份 等则	二十四年份 税率	二十四年份 正税额（元）	二十五年份 等则	二十五年份 税率	二十五年份 正税额（元）	备考
光化	四四五·七四七	一二·六二七·九七		○六	三六·七四四·八三	上	一二	四四·五七四·一七	
						中	一○		
						下	○八		
穀城	三六二·四一二	一○·四三五·二		○六	一九·七九○·一七	上	一二	三六·二四一·一九	
						中	一○		
						下	○八		
南漳	二四一·三○二	九·三九七·○二		○六	一四·四七八·一二	上	一二	二四·一三○·三○	
						中	一○		
						下	○八		
保康	九七·三二九	一·五四四·六○		一○	九·七三二·八五	上	一二	一一·六七九·四二	
						中	一○		
						下	○八		

續表

縣別	田畝總額(畝)	二十二年份 正稅賦額(元)	二十四年份 等則	稅率	正稅賦額(元)	二十五年份 等則	稅率	正稅賦額(元)	備考
宜昌	三六〇・一五〇	九・三五七・八七		〇六	二一・六〇五・〇三	上	一二	三六・〇一五・〇五	
						中	一〇		
						下	〇八		
遠安	一〇五・六四四	三・九六〇・三五	上	一〇	七・四三一・八二	上	一二	九・五四四〇・七一	
			中	〇八		中	一〇		
			下	〇六		下	〇八		
當陽	五二六・四六八	一四・〇四七・三九	上	〇六	二八・二三一・九二	上	一〇	三八・七八三・二九	
			下	〇三		中	〇八		
						下	〇五		
宜都	二八八・五三三	五・四四九・〇六		〇六	一五・四七一・三三	上	一二	三五・八五二・三四	
						中	一〇		
						下	〇八		

續表

縣別	田畝總額（畝）	二十二年份 正稅賦額（元）	二十四年份 等則	二十四年份 稅率	二十四年份 正稅賦額（元）	二十五年份 等則	二十五年份 稅率	二十五年份 正稅賦額（元）	備考
興山	三九.一一四	六三八.五六		一〇	一.三二〇.〇〇		一二	四.九六三.六八	
秭歸	四九.五一四	一.〇四七.一九		一〇	四.九五一.三七		一二	五.九四一.六四	
長陽	一一〇.四三二	一.八六二.一一		〇六	六.六二五.三八	上	一二	一一.〇四二.三〇	
						中	一〇		
						下	〇八		
巴東	一六〇.〇〇〇	一.七四九.九〇		一四	一九.二〇〇.〇〇		一六	二五.六〇〇.〇〇	
恩施	一五二.一八五	三.四二九.二五七		一六	二四.四五六.八〇		一八	二七.五三九.〇〇	
宣恩	一〇〇.〇〇〇	八.三八.一〇一		二〇	二〇.〇〇〇.〇〇		二二	二二.〇〇〇.〇〇	
建始	二〇四.〇〇〇	二.二七五.九二		一四	二九.八四〇.〇〇		一六	三三.六四〇.〇〇	
五峯	二七.〇六四	三.一四〇.二八		〇八	二.一六五.一二		一〇	二.七〇六.四	
鶴峯	五五.〇〇〇	七.一三〇.五〇		一六	八.八〇〇.〇〇		一八	九.九〇〇.〇〇	
利川	一六八.一二〇	九.九九九.一五		一二	二〇.一七四.〇		一四	三三.五三六.八〇	

續表

縣別	田畝總額(畝)	二十二年份 正稅額(元)	二十四年份 等則	稅率	正稅額(元)	二十五年份 等則	稅率	正稅額(元)	備考
咸豐	一〇〇,〇〇〇	一,三六六.二四		二〇	二〇,〇〇〇.〇〇		一二	一二,〇〇〇.〇〇	
來鳳	一一七,一〇〇	三七八.四一		一四	一二,八〇〇.〇〇		一六	一八,七三六.〇〇	
鄖縣	三〇〇,〇〇〇	一三,九六四.三〇		一二	三六,〇〇〇.〇〇		一四	四二,〇〇〇.〇〇	
均縣	二二一,八八五	五,七三四.八七		一二	二七,八六三.一二		一四	三一,四六三.九三	
鄖西	二〇〇,〇〇〇	五,〇四〇.四三		一二	二四,〇〇〇.〇〇		一四	二八,〇〇〇.〇〇	
房縣	二七七,五八五	一〇,四八一.七〇		一二	三三,三一〇.一八		一四	三八,八六一.八七	
竹山	一三一,九六八	六,一八二.七〇		一二	一五,八三六.一五		一四	一八,四七五.五〇	
竹谿	一五〇,〇〇〇	三,三五七.二〇		一二	一八,〇〇〇.〇〇		一四	二一,〇〇〇.〇〇	
合計	三八,五三七.一一四五	二,六六二.八〇五四.〇四			三,三七七,三三七六.四九			四,三三四.九六六.七七	

備考

一、各縣田畝總數，係根據二十五年間最近核定畝數列入

二、正賦總額二十二、二十四兩年係根據各該年份徵額數列入

三、二十五年份各縣賦額照二十五年六月行政院核定鄂省歸併券捐及平衡最低級賦率案計算編列

四、二十三年份因正着手辦理按粮推畝及改定賦率案各縣尚未一律實施故未列入

二、田賦之預算數 田賦經努力整理，額徵數既見增進，各年度所列預算數，故亦隨之遞增，茲列表於下：

民國二十二年度至二十五年度田賦歲入預算分表（注一）

科目	二十二年度（元）	二十三年度（元）	二十四年度（元）	二十五年度（元）	備注
田賦	一・一一二・八〇〇	一・四三〇・四〇〇	一・八九三・二〇〇	二・二五三・二〇〇	
一、田賦①	一・一一二・八〇〇	一・四三〇・四〇〇	一・八九三・二〇〇	二・二五三・二〇〇	

三、田賦之實收數 查鄂省田賦之實收數，民十五年以前，姑置勿論，十六年度至二十年度，每年實徵數均在壹百萬元以內，近年力加整頓，如改訂完賦票券，以嚴杜浮收中飽，分級改定稅率，以平衡人民擔負，改善徵收制度，酌定原則六項，以刷新本省賦政各種方案，無不切實執行，不稍假借，總計近年實徵之數，二十二年度增為壹百六十餘萬元，二十三年度因受旱災影響，減為一百五十八萬餘元，二十四年度，雖蒙水災影響，尚徵有一百五十餘萬元，二十五年度收數增至二百四十八萬餘元，衡諸原額，雖短絀尚鉅，然比較二十一年度以前，亦顯有增進。茲將各年田賦收數，列表於下：

民國二十二年度至二十五年度田賦實收數目表（注二）

年度	實收數（元）	備注
二十二年度	一・六〇二・三〇九・三四	上列各數，係根據庫賬登記數編列，其徵起稅款已撥付或坐支各項經費，而尚未抵解者，均未計入，如就各縣實徵數目統計，二十二年度徵起一百七十二萬餘元，二十三年度徵起一百四十餘萬元，二十四年度徵起一百六十三萬餘元，二十五年度徵起三百二十六萬餘元，與表列數目，略有出入，合為注明
二十三年度	一・五八〇・〇七五・五〇	
二十四年度	一・五〇〇・一五九・四三	
二十五年度	二・四八二・二三五・二三	

---

① 原稿如此，疑為衍文。

（乙）契税

契税一項，可就整理情形與預算數實收數三者，分別言之：

一、契税之整理 近年鄂省整理契稅，最關重要者，一為減輕稅率：查鄂省不動產契稅現行章程，係按產價買九典六徵收，契約成立後六個月內，為投稅期間，逾限科罰。惟以災禍之後，民間未稅契約甚多，為體恤民艱起見，於二十二年四月呈准各減三分之一，為買六典四，原有契稅項下附加之縣地方稅，亦隨同正額遞減，逾期未稅白契，一律免罰，自五月一日起，至六月底止，以兩個月為期。嗣經展限兩月，截至二十二年八月底為止。復為體恤民困顧全稅收起見，變通辦理，分別遞加，凡在二十二年九十兩月份內投稅者，按照減徵原案，買契酌加一分，典契酌加五厘，即為買七典四五。十一十二兩月份內投稅者，依次遞加，即為買八典五。至二十三年一月，即行遵買九典六舊章辦理。自減徵案施行以後，各縣稅收雖無顯著成績，然較以前各年同月份，大都有增無減，迨後分別遞加至買八典五時期，收數即無形減少，蓋災患之餘，元氣未復，稅率過重，民間實無力負担，爰自二十三年六月一日起，將契稅稅率改定分別暫減為買六典四，原有契稅項下之附加縣地方稅，亦隨同正額遞減，通令各縣遵行。是年八月，奉行政院令飭將正稅稅率減為買六典三，當即轉飭各縣遵辦。二為白契免罰：各縣疊遭水旱匪患，民間元氣未復，每感力與心違，紛請將白契免罰展期，經核定自二十三年十月份起，展限四個月，至二十四年元月底止。又續展限三個月，至二十四年七月底止。再展限五個月，至二十四年十二月底止，為稅收民情兼籌並顧計，二十五年又經繼續展期。三為改訂罰則：原頒契稅條例罰則，計有兩種：（1）置產契約逾期不稅者，除納定率之稅額外，並處以應納稅額三倍之罰金。（2）短報契價者，除補繳短納稅額外，並處以短報稅額二倍至十六倍之罰金。二十三年八月，奉行政院令，以原訂罰則殊嫌過重，罰重之結果，不惟稅收短少，且影響及於田賦，並頒發改訂契稅辦法四項，其丁項規定罰金最高額，不得超過應納稅額，當經通飭各縣遵辦，各縣奉令後，多未實行。二十四年三月，復重申前令，通飭各縣嗣後處罰逾期白契，或短報契價者，應遵照院頒丁項辦法辦理，不得超過應納正稅一倍，以示體恤。

二、契稅之預算數　近年契稅預算數，較諸二十一年度以前所列之數爲增。茲列表如下：

民國二十二年度至二十五年度契稅歲入預算分表

科目	二十二年度(元)	二十三年度(元)	二十四年度(元)	二十五年度(元)	備註
契稅	七二〇·〇〇〇	八四二·〇〇〇	八四二·〇〇〇	八〇一·六一〇	
一、契稅①	七二〇·〇〇〇	八四二·〇〇〇	八四二·〇〇〇	八〇一·六一〇	

三、契稅之實收數　查近年契稅實收之數，較諸二十一年度以前爲增，若與同年度預算相較，二十二年度及二十五年度增收甚多，二十三四兩年度，因天災關係，略有減退。茲列表如下：

民國二十二年度至二十五年度契稅實收數目表

年度	實支數（元）	備註
二十二年度	八八〇·三五六·九三	
二十三年度	八二二·七〇六·一七	
二十四年度	七三七·二〇四·一二	
二十五年度	八六九·〇二六·〇二	

（丙）營業稅

營業稅經近年之切實改進，已成鄂省最主要之歲入，居各項稅收之首位。茲就改進情形及預算數實收數三者，分別言之：

一、營業稅之改進　查鄂省營業稅，自二十二年二月改定分區設局以來，職責專一，漸有成效可覩。因營業稅爲省庫重要收入，爲積極整

---

① 原稿如此，疑爲衍文。

頓計，復有下列改進數項。（一）實行統一稅制，所有各區營業稅局關於轄區各縣之屠宰乐當各稅，向由縣政府辦理者，經於二十二年七月，飭由各區局一律接收辦理，仍依營業稅法第十條之規定，暫照原有稅率，分別徵收營業稅，惟不屬局轄之二十小縣，仍由各該縣政府兼辦。（二）推行僑商課稅，查僑商在鄂境經營桐油茶葉牛羊皮蛋類等項出口，爲數甚多，經飭漢口營業稅局交涉妥協，一律援照棉花營業稅辦法，將其貨價暫作營業金額，按率課以營業稅，嗣查僑商經營腸衣出口，亦屬大宗營業，復經飭由該漢口局接洽援例課稅，實行開徵，至在鄂境設肆營業各僑商，仍未繳納營業稅，經據情迳呈財政部轉咨外交部，迅向各國駐使嚴切交涉，以期整個解決。（三）徵收租界內華商營業稅，查漢口法日兩租界，商務繁盛，其中商店行號，以華人經營者居多，僑商營業稅既經推行，對租界內設肆營業之華商，理當課稅，經呈准與租界內華人商業團體往返交涉，勖以人民有納稅義務，不能憑藉外勢推諉之旨，並與各該租界領事磋商妥協，飭由漢口營業稅局一律照章徵收營業稅，按全國各大商埠租界內華商，其能向政府輪納營業稅者，尚以鄂省爲濫觴。（四）推進鄉區營業屠牙當等稅，查營業稅從前僅及於各縣城廂暨附近著名市鎮，其餘鄉區多未開辦，當經迳飭各局對於所轄各縣區之營業商店，務將每年應徵稅額，一律照章查定徵收，現在鄉區營業稅，多已逐漸推行；至鄉區屠宰稅，則飭各局於每半年會同當地縣府派員將各宰户六個月內至每月屠宰頭數，查定登記入冊，交由局所於每月月終派員照額徵收，並照屠稅原率，併計一月稅額，填給稅票；其牙稅一項，則於短期牙貼原有繁偏上中下三則之外，另增偏特下一則，規定正附捐稅，較偏下則各輕一半，使鄉村之小本牙商，易於籌繳，踴躍請領；又當稅一項，則參照本省現行典當稅章及營業稅徵收章程，另訂徵收各縣鄉鎮典當營業稅辦法，將典當資本額從輕規定，並將應納稅額，按照營業稅課稅標準及稅率計算徵收，以期鄉鎮典商易於遵循，稅收可以普及。

　　二、營業稅之預算數　近年營業稅改進之結果，頗著成效，故預算數年有遞增，較諸二十一年度預算列數幾加一倍，茲列表如下：

民國二十二年度至二十五年度營業稅歲入預算分表

科目	二十二年度（元）	二十三年度（元）	二十四年度（元）	二十五年度（元）	備注
營業稅	三、五三一、〇〇〇	三、六四七、三三七	三、八九五、〇〇〇	三、七八五、〇〇〇	
一、普通營業稅	二、八〇、〇〇〇	二、八八〇、〇〇〇	二、九八〇、〇〇〇	二、九八〇、〇〇〇	
二、牙行營業稅	一六八、〇〇〇	一六八、〇〇〇	二〇三、〇〇〇	一九九、〇〇〇	
三、當業營業稅	三、〇〇〇	三、〇〇〇	三、二三五	三、二三五	
四、屠宰業營業稅	四八〇、〇〇〇	四八〇、〇〇〇	四九四、六七五	四七四、六七五	
五、菸酒牌照費		一六、三三七	一二八、〇〇〇	一二八、〇〇〇	菸酒牌照費係自廿三年度起奉中央撥歸本省徵收

三、營業稅之實收數

查鄂省營業稅係於二十年三月開徵，是年三、四、五、六四個月，僅收四萬另五百元，連同是年度（即十九年度）之牙當屠宰等稅之收數併計，共收二十九萬餘元，二十年度共收一百三十四萬餘元，二十一年度之下半年度收數即漸起色，是年度共計收二百四十四萬餘元，是此項稅收，已佔有鄂省歲入之重要地位，旋經積極改進，復以各縣兼辦之屠宰牙當等稅，收入無甚起色，特劃歸各該營業稅局統一徵收，以資整頓，施行以來，總計實徵數，二十二年度度繳增爲三百六十二萬九千餘元，二十三年度因受旱災影響，減爲三百零六萬四千餘元，二十四年度又遭重災核准免徵之數甚鉅，但尚徵二百七十六萬六千餘元，二十五年度增爲三百六十九萬餘元，觀於上列數字，雖未徵收足額，然以與二十一年度以前相較，實已進展不少。茲將各年營業稅收數列表於下：

民國二十二年度至二十五年度營業稅實收數目表

年度	實收數（元）	備注
二十二年度	三・六二九・九五六・九四	上列各數，係根據庫賬登記數編列，其徵起稅款已撥付或坐支各項經費，而尚未抵解者，均未計入，如就各局縣徵起實數統計，二十二年度徵起三百三十四萬餘元，二十三年度徵起三百二十二萬餘元，二十四年度徵起二百九十三萬餘元，二十五年度徵起三百八十一萬餘元，與表列數目，略有出入，合爲注明
二十三年度	三・〇六四・七〇四・〇三	
二十四年度	二・七六六・五三八・一二	
二十五年度	三・六九三・七〇〇・〇四	

（丁）地方財產收入

考鄂省地方財產收入，計分公產租金、工廠租金、公礦租金、輪駁租金、菜場租金及銀行股息等六項，內以公產租金一項最關重要，收數亦最鉅，近年切實整理，頗見增進，有特爲敍述之必要。爰就公產事務之整理，收益之增進，以及地方全部財產收入之預算數與實收數四者，分別言之：

一、公產事務之整理 查鄂省公產事務至爲複雜，武陽漢三處公產，向由湖北公產清理處專管，自改歸財政廳管理後，有應切實整理者：（一）測繪公產詳圖，此項工作，前公產清理處迄未完成，自廳賡續辦理，關於未製圖册部份，卽行分別清查，測丈繪圖，按照現實狀況，加註說明，其已繪圖之房地，或與現情不符者，卽照現在情形，重行丈繪，按圖加註，以期正確而垂永久。（二）審查舉報公產，凡確係公產被人民侵佔隱匿，而財廳無案可稽者，清查之法，首在獎勵舉報，第一步先行派員按照所報地點，實地清查；第二步調驗契據；第三步如審查所呈契據，不能證明其所有權，卽登報或公告，三個月期滿，無人提出反證，卽將所報之地，呈報省府收歸公有，並照章劃地給獎，以資鼓勵。（三）收管漢口侵佔公產，凡屬於漢口公產，前被人民私佔，經財廳查出收回者，如漢口民生路（卽土壋）公地，計面積一百九十七方丈七十五方尺七十二方寸，又漢口後湖姚家墩前田畝，計面積一千四百五十四方丈八十四方尺，又漢口橋口鄒家墩崔家墩沿河一帶灘地，計面積四千四百七十八方丈三十六方尺，均經查明係屬公產，分別呈准派員收管發租。（四）收回漢口生成里房屋，自前湖北官錢局將生成里房地產業，抵押於漢口比商義品銀行後，經營支配，動受契約束縛，以致收受租金，尚不敷付息之用，截至二十三年十一月二十五日止，計積欠本息，折合銀元，共爲一百五十一萬八千八百五十六元五角三分，若長此任其押置，將來欠息愈多，負債益重，籌還不易，收回更難，經財廳派員與該行一再交涉，始議定以五成現金、五成債票清償此項債款，於十二月一日全部收回，由財廳直接管理發租，並催繳積欠租課，重訂適當租價，以資整頓。此外如余家湖公產，原設有清理余家湖公產辦事處，旋以南湖公產田畝，約三百餘萬方，面積之大，倍於余家湖，而經界紊亂，租務廢弛，與余家湖情形相若，亦應趕速清理，爰照原定清查該兩處方針，將清查余家湖公產辦事處改組爲南湖余家湖公產清理處，該處自成立以後，對於清查工作，在余家湖東湖公產方面，已測丈三萬二千二百二十餘畝，在南湖公產方面，已測丈九千餘畝，進行尚爲迅速，同時對於租戶租金，催收亦漸有起色。又鸚鵡洲地方，原屬漢陽縣轄境之一部份。公產甚多，嗣查該縣城鄉，如城基攔江隄、洗馬溝及蔡甸、洗口等公產，亦復不少，自應一併清理，經呈准將鸚鵡洲公產清理處改爲漢陽公產清理處，其業經清理者，已有湖淌、淤昇、耕地、公灘、宅地及街市地二十餘處，總共面積約十萬餘畝，以法定地價估計，約可值七十萬元，此後積極清理，當更有相當之成績。

二、公產收益之增進　查鄂省公產本多，然就收益方面言，則爲數向極短少，在昔公產設立專處時代，每年約收二十四萬元，迨兼管之初，收數亦復相等；自二十二年迄今，以整理公產，視爲要政之一，爰經呈準先後設立南湖余家湖公產清理處及漢陽公產清理處，並向比商義品銀行一再切實交涉，備款收回漢口生成里房屋，由是收益方面，較前激增，總計公產收入，在二十二年度，增爲四十萬零五千餘元，二十三年度，復增爲四十八萬二千餘元，二十四年度，因受市面不景氣之影響，略減爲四十五萬七千餘元，二十五年度爲四十六萬餘元，平均每月收數，約在四萬元左右，此均爲財政廳直接主管之武陽漢公產租金收入。至南湖余家湖及漢陽等處公產，在清理未完成以前，收數甚少，尚不在內。茲將各年公產收益數目列表於后：

湖北省公產收益各年收數一覽表

年月份及年度	實徵總數（元）	每月平均收數（元）	備考
二十一年四月份起至十月份止七個月	一二五・七八四・一三八	一七・九六九・一九六	此爲前湖北公產清理處所經收之數

续表

年月份及年度	实征总数（元）	每月平均收数（元）	备考
二十一年十二月份起至二十二年二月份止四个月	六三·五五七·〇八〇	一五·八八九·二七〇	此为湖北公产移归财厅接办之后沈前厅长任内经收之数
二十二年三月份起至六月份止四个月	七五·八五三·五六〇	一八·九六三·三九〇	自二十二年三月份起以后均为本任经收之数
二十二年度	四〇五·一三八·八〇九	三三·七六一·五六七	
二十三年度	四八二·〇五一·二四三	四〇·一七〇·九三七	
二十四年度	四五七·二二五·三六七	三八·一〇二·一一四	
二十五年度	四六〇·〇八〇·二〇〇	三八·三四〇·〇一七	

（说明）表列收数，系财厅所属武阳汉公产经租处经收之房金，租稞数目，其余各县局经管之省属公产收益及南湖余家湖公产清理处汉阳公产清理处所经收之租金均未列入。

三、地方财产收入之预算数 考地方财产收入，因数额最钜之公产收益，颇见增进，故各年度预算数，亦随而逐年递增。兹列表如下：

民國二十二年度至二十五年度地方財產歲入預算分表

科目	二十二年度（元）	二十三年度（元）	二十四年度（元）	二十五年度（元）	備注
地方財產收入	七八〇・三六九	八七四・六三九	九八二・六四九	九四九・六〇九	
一、公產租金	二九五・八〇〇	五四〇・〇〇〇	五五〇・〇〇〇	五五〇・〇〇〇	內係武漢陽公產租金及南湖余家湖與漢陽兩公產清理處暨各營業稅局經收之房屋公有田地湖學產等各項租金
二、工廠租金	三一・九二〇	六六・一九〇	六四・二〇〇	三一・五六〇	內係氈官磚製革等及官紗等廠局租金
三、公礦租金	一三・四四九	八・六四九	八・六四九	八・六四九	內係炭山灣煤礦及安化錦礦大冶石灰堡礦租金
四、輪駁租金	二五二・〇〇〇	二五二・〇〇〇	二五二・〇〇〇	二〇一・六〇〇	內係管理漢冶萍輪駁事務所輪駁租金
五、菜場租金	七・二〇〇	七・八〇〇	七・八〇〇	七・八〇〇	此係武昌菜場收入
六、銀行股息		一〇〇・〇〇〇	一〇〇・〇〇〇	一五〇・〇〇〇	此係湖北省銀行股息二十三年度列如其他收入內

四、地方財產收入之實收數　查近年地方財產收入實數，雖未能照預算數收取足額，但較諸二十一年度以前實收數，增加約及一倍。茲列表如下：

民國二十二年度至二十五年度地方財產實收數目表

年度	實收數（元）	
二十三年度	五一八・六六四・三〇	各項租金
二十三年度	八二五・六二五・八八	各項租金
二十四年度	六一八・三一二・一四	按本年度預算書，內列有省銀行股息十萬元未曾併入，上數係各項租金之實收數
二十五年度	一・一八〇・三五五・七五	各項租金及銀行股息

（戊）中央補助及特稅協款

查各年度預算書，係按規定將中央補助列入各項補助款收入科目內，特稅協款列入其他收入科目內，茲以該兩款爲鄂省鉅大之收入，財政賴以維持，故特提出專項叙述，以示重要。考中央補助，原係每月撥給二十萬元，合計全年爲二百四十萬元，嗣於二十三年十一月起奉准每月加撥五萬元，初名鹽稅改衡補助費至二十五年度改爲賑災築路補助費，併計全年爲三百萬元，均蒙按月撥到。至特稅協款，係屬特稅項下附加性質，中央核定每月協濟四十萬元，合計年撥四百八十萬元，近年因禁烟令嚴，特稅收數稍遜，二十三、四兩年微有蒂欠，但按期遞推，尚可月得四十萬元。茲將該兩款各年度之預算數與實收數，分別列表如下：

民國二十二年度至二十五年度中央補助及特稅協款歲入預算分表

科目	二十二年度（元）	二十三年度（元）	二十四年度（元）	二十五年度（元）	備註
中央補助	二·四〇〇·〇〇〇	二·四〇〇·〇〇〇	三·〇〇〇·〇〇〇	三·〇〇〇·〇〇〇	
一、中央補助收入	二·四〇〇·〇〇〇	二·四〇〇·〇〇〇	二·四〇〇·〇〇〇	二·四〇〇·〇〇〇	
二、鹽稅改衡補助收入			六〇〇·〇〇〇		
三、賑災築路補助收入				六〇〇·〇〇〇	
特稅協款	四·八〇〇·〇〇〇	四·八〇〇·〇〇〇	四·八〇〇·〇〇〇	四·八〇〇·〇〇〇	
一、特稅附加收入	四·八〇〇·〇〇〇	四·八〇〇·〇〇〇	四·八〇〇·〇〇〇	四·八〇〇·〇〇〇	

民國二十二年度至二十五年度中央補助及特稅協款實收數目表

年度	中央補助實收數（元）	特稅協款實收數（元）	備註
二十二年度	二·四〇〇·〇〇〇·〇〇	四·八〇〇·〇〇〇·〇〇	
二十三年度	二·八〇〇·〇〇〇·〇〇	四·六〇〇·〇〇〇·〇〇	中央補助自二十三年十一月份起加增五萬元,全年共如上數,特稅協款在二十四年六月份欠撥二十萬元全年計領到如上數
二十四年度	三·〇〇〇·〇〇〇·〇〇	四·六〇〇·〇〇〇·〇〇	上列特稅協款欠有尾數二十萬元全年度計領到如上數
二十五年度	二·七九一·五三四·四六	四·九〇〇·〇〇〇·〇〇	

(己）地方事業收入

查地方事業收入，係書報、農林、醫務等三項收益爲數甚微，此外二十四年度預算列有武昌水廠收入一項，二十五年度又將水廠收入改列營業會計。茲將各年度預算數，列表如下：

民國二十二年度至二十五年度地方事業歲入預算分表

科目	二十二年度（元）	二十三年度（元）	二十四年度（元）	二十五年度（元）	備註
地方事業收入	四・五八七	九・三三五	五七・三三五	二〇・〇九五	
一、書報收入	二・〇〇〇	二・〇〇〇	二・〇〇〇	五・八〇〇	係崇文書局及省府公報收入
二、農林收入	一・五六七	五・八九五	五・八九五	五・八九五	係農林推廣處及武昌公園收入
三、醫務收入	一・〇二〇	一・四〇〇	一・四四〇	八・四四〇	係省立醫院收入
四、水廠收入			四八・〇〇〇		係武昌水廠收入，廿五度列入營業會計

(庚）房捐收入

查此項收入，爲武昌市房捐及宜昌、沙市、新堤、武穴、老河口、樊城、沙洋等七埠房捐。茲將各年度預算數，列表如下：

民國二十二年度至二十五年度房捐歲入預算分表

科目	二十二年度（元）	二十三年度（元）	二十四年度（元）	二十五年度（元）	備註
房捐收入	一二〇・〇〇〇	一二〇・〇〇〇	一二三・五八三	二五四・六七二	
一、省會房捐	一二〇・〇〇〇	一二〇・〇〇〇	一二〇・〇〇〇	一四四・〇〇〇	
二、宜昌等七埠房捐			九三・五八三	一一〇・六七二	二十二、三兩年度歸各該埠公安局徵收，未曾列入省預算

（辛）地方行政收入

查地方行政收入，包括司法收入、行政罰金及臨時專款收入等項。茲將各年度預算數，列表如下：

民國二十二年度至二十五年度地方行政收入預算分表

科目	二十二年度（元）	二十三年度（元）	二十四年度（元）	二十五年度（元）	備註
地方行政收入	五二一・一九八	四四〇・九三六	三四八・八〇二	三〇〇・五六八	
一、司法收入	九・八二〇	三五・三二〇	三五・三二〇	七一・三二〇	
二、行政罰金	一一・三七八	六〇・七五六	六四・四八二	六四・二四八	
三、臨時專款收入	五〇〇・〇〇〇	三四四・八六〇	二四九・〇〇〇	一六五・〇〇〇	此項專款取締營業憑照費

（壬）各項補助款收入

查各項補助款收入，除中央補助已提出另項敘述外，係包括司法補助及二十四年度預算加列之宜昌特稅補助，與夫二十五年度預算加列之中央印花稅四成補助、義教補助等項。茲將各年度預算數，列表如下：

民國二十二年度至二十五年度各項補助款歲入預算分表

科目	二十二年度（元）	二十三年度（元）	二十四年度（元）	二十五年度（元）	備註
各項補助款收入	一五七・四〇〇	二七一・四四七	三六九・六二四	八〇一・六四〇	中央補助除外
一、司法補助收入	一五七・四〇〇	二七一・四四七	三一五・六二四	三六五・六二〇	上數係根據高法院造送國家概算數目編列
二、中央印花稅四成補助費				二四〇・〇〇〇	此款係中央令飭加列

续表

科目	二十二年度（元）	二十三年度（元）	二十四年度（元）	二十五年度（元）	备注
三、义务教育补助费				一三〇·〇〇〇	此款系奉中央拨补数照列
四、汉口市摊解义务教育经费				一二·〇〇〇	该市每月应摊解本省义教经费一千元
五、宜昌特税补助费			五四·〇〇〇	五四·〇〇〇	此系补助宜昌公安局经费

（癸）其他收入

查其他收入，除特税协款已提出另项叙述外，系包括券票及各种杂项税捐杂项收入等，二十三年度并将银行股息列入此项科目内，二十四年度方将银行股息改入财产收入科目内。兹将各年度预算数列表如下：

民国二十二年度至二十五年度其他收入预算分表

科目	二十二年度（元）	二十三年度（元）	二十四年度（元）	二十五年度（元）	备注
其他收入	一六七·六三二	三五七·〇三八	三八四·六八〇	一·〇一〇·一二七	
一、券票捐	八七·二〇〇	九四·六〇〇	一六四·六〇〇		此为田赋券票捐至二十五年度停征
二、各种杂项税捐	七九·八三二	一三·四七八	九九·一二〇	一〇八·七五八	此系武阳两地筵席广告娱乐执照车辆警捐等各种杂项市捐，二十四、五两年度又加列宜昌等七埠公安税捐
三、银行股息		八〇·〇〇〇			此款系省银行股息，自二十四年度以后改列地方财产收入科目内

續表

科目	二十二年度（元）	二十三年度（元）	二十四年度（元）	二十五年度（元）	備註
四、債捐收入		一二〇·〇〇〇	一二〇·〇〇〇	一二〇·〇〇〇	此係漢冶萍公司應還積欠本省債捐之款
五、省會稽徵稅捐手續科收入	六〇〇	九六〇	九六〇	一·三六九	此係武陽兩地經徵稅捐之手續科收入
六、菸酒牌照費		四八·〇〇〇			此係湖北菸酒局撥交本省之款，二十四年度起奉令將菸酒牌照稅劃歸徵收改列營業稅科目內
七、船舶登記收入				六〇·〇〇〇	係水上公安局收入
八、整理樊口湖荒收入				二六·〇〇〇	查樊口湖荒現正整理，此係按畝酌徵稅收入
九、標記費收入				三六〇·〇〇〇	此係行銷本省境內之特貨附加撥作善後之用，計每月三萬元
十、輪駁運砂收入				二四·〇〇〇	此係漢冶萍輪駁事務所裝運鐵砂運費
十一、建設廳雜項收入				一〇·〇〇〇	此係建廳之公物公產變賣價款
十二、變賣公產收入				三〇〇·〇〇〇	此係武昌市政處收入

　　除上述歲入各款之外，尚有債款收入及公營業純益另行專節敘述。綜近年省庫歲入總數，逐年均見遞增二十二年度預算共列收一千四百六十萬另七千餘元，而實收數為二千二百九十六萬七千餘元；二十三年度預算共列收一千五百四十二萬六千餘元，而實收數為二千三百九十五萬八千餘元；二十四年度預算共列收二千萬另一千餘元，而實收數為二千一百七十九萬七千餘元；二十五年度預算共列收一千九百七十五萬八千

餘元，而實收數爲二千三百八十萬另二千餘元。由此觀察，雖二十三、四、五三年度災患頻乘，財政頗受影響，但各年度實收數字，除去借入金不計外，尚均能超越預算數字，漸可免除過去虛列稅收之情況，是爲鄂省財政轉好之明證。爰將各年度歲入預算數及實收數，分列總表於後，以資參考。

湖北省民國二十二年度——二十五年度普通會計歲入預算統計表（注三）

年度\科目	二十二年度預算數（元）	二十三年度預算數（元）	二十四年度預算數（元）	二十五年度預算數（元）	備考
田賦	一‧一一二‧八〇〇	一‧四三〇‧四〇〇	一‧八九三‧二〇〇	二‧二五三‧二〇〇	
契稅	七二〇‧〇〇〇	八四二‧〇〇〇	八四二‧〇〇〇	八〇一‧六一〇	
營業稅	三‧五三一‧〇〇〇	三‧六四七‧三三七	三‧八〇九‧〇〇〇	三‧七八五‧〇〇〇	
房捐	一二〇‧〇〇〇	一二〇‧〇〇〇	二一三‧五八三	二五四‧六七二	
地方財產收入	七八〇‧三六九	八七四‧六三九	九二二‧六四九	九四九‧六〇九	
地方事業收入	四‧五八七	九‧三三五	五七‧三三五	二〇‧〇九五	
地方行政收入	五二一‧一九八	四四〇‧九三六	三四八‧八〇二	三〇〇‧五六八	本項係將臨時專款合併計算
補助款收入	二‧五五七‧四〇〇	三‧六七一‧四四七	三‧三六九‧六二四	三‧八〇一‧六四〇	內爲中央補助司法補助等，二十五年度又加入印花稅四成補助義教補助等收入

續表

年度 科目	二十二年度預算數（元）	二十三年度預算數（元）	二十四年度預算數（元）	二十五年度預算數（元）	備考
債款收入		三·〇〇〇·〇〇〇	一·〇〇〇·〇〇〇		
其他收入	四·九六七·六三二	五·一五七·〇三八	五·一八四·六八〇	五·八一〇·一二七	
營業純益	二九二·七五二	二三三·五〇八	三〇〇·二二〇	七八二·〇九二	
合計	一四·六〇七·七三八	一五·四二六·六四〇	二〇·〇〇一·〇九三	一九·七五八·八一三	

說明：表列各年度歲入預算數，係將漢口市歲入除外。

湖北省民國二十二年度——二十五年度財政實收數目統計表（注四）

科目	廿二年度實收數目（元）	廿三年度實收數目（元）	廿四年度實收數目（元）	廿五年度實收數目（元）	備考
田賦	一·六〇二·三〇九·三四四	一·五八〇·〇七五·五〇三	一·五〇〇·一五九·四三四	二·四八二·二三五·二二五	
契稅	八八〇·三五六·九三四	八二二·七〇六·一六八	七三七·二〇四·一二〇	八六九·〇二六·〇一八	
營業稅	三·六二九·九五六·九四三	三·〇六四·七〇四·〇二八	二·七六六·五三八·一二一	三·六九三·七〇〇·〇三七	上項收入係普通營業稅及屠牙當等稅之總數
地方財產收入	五一八·六六四·二九七	八二五·六二五·八七七	六一八·三一二·一四四	一·一〇·三五五·七五五	
地方事業收入	九四·九〇七·七三〇	八·三二九·六九〇	一四二·八九二·六五〇	三·〇一三·六〇〇	

续表

科目	廿二年度實收數目（元）	廿三年度實收數目（元）	廿四年度實收數目（元）	廿五年度實收數目（元）	備考
司法收入	三三・三〇二・一〇〇	八五・七四三・四八二	五〇・三〇六・二一〇		
中央補助	二・四〇〇・〇〇〇・〇〇〇	二・八〇〇・〇〇〇・〇〇〇	三・〇〇〇・〇〇〇・〇〇〇	二・七九一・五三四・四六〇	
特稅協款	四・八〇〇・〇〇〇	四・六〇〇・〇〇〇	四・六〇〇・〇〇〇	四・九〇〇・〇〇〇	
雜項收入	一七四・八五〇・九九八	三二七・五〇六・六九四	三三五・六八八・二五九	六八〇・五二六・六六五	
專款收入	一二二・六九八・六七〇	一七一・七九二・〇八〇	六五・三一七・四〇〇		上款係以取締營業憑照費爲主由民廳經收
公債募款	一・九一一・五二八・六〇〇	一・三〇八・五三九・八三〇	一・三七一・一〇一・〇〇四	一・一七四・九六八・〇〇四	
營業收入	四九三・六五八・九四〇	二・四六四・三三一・二二〇	一・三七〇・一八五・三〇〇	二・五一六・一六八・四三〇	
正附稅款	四四八・八四五・〇三九	四三八・六四〇・三六六			
其他收入			七六八・五六二・八九二	七一三・〇九九・二四六	
證券收入	六二五・五九二・八五〇	八六一・一四二・八一〇	一・〇九一・三五三・六一〇		
經費結餘	九四・七二二・五一三	四五三・八一五・七八	一八八・九九一・四一〇	三六三・〇三三・八〇六	
武市收入				五〇・四六〇・七九〇	

續表

科目	廿二年度實收數目（元）	廿三年度實收數目（元）	廿四年度實收數目（元）	廿五年度實收數目（元）	備考
結餘金				四九八·六三〇·〇〇〇	
七埠公安收入				五七·八一〇·七八〇	
地方行政收入				二五七·五三二·九〇八	
善後費	三〇〇·〇〇〇·〇〇〇	五五六·〇四六·一〇〇	三六〇·〇〇〇·〇〇〇		上款係督察處在鄂境內銷售特貨所徵之標記費
借入金	四·七五一·一三〇·九〇〇	三·三五五·〇〇〇·〇〇〇	二·五三〇·〇〇〇·〇〇〇	一·二〇〇·〇〇〇·〇〇〇	
墊付金	二九·五五九·五〇〇	一一〇·〇三〇·四〇〇	二〇四·二七二·一四〇	三六八·八九四·八五〇	
暫記金	五五·六一三·八四〇	一二四·九五九·二〇〇	九八·七三八·四七〇	二·〇〇〇·〇〇〇	
合計	二二·九六七·六九九·一九八	二三·九五八·九八九·二二八	二一·七九七·六六三·二〇〇	二三·八〇二·九九一·〇〇五	

說明：表列各年度收入實數，係將漢口市收入除外。

第三節　歲　　出

　　地方經費歲出之盈縮，恒視地方事業之發達與否為衡；地方事業愈擴張，即其經費之數量愈增加，二者固有相聯之關係，而地方經費用途之趨勢，尤有一定之梯階，總論章內曾述及近代各國地方經費運用，漸由注重教育，注重交通，而至專力擴張公共企業之一途，蓋以公共團體初起之時，其目的僅在抵抗外力，維持秩序，施行法律，三者漸進，始由增進文化之目的，因而興辦教育；再進始有振興實業之目的，因而有公經濟之行政；更進始有經營公共企業之目的，因而有私經濟的行政。例如英國地方自治最爲發達，其經費多用於公共企業；德法日等國，地方自治漸見發達，其經費多用於交通機關及道路，此外地方自治初建之國，其經費多用於自衛及教育。故地方經費之重要用途，往往由教育而交通，由交通而公共企業，此爲必經之過程也。

我國自國府奠都南京以還，厲行地方自治，擴張地方財源，以助長事業之發展，而地方經費之運用，尤督促其適應時代之趨勢，循軌推進。

鄂省地方自治，雖具基礎，但以頻年災患侵尋，少從容建設之時會，公共事業，甫見萌芽，以前對於經費之運用，每爲環境所囿，不免側重於機關費，忽略於事業費，自二十一年冬實行緊縮政策以來，極力限制機關費之膨漲，重視事業費之需要，故教育、實業、交通、建設諸費，近年頗見遞增。此外行政公安兩費關係地方政治及保衛，與人民有直接利害，故亦年有遞增，居歲出之重要地位。至各項經費歲出實況，則一以核定預算爲支付標準，雖中經二十四、四、五三年之水旱災患，因應頗稱艱難，但仍以地方政務及事業爲前提，按月發放各項經費，及籌撥築路經費，賑災款項尚無延欠，而以收抵支亦尚平衡。惟自二十二年度迄今，歲出數額，較諸二十一年縮減時期激增甚鉅，雖歲入方面亦見進展，顧不能與歲出加增之速率相同，苟任自然擴展，而不早作量入爲出之計，則將來財政，勢必漸入逆境，是爲鄂省財政今後盈絀之關鍵，殆未可忽視也。茲將二十二年度至二十五年度之歲出情況，概略言之。

（甲）黨務費

我國國策，以黨治爲基礎，地方黨部與民衆接近，以領導民衆實現三民主義建設，訓練民衆團結革命力量爲職責，故黨務費之支出，頗爲重要；鄂省各年度黨務費略有遞增。茲將預算數與實支數，分別列表如下：

民國二十二年度至二十五年度黨務費歲出預算分表

科目	二十二年度（元）	二十三年度（元）	二十四年度（元）	二十五年度（元）	備註
黨務費	一二五・二五四	一三八・二五四	一三八・二五四	二〇五・二九三	
一、湖北省黨部經費	九五・〇一四	一〇七・〇一四	一〇七・〇一四	一五七・二八〇	
二、湖北省黨部臨時費	六・〇四八	七・〇四八	七・〇四八	七・〇四八	
三、湖北省黨部特別工作臨時費	二四・一九二	二四・一九二	二四・一九二	二四・一九二	
四、保安處特別黨部經費			七・二〇〇		二十四年度係在省預備費項下開支
五、武漢警備旅特別黨部經費			九・五七三		同上

民國二十二年度至二十五年度黨務費支出實數表

年度	實支數（元）	備註
二十二年度	一六二・三〇四・〇八〇	
二十三年度	一五七・二三九・〇四〇	
二十四年度	一二三・三六三・五二〇	
二十五年度	二〇五・三三六・六二〇	

（乙）行政費

查省縣行政事業，頗關重要，近年以地方政務繁賾，所需之費遂亦逐漸擴張，凡省政府民政廳各區行政督察專員公署各縣縣政府經費，以及土地救濟等事業費均入行政費內列支，二十五年度以鄂省府早經合署辦公，特將財政建設教育等三廳及保安處經費，統入行政費款目內。茲將各年度行政費預算數與實支數分別列表如下：

民國二十二年至二十五年度行政費歲出預算分表

科目	二十二年度（元）	二十三年度（元）	二十四年度（元）	二十五年度（元）	備注
行政費	二・六二〇・九〇二	二・六〇九・六二〇	二・六九五・七八二	三・二五五・七六九	
一、湖北省政府經費	二八〇・〇六三	二八〇・〇六三	二六五・三五五	九二九・一二三	二十五年度係將民財建教四廳及保安處經費併入
二、公務人員懲戒委員會經費	一・二〇〇	一・二〇〇	一・二〇〇	一・二〇〇	
三、革命紀念館經費	二・一六〇				
四、統計委員會經費		七一・〇二〇			
五、編纂委員會經費		六・七六八			
六、公務人員資格審查委員會經費		二・八八〇	二・八八〇	二・八八〇	
七、法規委員會經費		三・一二〇			

續表

科目	二十二年度（元）	二十三年度（元）	二十四年度（元）	二十五年度（元）	備注
八、民政廳經費	一六三·三八四	一六三·三八四	一二八·〇三九		
九、行政督察專員公署經費	五二八·〇〇〇	三九六·〇〇〇	三九六·〇〇〇	二八八·〇〇〇	
十、各縣縣政府經費	八八〇·九二〇	一·一六一·四八〇	一·一六一·四八〇	一·一五六·〇八〇	
十一、省區救濟院經費	六七·二四八	七二·八八八	八三·〇四〇	八三·〇四〇	
十二、乞丐教養所經費	九·七九二	一〇·一五二			
十三、縣政人員訓練所經費				一〇三·四四〇	
十四、武昌市政處經費			七六·〇八〇	七六·〇八〇	
十五、救濟準備金保管委員會經費				一·八〇〇	
十六、省政府臨時費	五五·二〇〇	五五·二〇〇	四八·〇〇〇	四八·〇〇〇	
十七、統計刊物公報印刷費		一二·六七八	二〇·〇〇〇	七二·八〇〇	
十八、民政廳臨時費	二四·九三五	二四·九三五			
十九、民政廳整理土地事業費	一〇八·〇〇〇	一〇八·〇〇〇	一〇八·〇〇〇	一〇八·〇〇〇	
廿、各縣土地清查經費		二一六·〇〇〇	二一六·〇〇〇	二一六·〇〇〇	

科目	二十二年度（元）	二十三年度（元）	二十四年度（元）	二十五年度（元）	備注
廿一、縣政人員訓練所臨時費				一八・五二〇	
廿二、縣長檢定委員會經費				一・三七四	
廿三、禁烟經費			一五九・七〇八	一四九・四三二	
廿四、地方政務研究會經費			三〇・〇〇〇		
廿五、臨時專款支出	五〇〇・〇〇〇	八七・八五二			

民國二十二年度至二十五年度行政費支出實數表

年度	實支數	備注
二十二年度	二・三五三・八四九・六五〇	臨時專款支出不在內
二十三年度	二・七六九・七六一・八八五	同上
二十四年度	二・二六七・一一三・二一〇	同上
二十五年度	三・〇三五・七三九・九二五	

（丙）司法費

司法行政關係綦重，對內負促進法治，保障人權之責任，對外又須應付領事裁判權之撤銷，故法院組織、監獄設備均待改進，其所需經費就性質而言，自應由中央負擔，以實現司法獨立之精神，前曾規定，司法費在原則歸諸國家支給，惟在各縣政府承審制度未廢，縣地方司法未曾獨立以前，暫時仍由地方經費內支出。鄂省司法經費，自二十二年以還逐年均有遞增，緣改良司法事業，實爲當前急務，自應寬予經費，俾可切實進行。茲將各年度司法費之預算數與實支數分別列表如下：

民國二十二年度至二十五年度司法費歲出預算分表

科目	二十二年度（元）	二十三年度（元）	二十四年度（元）	二十五年度（元）	備註
司法費	一・四八四・六二九	一・七五四・〇〇九	一・七九二・五〇七	一・八九八・五二三	
一、各級法院經費	五七〇・九七九	六五六・一九七	六七五・二八七	六七五・二八七	
二、各縣承審員經費	一七四・七二〇	一七四・七二〇	一六八・四八〇	一六八・四八〇	
三、反省院經費	二四・九四四	三三・五八四	三三・五八四	三三・五八四	
四、各監所經費	五八七・六〇六	六〇三・五八一	六〇五・〇五二	六〇五・〇五二	
五、司法臨時費	九五・九〇〇	二三五・四四七	二七九・六二四	三六五・六四〇	
六、過額囚糧經費	三〇・四八〇	三〇・四八〇	三〇・四八〇	五〇・四八〇	
七、擴充司法事業費		二〇・〇〇〇			

民國二十二年度至二十五年度司法費支出實數表

年度	實支數	備註
二十二年度	一・六九四・九〇一・七三七	
二十三年度	一・七一三・六二二・一六一	
二十四年度	一・四六二・二四〇・七九〇	
二十五年度	一・四八八・一五五・五二八	

(丁) 公安費

查公安費一項，係包括省會及各商埠警察、水上警察、武漢警備旅、保安處及保安團隊等經費，在民十五以前，此項經費，原入內務費款目，民十五後，以陸水警察與警備軍隊，係屬維持地方秩序及保衛地方安寧，關係全省治安及防務，所需經費頗鉅，故專列款目，以示重要，近年萑苻不靖，充實省防武力，其經費因亦隨而遞增。茲將各年度公安費之預算數與實支數分別列表如下：

民國二十二年度至二十五年度公安費歲出預算分表

科目	二十二年度（元）	二十三年度（元）	二十四年度（元）	二十五年度（元）	備註
公安費	二·二五二·〇五八	二·七二二·七〇九	二·九一五·一六四	二·九四九·四七三	
一、省會公安局經費	五八七·二七七	五九八·九九七	六一三·五四一	六三八·三六六	
二、水上公安局經費	一一九·九二一	二六五·二三〇	二六五·二三〇	三一四·二〇二	
三、武漢警備旅經費	五二一·四四八	五三二·七五四	五三五·五八六	五三六·五五四	
四、保安處經費	一三一·四六二	一四七·一三二	九八·五九六		廿四年度保安處經費原係一一四·二六六元，因將該處諜報用費一五·六七〇元劃出另列科目故如上數

續表

科目	二十二年度（元）	二十三年度（元）	二十四年度（元）	二十五年度（元）	備注
五、保安處指揮部及各團經費	六七三・七一六	七九二・一二六	七九二・一二六	七九二・一二六	
六、保安經費總經理處經費		三九・九九六	三三・六三六	五四・七二〇	此原爲保安經費保管委員會經費，至二十五年度改組爲總經理處
七、宜昌等七埠公安局經費			二三一・八〇四	二二八・〇一二	内係宜昌沙市新隄武穴老河口樊城沙洋等七埠公安局經費
八、修械所經費	八・二九九	九・四九九			
九、無線電隊經費	六・〇一二	一九・六九二			
十、各部隊埋葬等項臨時費		一四・四〇〇	一四・四〇〇	一四・四〇〇	
十一、雞公山公安局經費	二・八八三	二・八八三	二・八八三	二・八九〇	該局二十五年度改組爲管理局經費，由豫鄂兩省分担本省年支上數
十二、軍警各機關服裝費	二二・〇四〇	二五〇・〇〇〇	二五〇・〇〇〇	二五〇・〇〇〇	

續表

科目	二十二年度（元）	二十三年度（元）	二十四年度（元）	二十五年度（元）	備註
十三、公共射擊場經費			二·四〇〇	二·四〇〇	
十四、保安處諜報經費			一五·六七〇	一五·六七〇	此係由保安處經費內移列
十五、水警教練所經費		五〇·〇〇〇	五九·二九二	一五·四五六	
十六、水上公安局臨時費				一二·六七七	
十七、防空協會經費				一二·〇〇〇	
十八、飛機場未完工程及邊區善後費				六〇·〇〇〇	

民國二十二年度至二十五年度公安費支出實數表

年度	實支數（元）	備註
二十二年度	二·三一五·四九二·三二〇	
二十三年度	二·六二〇·八六三·〇二〇	
二十四年度	二·四七八·六五三·六一〇	
二十五年度	二·六九四·六二五·七一〇	

(戊) 財務費

財務費之範圍，可大別爲二：一爲財務行政費，即辦理歲出入所需之用費也，二爲徵收費，即辦理征收事務所需之用費也。此外債務費亦可入財務費內（另節闡述），財務費之增減，常隨地方政治爲轉移，政治日益發展，歲入日見起色，則所需之財務費即與之俱增，此定則也。國府定都南京以還，地方財源較昔廣汎，故財務費之支出，亦較昔倍增。近年支付財務費之標準，一以符合經濟原理爲主旨，即財務費之多寡，必視稅收之增進與否爲衡。茲將各年度財務費之預算數與實支數分別列表如下：

民國二十二年度至二十五年度財務費歲出預算分表

科目	二十二年度（元）	二十三年度（元）	二十四年度（元）	二十五年度（元）	備註
財務費	九四五・九六四	一・〇〇七・五六〇	一・二一六・七一九	一・〇五三・八九三	
一、財政廳經費	二四二・四六九	二四二・四六九	一九一・一四一		廿五年度併入省府經費內列支
二、財政廳公產經租處經費	二一・六〇〇	三一・九二〇	九〇・一二五	八七・一二〇	
三、税捐監理委員會經費				一一・五二〇	
四、各縣田賦徵收經費	一八三・二五八	一八三・二五八	三二〇・〇一八	三二〇・〇一八	
五、各營業税局經費	三八一・七八〇	三八一・七八〇	四三一・七八〇	四三一・七八〇	

續表

科目	二十二年度（元）	二十三年度（元）	二十四年度（元）	二十五年度（元）	備注
六、省會稅捐稽徵所經費	四三・二七一	四三・二七一	三〇・〇〇〇	三九・六〇〇	
七、漢冶萍砂捐稽徵所經費		三・一二〇	三・一二〇	三・一二〇	
八、樊口湖荒賦稅徵收經費				七・二〇〇	
九、宜昌等七埠公安局稽徵經費			一九・三五六	一九・三五六	
十、財政廳臨時費	四五・九八六	三一・五八六			
十一、財政廳公產經租處臨時費		二七・六〇〇	六・〇九一	九・〇九一	
十二、田賦設計委員會經費		四・八〇〇	四・八〇〇	四・八〇〇	
十三、各營業稅局臨時費	一〇・八〇〇	三・六〇〇	一五・六〇〇	一五・六〇〇	
十四、清賦委員會薪旅費		二〇・四〇〇	二〇・四〇〇	二〇・四〇〇	
十五、省會稅捐稽徵所臨時費	五・四〇〇	五・四〇〇			
十六、土地陳報經費			七二・〇〇〇	七二・〇〇〇	

續表

科目	二十二年度（元）	二十三年度（元）	二十四年度（元）	二十五年度（元）	備註
十七、清理公産經費	二・四〇〇	二八・三五六			
十八、武陽漢菸酒牌照處經費			一〇・五〇〇	一〇・五〇〇	
十九、宜昌等七埠公安稅捐票照費			一・七八八	一・七八八	

民國二十二年度至二十五年度財務費支出實數表

年度	實支數（元）	備註
二十二年度	一・二七四・六〇五・六七七	
二十三年度	一・〇二一・一九〇・一七四	
二十四年度	一・〇四五・五五四・五二〇	
二十五年度	九一六・一七〇・八六〇	

（己）教育文化費

教育之效用，較任何政治力量爲偉大，蓋政治力量，僅能及於一時，教育之效用，迺能垂及百年也。故立國之道，以教育爲根本要圖，尤以地方教育更爲切要。曩昔鄂省教育經費之數量甚微，每遇軍興，輒爲移充軍用，教育經費既受影響，因之事業不能充分發展，近年爲適地方需要，對於擴充教育事業所需之經費，恒視省庫財力，助長進展，故各年度教育經費，均略遞增；至應支教育經費，尤能按期發放，從無延欠，以謀安定施教人員之生活。茲將各年度教育費之預算數與實支數分別列表如下：

民國二十二年度至二十五年度教育文化費歲出預算分表

科目	二十二年度（元）	二十三年度（元）	二十四年度（元）	二十五年度（元）	備注
教育文化費	二,一三〇,三〇三	二,三一二,四七八	二,三五一,四一五	二,五一三,一五六	
一、教育行政經費	二一八,七八七	一三四,四一八	一一九,八〇四	一五,九四八	
二、義務教育經費	一九一,九〇四	三〇七,七七四	三四二,一三三	五八七,二六一	
三、高等教育經費	二〇一,四八五	二〇一,四八五	一一二,七四〇	一一二,七四〇	
四、中等教育經費	八六九,四八二	八九六,二五一	九四七,四二一	九四七,四〇九	
五、小學教育經費	四一五,七六七	四二六,八〇七	四四四,九八四	四六五,五六八	
六、社會教育及文化事業經費	五八,九四二	九八,二七〇	一四三,六二六	一五〇,八二六	
七、補助費及津貼	四五,六八〇	四八,八四八	七二,五四八	七二,五四八	
八、擴充教育經費	一二〇,〇〇〇	一二〇,〇〇〇			
九、軍事教育經費			一五,五六四	一五,五六四	
十、衛生教育經費			五,七一二	一〇,五一二	
十一、教育行政臨時費	八,二五六	八,〇五六	二,四〇〇	二,四〇〇	
十二、匪區教育費		四八,〇〇〇	四八,〇〇〇		

續表

科目	二十二年度（元）	二十三年度（元）	二十四年度（元）	二十五年度（元）	備註
十三、留學教育臨時費			八・〇〇〇	四・〇〇〇	
十四、中小學校教育臨時費			一三・五〇〇	一八・五〇〇	
十五、軍事教育臨時費			三一・〇〇〇	三一・〇〇〇	
十六、社會教育臨時費			三六・九五〇	三六・九五〇	
十七、修築臨時費				二〇・〇〇〇	
十八、雜項臨時費		二二・五六九	六・四〇〇	七・九〇〇	
十九、教育文化事業預備費			六三三	一四・〇三〇	

民國二十二年度至二十五年度教育文化費支出實數表

年度	實支數	備註
二十二年度	二・七三六・七三八・六一〇	
二十三年度	二・五七九・九六七・三二〇	
二十四年度	二・〇九六・四六〇・〇七〇	
二十五年度	二・四一一・〇二七・一八〇	

(庚) 經濟行政費

建國之首要在民生,已為總理建國大綱所明白詔示,況值此世界經濟潮流澎湃之時,中國因生產不發達,而受極大之影響,由生產落後,而失業衆多,尤為具體之象徵,固非積極謀民生問題之解決,實無以解脫經濟衰落之厄運也。顧欲謀民生問題之解決,自以發展經濟事業為最要,自國府定都南京以還,即集中全國之人力財力,共謀物質建設,以樹新邦宏規,并依建國大綱之規定,凡事務有全國一致之性質者,劃歸中央,有因地制宜之性質者,劃歸地方,中央與地方之權限,既經劃分,則凡屬地方應辦之實業交通建設諸事,自應盡量發展,蓋各項生產事業,莫不與國民經濟有直接之關係,生產事業發達愈甚,即國民經濟增益愈大,惟從事物質建設,胥賴經費之充裕,故鄂省近年以來,對於實業交通建設諸費,逐年均有遞增,并儘先籌發,以期事業之推行無阻,國民經濟得逐漸繁榮(至公營事業,亦屬於經濟行政範圍之內提出專節叙述)。茲將各年度經濟行政費之預算數與實支數分別列表如下:

民國二十二年度至二十五年度經濟行政費歲出預算分表

科目	二十二年度 (元)	二十三年度 (元)	二十四年度 (元)	二十五年度 (元)	備註
經濟行政費	九八四·七〇九	一·六六九·七八三	四·五九〇·八五三	三·四九四·七九八	
甲、實業費	六〇·六八七	三二二·八六六	三五七·四七九	三五六·七六七	
一、農林經費	五一·七七〇	三一·七七〇	三一·七七〇	二五·七七〇	
二、公礦經費	一·五七九	一·五七九	一·五七九	一·五七九	
三、工商經費	七·三三八	五·〇〇九	一二〇·六三〇	八三·七七八	

续表

科目	二十二年度（元）	二十三年度（元）	二十四年度（元）	二十五年度（元）	备注
四、农林事业费		五三・一四〇	五三・一四〇	五三・一四〇	
五、调查及试探矿产经费		三〇・三六〇	三〇・三六〇		
六、农村合作经费		二〇一・〇〇八	一二〇・〇〇〇	一七〇・〇〇〇	此项二十三年度有农民银行基金十万元在内
七、修理及检查工厂经费				二二・五〇〇	
乙、交通费	一二七・〇四〇	一二七・〇四〇	一三六・二二〇	一五二・四一二	公营航政电政路政等费除外
一、管理①冶萍轮驳经费	一二七・〇四〇	一二七・〇四〇	一二七・〇四〇	一二七・〇三二	
二、无线电台经费			九・一八〇	九・一八〇	
三、轮驳运砂临时费				一六・二〇〇	
丙、建设费	七九六・九八二	一・二九・八七七	四・〇九七・一五四	二・九八五・六一九	
一、建设行政经费	一八六・一一七	一九九・八七七	二〇四・二五九	八六・七二四	

---

① 此处疑缺"汉"字。

續表

科目	二十二年度（元）	二十三年度（元）	二十四年度（元）	二十五年度（元）	備註
二、建設事業經費	六一〇·八六五	一·〇二〇·〇〇〇	三·八九二·八九五	二·八九八·八九五	

民國二十二年度至二十五年度經濟行政費支出實數表

年度	實業費實支數（元）	交通費實支數（元）	建設費實支數（元）	築路工款實支數（元）	備註
二十二年度	一五一·二二八·三五〇	五七六·八六二·〇四〇	六二二·三二七·九四〇	九八七·六九七·九八〇	
二十三年度	一三七·一一七·二六〇	一三二·一七〇·五〇〇	九九六·一一七·六五〇	一·六三二·八一五·〇〇〇	
二十四年度	一二七·九一九·〇八	一三五·〇二一〇·四七〇	二九二·三五七·三四〇	一·七〇三·七五八·三七〇	
二十五年度	三七九·九四九·三九〇	二一四·一九六·三三〇	二·〇五五·九九七·七八〇		建設費內包括公路工款

說明：自二十二年至二十四年度截止尚有在善後費項下撥付之建設用費實共七十六萬三千七百八十三元另五分，未曾列入表內。

（辛）其他各費

本項包括衛生費、撫卹費、協助費、救災準備金、預備費等五種款目，就各費之性質而言：衛生費爲衛生行政及醫務經費，撫卹費爲省地方各項卹金經費，協助費係補助教育、公益、慈善及自治各種事業。救災準備金係儲備賑濟災害之用，預備費係備作臨時需款及預算未列新生事業之支用。茲將各年度各該費之預算數與實支數分別列表如下：

民國二十二年度至二十五年度其他各費歲出預算分表

科目	二十二年度（元）	二十三年度（元）	二十四年度（元）	二十五年度（元）	備注
衛生費	二七・四二二	五七・四六六	五七・四六六	六七・一七四	
一、省立醫院經費	二〇・七一五	四二・九一二	四二・九一二	四六・五一二	
二、省會食肉檢查經費	六・七〇七	七・四九九	七・四九九	七・四九九	
三、夏令防疫經費		七・〇五五	七・〇五五	七・〇五五	
四、漢陽衛生事務所經費				六・一〇八	
撫卹費	六〇・〇〇〇	六〇・〇〇〇	六〇・〇〇〇	六〇・〇〇〇	
一、省政府各項撫卹費	六〇・〇〇〇	六〇・〇〇〇	六〇・〇〇〇	六〇・〇〇〇	
協助費	九五・一一二	四九・九二〇	三二四・四七三	六一一・八七三	
一、武陽路燈費	五・四〇〇	五・一六〇	六・六〇〇	六・六〇〇	
二、補助漢口特區車捐	六八・一五二				
三、漢冶萍債捐處補助費		六・〇〇〇	六・〇〇〇	六・〇〇〇	
四、武漢大學建築補助費	一四・〇〇〇	二四・〇〇〇	二四・〇〇〇	二四・〇〇〇	

續表

科目	二十二年度（元）	二十三年度（元）	二十四年度（元）	二十五年度（元）	備注
五、國醫分館補助費		一・二〇〇	一・二〇〇	一・二〇〇	
六、外交視察專員補助費	七・五六〇	七・五六〇			
七、大同日報補助費		六・〇〇〇	六・〇〇〇		
八、區署及縣政補助費			二七五・八七三	三八九・二七三	
九、各縣市三成印花稅補助費				一八〇・〇〇〇	
十、新生活促進會津貼			四・八〇〇	四・八〇〇	
救災備用金			四〇〇・〇〇〇	三〇〇・〇〇〇	
一、救災準備金			四〇〇・〇〇〇	三〇〇・〇〇〇	
預備費	一〇一・三八五	二六四・八四一	四四一・八六〇	三七四・二六一	
一、第一預備費	一〇一・三八五	二六四・八四一	四四一・八六〇	二一九・〇二七	
二、第二預備費				一五五・二三四	

民國二十二年度至二十五年度其他各費支出實數表

年度	衛生費實支數(元)	撫卹費實支數(元)	協助費實支數(元)	救災準備金實支數(元)	預備費實支數(元)	備註
二十二年度	四〇・五八二・二四〇	五七・八四三・〇六四	二〇・三三〇・〇〇〇		六〇七・七二三・三四〇	
二十三年度	五一・五九〇・六〇〇	一七・七二四・八九〇	五一・四〇三・八六〇	七五四・八六〇・〇〇〇	三一一・七六二・一九〇	上列救災費係以現金五十萬元及公債票撥充
二十四年度	四七・三二七・七一〇	三一・九八六・七七〇	七二・四九〇・四〇〇	四〇〇・〇〇〇・〇〇〇	三一六・八九三・九四〇	
二十五年度		三三・一六四・一七〇	一八四・五九八・八〇〇	三〇一・八〇〇・〇〇〇	七四一・六八六・〇二〇	

(壬) 補發積欠各費

查鄂省財政，因歷年收不敷支，以致積欠各項政教經臨費，截至二十二年二月底止，約達二百萬之鉅，其中以教育費欠至六個月以上為最多，司法公安兩費次之，催領均屬急迫。雖近年財政未見充盈，惟此項舊欠，苟不加以清理，必將影響政務效率，自不得不分別緩急，依次清理，即以每月發放額支政費後庫餘之款，分月酌量補發積欠，並以教育機關清苦，現定每月償還舊欠四分之一，閱兩年餘，始得全數發清，復詳核各機關以前經費結餘之款，分催悉數劃抵，期減欠額，計自二十二年三月開始清理起至二十五年度終了止，先後補發積欠各費，共計一百四十七萬一千八百三十三元一角五分，內除各機關以應解經費結餘劃抵二十五萬三千餘元，及以二十三年金融公債補發九萬八千餘元，二十四年建設公債補發七千二百餘元外，實以現金補發欠費一百一十一萬餘元，此外尚有各機關所解結餘，可資抵發欠費之款三十四萬三千餘元，現已辦畢轉賬手續。所餘欠額為數有限，仍可以未解結餘經費抵撥。茲將前後補發積欠各項經費數目列表於下：

湖北省政府財政廳自二十二年三月起至二十六年六月止補發積欠各項經費數目表

費別	原欠數	補發數 本任補發數	補發數 抵發數	現在結欠數	備考
黨務費	三五•八四二•○三五•八四二•六○	三五•八四二•六○		無	上款係積欠省黨部二十二年三月以前經臨各費業經照案陸續補發清楚
行政費	二五•八七一•五五一•四二	一七•四九三•九七	七•九三五•五八	無	上款係二十二年三月以前積欠各區區行政機關經費，除已補發及核抵外，實在並無結欠之數
教育費	一○八○•○三四•四二	八九五•三九七•二七	一八三•七○五•六五	九三一•五○	上款係省區各校館二十二年三月以前積欠經費，除已補發及核抵結存外，尚僅結欠如上數
司法費	三八七•○四六•三三	二三六•八三三•七三	六九•八二七•九五八•八○	三六四•六五	上款係省法院及各監所二十二年三月以前積欠經費，除已補發及核抵結存外，尚結欠如上數
公安費	一三二•四五七•七二三	一三九•九○八•三一	一三•九○八•三一	九二•五四九•四二	上款係二十一年十月以前積欠省區各軍警機關經費，現尚結欠如上數

續表

費別	原欠數	補發數		現在結欠數	備考
		本任補發數	抵發數		
建設費	五九,二五八·一六	一五,二三八·九四	三四,一一九·〇二	一〇,〇〇〇·〇〇	上款係二十一年十月以前積欠建設廳及所屬機關經費,現尚結欠如上數
各項臨時費	七八,三六一·四二	一二,三四一·三二	四七,九三五·四二	六,〇三六·六六	上款係二十一年十月以前積欠省區各機關臨時費,除已補發外,尚結欠如上數
剿匪費	八一,七八九·〇〇	六八,三九九·〇〇	一三,三九〇·〇〇		上款剿匪費除已填有通知未付之款,奉准由清理積欠費內開支,內有五萬九千三百九十五元係以金融公債撥付
平閩馬路第二次拆遷費	三五,三五〇·〇〇	三八,三五〇·〇〇		無	上款拆遷費係二十二年三月以前應發未撥之款,奉准在積欠費內列支,均係以金融公債撥付
合計	二一〇,八五八七·二〇	一四七,八三三·一五	三四二,四四一·八八	二〇三,二一二·一三	

除上列各款之外，尚有債務及公營業支出，另節闡述，綜上歲出情形，已有擴張各項事業費之趨勢，是爲近年財政運用目的之轉變，間接直接均足助長國民經濟之發展也。爰將各年度歲出預算數及實支數，分列總表於後，以資參考。

湖北省民國二十二年度——二十五年度普通會計歲出預算統計表（注五）

年度 科目	二十二年度 預算數（元）	二十三年度 預算數（元）	二十四年度 預算數（元）	二十五年度 預算數（元）	備考
黨務費	一二五・二五四	一三八・二五四	一三八・二五四	二〇五・二九三	
行政費	二・六二〇・九〇二	二・六〇九・六二〇	二・六九五・七八二	三・二五五・七六九	
司法費	一・四八四・六二九	一・七五四・〇〇九	一・七九二・五〇七	一・八九八・五二三	
公安費	二・二五二・〇五八	二・七二二・七〇九	二・九一五・一六四	二・九四九・四七三	
財務費	九四五・九六四	一・〇〇七・五六〇	一・二一六・七一九	一・〇五三・八九三	
教育文化費	二・一三〇・三〇三	二・三一二・四七八	二・三五一・四一五	二・五一三・一五六	
衛生費	二七・四二二	五七・四六六	五七・四六六	六七・一七四	
經濟行政費	九八四・七〇九	一・六六九・七八三	四・五九〇・八五三	三・四九四・七九八	本項係將實業交通建設各項合併計算

續表

年度\科目	二十二年度預算數（元）	二十三年度預算數（元）	二十四年度預算數（元）	二十五年度預算數（元）	備考
撫卹費	六〇・〇〇〇	六〇・〇〇〇	六〇・〇〇〇	六〇・〇〇〇	
債務費	三・七八〇・〇〇〇	二・七八〇・〇〇〇	三・〇一六・六〇〇	二・九七四・四〇〇	
協助費	九五・一一二	四九・九二〇	三二四・四七三	六一一・八七三	
救災準備金			四〇〇・〇〇〇	三〇〇・〇〇〇	
預備費	一〇一・三八五	二六四・八四一	四四一・八六〇	三七四・二六一	
合計	一四・六〇七・七三八	一五・四二六・六四〇	二〇・〇〇一・〇九三	一九・七五八・六一三	

湖北省民國二十二年度——二十四年度財政實支數目統計表（注六）

科目	年度				備考
	廿二年度實支數目（元）	廿三年度實支數目（元）	廿四年度實支數目（元）	廿五年度實支數目（元）	
黨務費	一二六・三〇四・〇八〇	一五七・二三九・〇四〇	一二三・三六三・五二〇	二〇五・三三六・六二〇	
行政費	二・三五三・八四九・六五〇	二・七六九・七六一・八八五	二・二六七・一一三・二一〇	三・〇三五・七三九・九二五	

續表

科目	廿二年度 實支數目（元）	廿三年度 實支數目（元）	廿四年度 實支數目（元）	廿五年度 實支數目（元）	備考
司法費	一・六九四・九〇一・七三七	一・七一三・六二二・一六一	一・四六二・二四〇・七九〇	一・四八八・一五五・五二八	
公安費	二・三一五・四九二・三二〇	二・六二〇・八六三・〇二〇	二・四七八・六五三・六一〇	二・六九四・六二五・七一〇	
財務費	一・二四・六〇五・六七七	一・〇二一・一九〇・一七四	一・〇四五・五五四・五二〇	九一六・一七〇・八六〇	
教育費	二・七三六・七三八・六一〇	二・五七九・九六七・三二〇	二・〇九六・四六〇・〇七〇	二・四一一・〇二七・一八〇	
實業費	一五一・二二八・三五〇	一三七・一一七・二六〇	一二七・九一九・〇八〇	三七九・九四九・三九〇	
交通費	五七六・八六二・〇四〇	一三二・一七〇・五〇〇	一三五・〇二〇・四七〇	二一四・一九六・三三〇	
建設費	六二二・三二七・九四〇	九九六・一一七・六五〇	二九二・三五七・三四〇	二・〇五五・九九七・七八〇	
撫卹費	五七・八四三・〇六四	一七・七二四・八九〇	三一・九八六・七七〇	三三・一六四・一七〇	
利息	二一三・〇一七・五八〇	五四・四二四・五三〇	一七一・七六二・九〇〇	一〇五・四〇〇・〇〇〇	
協助費	二〇・三三〇・〇〇〇	五一・四〇三・八六〇	七二・四九〇・四〇〇	一八四・五九八・八〇〇	
預備費	六〇七・七二三・三四〇	三一一・七六二・一九〇	三一六・八九三・九四〇	七四一・六八六・〇二〇	

續表

科目	年度				備考
	廿二年度實支數目（元）	廿三年度實支數目（元）	廿四年度實支數目（元）	廿五年度實支數目（元）	
公債本息	一・五〇五・四四六・二〇〇	二・二二五・九二五・七〇〇	二・七一九・〇〇〇・〇〇〇	二・七五五・九五七・三〇〇	
營業支出	一〇三・三九一・二七〇	二・二四三・一九五・四五〇	一・三二五・〇八九・六一〇	一・九九五・三二四・五七〇	
衛生費	四〇・五八二・二四〇	五一・五九〇・六〇〇	四七・三二七・七一〇		
公路工款	九八七・六七九・九八〇	一・六三二・八一五・〇〇〇	一・七〇三・七五八・三七〇		
剿匪費	三三二・八一四・六四〇	一七二・二三五・〇七八			
善後費	四八七・一七一・三二〇	四一五・一四三・二三〇	三一〇・〇五九・八九〇		
救災準備金		七五四・八六〇・〇〇〇	四〇〇・〇〇〇・〇〇〇	三〇一・八〇〇・〇〇〇	
武昌市支出			二七〇・〇七〇・三八〇	六〇四・七七四・三九〇	
官營業基金			一・〇〇〇・〇〇〇・〇〇〇		
經費結餘			一一六・六四四・二七〇	一四八・〇一二・九三〇	
借入金	六・六一一・一五四・二二〇	二・九三〇・四九五・二七〇	二・三四〇・〇〇〇・〇〇〇	二・三五〇・〇〇〇・〇〇〇	

续表

科目	年度				备考
	廿二年度实支数目（元）	廿三年度实支数目（元）	廿四年度实支数目（元）	廿五年度实支数目（元）	
垫付金	二八〇·〇五六·一八〇	二八七·二七七·〇一〇	六四六·五九六·五五〇	七六五·五一一·六八〇	
暂记金	二三·七〇五·二一〇	一七·二〇八·九〇〇	八四·八三六·一七〇	四〇·八七八·六八二	
其他各项支出				一二〇·三〇六·三九〇	
结余金				二五四·三七六·七五〇	
专款支出		五一三·六一七·六六〇	六八·八三九·一〇〇		
合计	二三·一二三·二四三·六五八	二三·八〇七·七二八·三七八	二一·六五四·〇三八·七二〇	二三·八〇二·九九一·〇〇五	

第四节 债　　务

地方举办新事业，需要钜款，往往因经常收入，不能应付特别用途，而筹集债款，盖谋地方事业之发达，即所以促进国民经济之繁荣也。夫地方负债，其债务主体即属诸地方，所举债款，苟用於生产事业，则拓利有方，将来偿还本息，可以生产之羡馀挹注，是负债虽重，於地方不受影响，反之，若所举债款，悉用於非生产事业，直接固属增加地方负累，间接亦影响国民经济。故各国地方起债通例，大都不外土木水利道路电气金融诸端之投资，而以地方生产事业，为支用债款之范围者也。

鄂省自民元以還，歷年所借債款，為數至鉅，按諸實在用途：在民十五以前，無非擴張軍費，彌縫庫虧，蓋鄂省自民八至民十四年間，軍事迭興，金融紊亂，以致度支告匱，羅掘俱窮，於是籌集債款，以應急需，近年清理十五年前未償舊債各款綜計達一千三百九十萬元，數額之鉅，良堪驚駭。在民十六以後之債款，以頻年遞增機關行政費過鉅，收入短少，遂不得不籌集債款，以資抵補，其因生產事業而舉債者，實屬有限，蓋鄂省自民十九至二十年間，歲入因裁釐驟減，而支出則遞加無已，以致收不敷支，故民十六年以後之債務，用於政費負擔過重者多，用於發展地方事業者少，綜十六年後未償之款：計銀行借款九十四萬元，積欠債款三百七十萬另二千八百一十二元餘，發行公債二百三十七萬五千四百五十元，合共七百另一萬八千二百六十二元餘。考近年清理結果，十五年以前各舊債，已完全償清。十六年以後各債，亦經分別清償，僅餘尾欠二百一十一萬五千四百七十四元餘。惟為發展地方生產事業及財政運用之緩急起見，自不得不以債款為調劑及周轉之工具，故近年所持處理債務之方針，一方在清償舊欠，以期債信之鞏固，一方則酌量需要，籌措應付，以期財用之靈活，但自二十二年以迄今茲，籌集債款，一以國民經濟利益為前提，除少數之銀行短期借款作為省庫流動款項外，如銀行定期借款，為籌發建設款項之用，二十三年發行之金融公債，係為整理地方金融之用，二十四年發行之建設公債，係為發展地方生產事業之用，名實相副，均有關於國民經費之增進。爰將過去債務情形，近年整理債務辦法、現在債務狀況及將來債務展望，分項言之。

（甲）過去債務情形

查鄂省歷年經借債款，截至二十二年二月底止，銀行借款為九十四萬元，積欠舊債款為三百七十萬另二千八百一十二元一角七分，連同甲債原額一千三百九十萬元，共計一千八百五十四萬二千八百一十二元一角七分，再加二十二年以前已發行公債額二百三十七萬五千四百五十元，一併計算，總共結欠二千零九十一萬八千二百六十二元一角七分。考其債務歷史，民十五年以前之各舊債佔多數，十六年後之零星各舊債次之，公債發行之額又次之，而銀行新借各款，爲數最少。茲按各債性質、借款年月、欠款額數以及發行各項公債額數，分別列表如下：

湖北省民國二十二年二月以前積欠各項債款數目一覽表（注七）

債款種類	貸款人	借款年月	欠款額	備考
前任向銀行新借各債款	漢口各銀行	二一・六・六	二〇〇・〇〇〇・〇〇	
	漢口各銀行	二一・一二・一五	一五〇・〇〇〇・〇〇	
	湖北省銀行	二一・一二・二六	二〇〇・〇〇〇・〇〇	
	湖北省銀行	二二・一・六	一〇〇・〇〇〇・〇〇	
	湖北省銀行	二二・一・二四	四〇・〇〇〇・〇〇	
	湖北省銀行	二二・二・二八	七〇・〇〇〇・〇〇	
	交通銀行	二二・二・一一	五〇・〇〇〇・〇〇	
	交通銀行	二二・二・二四	四〇・〇〇〇・〇〇	
	上海銀行	二二・二・二一	二〇・〇〇〇・〇〇	
	上海銀行	二二・二・二八	五〇・〇〇〇・〇〇	
	金城銀行	二二・二・二一	一〇・〇〇〇・〇〇	
	農工銀行	二二・二・二一	一〇・〇〇〇・〇〇	
	小計		九四〇・〇〇〇・〇〇	

續表

債款種類	貸款人	借款年月	欠款額	備考
前任積欠各舊債	漢口市商會	二一・二・四	二一一・八八五・六五	
	武漢房租	二一・二・二一	三七五・四三二・三一	
	湖北堤委會	十八年起	二・一一五・四七四・二一	
	湖北堤委會	二一・八	九〇・〇〇〇・〇〇	
	湖北堤委會	二〇年起	七五〇・〇〇〇・〇〇	
	湖北民政廳		四一・九三〇・〇〇	
	吉利洋行		二九・〇〇〇・〇〇	
	湖北省銀行壓路機借款		五三・六四〇・〇〇	
	漢口商業銀行營房借款		三五・四五〇・〇〇	
	小計		三・七〇二・八一二・一七	
甲債	前官錢局倒塌官票	十五年以前	七・〇〇〇・〇〇〇・〇〇	
	商銀錢業舊欠	十五年以前	五・四〇〇・〇〇〇・〇〇	
	生成里抵押義品行借款	十五年以前	一・五〇〇・〇〇〇・〇〇	
	小計		一三・九〇〇・〇〇〇・〇〇	
	合計		一八・五四二・八一二・一七	

湖北省民國二十二年二月以前發行各項公債數目表（注八）

款別 債別	債票總額	發行額	備考
二十年湖北省善後公債	三・〇〇〇・〇〇〇・〇〇	一・四四〇・二九〇・〇〇	上列公債承募額照以前冊報載有零數一元二角九分因不足債票單位特予刪除
廿一年湖北省善後公債		三・〇〇〇・〇〇〇・〇〇	三六七・五八〇・〇〇
二十一年續發善後公債		一・五〇〇・〇〇〇・〇〇	五六七・五八〇・〇〇
合計		七・五〇〇・〇〇〇・〇〇	二・三七五・四五〇・〇〇

（乙）近年整理債務辦法

　　查上列兩表內所載各款，總計二千零九十一萬八千二百六十二元一角七分，數額既如此其鉅，而當二十二年開始之際，適值稅收清淡之時，省庫收入有限，且須籌發積欠經費，在事實上不能短期內如約清償，而債款信用，又不能不予維持，故在債務方面，於新債則本借新還舊，化零為整，改短期至長期，減高利為低利之原則，統籌周轉，務使信用無爽，借款逐漸減少；於舊債則按債務性質，分定償還標準，或以現金償還，或以公債償還，或以現金公債各半償歸，甚有減折以公債償還者，要皆斟酌債務歷史，於財力可能範圍內，分別清理，俾從前各項舊債，得一清結。茲將辦理情形，分述如次：

　　一、清理新債　查此項新債，係自二十一年六月起至二十二年二月止，向銀行新借各款，共計九十四萬圓，以此項新債，均係短期，為顧全債信起見，未便愆延，即於二十二年十二月止，照約一律償還清楚，其已付利息，尚不在內。

　　二、清理甲債　查甲債係指前官錢局倒塌官票，及十五年以前商銀錢業舊欠兩種而言，茲因生成里抵押義品銀行借款，與甲債亦有關聯，故一併歸入，說明如下：

（子）前官錢局倒塌官票　查此種倒塌官票，計有七千萬串散積民間，曾由財政部、鄂省府先後擬定每串以公債一角收回之案，祇因地方士紳與持票人之意見不同，歸於延擱，惟鄂省幣制亟待調整，此種官票，若不先行設法收回。則合法鈔券自難普遍推行，各縣市票將永無肅清之一日。故參照財部整理濫幣按照市價酌量提高成例呈奉核定每官票百串，以公債一圓換償，撥二十年善後公債七十萬元，限期收回籍了懸案，而固幣信。

（丑）十五年前商銀錢業舊欠　查此種舊欠，於十九年舉行登記共計債款五百四十萬元，歷經財部、省府擬具整理辦法，均以案情複雜，意見紛歧，未能實施，所有貸款於前地方政府之商民，因案經久懸，彼此相互間發生輾轉糾葛，涉訟拖累，無從解決，既足妨害個人生計，及事業進展，復直接間接牽涉市面金融，而影響於省方財政。爲謀活動地方金融，安定人民生計起見，乃按照中央整理乙債以公債一元抵償本三元辦法，擬定方案，呈奉准撥二十三年整理金融公債一百八十萬元清結。

（寅）生成里抵押義品銀行借款　查此種借款一百五十萬元，原由商民劉歆生移轉於前官錢局之債務，所有該里經租權，照約仍歸義品銀行管理，歷年以來，公家所受損失極鉅。省府迭經組設專管機關清理其事，所擬償還辦法，格於事實，未能施行，經於二十二年，着手清理，一面致函該行嚴限樽節開支，冀圖減少債本，一面迭據該行催速清償，乃擬具解決方法原則：一、採取現金公債合併償還。二、償還洋商借款代以華商借款。提經省府會議通過後，與該行一再交涉同意，於廿二年十一月提撥現金及廿一年善後公債各七十五萬餘元清償，同時收回該里抵押契約及經租事宜，併入省有公產辦理。

　　三、清理舊債　查此項舊債，係指壓路機借款、營房借款、武漢房租借款、吉利洋行借款、民政廳借賑款、漢口市商會借款、堤工借款等七種而言，有以公債償還者，有以現金償還者，有以債券償還債券者，要皆按照債務性質辦理，但此項債款，概係照額還足，并未折減。

上述三類債款，截至廿二年二月底止，共計結欠一千八百五十四萬二千八百一十二元一角七分。除陸續以現金公債償還外，結至二十五年度終了止，僅欠湖北堤工專款保管委員會歷任經借未還之款，計二百一十一萬五千四百七十四元二角一分。茲列表如下：

湖北省財政廳二十二年二月以前積欠各項債款數目及二十二年三月以後償還數目一覽（注九）

債款種類	貸款人	借款年月	欠款額	償還額	欠還額	備考
前任向銀行新借各債款	漢口各銀行	二一・六・六	二〇〇・〇〇〇・〇〇	二〇〇・〇〇〇・〇〇	無	
	漢口各銀行	二一・一二・一五	一五〇・〇〇〇・〇〇	一五〇・〇〇〇・〇〇	無	
	湖北省銀行	二一・一二・二六	二〇〇・〇〇〇・〇〇	二〇〇・〇〇〇・〇〇	無	
	仝上	二二・一・六	一〇〇・〇〇〇・〇〇	一〇〇・〇〇〇・〇〇	無	
	仝上	二二・一・二四	四〇・〇〇〇・〇〇	四〇・〇〇〇・〇〇	無	
	仝上	二二・二・二八	七〇・〇〇〇・〇〇	七〇・〇〇〇・〇〇	無	
	交通銀行	二二・二・一一	五〇・〇〇〇・〇〇	五〇・〇〇〇・〇〇	無	
	仝上	二二・二・二四	四〇・〇〇〇・〇〇	四〇・〇〇〇・〇〇	無	
	上海銀行	二二・二・二一	二〇・〇〇〇・〇〇	二〇・〇〇〇・〇〇	無	
	仝上	二二・二・二八	五〇・〇〇〇・〇〇	五〇・〇〇〇・〇〇	無	
	金成銀行	二二・二・二一	一〇・〇〇〇・〇〇	一〇・〇〇〇・〇〇	無	
	農工銀行	二二・二・二一	一〇・〇〇〇・〇〇	一〇・〇〇〇・〇〇	無	
	小計		九四〇・〇〇〇・〇〇	九四〇・〇〇〇・〇〇	無	

第三章 現代財政之狀況 | 379

續表

債款種類	貸款人	借款年月	欠款額	償還額	欠還額	備考
前任積欠各舊債	漢口市商會	二一・二・四	二一一・八八五・六五	二一一・八八五・六五	無	
	武漢房租	二一・二・二二	三七五・四三二・三一	三七五・四三二・三一	無	此款係以二十一年續發善後公債還清
	湖北堤委會	十八年起	二・一一五・四七四・二一		二・一一五・四七四・二一	
	仝上	二一・八	九〇・〇〇〇・〇〇	九〇・〇〇〇・〇〇	無	
	仝上	二十年起	七五〇・〇〇〇・〇〇	七五〇・〇〇〇・〇〇	無	此係借用中央之編遣庫券作爲押品現已抽還
	湖北民政廳		四一・九三〇・〇〇	四一・九三〇・〇〇	無	
	吉利洋行		二九・〇〇〇・〇〇	二九・〇〇〇・〇〇	無	
	湖北省銀行壓路機器借款		五三・六四〇・〇〇	五三・六四〇・〇〇	無	此項借款係以二十年善後公債還清
	漢口商業銀行警房借款		三五・四五〇・〇〇	三五・四五〇・〇〇	無	此項借款係以二十三年整理金融公債還清
	小計		三・七〇二・八一二・一七	一・五八七・三三七・九六	二・一一五・四七四・二一	
甲債	前官錢局倒塌官票	十五年以前	七・〇〇〇・〇〇〇・〇〇	七〇〇・〇〇〇・〇〇	無	此項官票撥二十年善後公債七十萬元半數收回
	商銀錢業舊欠	十五年以前	五・四〇〇・〇〇〇・〇〇	一・八〇〇・〇〇〇・〇〇	無	此項舊欠撥二十三年金公債一百八十萬元償清
	生成里抵押義品銀行款借	仝	一・五〇〇・〇〇〇・〇〇	一・五〇〇・〇〇〇・〇〇	無	此項押款撥現金公債各七十五萬元還清
	小計		一三・九〇〇・〇〇〇・〇〇	四・〇〇〇・〇〇〇・〇〇	無	
	合計		一八・五四二・八一二・一七	六・五二七・三三七・九六	二・一一五・四七四・二一	

（丙）現在債務狀況

　　上述新舊各債原欠一千八百五十四萬餘元，迭經整理，僅欠堤工專款二百十一萬餘元，自屬減少甚鉅，惟歷任之新舊各債，大數雖已先後償還，而省庫周轉之新債，以及公債增發之額，亦隨之而加，惟前後債務總額，以今視昔，減少將及半數。茲按銀行借款公債發行及債務總額三項敍述如下：

　　一、銀行借款部分　鄂省從前向銀行界商訂借款，其方式原係兩種：一、向銀行團訂借，二、向各銀行個別商借；總額約在一百萬元以上，二百萬元以下，此因省庫收入，原有淡旺月之分，而築路等建設經費，尤屬額鉅期迫，不能不賴此週轉濟急，以赴事功。在二十二年至二十四年間歷次簽訂借款，類皆提出鄂省所發各項公債，作抵押品；並另指的款為還款基金，均能按期照約償還，信用頗著；故隨時向銀行團磋商借款，尚不至發生若何困難。惟自中央實行法幣政策以來，進行借款，頗費周章，蓋因漢口廣東銀行忽告停業，又中國實業、四明、通商等商業銀行，亦均停止放款，中、中、交、農①四銀行借款，須得總行核准，方能押放；故銀團範圍，較諸昔時，已屬狹隘。為應付臨時急需，及維持信用永久之計，仍不得不向財力較大之銀行，改取個別借款，以資週轉。茲將截至二十五年度終了止，負債數目，列表於下：

湖北省財政廳現在負債數目表（二十六年六月底止）（注十）

債款性質	貸款人	借款年月	借款額	欠還額	備考
定期部份	中國農民銀行	二三・一二・二二	二五〇・〇〇〇・〇〇	二五〇・〇〇〇・〇〇	
小計			二五〇・〇〇〇・〇〇	二五〇・〇〇〇・〇〇	

①　即為中央銀行、中國銀行、交通銀行、中國農民銀行。

續表

債款性質	貸款人	借款年月	借款額	欠還額	備考
透支部份	漢口中央銀行	二六·三·一	二〇〇·〇〇〇·〇〇	五〇·〇〇〇·〇〇	
	湖北銀行	二六·六·一	四〇〇·〇〇〇·〇〇	五〇·〇〇〇·〇〇	
	仝上		三〇〇·〇〇〇·〇〇	六六·二四八·五九	
	交通銀行	二六·一·一	二〇〇·〇〇〇·〇〇	五〇·〇〇〇·〇〇	
	小計		一·一〇〇·〇〇〇·〇〇	二一六·二四八·五九	
舊欠部份	湖北堤委會	十八年	二·一一五·四七四·二一	二·一一五·四七四·二一	
	小計		二·一一五·四七四·二一	二·一一五·四七四·二一	
	總計		三·四六五·四七四·二一	二·五八一·七二二·八〇	

二、公債部份　查二十二年二月以前，及二十二年三月起至二十五年度終了止，關於公債之發行與償還，時有變遷。茲分兩期列表說明如下：

湖北省二十二年二月以前及二十二年三月起至二十五年度終了止公債發行數目與償還數目對照表

一、二十二年二月以前公債發行數目與償還數目表				
債別	債票總額（元）	發行額（元）	償還額（元）	備考
二十年湖北省善後公債	三·〇〇〇·〇〇〇·〇〇	一·四四〇·二九〇·〇〇	三〇〇·〇〇〇·〇〇	
廿十年湖北省善後公債	三·〇〇〇·〇〇〇·〇〇	三六七·五八〇·〇〇	無	

續表

一、二十二年二月以前公債發行數目與償還數目表

二十一年續發善後公債	一‧五〇〇‧〇〇〇‧〇〇	五六七‧五八〇‧〇〇	無	
合計	七‧五〇〇‧〇〇〇‧〇〇	二‧三七五‧四五〇‧〇〇	三〇〇‧〇〇〇‧〇〇	

一、二十二年三月起截至二十六年六月底止公債發行數目與償還數目表（注十一）

債別	債票總額（元）	發行額（元）	償還額（元）	備攷
二十年湖北省善後公債	三‧〇〇〇‧〇〇〇‧〇〇	一‧一九六‧二九〇‧〇〇	一‧六五〇‧〇〇〇‧〇〇	
廿一年湖北省善後公債	三‧〇〇〇‧〇〇〇‧〇〇	六七四‧五七五‧〇〇	二‧〇一〇‧〇〇〇‧〇〇	
二十一年續發善後公債	一‧五〇〇‧〇〇〇‧〇〇	四八九‧九二〇‧〇〇	六〇〇‧〇〇〇‧〇〇	
廿三年湖北省金融公債	四‧〇〇〇‧〇〇〇‧〇〇	二‧二〇八‧八三〇‧〇〇	九六〇‧〇〇〇‧〇〇	
廿四年湖北省建設公債	六‧〇〇〇‧〇〇〇‧〇〇	二‧九二六‧二三〇‧〇〇	九〇〇‧〇〇〇‧〇〇	
合計	一七‧五〇〇‧〇〇〇‧〇〇	七‧四九五‧八四五‧〇〇	六‧一二〇‧〇〇〇‧〇〇	

說明　上表"發行額"一欄截至二十六年六月底止發行總額計七百四十九萬五千八百四十五元，茲當聲明者有三：

（一）二十二年二月以前發行之公債二百三十七萬五千四百五十元，亦在現時發行額之內，而以前償還之三十萬元，亦在現時償還額之內。

（二）凡屬歷次清理債務償付之公債，均在現時發行額之內。

（三）二十二年撥足省銀行資本二百萬元一案計撥二十一年善後公債二十六萬零五百七十五元又二十四年增加省銀行資本三百萬元案計撥二十四年建設公債五十萬元，亦均在現時發行額之內。

三、債務總額　依照前數表內第一項所列結欠債款二百五十八萬一千七百二十二元八角，又第二項所列發行公債額七百四十九萬五千八百四十五元，一併計算，共欠債款一千零零七萬七千五百六十七元八角。

（丁）將來債務之展望

查鄂省截至二十六年六月底止，所有結欠各項債款，共為一千零零七萬七千五百六十七元八角，較之二十二年二月以前債款總額二千零九十一萬八千二百六十二元一角七分，計已減少一千零八十四萬零六百九十四元三角七分。其中關於銀行及堤工借款與夫發行公債未來情形，茲特分述如下：

一、銀行及堤工借款部份　查二十二年以前經借款項，綜其締借之條件，類皆（一）利息過重，每月均為一分二厘；（二）償還期限過短，通常為三個月，少則一二月，多則半年為限；（三）側重定期之小借款。至近年經借款項之方針：（一）每月利息，均減為九釐；（二）償還期限至少半年，並有展至二年者；（三）在初側重銀團借款，以透支借款為輔，今以透支借款為主，僅有少數銀行定期借款未償，故截至二十五年度終了止向銀行定期借款祇欠二十五萬元，又向各行透支借款雖訂定一百一十萬元，但祇透支二十一萬六千餘元。上項結欠之款，大半撥交築路經費，其已撥築路經費，截至二十五年度止，約在五百二十萬元以上。現在全省公路，均已築通，一二年內即可完成。此後各路收支，足以自給，無待省庫籌撥，將來借款，自可陸續減少也。至堤工借款多屬籌發建設各費，係二十二年以前向湖北堤工專款經借，截至二十五年度止，僅欠二百一十一萬五千四百七十四元二角一分。此項結欠堤款，在前豫鄂皖三省勦匪總司令部曾訓令省府，以准全國經濟委員會籌備處函請轉飭籌還，當經省府呈復三省勦匪司令部函知全國經濟委員會籌備處，以公濟公，請予免還，雖未得全國經濟委員會允准，但從前堤工，原歸鄂省自管，每因撥充建設各費商借堤工餘款，係屬以公濟公性質，自可免予償還。自全國經濟委員會接管堤工以後，省庫從未借支。其二十二年前新借之現款九萬元及借作押品之中央編遣庫券七十五萬元，均經如數分償清結。

二、公債部份　公債之發行，原在救濟庫帑一時之不足，應以不宜過度加重省庫將來負擔爲主旨。鄂省在二十二年以前，曾發行二十年善後、二十一年善後兩種公債各三百萬元，又二十一年續發善後公債一百五十萬元，利率均爲八厘，還本期限大都先付利息，一年或三年後，開始還本，此種辦法，利率既昂，還本之期復遙，無非避免一時責任，而其影響所及，足以妨礙債信，加重省庫將來之担負。近數年來，爲整理地方金融，建設省有公路，先後發行二十三年金融公債四百萬元，二十四年建設公債六百萬元，以應急需。惟對於發行之先，熟察省庫財力，力矯從前弊病：（一）利率均減爲六厘；（二）發行之日起，同時償還本金；（三）償還期限展至十二年。復以舊公債均須開始還本，而新公債又須同時償付，省庫財力，難期担負，因是一面將新公債每年償還數額逐漸遞加，一面將未發行之舊債，一律不再發行，俾新舊公債每年償還本息，不致過鉅，截至二十六年六月底止各種公債發行額總計七百四十九萬五千餘元，預揣自民國二十三年至二十七年間，爲償還新舊公債負担最高之時期。自此以後，舊債陸續償清，省庫負擔新債本息，爲數較少，目前庫存新公債，即或因籌辦建設從事勸募，每年所增發行之債額，與每年償還之債本相抵，尚不致增加債額。茲將各項公債還本付息統計表附錄於下：

二十年善後公債二十一年善後公債、二十一年續發善後公債（原名第二期漢口市政公債）、二十三年金融公債廿四年建設公債還本付息統計表（注十二）

年月日	二十年善後公債 本金(元)	二十年善後公債 息金(元)	二十一年善後公債 本金(元)	二十一年善後公債 息金(元)	二十一年續發善後公債 本金(元)	二十一年續發善後公債 息金(元)	金融公債 本金(元)	金融公債 息金(元)	建設公債 本金(元)	建設公債 息金(元)	共計 本金(元)	共計 息金(元)	半年度 本息共計	全年度 本息共計
二〇・六・三〇		九〇・〇〇〇										九〇・〇〇〇	九〇・〇〇〇	
二〇・一二・三〇		一二〇・〇〇〇										一二〇・〇〇〇	一二〇・〇〇〇	二一〇・〇〇〇
二一・六・三〇	一五〇・〇〇〇	一二〇・〇〇〇									一五〇・〇〇〇	一二〇・〇〇〇	二七〇・〇〇〇	
二一・一二・三〇	一五〇・〇〇〇	一一四・〇〇〇		六〇・〇〇〇							一五〇・〇〇〇	一七四・〇〇〇	二八四・〇〇〇	六五四・〇〇〇
二二・六・三〇	一五〇・〇〇〇	一〇八・〇〇〇		六〇・〇〇〇							一五〇・〇〇〇	一六八・〇〇〇	四七八・〇〇〇	
二二・一二・三〇	一五〇・〇〇〇	一〇二・〇〇〇	二四・〇〇〇	六〇・〇〇〇	一六・〇〇〇	四〇・〇〇〇					三四〇・〇〇〇	一六二・〇〇〇	八八八・〇〇〇	一・一一〇・〇〇〇
二三・六・三〇	二〇〇・〇〇〇	九六・〇〇〇	二七〇・〇〇〇	八〇・〇〇〇	二七〇・〇〇〇	六〇・〇〇〇	八〇・〇〇〇				五四〇・〇〇〇	三四〇・〇〇〇	九四〇・〇〇〇	
二三・一二・三〇	二〇〇・〇〇〇	八八・〇〇〇	二七〇・〇〇〇	九九・〇〇〇	二七〇・〇〇〇	五〇・〇〇〇	八〇・〇〇〇	一六・〇〇〇			六五五・〇〇〇	三六六・〇〇〇	一・〇二一・〇〇〇	一・八〇二・〇〇〇
二四・六・三〇	二〇〇・〇〇〇	八四・〇〇〇	二七〇・〇〇〇	八〇・〇〇〇	二七〇・〇〇〇	四〇・〇〇〇	八〇・〇〇〇	一二・八〇〇	八〇・〇〇〇	一〇・四〇〇	九一〇・〇〇〇	五〇七・〇〇〇	一・四一七・〇〇〇	
二四・一二・三〇	二〇〇・〇〇〇	七七・〇〇〇	二七〇・〇〇〇	八〇・〇〇〇	二七〇・〇〇〇	三〇・〇〇〇	八〇・〇〇〇	一二・八〇〇	八〇・〇〇〇	一〇・四〇〇	九〇〇・〇〇〇	四八〇・〇〇〇	一・三八〇・〇〇〇	二・六三六・〇〇〇
二五・六・三〇	二〇〇・〇〇〇	七〇・〇〇〇	二七〇・〇〇〇	六〇・〇〇〇	二七〇・〇〇〇	二五・〇〇〇	八〇・〇〇〇	一二・〇〇〇	八〇・〇〇〇	一〇・四〇〇	九〇〇・〇〇〇	四三一・〇〇〇	一・三二七・〇〇〇	
二五・一二・三〇	二〇〇・〇〇〇	六六・〇〇〇	二七〇・〇〇〇	五四・〇〇〇	二七〇・〇〇〇	二五・〇〇〇	八〇・〇〇〇	九・六〇〇	八〇・〇〇〇	一〇・四〇〇	九〇〇・〇〇〇	四一三・〇〇〇	一・三一四・〇〇〇	二・六四一・〇〇〇
二六・六・三〇	二〇〇・〇〇〇	六六・〇〇〇	二七〇・〇〇〇	四八・〇〇〇	二七〇・〇〇〇	二〇・〇〇〇	八〇・〇〇〇	九・六〇〇	八〇・〇〇〇	一〇・四〇〇	八八〇・〇〇〇	三九七・〇〇〇	一・二七五・〇〇〇	
二六・一二・三〇	二〇〇・〇〇〇	五四・〇〇〇	二七〇・〇〇〇	三九・六〇〇	二七〇・〇〇〇	一二〇	八〇・〇〇〇	九・六〇〇	八〇・〇〇〇	一四・〇〇〇	九〇〇・〇〇〇	三一七・八〇〇	一・二一七・八〇〇	二・五八九・四〇〇

续表

年月日	二十年善后公债 本金(元)	息金(元)	二十一年善后公债 本金(元)	息金(元)	二十一年续善后公债 本金(元)	息金(元)	金融公债 本金(元)	息金(元)	建设公债 本金(元)	息金(元)	共计 本金(元)	息金(元)	半年度 本息共计	全年度 本息共计
二七·六·三〇	一五〇·〇〇〇	四八·〇〇〇	二四〇·〇〇〇	三〇·〇〇〇			一六〇·〇〇〇	八·四〇〇	一八〇·〇〇〇	一四·八〇〇	八八〇·〇〇〇	三四〇·二〇〇	一·二二〇·二〇〇	二·四八〇·六〇〇
二七·一二·三〇	一五〇·〇〇〇	四二·〇〇〇	二四〇·〇〇〇	二四·〇〇〇			一六〇·〇〇〇	八·〇〇〇	一八〇·〇〇〇	一四·四〇〇	八七〇·〇〇〇	二八〇·四〇〇	一·二七〇·四〇〇	
二八·六·三〇	一五〇·〇〇〇	三六·〇〇〇	二四〇·〇〇〇	一八·〇〇〇			一六〇·〇〇〇	七·八〇〇	一八〇·〇〇〇	一三·二〇〇	九四〇·〇〇〇	二七三·〇〇〇	一·一七三·〇〇〇	二·一五三·六〇〇
二八·一二·三〇	一五〇·〇〇〇	三〇·〇〇〇	二四〇·〇〇〇	一二·〇〇〇			一六〇·〇〇〇	七·二〇〇	一八〇·〇〇〇	一三·二〇〇	七〇〇·〇〇〇	二一三·〇〇〇	一·一三·〇〇〇	
二九·六·三〇	一五〇·〇〇〇	二四·〇〇〇					一六〇·〇〇〇	六·八〇〇	一八〇·〇〇〇	一二·〇〇〇	五五〇·〇〇〇	二一〇·〇〇〇	九六〇·〇〇〇	一·六五〇·〇〇〇
二九·一二·三〇	一五〇·〇〇〇	一八·〇〇〇					一六〇·〇〇〇	六·四〇〇	一八〇·〇〇〇	一一·二〇〇	五五〇·〇〇〇	一九·〇〇〇	七四〇·〇〇〇	
三〇·六·三〇	一五〇·〇〇〇	一二·〇〇〇					一六〇·〇〇〇	五·七·六〇〇	一八〇·〇〇〇	一〇·四〇〇	五五〇·〇〇〇	一七六·〇〇〇	七二六·〇〇〇	一·五三〇·〇〇〇
三〇·一二·三〇	一五〇·〇〇〇	六·〇〇〇					一六〇·〇〇〇	五·二〇〇	一八〇·〇〇〇	九·六〇〇	四九〇·〇〇〇	一六五·〇〇〇	八〇六·〇〇〇	
三一·六·三〇							二〇〇·〇〇〇	四·八〇〇	一八〇·〇〇〇	八·八〇〇	三八〇·〇〇〇	一五·二〇〇	六五〇·〇〇〇	一·一五〇·〇〇〇
三一·一二·三〇							二〇〇·〇〇〇	四·〇〇〇	一八〇·〇〇〇	八·〇〇〇	三八〇·〇〇〇	一二·〇〇〇	六〇〇·〇〇〇	
三二·六·三〇							二〇〇·〇〇〇	三·六〇〇	一八〇·〇〇〇	七·二〇〇	三八〇·〇〇〇	一〇·八〇〇	五九〇·〇〇〇	一·二〇·〇〇〇
三二·一二·三〇							二〇〇·〇〇〇	二·四〇〇	一八〇·〇〇〇	六·四〇〇	三八〇·〇〇〇	九·〇〇〇	五八〇·〇〇〇	
三三·六·三〇							二〇〇·〇〇〇	二·四〇〇	一八〇·〇〇〇	五·四〇〇	三八〇·〇〇〇	七·八〇〇	五八七·〇〇〇	一·一四〇·〇〇〇
三三·一二·三〇							二〇〇·〇〇〇	一·八〇〇	一八〇·〇〇〇	四·八〇〇	三八〇·〇〇〇	六·六〇〇	五四八·〇〇〇	
三四·六·三〇							二〇〇·〇〇〇	一·二〇〇	一八〇·〇〇〇	三·六〇〇	三八〇·〇〇〇	四·八〇〇	五四五·〇〇〇	一·〇八一·〇〇〇
三四·一二·三〇							二〇〇·〇〇〇	六〇〇	一八〇·〇〇〇	二·七〇〇	三八〇·〇〇〇	三·三〇〇	五三·〇〇〇	
三五·六·三〇									一八〇·〇〇〇	一·八〇〇	一八〇·〇〇〇	一·八〇〇	三一八·〇〇〇	六七·〇〇〇
三五·一二·三〇									三〇〇·〇〇〇	九·〇〇〇	三〇〇·〇〇〇	九·〇〇〇	三〇九·〇〇〇	

第五節　公共營業

(甲) 公營事業之收支

考地方公營事業，原應屬諸經濟行政範圍，惟以近年鄂省公共企業，在預算制度上，具有獨立性質，各年度均編有營業會計歲入歲出預算書，故特專節敘述。

自世界交通貿易發達以來，經濟競爭愈趨愈烈，近世各國，莫不以經濟政策爲治國要圖，誠以國之強弱，民之貧富，皆繫於此。我國自古以農立國，抑賤工商，公用事業及工商事業，向鮮官營之例，迨各國通商以後，始漸注意及之，但以頻年時局不定，干戈迭興，雖企圖發展，殊無成效，自國府定都南京以還，遵照總理實業計劃規定，凡關一切國計民生事業，無不積極推進，其事業有全國一致之性質者，由中央主辦，有就地制宜之性質者，則歸地方興辦，故近十年來，地方所需之生產經費至鉅，而生產事業，遂亦日漸發達矣。

地方經營生產事業之範圍，大抵不出兩途：其一爲地方天然富源，及大規模之工商事業，而爲私人資力所不能興辦者，由地方政府開發與經營之；其二爲企業之有獨占性質者，由地方政府集資經營，享受專利。鄂省公有生產事業，在清季張文襄主鄂之時，努力興辦，即具宏大規模，如礦產之開採，工廠之經營，一時頗稱發達，但自民國以後，因辦理之不善，兼以地方戰禍相接，不獨無擴展之機，即固有之設置，亦相繼窳敗，一蹶不振，良可慨惜。近數年來依照中央建設方針，努力施行，因需要經費之充實，頗收成效，對於公營交通事業，尤有顯著之發展，蓋因年來全省公路網，已將建築完成，各縣電話桿線，亦已普遍設置，全省航業收歸公營後，江河航運已經普及，在省會方面新築道路，已漸棋布，電氣水力，正在逐步擴充：故本省公營事業，首推航政路政電政三項最爲發達，此外礦業僅可保持原狀，工廠農業尚須積極推進。惟交通事業爲立國之骨幹，與國計民生關係最鉅，凡政治軍事經濟實業文化，無不恃交通爲流通貫注之樞紐，而交通事業在物質建設上，需費又最多，苟無鉅款，即無從舉辦，今本省交通事業，由近數年來財政機關之極力助成，籌集鉅款，濟其需要，已達地方交通三大政（路政航政電政）行將就成之目的，則其他各項生產事業，由於交通發達關係，不難逐漸興辦也。

鄂省公營業收支，以路政爲最鉅，航政次之，礦業及工業農業又次之，至電政一項，在二十四年以前收支均微，二十五年則列數頗鉅。營業純益方面，亦以路政盈利爲最多，航政礦業次之，農業及工業又次之，至電政則以收付支，略有不敷。茲將二十二年度至二十五年度公營業歲入歲出預算數，分別列表於後，以資參考。

湖北省民國二十二年度至二十五年度營業會計歲入預算統計表（注十三）

年度 科目	二十二年度預算數（元）	二十三年度預算數（元）	二十四年度預算數（元）	二十五年度預算數（元）	備考
航政收入	四二六・〇〇〇	四六〇・〇〇〇	四八〇・〇〇〇	四八〇・〇〇〇	
路政收入	九一八・〇〇〇	一・〇〇二・〇〇〇	一・七三三・〇六〇	一・七二八・〇〇〇	
礦業收入	二四〇・〇〇〇	二四〇・〇〇〇	一八〇・〇〇〇	四七四・〇〇〇	
電政收入	一・二〇〇	三〇・〇〇〇	四九・九二〇	八三二・六六六	二十二年至二十四年度僅長途電話收入，二十五年度加列武昌水電事業收入
工廠收入		一二七・二〇〇	三〇六・〇〇〇		
農業收入			一八〇・〇〇〇		
合計	一・五八五・二〇〇	一・七三二・〇〇〇	二・六一〇・一八〇	四・〇〇〇・六六六	

湖北省民國二十二年度至二十五年度營業會計歲出預算統計表（註十四）

年度\科目	二十二年度預算數（元）	二十三年度預算數（元）	二十四年度預算數（元）	二十五年度預算數（元）	備考
航政費	三〇六・四九二	三四五・二九二	三四七・六九二	三六〇・五八八	
路政費	八二一・一一九	九二五・六〇〇	一・六六二・二六八	一・四三七・六〇〇	
礦業費	一二七・四〇三	一六七・六〇〇	一二〇・〇〇〇	二三四・〇〇〇	
電政費	三七・四三四	六〇・〇〇〇	六〇・〇〇〇	八五四・三八六	
工商經費			一二〇・〇〇〇	二八二・〇〇〇	
農業經費				五〇・〇〇〇	
撥付政府營業純利	二九二・七五二	二三三・五〇八	三〇〇・二二〇	七八二・〇九二	
合計	一・五八五・二〇〇	一・七三二・〇〇〇	二・六〇一・一八〇	四・〇〇〇・六六六	

（乙）推進湖北省銀行業務

考地方銀行業務，於國民經濟之發展，及內地金融之周轉，所關甚大；湖北省銀行成立於十七年七月一日，經近年之力圖擴充，增厚資本，業務已日臻發達，茲分三項言之：

（一）增加省銀行資本　查該行資本總額，原規定二百萬元，自成立時起至二十二年二月底止，曾先後由省庫撥交資本銀一百六十三萬六千零三十三元七角三分，財廳為力圖擴充該行業務起見，於二十二年五月補撥三十六萬三千九百六十六元二角七分，自是資本照額撥足，行務漸見發達，在通商口岸，大都設有辦事處、通匯所，規模業已粗具，惟欲新興事業之擴充，尚有賴於基本資力之增厚，又於二十四年十月呈准增加股本一百萬元，分為現金公債各五十萬元，其現金五十萬元，係仿照中央銀行成例，由該行公積金內劃出，作爲歷年盈餘解庫之款撥充，公債五十萬元，則以奉蔣委員長令准二十三年墊用金融公債撥還之建設公債內提撥，至二十五年三月此項股本已如數撥足，該行負調和全省金融之責，經兩次增加資本後，於業務發展，不無裨益。

（二）添辦儲蓄農貸等業務　該行前以資力有限，不敷擴充業務及發展金融之用，自資本額增爲三百萬元後，乃參照現代銀行成規，從事儲蓄部與農民貸款部之籌設，劃出資本三十萬元充儲蓄基金，五十萬元充農貸專款，於二十五年十月成立儲蓄總部於漢口總行，旋武昌、武穴、宜昌、老河口、岳口、隨縣、沙市等七支行，及樊城、巴東、宜都、恩施、沙洋、黃石港等六辦事處，先後成立儲蓄分部，辦理各種儲蓄存款，至二十六年六月底總部收進儲蓄存款十七萬三千餘元，各分部收進儲蓄存款二十萬零三千餘元，合計已達三十七萬七千餘元。至農民貸款部各種章制，均已奉准施行，刻正籌設農倉，從事放款，武穴支行在孔壠設倉，老河口支行在雙溝設倉，岳口支行在皂市設倉，沙市支行在江口設倉，復在鍾祥設農民貸款處兼辦農倉，沔陽之仙桃鎮設農業質庫，隨縣由各區自辦農倉支行經營放款。此外又在各分支行處所在地之市鎮內，舉辦小本工商貸款。似此調劑金融及救濟農村之事業，既漸樹規模，良可助長國民經濟之發展也。

（三）推設分支行處　鄂省金融機關，向集中於武漢兩埠，各縣既鮮脈絡之貫通，金融遂失平衡之發展，十七年省銀行成立後，雖在各重要口岸，酌設辦事處，但省區遼闊，數量既嫌過少，配置尤覺未周，殊不足以發揮地方銀行應盡之任務，自該行資本增加以來，經酌量地方需要及商務交通情形，積極推設分支行辦事處，現已先後成立者，計有武昌、沙市、武穴、老河口、岳口、宜昌、隨縣等七支行，及恩施、巴東、宜都、黃石港、沙洋、樊城、蒲圻、廣水、宋埠、鄖縣、藕池口、仙桃、花園等十三辦事處，連漢口總行共計已達二十一行處，將來逐漸推廣，不難遍佈全省，完成金融網之組織。

第六節 保安經費

考鄂省保安團隊，設置甚久，在前各縣大抵多苦於匪患，每由地方紳耆分就一鄉一區集款購械，資爲自衛，名曰保衞團，其餉糈概係就地籌措，自由抽收，自由支用，民十六年湖北清鄉督辦公署，頒行保衞團單行法以後，各縣團隊始有統一之名稱，即所謂保衞團常練隊編練隊等組織，然餉精仍係就地攤籌，異常紊亂，民十八年內政部頒布保衞團法，乃將常練隊編練隊各名稱，改爲常備對及預備隊；旋又制定保衞團抽收畝捐暫行辦法，規定每畝征銀五分，是爲各縣征收畝捐，規定限制範圍之嚆矢，但實際上各縣多未遵行，蓋各縣團隊數量多寡不一，編制上尤爲複雜，而所需團餉，大都仍然龐大，故未能奉行此項限制征收之法令。自此以還，保安團隊之編制與數量，屢有變更，保安經費之收支，亦經過多次改進，由縣直接收支，而歸各區經理處統籌支配，更由區集中於省，歸總經理處就全省各縣保安經費，統收統支，至二十六年四月又將收入部份，劃歸財政廳統收，支出部份，改由省保安處經理。茲將保安經費之改進情形及收支狀況，略述於後。

（甲）保安經費之改進

全省保安經費之處理，係於二十二年九月組設保安經費整理委員會，二十五年六月改組爲總經理處，負整理及收支之責，但雖設置專辦機關，其關重要改進事項，如捐率之核定，捐款之核減或裁廢，仍由財政廳會同辦理，至二十六年四月收入部份劃歸財政廳辦理後，鑒於該項經費之重要，曾力圖改進。綜過去及現在情形，可分兩期言之：

一、二十五年以前之改進情形　鄂省保安經費，在二十五年以前，既由地方自由抽捐，自由辦團，其收捐方法及捐率，實屬無從考查，就彼時消耗於團隊餉糈之數目估計，全省年約一千五百餘萬元，所費之鉅，頗足驚人。二十一年，豫鄂皖三省剿匪總司令部頒行民團整理條例，始由是年八月新成立之省保安處遵照條例，着手整理，將各縣原有保衞團，劃一編制，改為保安隊，其餉糈悉由縣成立之財務委員會統一收支，嚴禁各部隊自由派捐斂費；更於是年九月呈請三省勦匪總司令部核准頒行保安經費徵收章程，規定保安經費以畝捐為主，商舖捐為輔，紳富捐為補助；團費所需，因此稍見減少。迨二十二年，迭經頒行法令，督飭各縣整理，規定保安經費收入支出，悉數編列縣地方預算書內，由縣查酌支款情形，先行擬具徵收數目，呈省核定，再行編制預算；旋以紳富捐名義，不甚適合，因即改定為臨時特別捐，又以商舖捐及臨時特別捐兩項，原係畝捐不足時始准徵收，然各縣每多藉此攤派，致流弊叢生，經厘定各縣畝捐不足，抽收商舖捐及臨時特別捐時，須由縣依照法令召集地方各法團開會，決定徵收額數，及徵收方法，呈省核定施行，否則不准徵收，用杜侵浮。惟保安經費收入，雖有法令限制，而畝捐捐率，仍然參差不齊，彼時捐重縣份之按舊有田賦銀兩帶徵者：如棗陽、穀城等縣，每兩各附徵十元，襄陽、麻城等縣，每兩各附徵八元，崇陽每兩附徵六元二角，通山每兩附徵五元，黃岡每兩附徵四元，蒲圻、通城每兩各附徵二元四角，竟較每兩正稅超過六七倍，少至二倍或一倍不等，其按畝征收者：如興山每畝收二元四角，大冶每畝收一元，宜昌每畝收七角二分，宜都每畝收六角，鄖縣、均縣、鄖西、房縣、竹山、竹谿等縣每畝各收五角，禮山、石首、長陽等縣每畝各收四角，捐率之懸殊及苛重狀況，於此可以概見，然較二十二年以前情形，已有改進，蓋各縣對於畝捐捐率，向多諱飾，自頒行徵收章程及編入預算後，於特別苛重者，已經分別核減，且捐率捐額均有數字可稽，不難逐漸調整。

保安經費雖集中於縣，并列入縣地方預算內，但各縣保安隊數量之多寡互殊情形，仍然如舊，因此各縣所需之經費，亦隨而不同，其團隊人數少者，所需經費即較少，而人民負擔亦較輕，其團隊人數多者，所需經費即較鉅，而人民負担亦略重，故欲限制收入，必先減少支出，省府有鑒及此，因於二十二年冬組設保安經費整理委員會，即首先議定全省團隊以一百七十六中隊為限，責成各區分別改編；嗣以團隊既集中於區，其經費自應通盤籌計，已往各縣保安經費之充裕者，每多移作他用，其不足者，率多挪移省縣稅款，乃就各行政區組設區經理處，凡區內所轄各縣徵收保安經費，一律解交區經理處統籌支配，以收酌盈劑虛之效。維時保安經費支出，既有定額，乃著手切實整理收入，規定各縣畝捐，概照整理田賦確定之畝額徵收，其捐率標準，嚴飭遵照頒定保安經費徵收規定，以每畝征收一角為原則，最多每畝以三角為限；并於核編二十三年度各縣地方預算時，就捐重縣份，分別核減，其尚有徵收雜捐充作保安經費者，亦分別裁廢，總計二十三年度減輕畝捐達三十萬元，裁廢充作保安經費之雜捐五萬七千餘元，自是各縣徵收保安經費，始有較嚴之限制。

二十五年六月省府為統一事權，節省糜費起見，依保安制度改進大綱之規定，將保安經費進而集中於省，設置總經理處，負全省保安經費收支之責，原設各區經理處一律撤銷，各縣經征保安經費收入，直接解省，斯時全省保安隊早已編成十四個月，所有各團經費，亦由省按月撥發，同時以各縣原征之臨時特別捐，易滋流弊，且間有涉及重徵之嫌，因即明令取消，以免繁苛。

二、二十五年以後之改進情形　二十六年三月底總經理處裁撤，其收入部份，於四月一日劃交財政廳接管，設科辦理後，鑒於地方自衛武力之重要，餉糈所需，自應力求穩固與確實，首先即從事於徵收制度之改善，將各縣畝商兩捐一律責令財務委員會完全交由縣府接辦，良以鄂省田畝捐與商舖捐之徵收及繳解，向由各縣財務委員會經辦，因此時有挪移及侵虧情弊，現在各縣縣政府，多已成立經徵處與縣金庫，其未成立之少數縣份，亦早限期設置，各縣府之財務行政機構，既趨健全，飭交主辦，自少流弊；又以各縣畝捐，多係另券單獨征收，既耗造券徵收等用費，且有裁券游徵，及交隊持券挨戶勒收之弊，特規定自二十六年上忙起，各縣畝捐一律與田賦合券徵收，俾互相維繫，符合一條鞭征收原則，并可藉以減省造券徵收用費。同時對於畝商兩捐之捐率捐額，亦經分別整理，茲分兩項言之：

（1）整理田畝捐　畝捐為保安經費之最主要收入，團餉全賴挹注，故整理畝捐，應於維持原額範圍內，酌量減輕捐率，藉以均衡人民負擔，財廳對於土地清查，土地陳報，田畝調查，已竣各縣，均視畝額增多，及原有捐率輕重情形，妥慎辦理；其原有捐率已重者，在不少於原徵總額之原則內，量予減輕；其原有捐率本輕者，亦酌予核減，但參照通案規定，應以每畝一角爲標準；其原有捐率每畝未及一角者，亦得視負担正附稅率之輕重狀況，或維持原率，或略予核減，以示變通，而紓民力。現查各現畝捐捐率，每畝徵三角者，僅遠安、秭歸、長陽等三縣，每畝徵二角八分者，祇保康、恩施兩縣，每畝徵二角六分者，祇利川一縣，每畝徵二角五分者，爲陽新、鄖縣、均縣、鄖西、房縣、竹山、竹谿等七縣，每畝徵二角四分者，爲穀城、巴東兩縣，每畝徵二角三分者，爲五峯一縣，每畝徵二角二分者，爲黃梅、南漳、來鳳、咸豐等四縣，每畝徵二角一分者，爲宜都一縣，每畝徵二角者，爲崇陽、通城、麻城、黃安、黃陂、禮山、棗陽、光化、宜昌、興山、鶴峯、宣恩、建始等十三縣，每畝徵一角八分者，爲大冶、黃岡、當陽等三縣，每畝徵一角七分者，爲廣濟、宜城兩縣，每畝徵一角六分者，爲英山、枝江兩縣，每畝徵一角五分者，爲嘉魚、浠水、蘄春等三縣，每畝徵一角三分者，爲蒲圻、鄂城兩縣，每畝徵一角二分者，爲通山、羅田、監利、石首、公安、江陵、荆門、襄陽等八縣，每畝徵一角者，爲孝感、雲夢、應城、安陸、應山、隨縣、鍾祥、京山、天門、潛江、松滋等十一縣，每畝徵八分者，爲武昌、漢陽、咸寧、漢川、沔陽等五縣；綜全省七十縣，以捐率不分等級之縣份居多，其分等級者凡十六縣，均係按上則捐率舉述；考鄂省保安經費徵收規則，規定畝捐每畝徵收一角至三角爲限，是各縣捐率，均在法定限度以內，且每畝捐率之徵三角者，僅有三縣，在三角以下二角以上者，僅有十八縣，其在二角以下至一角者，計有四十四縣，而不及一角限度者，亦有五縣。就現行捐率而言，雖不免有失均衡，但較諸昔日之捐率，已屬減輕甚多，今後各縣土地陳報，或田畝調查，辦理完竣，自必酌察田畝額數增多情形，於維持原徵總額原則內，將捐率量予核減，以期逐漸調整，達到適合民力之願望。茲將各縣現行田畝捐捐率捐額列表如下：

湖北省各縣二十六年份田畝捐捐率捐額一覽表

縣別	畝數（畝）	每畝捐率（元）		應徵捐額（元）	備考
蒲圻	四七六・二四一・五一	上	一三	五九・九七三・〇一	
		中則			
		下	〇一		
		特下則			
武昌	一・二二三・七二二・五七	上	〇八	八一・五二〇・一四	
		中則			
		下	〇一		
		特下則			
漢陽	二・三〇一・五六五・二二	上	〇八	一二一・二二三・九五	
		中則			
		下	〇一		
		特下則			
嘉魚	四三六・四六八・〇〇		一五	六一・五五九・一六	左列畝數內有魚稞二萬六千另七十四畝一分，免徵畝捐

續表

縣別	畝數(畝)	每畝捐率(元)		應徵捐額(元)	備考
咸寧	五三七・九一九・〇〇	上 中則 下 特下則	〇八 〇七 〇六 〇一	三八・八二八・四五	
通城	二八八・〇六五・〇〇		二〇	五七・六一三・〇〇	
崇陽	二五〇・〇一五・〇〇		二〇	五〇・〇〇三・〇〇	
陽新	三〇七・五六二・〇〇	上則 中則	二五 一三	七二・三五四・三八	
鄂城	七五三・四九三・九四	上 中則 下 特下則	一一 〇九 〇一 〇一	七八・〇二八・二二	左列畝數内有下田一萬二千八百二十六畝，免征畝捐
大冶	三九〇・六〇七・〇〇		一八	七〇・三〇九・二六	
通山	一六三・一六二・〇〇		一二	一九・五五九・四五	

第三章　現代財政之狀況

續表

縣別	畝數（畝）	每畝捐率（元）		應徵捐額（元）	備考
蘄春	五八三・四〇六・〇〇	一五		八七・八一〇・九〇	
浠水	六一四・六六六・〇〇	上 一五		九〇・〇二三・五六	
		中則 一〇			
		下 〇五			
黃梅	五三二・八六二・〇〇	二二		一一七・二二九・八六	該縣按糧推畝原有田地七十一萬八千八百三十三畝，特准在田畝，調查未竣以前暫照左列畝徵數收畝捐
廣濟	四二一・五七四・四五	一七		七一・六六七・六六	
羅田	二四二・〇八二・〇〇	一二		二九・〇四九・九六	
英山	九九・五三・一〇	一六		一五・九三二・七〇	
黃安	二七〇・〇〇〇・〇〇	二〇		五四・〇〇〇・〇〇	該縣田地原為六八・九八三畝，經整理後最近核定如左數
黃岡	八八二・二〇八・〇〇	上則 一八		一二〇・八七一・〇九	
		特下則 〇一			

續表

縣別	畝數	每畝捐率（元）	應徵捐額（元）	備考
麻城	三七三・九六九・〇〇	二〇	七四・七九三・八〇	
黃陂	五八一・五八五・〇〇	西 二〇 南鄉 二〇 北 一三四 東鄉	一〇五・五〇七・五三	
禮山	一八一・二九一・一〇	二〇	三六・二五八・二二	該縣田地原爲一七八・一二三五畝，經整理後核定左列畝數
隨縣	一一二八・一八三・七九	一〇	一一二・八一八・三八	
安陸	三九三・〇一三・二二	一〇	三九・三〇一・三二	
孝感	六九四・七五五・九四	一〇	六九・四七五・五九	
雲夢	二六一・六六二・〇〇	一〇	二六・一六六・二〇	
應山	四七〇・八七五	一〇	四七・〇八七・五	
應城	四七三・五七七・二九	一〇	四七・三五七・七三	

續表

縣別	畝數（畝）	每畝捐率（元）		應徵捐額（元）	備考
天門	一,七七六,一七二.〇〇	上則 中則 下	一〇 〇二 	一六四,三四八.一〇	該縣土地清查已竣，與武陽兩縣同時核定畝捐每畝徵八分，但清查畝數尚未據報，左列畝數及徵額係按舊案暫為列入
漢川	七四二,四五五.〇〇		〇八	七四,二四五.五〇	
京山	一,〇一〇,七二一.〇〇		〇一	一〇一,〇七二.一〇	
鍾祥	一,三八四,八〇九.〇〇		〇一	一三八,四八〇.九〇	
江陵	三,四〇五,三九八.〇〇		一二	二八八,六四七.七六	
沔陽	四,一一一,六八一.〇〇	上 中則 下 特下則	〇八 〇六 〇六 〇一	一三八,七〇七.九九	
潛江	一,〇四二,七一八.〇〇		〇一	一〇四,二七一.八〇	
荊門	一,四五〇,〇八五.〇〇		一二	一七四,〇一〇.二〇	
監利	八五四,三四四.六六		一二	一〇二,五二一.三六	該縣田地原為八二〇,九二一畝，近經整理核定畝數如左

續表

縣別	畝數（畝）	每畝捐率（元）		應徵捐額（元）	備考
石首	五六三·五〇一·五二		一二	六七·六〇二·一八	
公安	八三二·二八一·〇〇		一二	九九·八七三·七二	
枝江	四五八·六五四·〇〇	上	一六	五二·〇八四·五二	
		中則	一二		
		下	〇八		
松滋	一〇五七·二六九·四六	上上則	一〇	一〇五·七二六·九五	
襄陽	一一·八一六五·二四八·〇〇	上	一二	一四一·七〇五·七二	
		中則	一〇		
		下	〇八		
		特下一級	〇六		
		特下二級	〇四		
襄陽	一·二五〇·一七二·〇〇	上	二〇	八七·五二一·五六	
		中則	一〇		
		下	〇五		

續表

縣別	畝數（畝）	每畝捐率（元）		應儀捐額（元）	備考
宜城	三八一・〇七九・〇〇		一・七四	六五・三一六・九四	
光化	四四五・七四七・一二		二〇	八九・一四九・四二	
穀城	三七六・六三五・七〇	上	二〇	七五・三二七・一四	該縣田地原爲三六二・八二九畝，近經整理後核定如左數
		中則	二〇		
		下	一六		
南漳	三〇二・一九六・〇〇		二二	六六・四八三・一二	
保康	九七・三二八・五〇		二八	二七・二五一・九八	
宜昌	四九九・一三九・八四		二〇	九九・八二七・九七	該縣田地原爲三六〇・一五〇畝，近經整理核定如左數
遠安	一〇八・七九三・二九	上	三〇	三二・八六二・一三	該縣田地原爲一〇五・六四五畝，近併入當陽縣劃交管理之田地，合如左列數畝數
		中則	二四		
		下	一八		
當陽	五二九・二四六・〇〇		一八	九五・二六四・二八	該縣田地原爲五二一・四七二畝，近除去劃交遠安之田地，應如左列數畝數

續表

縣別	畝數（畝）	每畝捐率（元）	應徵捐額（元）	備考
宜都	二五七・五〇五・〇〇	二一	五四・〇七六・〇五	
興山	六五・一九〇・〇〇	二〇	一三・〇三八・〇〇	該縣田地原爲三九・一一一四畝，近經整理核定如左列畝數
秭歸	九九・一四一・〇〇	三〇	二九・七四二・三〇	
五峯	二七・四九六・六〇	二三	六・三二四・二二	該縣田地原爲二七・〇六四畝，近經整理核定如左列畝數
長陽	一一〇・四二四・〇〇	三〇	三三・一二七・二〇	
恩施	一六六・六三七・五九	二八	四六・六六八・六一	
宣恩	一〇二・九六二・五〇	二〇	二〇・五九二・五〇	該縣田地近經整理核定如左列數
建始	二〇五・〇〇〇・〇〇	二〇	四一・〇〇〇・〇〇	
巴東	一六〇・〇〇〇・〇〇	二四	三八・四〇〇・〇〇	
鶴峯	五六・八五九・〇三	二〇	一一・三七一・八〇	該縣田畝近經整理核定如左列數

續表

縣別	畝數(畝)	每畝捐率(元)	應徵捐額(元)	備考
利川	一七一‧二九一‧一七	二六	四四‧五三五‧七〇	同上
咸豐	一〇二‧一一五‧〇〇	二二	二二‧四六五‧三〇	同上
來鳳	一一七‧一二四‧〇〇	二二	二五‧七六七‧二八	
鄖縣	三〇〇‧〇〇〇‧〇〇	二五	七五‧〇〇〇‧〇〇	
均縣	二三二‧一八七‧一一	二五	五八‧一二六‧七八	
鄖西	一八九‧四六三‧〇〇	二五	四七‧三六五‧七五	
房縣	二七七‧五八五‧〇〇	二五	六九‧三九六‧二五	
竹山	一三二‧一八六‧二〇	二五	三三‧〇四六‧五五	該縣田畝近費整理核定如左數
竹谿	一五〇‧〇〇〇‧〇〇	二五	三七‧五〇〇‧〇〇	
總計	四二一一‧九一〇五一‧一七		四‧九五五‧八三一‧一三	

(2) 改進商舖捐　商舖捐收入，亦爲保安經費資源之一，惟該項捐款，各縣尚多按額攤派，殊欠平允原則，且以徵收方法不善，養成疲玩之風，致欠數甚鉅，征繳困難，因飭各縣調查商舖營業金額，妥定徵率呈核，以期普遍及公平；一面召集地方商業團體開會，曉以治安重要，農商分擔團餉之義務，決定徵收辦法，由縣按月或按期嚴厲徵繳，以裕收入。現在已有數縣遵照新案實行，以後不難逐漸改進。茲將各縣征收商舖捐額列表如下：

湖北省各縣商舖捐捐額一覽表

縣別	全年應徵捐額（元）	備考
蒲圻	四・八〇〇・〇〇	
武昌	一〇・二六〇・〇〇	
漢陽	三・六〇〇・〇〇	
嘉魚	五・〇〇〇・〇〇	
咸寧	八・四〇〇・〇〇	
通城		該縣尚未開辦
崇陽	一・〇〇〇・〇〇	
陽新	六・〇〇〇・〇〇	
大冶	六・八〇〇・〇〇	
鄂城	八・四〇〇・〇〇	
通山	一・九二〇・〇〇	
蘄春		該縣尚未開辦
浠水		同上
廣濟	七・二〇〇・〇〇	

續表

縣別	全年應徵捐額（元）	備考
黃梅	五・八〇〇・〇〇	
羅田		該縣尚未開辦
英山		同上
黃安	一・二〇〇・〇〇	
麻城	八・八〇〇・〇〇	
黃岡	六・〇〇〇・〇〇	
黃陂	四・一六〇・〇〇	
禮山		該縣尚未開辦
隨縣	一六・〇〇〇・〇〇	
應山		該縣尚未開辦
安陸		同上
雲夢	四・〇〇〇・〇〇	
應城	三八・二五六・三〇	
孝感	七・〇〇〇・〇〇	
天門	一四・五六八・〇〇	
漢川	一一・五二〇・〇〇	
京山	四・八二四・〇〇	
鍾祥	一七・六〇〇・〇〇	
江陵	四四・〇四〇・〇〇	
荊門	四・〇〇〇・〇〇	
沔陽	二四・八四〇・〇〇	

续表

縣別	全年應徵捐額（元）	備考
潛江	三・八九七・六〇	
監利	一二・〇〇〇・〇〇	
松滋	三・〇〇〇・〇〇	
公安	九・三六〇・〇〇	
石首	六・六〇〇・〇〇	
枝江	八・〇〇〇・〇〇	
襄陽	五・〇〇〇・〇〇	
棗陽	四・〇〇〇・〇〇	
南漳	四・〇〇〇・〇〇	
宜城	二・四〇〇・〇〇	
光化	一六・八〇〇・〇〇	
穀城	二・〇五〇・〇〇	
保康		尚未開辦
宜昌	三〇・〇〇〇・〇〇	
當陽	四・〇〇〇・〇〇	
宜都	一・二〇〇・〇〇	
長陽		尚未開辦
秭歸	四・〇〇〇・〇〇	
興山	一・二〇〇・〇〇	
遠安		尚未開辦
五峯		同上

續表

縣別	全年應徵捐額（元）	備考
恩施	四・八〇〇・〇〇	
利川	二・四〇〇・〇〇	
建始		尚未開辦
巴東	一・二七三・二〇	
宣恩		尚未開辦
來鳳	二・四〇〇・〇〇	
咸豐		尚未開辦
鶴峯		同上
鄖縣	一・三〇〇・〇〇	
均縣	八〇〇・〇〇	
鄖西	四〇〇・〇〇	
竹山	八二〇・〇〇	
竹谿	五〇〇・〇〇	
房縣	四〇〇・〇〇	
總計	四〇八・五八九・九〇	

（乙）保安經費之收支

一、各年度收支概況　玆鄂省保安經費係於二十二年度起，始列入縣地方預算，但二十二年以後，雖有預算之編製，而徵收支用仍操之各縣，以致省府僅有預算，每年度實收實支究有若干？無從查考，迨至總經理處成立以後，對於各項收支，始有詳確之帳冊，出納數目，方的然可查。爰將二十二年度至二十五年度收支預算各數，列表如下：

二十二年度至二十五年度湖北省保安經費歲入歲出實收實支數目表

年度	收入		支出		備考
	歲入預算數（元）	實收數（元）	歲出預算數（元）	實支數（元）	
二十二年度	六·二三三·〇〇〇		六·一四五·〇〇〇		
二十三年度	五·八四九·七六九		四·五〇〇·〇〇〇		
二十四年度	四·二一八·四六〇	二·六〇八·一三一	四·二一八·四六〇	二·六〇八·一三一	
二十五年度	四·四九六·二六一	二·三八〇·九八五	四·四九六·二六一	二·四四七·二三四	

說明

一、二十二及二十三兩年度，係各縣自收自支時代，各縣既乏帳册登記，又無有系統之報告，故其實收實支數目無法查填。

一、二十四年度實收實支數目，係依據第一、二、三、四、五、六、八等區經理處册報數目，併計填列其第七區所屬恩施等八縣，迄未呈報，故未併計列入。

一、表列二十五年度實收實支數目，係截至二十六年六月三十日止現金出納之數。

二、二十五年度收支實況　二十五年度保安經費之收入為二百三十八萬另九百八十五元七角二分三釐，支出為二百四十四萬七千二百三十四元三角一分三釐，收支相抵實不敷六萬六千二百四十八元五角九分，係向湖北省銀行訂立透支借款撥用，自二十五年七月至二十六年三月計九個月，係由總經理處經手收支，自二十六年四月至六月計三個月，由財政廳經手收支。茲附列收支各表如下，以資參證。

二十五年度湖北省總經理處財政廳經手保安經費收支數目表

機關	收入數	支出數	備考
總經理處	一‧三一四‧六三〇‧八五五	一‧二六八‧二九〇‧七七五	自二十五年七月至二十六年三月計九個月收支之數
財政廳	一‧〇六六‧三五四‧八六八	一‧一七九‧九四三‧五三八	自二十六年四月至六月計三個月收支之數
合計	二‧三八〇‧九八五‧七二三	二‧四四七‧二三四‧三一三	收支相抵實結欠六六‧二四八‧五九，此款係向省銀行透支撥用

湖北省二十五年度保安經費歲入預算表

科目	核定預算數（元）	備考
全省保安經費	四‧四九六‧二六一‧五八	
一‧田畝捐	四‧〇八〇‧三三一‧六八	
二‧商舖捐	四一五‧九二九‧九〇	

湖北省二十五年度各縣保安經費預算數及按月分配表

縣別	核定本年度田畝捐數	核定本年度商舖捐數	全年共徵數	按月分配數	備考
蒲圻	四一‧四七八‧四八	四‧八〇〇‧〇〇	四六‧二七八‧四八	三‧八五六‧五四	
武昌	四八‧九一二‧〇八	一〇‧二六〇‧〇〇	五九‧一七二‧〇八	四‧九三一‧〇〇	
漢陽	四七‧二五〇‧〇〇	三‧六〇〇‧〇〇	五‧八五〇‧〇〇	四‧二三七‧五〇	
嘉魚	五五‧六四九‧七三	五‧〇〇〇‧〇〇	六〇‧六四九‧七三	五‧〇五四‧一四	
咸寧	三三‧五四七‧〇五	八‧四〇〇‧〇〇	四一‧九四七‧〇五	三‧四九五‧五九	
通城	五四‧七三二‧三五		五四‧七三二‧三五	四‧五六一‧〇三	

續表

縣別	核定本年度田畝捐數	核定本年度商鋪捐數	全年共徵數	按月分配數	備考
崇陽	四〇·〇〇二·四〇	一·〇〇〇·〇〇	四一·〇〇二·四〇	三·四一六·八六	
陽新	五〇·五七八·〇七	六·〇〇〇·〇〇	五六·五七八·〇七	四·七一四·八四	
大冶	六三·二七八·三三	六·八〇〇·〇〇	七〇·〇七八·三三	五·八三九·八六	
鄂城	六一·二三八·六九	八·四〇〇·〇〇	六九·六三八·六九	五·八〇三·二二	
通山	一七·六二一·五〇	一·九二〇·〇〇	一九·五四一·五〇	一·六二八·四五	
蘄春	七〇·二四五·四〇		七〇·二四五·四〇	五·八五三·七八	
浠水	七二·〇一八·八四		七二·〇一八·八四	六·〇〇一·五七	
廣濟	六〇·九一七·一一	七·二〇〇·〇〇	六八·一一七·一一	五·六七六·四二	
黃梅	一二六·五一四·六二	五·八〇〇·〇〇	一三二·三一四·六二	一一·〇二六·二二	
羅田	二〇·三三四·九七		二〇·三三四·九七	一·六九四·五八	
英山	一一·〇三七·二八		一一·〇三七·二八	九一九·七七	
黃安	四八·〇〇〇·〇〇	一·二〇〇·〇〇	四九·二〇〇·〇〇	四·一〇〇·〇〇	
麻城	五九·九三一·一七	八·八〇〇·〇〇	六八·七三一·一七	五·七二七·六〇	
黃岡	九六·五二〇·八二	六·〇〇〇·〇〇	一〇二·五二〇·八二	八·五四三·四〇	
黃陂	八六·四〇〇·〇〇	四·一六〇·〇〇	九〇·五六〇·〇〇	七·五四六·六八	
禮山	三二·四二三·九八		三二·四二三·九八	二·七〇二·〇〇	
隨縣	一〇九·六三四·六四	一六·〇〇〇·〇〇	一二五·六三四·六四	一〇·四六九·五五	
應山	三八·一六七·〇二		三八·一六七·〇二	三·一八〇·五八	
安陸	三三·四〇六·一二		三三·四〇六·一二	二·七八三·八四	

續表

縣別	核定本年度田畝捐數	核定本年度商鋪捐數	全年共徵數	按月分配數	備考
雲夢	二三・五四九・五五	四・〇〇〇・〇〇	二七・五四九・五五	二・二九五・七九	
應城	四二・八六〇・四二	三八・二五六・四二	八一・一一六・七二	六・七五九・七二	
孝感	六六・〇〇一・八一	七・〇〇〇・〇〇	七三・〇〇一・八一	六・〇八三・四八	
天門	一三九・二一九・七〇	一四・五六八・〇〇	一五三・七八七・七〇	一二・八一五・六四	
漢川	五九・一二五・二五	一一・五二〇・〇〇	七〇・六四五・二五	五・八八七・一〇	
京山	九〇・九六四・八七	四・八〇四・〇〇	九五・七八八・八七	七・九八二・四〇	
鍾祥	九〇・四二〇・二七	一七・六〇〇・〇〇	一〇八・〇二〇・二七	九・〇〇一・六九	
江陵	二〇〇・八三四・七六	四四・〇四〇・〇〇	二四四・八七四・七六	二〇・四〇六・二三	
荊門	一四七・九〇八・六七	四・〇〇〇・〇〇	一五一・九〇八・六七	一二・六五九・〇五	
沔陽	一〇二・二一九・三三	二四・八四〇・〇〇	一二七・〇五九・三三	一〇・五八八・二七	
潛江	八五・六三五・九一	三・八九七・六〇	八九・五三三・五一	七・四六一・一二	
監利	八八・六五九・四九	一五・〇〇〇・〇〇	一〇三・六五九・四九	八・六三八・二九	
松滋	七一・六八七・八七	五・〇〇〇・〇〇	七六・六八七・八七	六・三九〇・六五	
公安	七四・〇三八・一六	一一・七〇〇・〇〇	八五・七三八・一六	七・一四四・八五	
石首	六〇・八五八・一一	六・六〇〇・〇〇	六七・四五八・一一	五・六二一・五一	
枝江	五二・一六六・四〇	八・〇〇〇・〇〇	六〇・一六六・四〇	五・〇一三・八六	
襄陽	一二七・五三四・九〇	五・〇〇〇・〇〇	一三二・五三四・九〇	一一・〇四四・五七	
棗陽	九五・三七二・四二	四・〇〇〇・〇〇	九九・三七二・四二	八・二八一・〇三	
南漳	四七・七七七・八〇	四・〇〇〇・〇〇	五一・七七七・八〇	四・三一九・八二	

续表

縣別	核定本年度田畝捐數	核定本年度商鋪捐數	全年共徵數	按月分配數	備考
宜城	五八・七八五・二五	二・四〇〇・〇〇	六一・一九五・二五	五・〇九八・七七	
光化	八〇・二三四・四八	一六・八〇〇・〇〇	九七・〇三四・四八	八・〇八六・二〇	
穀城	六五・三〇九・一五	二・〇五〇・〇〇	六七・三五九・一五	五・六一三・二六	
保康	二六・二七八・六九		二六・二七八・六九	二・一八九・八九	
宜昌	七七・七九二・五〇	三〇・〇〇〇・〇〇	一〇七・七九三・五〇	八・九八二・七〇	
當陽	八五・二八七・八一	四・〇〇〇・〇〇	八九・二八七・八一	七・四四〇・六五	
宜都	四八・八六〇・九一	一・二〇〇・〇〇	五〇・〇六〇・九一	四・一七一・七四	
長陽	二九・八一四・二一		二九・八一四・二一	二・四八四・五一	
秭歸	一四・一一一・三九	四・〇〇〇・〇〇	一八・一一一・三九	一・五〇九・二八	
興山	一〇・五六八・七五	一・二〇〇・〇〇	一一・七六八・七五	九八〇・七三	
遠安	二〇・〇六五・九七		二〇・〇六五・九七	一・六七二・一六	
五峯	五・六〇二・二四		五・六〇二・二四	四六六・八五	
恩施	四一・二七〇・八五	四・八〇〇・〇〇	四六・〇七〇・八五	三・八三九・二三	
利川	四一・五二五・六四	二・四〇〇・〇〇	四三・九二五・六四	三・六六〇・四七	
建始	四〇・八〇〇・〇〇		四〇・八〇〇・〇〇	三・四〇〇・〇〇	
巴東	三四・五六〇・〇〇	一・二七三・二〇	三五・八三三・二〇	二・九八六・一〇	
宣恩	一六・〇〇〇・〇〇		一六・〇〇〇・〇〇	一・三三三・三四	
來鳳	二〇・六一三・八二	二・四〇〇・〇〇	二三・〇一三・八二	一・九一七・八二	
咸豐	一七・六〇〇・〇〇		一七・六〇〇・〇〇	一・四六六・六七	

續表

縣別	核定本年度田畝捐數	核定本年度商鋪捐數	全年共徵數	按月分配數	備考
鶴峯	七・七〇〇・〇〇		七・七〇〇・〇〇	六四一・六六	
鄖縣	六七・五〇〇・〇〇	一・三〇〇・三〇	六八・八〇〇・〇〇	五・七三三・三三	
均縣	五二・四六七・一〇	八〇〇・〇〇	五三・二六七・一〇	四・四三八・九二	
鄖西	四五・〇〇〇・〇〇	四〇〇・〇〇	四五・四〇〇・〇〇	三・七八三・三三	
竹山	二九・七〇〇・〇〇	八二〇・八	三〇・五二〇・八	二・五四三・四〇	
竹谿	三三・七五〇・〇〇	五〇〇・〇〇	三四・二五〇・〇〇	二・八五四・一六	
房縣	六二・四五六・五八	四〇〇・〇〇	六二・八五六・五八	五・二三八・〇五	
合計			四・四九六・二六一・五八	三七四・六八八・二一	

湖北省二十五年度保安經費實收數目表

科目	現金（元）	抵解轉賬（元）	合計（元）	備考
田畝捐	一・三六一・五七二・六四八	六九一・二四九・五一五	二・〇五二・八二二・一六三	
商鋪捐	八二・一二四・一六〇	五九・二六〇・五〇一	一四一・三八四・六六一	
臨時特別捐	四・三二五・五三二	七九一・三〇二	五・一一六・八三四	
罰金	四・〇三六・〇七〇	九三五・六五五	四・九七一・七二五	
雜項收入	一八・九六六・六〇五		一八・九六六・六〇五	
結餘金	三・八一五・六九〇		三・八一五・六九〇	
暫記收款	六八・九一七・五一〇		六八・九一七・五一〇	
各區經理處結束餘款	一〇・〇九六・〇七五		一〇・〇九六・〇七五	

續表

科目	現金（元）	抵解轉賬（元）	合計（元）	備考
截曠	一〇・〇九・四六〇		一〇・〇九・四六〇	
省庫轉入保安費	六四・八〇四・〇〇〇		六四・八〇四・〇〇〇	
總計	一・六二八・七四八・七五〇	七五二・二三六・九七三	二・三八〇・九八五・七二三	

湖北省二十五年度保安經費歲出預算表

科目	全年度預算數（元）	備考
全省保安經費	四・四九六・二六一・五八	
一、保安經常費	二・八〇五・六八八・三八	
（1）各團經費	二・五三一・九五九・九二	
（2）各縣壯丁隊兩級隊附津貼	五五・六八〇・〇〇	
（3）各縣保安經費徵收費	二一八・〇四八・四六	
二、保安臨時費	一・六九〇・五七三・二〇	
（1）服裝	二七五・六二〇・〇〇	
（2）子彈費	二二〇・〇〇〇・〇〇	
（3）偵探伕費	一五〇・〇〇〇・〇〇	
（4）交通費	七〇・〇〇〇・〇〇	
（5）埋葬費撫卹費	一五〇・〇〇〇・〇〇	

续表

科目	全年度预算数（元）	备考
（6）奖金	六〇・〇〇〇・〇〇	
（7）补充武器费	一五〇・〇〇〇・〇〇	
（8）校阅费	二八・〇〇〇・〇〇	
（9）修理费	二〇・〇〇〇・〇〇	
（10）教育费	六二・四〇〇・〇〇	
（11）购置费	一一二・〇〇〇・〇〇	
（12）预备费	三九二・五五三・二〇	

湖北省二十五年度保安经费实支数目表

科目	现金（元）	拨付转账（元）	合计（元）	备考
行政费	一五・九二〇・九三〇	一〇・九二二・七一〇	二六・八四三・六四〇	
保安费	一・一八二・四七七・三五〇	六三三・七五四・〇四〇	一・八一六・二三一・三九〇	
征收费	八三・〇三〇	三八・四七二・〇六八	三八・五五五・〇九八	
壮丁队附津贴	一〇・八七二・〇〇〇	一一・四五六・五〇〇	二二・三二八・五〇〇	
校阅费		六・三四五・〇〇〇	六・三四五・〇〇〇	
服装费	一六〇・一九三・二九〇	三三一・一五〇	一六〇・五二四・四四〇	
子弹费	二三・〇〇〇・〇〇〇		二三・〇〇〇・〇〇〇	
教育费	三・三〇九・五四〇	三・八二四・九四〇	七・一三四・四八〇	
卫生费	三四三・〇〇〇	一・三四八・七四〇	一・六九一・七四〇	

續表

科目	現金（元）	撥付轉賬（元）	合計（元）	備考
草鞋費	五六〇・三二〇	一・六六三・四二〇	二・二二三・七四〇	
購置費	三・八二四・七一〇	三八六・〇四〇	四・二一〇・七五〇	
修槍費	一〇三・〇九〇	四四四・五七〇	五四七・六六〇	
修建費	五〇三・五六〇	五〇〇・七四〇	一・〇〇四・三〇〇	
伕探費	二二・四一〇・二四〇	一六・一五六・六七〇	三八・五六六・九一〇	
剿匪移防費	二二八・〇〇〇	六〇四・五二〇	八三二・五二〇	
埋葬費	一・七四〇・〇〇〇	二・四八〇・〇〇〇	四・二二〇・〇〇〇	
撫卹費	一・五二〇・〇〇〇	二・九四七・五〇〇	四・四六七・五〇〇	
雜項支出	九・九一三・三二〇	五・六二九・五七〇	一五・五四二・八九〇	
候用軍官津貼		七六・〇〇〇	七六・〇〇〇	
醫藥官兵薪餉		一五六・〇〇〇	一五六・〇〇〇	
償還舊欠	八三・七四九・八一〇	一四・七三六・一九五	九八・四八六・〇〇五	
暫記付款	一七四・二四五・一五〇		一七四・二四五・一五〇	
總計	一・六九四・九九七・三四〇	七五二・二三六・九七三	二・四四七・二三四・三一三	

第七節　市縣財政

第一項　漢口市財政之收支

　　漢口設市，始於民國十五年九月國民革命軍初抵漢口時，迄今已及十載，其組織迭有變更，財政狀況亦隨而屢有推遷。茲分兩期言之。

(甲) 二十一年以前情形

民十五年九月，革命軍會師武漢，乃改漢口爲特別市，組織市政府，成立財政局，在十六年度收入總數爲一百五十七萬四千三百五十二元，支出爲一百八十萬另六千四百八十元，收支相抵，尚有不敷，迨至十七年度組織屢更，初爲市政委員會，繼爲市政府，旋又改爲特別市政府，每月收支之額由十餘萬元，遞增至四十萬元，十八、十九兩年度，收入總額增至五百萬元左右，而支出總數亦復相等，二十年一月一日鄂省遵令裁撤厘金，省庫驟失鉅款，財政益爲支絀，由是中央爲維持省政起見，始將漢口市改隸於省政府之下，而以該市原有收入，補充省庫之不足。惟漢口居全國之中心，爲國內貿易之巨擘，市政設施亦當積極改進，二十一年夏，蔣委員長駐節武漢，遂核定漢口市收入獨立之制，於是年十月實行，定每月收支同爲二十六萬四千元，其支出各款，除有特殊情形之款目外，皆照原數再減十分之一，其支配標準如次：

一、黨務、行政、公安、財務、教育、衛生各項政費月列一十七萬四千餘元。

二、建設事業費月列五萬元。

三、債務費月列三萬五千元。

四、預備費月列三千九百餘元。

所有二十一年度收支預算，即係根據核定數目編列，茲列表如下：

漢口市民國二十一年度歲入歲出預算表（注十五）

歲入門

項別	全年概算數（元）	每月概算數（元）	備考
市稅	二・三二九・四一六・〇〇	一九四・一一八・〇〇	
協款	八四〇・〇〇〇・〇〇	七〇・〇〇〇・〇〇	
合計	三・一六九・四一六・〇〇	二六四・一一八・〇〇	

续表

	歲出門		
項別	全年概算數（元）	每月概算數（元）	備考
黨務費	九七・九一八・二〇	八・一五九・八五	
行政費	二五五・四九二・二四	二一・二九一・〇二	
公安費	八〇三・九六九・二八	六六・九九七・四四	
財務費	二二六・七四八・四〇	一八・八九五・七〇	
教育文化費	四四七・〇二七・一二	三七・二五二・二六	
建設費	六〇六・四八〇・〇〇	五〇・五四〇・〇〇	
衛生費	一二四・五二七・七二	一〇・三七七・三一	
債務費	四二〇・〇〇〇・〇〇	三五・〇〇〇・〇〇	
各項臨時費	一四〇・四〇〇・〇〇	一一・七〇〇・〇〇	
預備費	四六・八五三・〇四	三・九〇四・四二	
合計	三・一六九・四一六・〇〇	二六四・一一八・〇〇	

（乙）二十二年以後情形

　　漢口市財政，自廿一年核定收支獨立之制，及月份預算後，迄於廿五年度爲止，尚無重大變更，惟收支兩額，逐年均有遞增。茲將二十二年度至二十五年度之歲入歲出預算數，及二十二年度至二十四年度之收支實數，分別列表如下：

漢口市政府民國二十二年度至二十五年度普通會計歲入預算統計表（注十六）

年度＼科目	二十二年度預算數（元）	二十三年度預算數（元）	二十四年度預算數（元）	二十五年度預算數（元）	備考
田賦	九九・六〇〇	九九・六〇〇	九八・四〇〇	二四八・四〇〇	
契稅	二四〇・〇〇〇	二七三・〇〇〇	二六八・二〇〇	二六八・二〇〇	
營業稅	二四四・二〇〇	二一三・〇〇〇	一九九・二〇〇	一九九・二〇〇	
房捐	八四七・二〇〇	九一九・二〇〇	九五六・七六〇	九五六・七六〇	
地方財產收入	五一・一二〇	九三・一二〇	七二・七二〇	七二・七二〇	
地方事業收入	四・八〇〇	一四・四六〇	一四・四六〇	一五・六〇〇	
地方行政收入	二五・六八〇	二五・六八〇	一七・二八〇	一五・六〇〇	
補助款收入	六〇・〇〇〇	六〇・〇〇〇	六〇・〇〇〇	六一・〇〇〇	
債款收入			一・〇〇〇・〇〇〇	五〇〇・〇〇〇	
其他收入	一・九三九・四七六	一・九六八・一二〇	一・八六五・四四〇	一・八四七・八四〇	
合計	三・五一二・〇七六	三・六六六・一八〇	四・五五二・四六〇	四・一八五・三二〇	

漢口市政府民國二十二年度至二十五年度普通會計歲出預算統計表（注十七）

年度＼科目	二十二年度預算數（元）	二十三年度預算數（元）	二十四年度預算數（元）	二十五年度預算數（元）	備考
黨務費	九七・九一八	一〇二・七一八	一〇二・七一八	一〇二・七一八	
行政費	三〇六・二五二	三二四・二五二	三五四・二五二	三五六・六五二	

續表

年度　科目	二十二年度預算數（元）	二十三年度預算數（元）	二十四年度預算數（元）	二十五年度預算數（元）	備考
公安費	一・一四三・九三六	一・一三四・九三六	一・一一〇・七三六	一・一五一・六一六	
財務費	二七九・七〇四	二三七・一四四	二一一・五七六	二一一・五七六	
教育文化費	五二八・三二二	五八八・〇三六	五七八・二三六	六二八・九〇三	
衛生費	一二八・七二四	一三七・九九四	一三七・九九四	一四六・四三〇	
建設費	五四九・三八八	六三六・七二〇	一・四〇〇・一四〇	一・〇六九・五四〇	
撫卹費	三・九五〇	三・九五〇	四・一五〇	四・一五〇	
債務費	三八四・〇〇〇	三八四・〇〇〇	四八〇・〇〇〇	三七二・〇〇〇	
協助費	四〇・〇〇〇	一〇二・九三二	一〇二・六九二	一〇三・四一二	
預備費	四九・八八二	一三・四九八	二九・九六六	三八・三二三	
合計	三・五一二・〇七六	三・六六六・一八〇	四・五五二・四六〇	四・一八五・三二〇	

漢口市民國二十二年度至二十四年度收支實況表（注十八）

年度	收入實數	支出實數	備考
二十二年度	二・〇四七・一四二・七一〇	二・〇五二・五九二・七一〇	
二十三年度	四・一一六・九一四・八五〇	四・一一六・九一四・八五〇	
二十四年度	二・四五一・六六三・七二〇	二・四五一・六六三・七二〇	

第二項　各縣縣財政概況

我國縣地方財務，自始無確定統一之制度，其管理及收支方法，大都因襲一事，或一地之習慣，性質既屬混淆，權限亦多糅雜，相沿日久，於是造成如下之情弊：

（一）各縣地方公款公產，每一事項，往往由一人，或數人經管，名曰經董，其有管理機關者，亦由地方人士，任意設置，不但一縣境內，不相統屬，即在一鄉一區之內，亦各自爲政，大都視爲利藪，明爭暗奪，循環不休，其流弊所及：爲"毫劣把持"，爲"朋比爭逐"，爲"機關歧出，經費虛糜"。

（二）各縣地方稅捐，由地方自收自支，其收入多不合政府之規章，其支出亦不經正當之審核，現金出入從無法定保管辦法，無論機關團體或個人，皆可自由籌款，自由付款，其流弊所及：爲"苛雜擾民"，爲"侵吞中飽"，爲"虧挪捲逃，交代不清"。

二十一年秋，蔣委員長督師武漢，鑒於前項情弊，各縣同風，愈演而愈烈，若不加糾正，縣財務將日益紊亂，縣政務亦無從發揮，爰頒"剿匪區內整理縣地方財政章程"，其要點有三：

（一）規定"各縣設財務委員會，受縣長監督，辦理地方財政，凡縣有之教育、團防、自治、慈善各款，以及縣有之公款公產均屬之，原設之公款收支，及公產管理機關，概由財務委員會接管"（見原章程第十三條），由是縣公款公產之管理，歸於統一，其管理機關，與主持之人選，均須依法而產生，所以杜把持爭逐，及虛糜經費之弊也。

（二）規定"財務委員會，設審核組，辦理稽核預決算事項"（見原章程第十五條，第一項），由是公款收支，悉以預算爲範圍，所以杜苛擾挪移之弊也。

（三）規定"財務委員會，設出納組，辦理收支保管事項"，並明定"管理方法，保證責任，與出納之程序"（見原章程第二十二至第二十六等條），由是縣公款出納，及縣公款公產之保管，須以法定手續，與一定規則爲依據，所以杜侵吞捲逃之弊也。

上項章程，行之兩年，頗著成效，此爲整理縣財務制度時期，二十四年冬，蔣委員長爲謀增進縣政效率起見，復頒布"剿匪省份，各縣政府裁局改科辦法大綱"，其中關於整理縣財務辦法，較諸舊制，益有改善，舉其大要如下：

（一）規定"各縣應徵之省縣正附稅捐，除該地某項稅額特大，經呈明准予特設專局徵收外，概歸縣政府統一徵收，並得特設經徵處，受主管科之指揮辦理"（見原大綱第七條第一項）。

（二）規定"各縣財政之收入支出，及保管事項，現由縣財務委員會出納組所掌管者，概行劃出，設置縣金庫，獨立辦理"（見原大綱第七條第二項）。

（三）規定"凡已設縣金庫地方，現行剿匪區內，整理縣地方財政章程第三章所規定之財務委員會，應即改爲專任審核機關"（見原大綱第七條第二項）。

以上三端，旨在集中權責，改善組織，以求縣政效率之增加，一方將縣財委會，徵收縣地方稅款之權，移歸縣政府，使其連同省稅，統一徵收，一方將縣財委會掌理出納現金之權，移歸縣金庫，使其以獨立之精神辦理，又一方將審核縣地方財政之權，仍屬諸財委會，使其專心負責，不爲其他事務所牽制，三權分立，各有專司，以視舊制徵權保管審核，三權混合，操於財委會之一手，實較爲完善，鄂省辦理縣財務，係照"剿匪區內裁局改科辦法大綱"所定原則，向前推進，是爲改進縣財務制度時期。爰將鄂省近年改進縣財務行政組織，裁廢苛捐雜稅，確定預算收支各情形，概略言之：

（甲）改進縣財務行政組織

鄂省自奉頒布各縣政府裁局改科辦法大綱以還，即經遵循規定，積極改進，現在各縣財務行政機構，較前已爲健全，茲分三項言之：

一、推設縣金庫　金庫爲集中資財之樞紐，專司收款解款劃撥保管事務，無論收、解、撥、管，必經一定之手續與程序，與經徵審核兩機關，各別分立，互爲牽制，是以金庫之權責爲超然的，鄂省各縣縣金庫組織，已定委託省銀行負責辦理，因金庫自有其特殊性質，蘇浙等省均無令縣自行組織辦法，且就遴選人員，周密監督，穩妥保管等方面而言，亦以委託省銀行辦法，方可收整齊劃一，與事半功倍之效。至縣金庫之組織，分專設與代辦兩種，專設之縣金庫，以省銀行分支行暨辦事處與縣政府不在同一地點，或現在尚未設立省銀行分支行暨辦事處爲原則；代辦之縣金庫，以省銀行分支行暨辦事處與縣政府在同一地點，或距離甚近爲原則，現在根據此項原則，已成立代辦縣金庫者，計有武昌、漢陽、襄陽、宜昌、宜都、巴東、隨縣、鄖縣、恩施、蒲圻等十縣，其已成立專設縣金庫者，計有天門、江陵、大冶、廣濟、光化、嘉魚、咸寧、通城、陽新、鄂城、蘄春、浠水、黃梅、黃岡、麻城、黃陂、安陸、孝感、應山、應城、漢川、京山、鍾祥、荊門、沔陽、潛江、監利、石首、公安、枝江、松滋、棗陽、宜城、穀城、南漳、當陽、均縣、房縣等三十八縣，其餘二十二縣已規定期限，次第組織完成。

　　二、組織經徵處　各縣徵收稅捐，除田賦一項，向沿舊制，設櫃徵收外，其餘各稅捐，或由縣政府直接收管，或歸財務委員會收管，自收自支，各爲體系，職權既不一致，設備亦多窳敗，且經辦人員，從中把持，浮收中飽，侵蝕挪移之弊，時有所聞。現照新定辦法，將各縣原有田賦徵收處，改組爲經徵處，附設縣政府之下，受財政科之指揮，各項稅捐，概歸統一徵收；至經徵處之組織，係視各縣事務之繁簡，額收之多寡，可以分組辦事，其已設有縣金庫縣份之經征處得分設核算給券等組，而將收款事務歸縣金庫辦理，其尚未設有縣金庫縣份之經徵處，則暫時另設收款組，而以收款與經徵分立爲原則，一俟縣金庫成立，應即時將收款部份事務，諸歸金庫辦理。現在各縣經徵處，已經成立者計有武昌、漢陽、襄陽、宜昌、宜都、巴東、隨縣、鄖縣、恩施、天門、江陵、大冶、廣濟、光化、蒲圻、嘉魚、咸寧、通城、陽新、鄂城、蘄春、浠水、黃梅、黃岡、麻城、黃陂、安陸、孝感、應山、應城、漢川、京山、鍾祥、荊門、沔陽、潛江、監利、石首、公安、枝江、松滋、棗陽、宜城、穀城、南漳、當陽、均縣、房縣等四十八縣，其餘各縣，均可於短期間組織完成。

　　三、改組縣財務委員會　　在前頒定整理縣地方財政章程內所付與縣財務委員會之職權，包括稅捐徵收、出納與保管現款、審核用途三項，其權限未免過於廣汎，縣長雖有監督之權，但施行政務，往往受其牽掣，照上述縣政府裁局改科辦法大綱新制，係將徵收稅捐職權，移歸經徵處，出納與保管現款職責，移歸縣金庫，而縣財務委員會，則專負審核縣款收支責任，較諸徵權保管審核三項操於一手，實爲改進，且專一審核，不再混合其他事務，具有獨立精神，可以充分行使權責。近奉委員長行營令，特將整理縣地方財政章程，加以修正，內關財委會之職權，改定要點如下：

　　（1）建議縣地方歲入各款之整理，與徵收情弊之革除。
　　（2）建議非必要或可省之縣地方歲出各款之裁撤與核減。
　　（3）審核縣地方收支一切款項。
　　（4）縣地方各機關支款，須經過財委會之審核後，方得填發支付命令。

　　以上各點，經財委會之策劃建議與嚴密審核，可以防杜縣財務之紊亂與逾軌，在前財委會既自兼收支保管，當不願再自審自核，故雖有審核規定，鮮見切實奉行，今財委會專任審核，而不兼收支保管，即無顧慮，當可充分運用職權，切實審核，俾與經徵處縣金庫各別分立，以收互相牽制之效。現在各縣財委會均已與成立縣金庫經徵處縣份，同時改組。

　　（乙）裁廢苛捐雜稅及減輕田賦附加

　　查各縣地方收入，關於附捐部份，雖僅田賦契牙屠等項，而捐目繁複，捐率甚重，其他雜支經費，每借辦一事，即抽收一捐，自奉頒裁厘禁令後，於對物課稅各捐，均已照案廢除，而舊有之複雜附捐名目，亦經刪繁就簡，分類歸納，概以縣政教育兩項經費爲範圍，統收分撥，其餘雜捐，復於核編各縣二十三年度縣地方預算時，分縣嚴格審核，裁廢減併,同時執行,計有蒲圻等三十九縣,裁廢科目凡六十二種,款額共達四十五萬一千九百四十八元,嗣於審核各縣二十四年度縣地方預算時,繼續裁廢者,復有嘉魚十六縣,科目計十七種,款額達四萬六千九百三十三元,又於核編二十五年度縣預算時,繼續裁廢漢陽等八縣苛雜十二種,款額達四萬八千九百五十九元,至各縣田賦附加,其有超過正稅者,均經切實減輕,而於保安畝捐,亦按各縣縮編團隊原則,分別減輕,計有武昌等二十一縣,共核減銀五十二萬零二百二十一元,各年度總共裁減捐稅一百另六萬八千另六十一元,此外又裁廢宜昌等七埠稅捐科目凡二十九種,捐額共二十八萬七千一百四十六元,此與國賦民力,殊有裨益。茲將歷次裁廢捐稅科目數額及減輕田賦附加數額,分別列表如下(注十九):

湖北省各縣二十三年度裁廢苛雜稅捐一覽表

縣別	捐目	用途	年徵概數	備考
蒲圻	茶商特捐	教育	一二,〇〇〇.〇〇	已飭妥籌抵補即予裁廢
	魚業商舖捐	保安	一,二〇〇.〇〇	仝上
	蔴業商舖捐	保安	四,〇〇〇.〇〇	仝上
小計			一七,二〇〇.〇〇	
漢陽	竹木捐		六〇〇.〇〇	
	門捐	縣政	五,〇〇〇.〇〇	與房捐重徵本年預算案已減列
	蔡甸商號樂捐		八五六.〇〇	已經停徵
	魚苗埝捐		五〇.〇〇	已經停徵

续表

县别	捐目	用途	年征概数	备考
小计			六・五〇六・〇〇	
嘉鱼	公安杂捐	县政	三・〇〇〇・〇〇	本年度预算已减列
	花麻丝豆捐	县政教育	一〇・〇〇〇・〇〇	已经停征
小计			一三・〇〇〇・〇〇	
咸宁	特别商捐	县政	五・六三六・〇〇	本年度预算已删列
	商铺教育捐	教育	一・五七五・〇〇	已饬停征
	船户公安捐	县政	三〇〇・〇〇	仝上
	茶蔴纸业商捐	保安	一一・五八九・〇〇	已饬令速筹抵补分期裁废
小计			一九・一〇〇・〇〇	
阳新	旅栈捐	县政	一七九・〇〇	本年度预算已予删列
	盐草捐		一五・〇〇〇・〇〇	
小计			一五・一七九・〇〇	
大冶	花蔴商捐	县政	二・〇〇〇・〇〇	已于本年度预算删列
	石灰捐	教育	五〇・〇〇	仝上
小计			二・〇五〇・〇〇	
蕲春	谷米出口登记费	教育	二九・八一二・〇〇	业已裁废

續表

縣別	捐目	用途	年徵概數	備考
	土產捐	教育	三〇・〇〇〇・〇〇	限定本年十二月底裁廢
	棉麻捐	教育	八〇〇・〇〇	仝上
	河捐	縣政教育	一〇〇・〇〇〇・〇〇	業已裁廢
小計			一六〇・六一二・〇〇	
浠水	商舖公益捐	縣政	六八四・〇〇	業飭裁廢
小計			六八四・〇〇	
黃梅	錢紙捐	教育	二・五八七・〇〇	業飭裁廢
	燒熬捐	保安	五〇〇・〇〇	仝上
小計			三・〇八七・〇〇	
黃陂	公安商捐	縣政	一・八〇〇・〇〇	該項過於苛細業已刪列
	輪捐	縣政	一・〇〇〇・〇〇	因過苛細已經裁廢
小計			二・八〇〇・〇〇	
禮山	榨捐	教育及建築新治	二・〇〇〇・〇〇	因與營業稅法牴觸已飭停徵
小計			二・〇〇〇・〇〇	
孝感	公安商捐	縣政	一二〇・〇〇	因涉於苛細重複已飭停徵
小計			一二〇・〇〇	

續表

縣別	捐目	用途	年徵概數	備考
應城	公益捐	保甲	六・二〇〇・〇〇	石膏公司月攤四百一十六元公益當月捐一百元均令裁廢
小計			六・二〇〇・〇〇	
天門	門捐		一・七四〇・〇〇	已飭裁廢
小計			一・七四〇・〇〇	
漢川	水警雜捐	水警	九・六〇〇・〇〇	已命令裁廢
小計			九・六〇〇・〇〇	
沔陽	絲花蛋捐		三〇・〇〇〇・〇〇	已命令裁廢
小計			三〇・〇〇〇・〇〇	
江陵	鹽觔附加		六〇〇・〇〇	已飭停徵
小計			六〇〇・〇〇	
松滋	棉花捐	保安	五・〇〇〇・〇〇	已飭停徵
	稞石捐	教育	一八・〇〇〇・〇〇	已限本年十二月底裁廢
	菸酒捐	教育	一・八〇〇・〇〇	已飭停徵
	榨捐	教育	七〇〇・〇〇	仝上
	雜糧捐	教育	四・〇〇〇・〇〇	仝上
小計			二九・五〇〇・〇〇	

續表

縣別	捐目	用途	年徵概數	備考
監利	竹木捐	教育	五〇〇・〇〇	已核飭裁廢
	花包捐	教育	九・八〇〇・〇〇	同上
小計			一〇・三〇〇・〇〇	
宜城	門糧棉花捐	教育	二・一八四・〇〇	已飭停徵
小計			二・一八四・〇〇	
光化	榨業捐	教育	三四〇・〇〇	該捐係屬複稅已予裁廢
	軋花捐	教育	三〇〇・〇〇	同上
小計			六四〇・〇〇	
穀城	商舖附捐	教育	一二〇・〇〇	該捐係屬複稅已予裁廢
小計			一二〇・〇〇	
保康	宿棧捐		九〇〇・〇〇	已飭停徵
小計			九〇〇・〇〇	
遠安	紙槽捐		一〇〇・〇〇	已飭停徵
	公益捐		四・〇〇〇・〇〇	
小計			四・一〇〇・〇〇	
宜都	樂戶捐		三一七・〇〇	已飭停徵

續表

縣別	捐目	用途	年徵概數	備考
小計			三一七·〇〇	
興山	鹽商商舖捐		一二·〇〇〇·〇〇	已飭停徵
	曆書捐		三五二·〇〇	同上
小計			一二·三五二·〇〇	
秭歸	出口貨特捐		二·〇〇〇·〇〇	如煤炭木料山貨等類抽百分之五
	食鹽捐		一〇·〇〇〇·〇〇	食鹽每八十斤抽折五角約八千元又軍事招待二角
	特貨公益捐		二·〇〇〇·〇〇	已飭裁停
	航空救國捐		一·七〇〇·〇〇	同上
小計			一五·七〇〇·〇〇	
五峯	鹽捐	教育	一五〇·〇〇	已飭裁停
	木捐	教育	一五〇·〇〇	同上
	漆刀捐	教育	八〇〇·〇〇	同上
	茶捐	教育	四〇〇·〇〇	同上
	桐木捐	教育	一〇〇·〇〇	同上
	紙槽捐	教育	八〇·〇〇	同上
小計			一·六八〇·〇〇	

續表

縣別	捐目	用途	年徵概數	備考
長陽	戶捐	區公所經費	七·六〇〇·〇〇	已飭裁停
	紙槽捐	教育	八〇〇·〇〇	同上
小計			八·四〇〇·〇〇	
宣恩	保安月捐	保安	三〇·八一二·〇〇	保安經費恃月捐收入殊屬煩苛，已飭令即予停止零徵欵捐具報
小計			三〇·八一二·〇〇	
巴東	歷書捐	教育	四·八〇〇·〇〇	
小計			四·八〇〇·〇〇	
鶴峯	護商捐	縣政	九·〇〇〇·〇〇	按運貨值百抽五實屬類似釐金，已予裁廢
	漆稅	保安	三七五·〇〇	已飭裁停
	茶稅	保安	一·二五〇·〇〇	同上
小計			一〇·六二五·〇〇	
利川	中介捐	縣政	三·〇〇〇·〇〇	已飭裁停
小計			三·〇〇〇·〇〇	
咸豐	集場商捐	保安	二·四〇〇·〇〇	按商場抽收貨捐，已飭裁停
小計			二·四〇〇·〇〇	
来鳳	草菸捐		七〇〇·〇〇	已飭裁停

續表

縣別	捐目	用途	年徵概數	備考
小計			七〇〇・〇〇	
均縣	公安捐		四八〇・〇〇	已飭裁停
	香火捐		一・〇〇〇・〇〇	同上
	菸葉桐油兩捐		三・〇〇〇・〇〇	同上
小計			四・四八〇・〇〇	
鄖西	食鹽經紀捐		一・八〇〇・〇〇	已飭裁停
	客棧捐		三六〇・〇〇	同上
小計			二・一六〇・〇〇	
竹山	軍運臨時捐		一三・五〇〇・〇〇	已飭裁停
	鹽船捐	供應軍差	一・〇〇〇・〇〇	同上
	棉花捐	供應軍差	八〇〇・〇〇	同上
小計			一五・三〇〇・〇〇	
竹谿	菸酒捐		一・〇〇〇・〇〇	已飭裁停
小計			一・〇〇〇・〇〇	
總計			四五一・九四八・〇〇	

說明　各縣稅捐，凡跡近苛雜者，均嚴格裁廢，惟關於教育事業費以及保安經費者，均限期辦理。綜計蒲圻等三十九縣共裁廢科目六十二種，款額四十五萬一千九百四十八元整。

湖北省各縣二十四年度繼續裁廢苛雜稅捐一覽表

縣別	捐目	用途	年徵概數（元）	備考
嘉魚	鄉鎮房捐	縣政	一·四四〇	
咸甯	特別商捐	縣政	三·〇〇〇	
大冶	公安捐	縣政	六·六〇〇	
通山	蔴紙捐	教育	三〇〇	
黃梅	紳富特別捐	縣政	一·四〇〇	
黃陂	糖榨花生捐	教育	一·二〇〇	
漢川	田賦縣政補助捐	縣政	九·六〇〇	
沔陽	公安門捐	縣政	二·〇四〇	
江陵	土方附加	教育	五·六〇〇	
公安	花木兩商樂捐	教育	四·〇〇〇	
光化	補助及游藝捐	教育	二·七九〇	
南漳	中代捐	教育	五·〇〇〇	
	木耳桃仁斗紙捐	教育	七二〇	
當陽	燉戶公安捐	縣政	一·九二〇	
秭歸	魚稞捐	縣政	二三	
五峯	產業買賣中金捐	縣政	四〇〇	
竹谿	宿棧捐	縣政	九〇〇	
合計			四六·九三三	

说明：一、本表以元為單位
　　　一、嘉魚等十六縣共裁廢科目十七種計四萬六千九百三十三元

湖北省各縣二十五年度繼續裁廢苛雜稅捐一覽表

縣別	捐目	用途	年徵概數	備考
漢陽	長途電話捐	縣政	四・二〇〇	
大冶	礦商臨時捐	縣政	二八・八〇〇	
黃陂	縣城門牌捐	縣政	一・六八〇	
光化	棉花行捐	教育	一・〇〇〇	
長陽	公安紳富捐	縣政	三・〇〇〇	
	棧捐	縣政	一二〇	
來鳳	油榨捐	縣政	一・九二〇	
	殷實捐	縣政	一・八二〇	
	竹蔴捐	縣政	二四四	
	菸草捐	縣政	一一五	
巴東	保安特別捐	保安	五・七六〇	
均縣	鍋廠捐	教育	三〇〇	
合計			四八・九五九	

說明　一、本表以元為單位

　　　二、漢陽等八縣裁廢科目共十二種計共四萬八千九百五十九元

湖北省二十三年度各縣田賦附加減輕一覽表

縣別	附加捐目	用途	減徵概數	備考
武昌	田畝捐	保安	三一・七八九・〇〇	本年度減徵
咸寧	田畝捐	保安	七・〇〇〇・〇〇	本年度減徵
鄂城	田畝捐	保安	三三・六〇〇・〇〇	本年度減徵
浠水	田賦附加縣政教育兩捐	縣政教育	五三・〇〇〇・〇〇	本年度減徵
黃梅	田賦附加教育捐	教育	五・四四〇・〇〇	本年度暫列已飭速籌抵補
廣濟	田畝捐	保安	四六・三六九・〇〇	本年度減徵
羅田	券票附徵學捐	教育	二八八・〇〇	每券一張減徵一分二厘
麻城	田畝捐	保安	五五・四二四・〇〇	本年度減徵
漢川	田畝捐	保安	三二・〇〇〇・〇〇	本年度減徵
石首	田畝附徵教育捐	教育	五・三〇〇・〇〇	已飭令另籌抵補並予減徵
保康	田畝附加	縣政	三六・〇〇〇・〇〇	已經減徵
當陽	田畝附加		六・〇九八・〇〇	已經減徵
興山	地丁附徵教育捐	教育	一・二三六・〇〇	已經減徵
秭歸	產業證券	縣政	五・〇〇〇・〇〇	已經減征
	田賦善後捐		一五・〇〇〇・〇〇	已經減徵
	丁屯附徵學捐	教育	一・七二〇・〇〇	每丁銀一兩附徵二元二角三分二厘，每屯銀一兩附徵二元七角零三厘，已經減徵

續表

縣別	附加捐目	用途	減徵概數	備考
	丁屯附徵公安捐	公安	八六〇·〇〇	每兩附徵一元一角六分已經減徵
建始	田畝捐	保安	二六·〇〇〇·〇〇	已經減徵
巴東	券票附徵縣政捐	縣政	三〇·〇〇〇·〇〇	券約三萬張每張徵洋一元,已飭令速籌抵補,本年終即予裁廢
來鳳	券票附徵學捐	教育	五三一·〇〇	每券一角
均縣	券票附徵徵收費	徵收費	二·〇〇〇·〇〇	每券五分已經減徵二分計券十萬張
房縣	券票附徵徵收費	徵收費	八〇〇·〇〇	四萬張每張五分
竹山	按糧預備縣政捐	縣政	一五·六一七·〇〇	已經飭停
	預備畝捐	保安	六二·四六九·〇〇	已經飭停
竹谿	田畝附加	未注用途	三六·〇〇〇·〇〇	已予刪減
	地丁附徵	行政	一〇·六八〇·〇〇	每兩附徵行政費十元,已予飭停
總計			五二〇·二二一·〇〇	

說明　凡各縣田畝附加超過正稅者,均依定率一律減輕,至畝捐均係依各縣縮編中隊減徵畝捐案辦理,綜計武昌等二十一縣共減銀五十二萬零二百二十一元。

湖北各商埠裁廢稅捐一覽表　二十三年七月施行

埠別	裁廢科目	年收數	備考
宜昌	豬羊捐	二・三四〇・〇〇	豬羊每頭徵洋八分，以每日七十五頭計算，又每年元月十一月十二月爲旺月，每日一百頭計算，共計年收如左數
	鮮皮捐	六〇〇・〇〇	約月收五十元年收如左數
	青菓捐	四四・〇〇	舊曆十冬臘三個月共徵洋四十四元，普通月份無捐
	大輪捐	二〇四・〇〇	隨票帶徵每客二分月約徵洋一十七元
	小輪捐	一三二・〇〇	徵收捐率同上月約收洋十一元
	燈捐	四〇・〇〇〇・〇〇	按烟燈抽收月可收洋三千數百元
	小計	四三・三二〇・〇〇	
沙市	各種營業執照費	三六〇・〇〇	月約收二三十元
	舖捐	九・六〇〇・〇〇	月可收八百元內外
	小計	九・九六〇・〇〇	
新堤	輪票附加	四八〇・〇〇	隨票每客代徵一角月可收洋四十元
	地方補助費	三・〇〇〇・〇〇	即烟燈捐月可收二百五十元
	商舖捐	七・四四〇・〇〇	月約收洋六百二十元，與保安商埠捐重複，應即裁廢
	小計	一〇・九二〇・〇〇	

續表

埠別	裁廢科目	年收數	備考
武穴	商舖捐	六•〇〇〇•〇〇	月可收洋五百元，因與保安商埠捐重複故刪除
	屠宰附加	六〇〇•〇〇	月可收洋五十元，惟廣濟屠宰附加原收教育附加每頭四角，已與正稅相埒，不宜再行附加致超過正稅，故即裁除
	穀米捐	六〇〇•〇〇	每石徵制錢十文，月約收五十餘元，純係對物稞稅跡近釐金，應即裁除
	蔴絨捐	一•〇〇〇•〇〇	每捆徵制錢九十文，每年三四五六七八九十等月爲旺月，每月可收一百元，餘爲淡月，約徵五十元
	菸葉捐	六〇•〇〇	每月包繳五元
	牛肉捐	六〇〇•〇〇	每月包繳一百元，每年只繳六個月
	雜貨捐	三〇〇•〇〇	每月包繳二十五元
	薑船捐	二四〇•〇〇	每月包繳二十元
	小輪捐	九六•〇〇	每月每輪包繳四元，以兩輪計算
	牌酒捐	三六〇•〇〇	此捐抽自樂户每牌一棹徵洋一元，每酒一席徵洋一元，旅館每牌一棹徵洋四角
	協助費	六•〇〇〇•〇〇	係烟燈捐
	鹽商樂助捐	二〇〇•〇〇	每引徵捐八分
	碼頭捐	一五〇•〇〇	
	小計	一六•一〇六•〇〇	

续表

埠别	裁廢科目	年收數	備考
老河口	六厘捐	一四·四〇〇·〇〇	按貨物價值抽收六厘捐，月可收洋一千二百元，以二厘撥公安局，餘四厘由商會支配
	鹽捐	五〇·〇〇	豫鹽每包收洋二角月，可收洋三四元
	貨件捐	一五六·〇〇〇·〇〇	按貨物抽收，原為貨件捐，近改名為商埠捐，設卡徵收，淡旺月平均計算，月可收一萬二三千元
	小計	一七〇·四五〇·〇〇	
樊城	貨件捐	二〇·〇〇〇·〇〇	不論貨物出進口，均按價值抽收千分之十，由商會設處稽征，每月收入實有若干，已飭老河口營業稅局查復，茲估列如左數
	商捐	六·〇〇〇·〇〇	係按資本抽收千分之一，月可收洋五百元
	牌捐	二四〇·〇〇	抽月樂戶每次一元，月約收二十餘元
	小計	二六·二四〇·〇〇	
沙洋	門捐	二·八〇〇·〇〇	此項門捐係按商戶徵收，由一角起，至六角止，月可收二百三十餘元
	魚行捐	一一〇·〇〇	每魚行月徵捐一元，每月可收二十元內外
	划子捐	二四〇·〇〇	月可收二十元上下
	補助費	七·〇〇〇·〇〇	係烟燈捐收入
	小計	一〇·一五〇·〇〇	
	總計	二八七·一四六·〇〇	

說明　一、鄂省從前原就宜昌沙市新隄武穴老河口樊城沙洋等七市各設公安局其經費概係就地籌集歸各公安局自收自用故所徵稅捐苛雜特甚嗣以市之名義取銷改歸民政廳直轄其經費收支既不屬於省又不隸於縣殊於財政系統以及統一收支原則均有未合曾經財政廳商同民政廳呈准將各該公安局原徵捐稅劃歸各營業稅局徵收以二十三年三月起至六月底止爲整理期間七月一日以後爲實施裁廢之期並於原有稅捐科目分應裁應併應辦三項開單呈准施行

　　　一、本表所列裁廢稅科目都爲二十九種捐額共二十八萬七千餘元

（丙）確定預算收支

在前鄂省逐年核定公布之縣地方預算，每有偏小縣份，呈核過遲，間有不能照案實行者，以致收支漫無標準，省方監督尤感困難。今年特督飭各縣依據規定限期，於每年之四月十五日以前，將預算編竣送核，俾易從事統籌，先期公布實施，并力求收支之均衡，與稅源之培養，尤注意各縣過去財政實況，酌劑盈虛，以期計政首要之預算，得以確立，藉作各縣收支之準繩，及省方審核收支之根據，漸導縣地方財政入於正軌，而因財政之穩定，各縣政務亦可逐步發展。綜全省七十縣，自二十二年以還，均能將全預算依限編送，由省分別嚴格審核，本現代事業進化之趨勢，力求以入制出之途徑，使收支兩相平衡，在收入方面，其有跡近苛雜者，則予裁廢，其因裁廢而感不足者，則另謀抵補，其辦法如下：

　　一、以各該縣整理田賦增益之款抵補。

　　二、以各該縣各種經費節餘之款抵補。

　　三、以中央劃撥之印花稅補助費通籌撥補。

以上三端爲抵補各縣收不敷支辦法，計由省補助各縣政教兩費二十四年度約在十八萬元以上，二十五年度約在三十二萬元以上。至支出方面：則以緊縮機關費，擴張事業費爲原則，其有款非必需，或可以節省者，概予剔除。現在各縣尚能按照核定預算實行，財政收支，已漸由紊亂狀態入於整飭之途。茲將最近兩年度——二十四、二十五——各縣地方歲入歲出預算數，分類列表如後，以資參考（注二十）。

湖北省二十四年度縣地方歲入歲出預算總表

縣別	歲入預算數	歲出預算數	比較 盈	比較 虧	備考
蒲圻	三二・三七〇・〇〇	四七・八七〇・〇〇		一五・五〇〇	區署補助銀二千元，縣政補助銀一千五百元，教育補助銀一萬二千元，共爲一萬五千五百元
武昌	九三・九一二・〇〇	九八・七一二・〇〇		四・八〇〇	區署補助銀四千八百元
漢陽	七八・五二五・〇〇	七八・五二五・〇〇			
嘉魚	三二・四三二・〇〇	三六・九三二・〇〇		四・五〇〇	區署補助銀二千元，縣政補助銀二千五百元，共爲四千五百元
咸寧	一八・一五二・〇〇	二四・五五二・〇〇		六・四〇〇	區署補助銀一千四百元，縣政補助銀四千元，教育補助銀一千元，共爲六千四百元
通城	二四・五一三・〇〇	二九・九一三・〇〇		五・四〇〇	區署補助銀一千六百元，縣政補助銀二千八百元，教育補助銀一千元，共爲五千四百元

續表

縣別	歲入預算數	歲出預算數	比較 盈	比較 虧	備考
崇陽	二四・一八四・〇〇	二七・六八四・〇〇		三・五〇〇	區署補助銀一千元，縣政補助銀一千五百元，教育補助銀一千元，共爲三千五百元
陽新	四四・三五九・〇〇	五〇・三五九・〇〇		六・〇〇〇	區署補助銀六千元
大冶	八二・〇六二・〇〇	八二・〇六二・〇〇			
鄂城	三八・〇七四・〇〇	三八・〇七四・〇〇			
通山	八・三一三・〇〇	一七・八一三・〇〇		九・五〇〇	區署補助銀三千五百元，縣政補助銀六千元
蘄春	五〇・四八八・〇〇	三一・四八八・〇〇		一・〇〇〇	教育補助銀一千元
浠水	六四・七四一・〇〇	六四・七四一・〇〇			
黃梅	四二・八八九・〇〇	四四・八八九・〇〇		二・〇〇〇	教育補助銀二千元
廣濟	五四・九〇七・〇〇	五四・九〇七・〇〇			
羅田	二七・三三〇・〇〇	二七・三三〇・〇〇			
英山	二五・四三四・〇〇	二八・四三四・〇〇		三・〇〇〇	區署補助銀一千元，縣政補助銀一千元，教育補助銀一千元，共爲三千元

續表

縣別	歲入預算數	歲出預算數	比較 盈	比較 虧	備考
黃安	四六・八四一・〇〇	四八・八四一・〇〇		二・〇〇〇	區署補助銀一千元，縣政補助銀一千元，共爲二千元
黃岡	八一・七七二・〇〇	八一・七七二・〇〇			
黃陂	六二・〇八二・〇〇	六二・〇八二・〇〇			
麻城	五三・五六二・〇〇	五四・〇六二・〇〇		一・五〇〇	區署補助銀一千五百元
禮山	二二・〇二五・〇〇	二六・五二五・〇〇		四・五〇〇	區署補助銀一千五百元，縣政補助銀二千元，教育補助銀一千元，共爲四千五百元
隨縣	六八・〇六〇・〇〇	六八・〇六〇・〇〇			
安陸	二九・九二三・〇〇	三〇・九二三・〇〇		一・〇〇〇	區署補助銀一千元
孝感	五二・六九〇・〇〇	五二・六九〇・〇〇			
雲夢	二八・六一八・〇〇	三〇・五九八・〇〇		一・九八〇	區署補助銀一千九百八十元
應山	四四・〇六〇・〇〇	四四・〇六〇・〇〇			
應城	九七・二八九・〇〇	九七・二八九・〇〇			

續表

縣別	歲入預算數	歲出預算數	比較 盈	比較 虧	備考
天門	八九・七七三・〇〇	八九・七七三・〇〇			
漢川	四五・五三七・〇〇	四五・五三七・〇〇			
沔陽	八一・四一六・〇〇	八一・四一六・〇〇			
京山	五八・六八九・〇〇	五八・六八九・〇〇			
鍾祥	七五・二八六・〇〇	七五・二八六・〇〇			
潛江	四一・一七九・〇〇	四一・一七九・〇〇			
江陵	八六・四三四・〇〇	八六・四三四・〇〇			
荊門	六七・〇六九・〇〇	六七・〇六九・〇〇			
監利	六三・八二一・〇〇	六三・八二一・〇〇			
石首	四六・六四五・〇〇	四六・六四五・〇〇			
公安	五九・〇二三・〇〇	五九・〇二三・〇〇			
枝江	三八・三八三・〇〇	四二・三八三・〇〇		四・〇〇〇	區署補助銀二千五百元，縣政補助銀一千五百元，共爲四千元
松滋	四九・五〇一・〇〇	五二・一〇一・〇〇		三・六〇〇	區署補助銀六百元，教育補助銀三千元，共爲三千六百元

續表

縣別	歲入預算數	歲出預算數	比較 盈	比較 虧	備考
襄陽	一〇五・三七六・〇〇	一〇五・三七六・〇〇			
棗陽	五二・四四六・〇〇	五二・四四六・〇〇			
宜城	二七・五六七・〇〇	三二・〇六七・〇〇		四・五〇〇	區署補助銀二千元,教育補助銀二千五百元,共爲四千五百元
光化	四五・三八四・〇〇	四八・〇二四・〇〇		二・六四〇	區署補助銀二千元,教育補助銀六百四十元,共爲二千六百四十元
穀城	四二・〇一三・〇〇	四二・〇一三・〇〇			
南漳	四二・四五九・〇〇	四八・四五九・〇〇		六・〇〇〇	區署補助銀四千元,教育補助銀二千元,共爲六千元
保康	一四・七八一・〇〇	二〇・二八一・〇〇		五・五〇〇	區署補助銀一千五百元,縣政教育各補助二千元,共爲五千五百元
宜昌	二五五・二九一・〇〇	二五五・二九一・〇〇			
遠安	二〇・〇六六・〇〇	二五・〇六六・〇〇		五・〇〇〇	區署補助二千元,縣政補助銀二千元,教育補助銀一千元,共爲五千元

續表

縣別	歲入預算數	歲出預算數	比較 盈	比較 虧	備考
當陽	四三・九五八・〇〇	四七・九五八・〇〇		四・〇〇〇	區署補助銀一千元，縣政補助銀三千元，共爲四千元
宜都	三七・五六〇・〇〇	三八・五六〇・〇〇		一・〇〇〇	區署補助銀一千元
興山	六・八二四・〇〇	一七・八二四・〇〇		一一・〇〇〇	區署補助銀二千元，縣政補助銀六千元，教育補助銀三千元，共爲一萬一千元
秭歸	九・三八二・〇〇	一九・三八二・〇〇		一〇・〇〇〇	區署補助銀一千元，縣政補助銀六千元，教育補助銀三千元，共爲一萬元
五峯	五・一七四・〇〇	一五・七一四・〇〇		一〇・〇〇〇	區署補助銀二千四百元，縣政補助銀五千六百元，教育補助銀二千元，共爲一萬元
長陽	一一・四七八・〇〇	二一・八七八・〇〇		一〇・四〇〇	區署補助銀二千四百元，縣政補助銀八千元，共爲一萬另四百元

續表

縣別	歲入預算數	歲出預算數	比較		備考
			盈	虧	
恩施	三五・一七三・〇〇	四一・一七三・〇〇		六・〇〇〇	區署補助銀二千四百元，教育補助銀二千元，縣政補助銀一千六百元，共爲六千元
宣恩	二〇・六四〇・〇〇	二一・六四〇・〇〇		一・〇〇〇	區署補助銀一千元
建始	二七・二八〇・〇〇	二七・二八〇・〇〇			
巴東	二八・六一〇・〇〇	三〇・六一〇・〇〇		二・〇〇〇	區署補助銀二千元
鶴峯	一〇・五一五・〇〇	一八・〇一五・〇〇		七・五〇〇	區署補助銀一千五百元，縣政補助銀五千元，教育補助銀一千元，共爲七千五百元
利川	二二・七三〇・〇〇	二二・七三〇・〇〇			
咸豐	二〇・八六七・〇〇	二二・八六七・〇〇		二・〇〇〇	區署補助銀一千元，縣政補助銀一千元，共爲二千元
來鳳	一七・三三七・〇〇	二〇・九三七・〇〇		三・六〇〇	區署補助銀一千六百元，縣政補助銀一千五百元，教育補助銀五百元，共爲三千六百元

續表

縣別	歲入預算數	歲出預算數	比較 盈	比較 虧	備考
鄖縣	四七・八七〇・〇〇	四七・八七〇・〇〇			
均縣	三八・〇九九・〇〇	四〇・〇九九・〇〇		二・〇〇〇	縣政補助銀二千元
鄖西	三四・一四〇・〇〇	三六・一四〇・〇〇		二・〇〇〇	區署補助銀二千元
房縣	三七・八一〇・〇〇	三七・八一〇・〇〇			
竹山	二二・五六六・〇〇	二六・五六六・〇〇		四・〇〇〇	區署補助銀一千五百元，縣政補助銀一千元，教育補助銀一千五百元，共爲四千元
竹谿	二九・七七八・〇〇	三一・七七八・〇〇		二・〇〇〇	區署補助銀一千四百元，縣政補助銀六百元，共为二千元
合計	三・二四六・六七〇・〇〇	三・四二八・九九〇・〇〇		一八二・三二〇	計區署補助銀七萬另六百八十元，縣政教育補助銀一十一萬一千六百四十元

說明　一、本表以元爲單位。

一、表列本年度歲入爲三百二十四萬六千六百七十元，歲出爲三百四十二萬八千九百九十元，出入兩抵，計全年度不敷一十八萬二千三百二十元。

一、本表所列不敷數內，有區署補助費銀七萬另六百八十元，係由省庫撥補，其餘縣政教育兩項補助費銀一十一萬一千六百四十元，係由中央劃撥之三成印花稅撥付，合併聲明。

湖北省二十四年度縣地方歲入預算分類概數表

行政區別	縣別	田賦附加	契稅附加	牙貼附加	屠稅附加	公產收入	學產收入	區署補助費	政教補助收入	其他	合計
第一區	蒲圻	二三·五二四	三一·一五〇	八〇〇	四·二〇〇		四七六	二·〇〇〇	一三·五〇〇	三二〇	四七·八七〇
	武昌	二五·三〇三	一五·九七五	一·六〇〇	二九·五八〇		一八·九六七	四·八〇〇		二·五四九	九八·七一二
	漢陽	一九·四六七	六·三〇〇	一·〇〇〇	七·八五〇	五九五	三五·三〇五			七·八二〇	七八·一二五
	嘉魚	一九·〇四七	二·二〇五	一·五〇〇	四·八〇〇	一·二三六	三·二一〇	二·〇〇〇	二·〇〇〇	一·六二〇	三六·二九五
	咸寧	八·九四六	三·六〇〇	五〇〇	三·一五〇	九二〇	六·二〇	一·四〇〇	五·〇〇〇	一·五六〇	二四·五五三
	通城	一五·一三三	九〇〇	一·五〇〇	一·五二〇		四·〇九六〇	一·六〇〇	三·八〇〇	八〇〇	二九·一三
	崇陽	一四·〇〇〇	一·八〇〇	六·四二〇	五三·一七八		四·九六四		二·〇〇〇	一·四·四〇九	二七·六八八
	小計	一二五·四八一	三三·九三〇	二·五〇〇	二·五〇〇	二·八四〇	六七·八四〇	一二·八〇〇	二七·三〇〇	一四·四〇九	三四四·一四八
第二區	陽新	三八·三九九	一·八〇〇	八〇〇	二·五〇〇	八	一·五三二	六·〇〇〇		五八·六〇一	五〇·三五六
	大冶	一五·三七〇	一·六〇〇	一·〇〇〇	四·八〇〇	八〇〇	一·二三三				八八·〇六二
	鄂城	二二·〇四六	六·〇〇〇	一·〇〇〇	三·〇〇〇		五·〇二八	三·五〇〇	六·〇〇〇		三八·〇七四
	通山	四·六三	九〇〇			八〇〇	一·五〇〇	九·五〇〇			一七·八二三
	小計	七九·六二八	一〇·八六〇	二·三〇〇	一一·五〇〇	八〇八	九·〇一一	三·〇〇〇	一·〇〇〇	五八·六〇一	一八八·三〇八
第三區	蘄春	三一·一六一	七·六五〇	一·四〇〇	一一·五〇〇		七·一二二七			五八·六〇一	五一·四八〇
	浠水	三七·三五〇	六·六五〇	二·二〇〇	七·五〇〇	一一·一二八	一一·〇二八	一·五〇〇	一·〇〇〇		六四·八七一

续表

行政區別	縣別	田賦附加	契稅附加	牙貼附加	屠稅附加	公產收入	學產收入	區署補助費	政教補助收入	其他	合計
	黃梅	二九・二八五	二・一〇〇	六〇〇	三・五〇〇	一〇六	六・二八四		二・〇〇〇	九六〇	四四・八八五
	廣濟	三五・四一二	七・八〇〇	五〇〇	六・〇〇〇	二五七	四・〇九二				五四・九〇七
	羅田	一七・四三〇	三・七七〇	八〇〇	二・〇〇四	一〇〇	三・二四〇				二七・三四四
	英山	一五・四四五	三・〇〇〇	四〇〇	五〇〇	一・二四八	五・一一四	一・〇〇〇	二・〇〇〇		二八・三三四
第四區	小計	一六六・六九〇	三〇・八七二	三・七四〇	二二・七四〇	二・八九六	三七・八五六	一・〇〇〇	五・〇〇〇	九六〇	二七一・七四九
	黃安	二八・八〇〇	一・八〇〇	二〇〇	二・二五〇	三七五	二・八五六	一・〇〇〇		一〇・〇五六	四八・八四一
	黃岡	六六・三三〇	五・二〇〇	八〇〇	五・二五〇	二四	六・七七二			三二	八八・一七六
	黃陂	三二・一二五	七・二〇〇	一・五〇〇	一〇・〇〇〇	一・〇七九	九・〇七〇	一・五〇〇		一・〇八〇	六四・〇七八
	麻城	二七・四九三	九・六〇〇	一・〇〇〇	六・〇〇〇	二・〇七八	五・一七一	七〇〇	三・〇〇〇		五四・〇六五
	禮山	一二・三四七	三・〇〇〇	四〇〇	七・〇〇〇	五八	五〇〇				一六・三五二
	小計	一六四・〇九五	二七・二七〇	三・九〇〇	二九・二〇一	四・一二六	二四・九五六	四・〇〇〇		一一・一六七	二七二・二八八
	隨縣	二九・八一六	二四・二〇〇	三・〇〇〇	五・〇〇〇		六・六四四	一・〇〇〇	四・〇〇〇	一・〇〇〇	六八・〇九三
	安陸	一七・六六八	二・九〇〇	五〇〇	四・三七五	三〇〇	三・二五〇			一〇〇	三〇・九三三
	孝感	三〇・二三二	三・〇〇〇	一・〇〇〇	一四・〇〇〇	一・〇〇〇	三・一三〇	一・〇〇〇		一・三二八	五二・六九〇
	雲夢	一四・〇四六	三・〇〇〇	一・五〇〇	三・一〇〇	三・〇〇九	三・五四八	一・九八〇			三〇・五九八

續表

行政區別	縣別	田賦附加	契稅附加	牙貼附加	屠稅附加	公產收入	學產收入	區署補助費	政教補助收入	其他	合計
	應山	二一・四七二	七・五〇〇	一・〇〇〇	六・七〇〇	一・〇〇〇	四・八〇〇			一・五三三	四四・七〇六
	應城	二〇・二三九	四・八〇〇	一・〇〇〇	六・四〇五		一・八〇〇			六三・〇〇〇	九七・二八六
	小計	一三四・〇一三	四七・四〇〇	六・〇〇〇	四一・六七五	三・三〇九	二一・二一七	三・九八〇		六六・九六一	三二三・六二〇
第六區	天門	六四・四一二	九・三〇〇	三・〇〇〇	八・二五〇		一・七八一			二・八八〇	八九・七七三
	漢川	二八・八二四	三・三〇〇	一・五〇〇	五・二五〇		六・六六三				四五・五三七
	河陽	八四・〇一六	六・九〇〇	一・五〇〇	七・三五〇		一・五〇〇				八一・四一六
	京山	四七・一六〇	三・七〇〇	一・五〇〇	四・二七五		二・四〇〇				五八・六八八
	鍾祥	四三・二四四	一三・二〇〇	一・五〇〇	一三・二〇〇		三・一六二				七五・二八六
	潛江	三五・二六四	一・二〇〇	一・〇〇〇	三・七五〇	八・五八	一・〇〇〇				四一・一一九
	小計	二八三・九二四	三八・三〇〇	一〇・〇〇〇	三九・四〇〇	八・五八	一六・五五〇			二・八八〇	三九一・八八〇
第七區	江陵	四二・一九八	九・〇〇〇	一・〇〇〇	四・〇〇〇	三・三五四	一五・三三四			一六・八八二	八六・四三四
	荊門	三八・三四四	一七・四〇〇	五〇〇	七・〇〇〇	三・八七〇	四・七五〇			一・〇五〇	六六・七〇六
	監利	四七・八一八	四・二〇〇	三〇〇	三・二〇〇	三・一八七	一・七三六			六・六六七	六三・八二一
	石首	二六・二六五	四・六三五	一・〇〇〇	四・三二〇	八・一七五	一〇・〇四二				四六・六四三
	公安	三〇・二八五	七・五六六	一・〇〇〇	一・三七五		七・〇五三				五九・〇二三

續表

行政區別	縣別	田賦附加	契稅附加	牙貼附加	屠稅附加	公產收入	學產收入	區署補助費	政教補助收入	其他	合計
	枝江	一九·七五	六·〇〇〇	一·〇〇〇	五·七八〇	一九八	五·四三〇	二·五〇〇	一·五〇〇		四二·三八三
	松滋	二七·〇一〇	一二·九〇〇	一·〇〇〇	三·〇〇〇	四〇〇	五·一一九	六〇〇	三·〇〇〇		五三·一〇一
	小計	二三〇·八五	六·七一〇	五·八〇〇	三三·〇〇	一五·四〇五	四九·五一二	二四·〇〇	三·五〇〇	二四·四九九	四一八·四七六
第八區	襄陽	六〇·四八二	九·六五〇	六〇〇	一〇·五〇〇		八·六二七	一·〇〇〇	三·〇〇〇	一五·〇四六	一〇八·三七六
	宜城	二五·〇二〇	九·五〇〇	一·〇〇〇	一二·〇〇〇		四·八六四		二·五〇〇		五四·四四三
	光化	一三·七〇九	七·五〇〇	五〇〇	三·七五〇		一·六四一	二·〇〇〇	二·五〇〇	二七〇	三一·三〇六七
	穀城	二四·〇七〇	八·一一〇	三〇〇	五·四〇〇		一·一六四	二·〇〇〇	六四一	六·一五〇	四八·〇六二四
	南漳	一四·〇八三	一〇·八〇〇	五〇〇	八·四五〇	四·六二	六·六〇〇	四·〇〇〇		七〇	四八·一〇一二
	保康	一二·〇二一	九·三〇〇	二〇	二·六二五	八四	一·四九〇	一·五〇〇	二·〇〇〇		二〇·一二一
	小計	八·七五〇	一·八〇〇	三·四一〇	三·二三五	二·六四〇	三七·〇四一	九·五〇〇	四·一〇〇	二二·三六七〇	三一四·八六六六
第九區	宜昌	一五·二六〇	五三六·二三〇	三〇〇	四·七五〇	一一·〇四〇	八·九五〇		三·〇〇〇	二五·六二一	二五·〇六六
	遠安	六·八五三	一二·一〇〇	七·二〇〇	三·七〇〇	五五	四·〇九四	一·〇〇〇	三·〇〇〇	二五·〇六〇	一二·〇四六
	當陽	一八·八六四	七·〇〇〇	一·〇〇〇	三·七五〇		九·五六九			三·六四〇	四七·九四八
	宜都	一一·三七八	九·〇〇〇	五·〇〇〇	七·七五〇		九·三九二	一·〇〇〇	九·〇〇〇	三·二四〇	三八·五六〇
	興山	一一·一八八	三·二五〇	三〇〇	一·六〇〇		八六六	二·〇〇〇	九·〇〇〇	三·二〇	一七·八二四

第三章　現代財政之狀況

續表

行政區別	縣別	田賦附加	契稅附加	牙貼附加	屠稅附加	公產收入	學產收入	區署補助費	政教補助收入	其他	合計
	秭歸	四二·四五六	三·〇〇〇		七〇〇		一·二六	一·〇〇〇	九·〇〇〇		一九·三八二
	五峯	九七·四	一·二〇〇	二〇〇	一·四〇〇		一·〇〇〇	二·四〇〇	七·六〇〇	一·〇〇〇	一五·七七四
	長陽	二·九八二	三·〇〇〇	一·〇〇			五·三九六	三·四〇〇	八·〇〇〇		二一·八七八
第十區	小計	四九·二九九	四〇·九八六	二·四〇〇	一九·〇〇〇	一六·四九五	四〇·六二三	一一·八〇〇	三九·六〇〇	二二〇·六三〇	四四一·一七三
	恩施	一九·二〇〇	四·一〇〇	五〇〇	四·八〇〇	七八	四·九五〇	四·〇〇〇	二·〇〇〇		四一·一二七
	宣恩	一五·二〇〇	二·一〇〇	二〇〇	二·〇〇〇		一·三〇〇	四·〇〇〇		四〇	二一·六四〇
	建始	一七·八五〇	七·二〇	二四	六·〇〇〇	六〇〇	一·七二四	一·五〇〇			三五·二八〇
	巴東	一七·二八〇	一·五〇〇	二〇〇	一·七七〇		一·〇二〇	一·〇〇〇	六·〇〇〇	五·八〇	三〇·六五〇
	鶴峯	六·一四〇	七·二〇	二四〇	二·七〇〇		二·二二〇	一·〇〇〇	一·〇〇〇		一·一〇一
	利川	一六·一四二	一·六五〇	二〇〇	一·〇〇〇	六〇	二·二二七	七·〇〇	二·〇〇〇		二四·二六六
	咸豐	一六·〇三〇	一·六五〇	二〇〇	二·〇〇〇	六〇	二·一五〇	一·六〇〇	一·〇〇〇		二三·八六〇
	來鳳	一〇·二四〇	九·三四〇	一一·四〇	二·六〇〇	一·四四八	二·七一九	一·〇〇	二·〇〇〇		二〇·九三七
	小計	一一八·一三八	九·六三五	三〇〇	二三·〇〇〇	三·七三三	二一·一二一	一·五〇〇	一一·〇〇〇	五·六二〇	二〇六·七二〇
第十一區	鄖縣	三二·四〇〇	九·六〇〇	三〇〇	三·〇〇〇	六·三四	二一·九九	三·〇〇	二·〇〇〇		四七·八七〇
	均縣	二五·〇四四	六·〇〇〇	三〇〇	二·四〇〇	六·三四	三·〇七〇	一·〇〇			四〇·〇九九
	鄖西	二一·八〇〇	五·〇〇〇	二〇〇	二·五〇〇		四·四四〇	二·五〇〇	三·〇〇〇		三六·一四〇
	房縣	二六·六四八	六·〇〇〇	二〇〇	三·二〇〇		一·二〇〇			五·六二	三七·八〇

續表

行政區別 縣別	田賦附加	契稅附加	牙貼附加	屠稅附加	公產收入	學產收入	區署補助費	政教補助收入	其他	合計
竹山	一五·一二〇	三·〇〇〇	一·〇〇	二·〇〇〇	二〇〇	二·二四六	一·五〇〇	二·五〇〇		二六·五六六
竹谿	一六·二〇〇	六·〇〇〇	一·一〇〇	三·五〇〇	七八〇	四·一九〇	一·四〇〇	六〇〇	五六二	三三·七七八
小計	一三一·七〇一二	三·〇〇〇	三·〇〇〇	一·五〇〇	一·九八七	一·八〇〇二	四·九八〇	五·一〇〇	五六二	一二〇·二七六三
總計	一·六四九·一二六	四〇一·八七一	四六·三〇〇	三二五·二四九	五四·九六八	三三九·八七〇	七〇·六八〇	一一一·六四〇	一六三	三·四二八·九六三

說明

一、本表以元為單位

一、本年度田賦附加收入數為一百六十四萬九千一百二十六元

一、本年度契稅附加收入數為四十萬另一千八百七十一元

一、本年度短期牙帖附加收入數為四萬六千三百元

一、本年度屠稅附加收入數為三十二萬五千二百四十九元

一、本年度公產收入數為五萬四千九百八十六元

一、本年度學產收入數為三十三萬九千八百七十元

一、本年度區署補助費收入數為七萬另六百八十元

一、本年度縣政教育補助費收入數為十一萬一千六百四十元

一、本年度其他收入數為四十二萬九千一百六十三元

一、本年度歲入總額為三百四十二萬八千九百六十三元

湖北省二十四年度縣地方政務經費歲出分類概表

行政區別	縣別	區署	整理保甲	政務警察	公安	財委會	電話	收音及無線電台	度量衡	農場農校	苗圃	公產賦捐	徵收費	其他	預備費	合計
第一區	漢口	一○·一二四	七六○	二·八四	一·二○四	三·二四○	四六	六四八	一·○○○	三六六	一·五○	二二	一五	二·三三○	二·四九○	二五·六八一
	武昌	一二·一四九	九六六	二·四九三	九六三	三·二四○	三·一○八		九六○	八一六				七二	六·九九一	四六·一九一
	漢陽	一三·三八○	九六六	一·九五	二·四四○	三·八○八		六三六	九六○	四○八		四○	八四五	八八四	四·五○二	二九·八一二
	嘉魚	八·三○九	五七六	一·九五	三·三八八	一·一一二	一·二四○	七二○	七二○	三○○					二·七一九	二三·一八
	咸寧	六·九三三	七二○	一·九五三	八·四○	一·八四八	一·四○		五·一六○	三○○		四三二	六四	一·一六三	一·三七	一五·五七
	通城	六·五三六	六○○	一·○三五	八·四○	一·二○○	二·四○		六·三六○	一·○八○		八○	一六五	六五○	一·二四九	一五·四九三
	崇陽	七·一三四九	七二○	一·○九五	一○·四○四	一·六六○	二·四四四	二·○○四	五·八六六	一·九四六	三·五○	五四四	一·○八四	五·○九九	二·一四七	一五·四○○
	小計	七七·四九六	九六八	二○·六六四	一四·二一五	三·二四○	一·○○○	七四四	五·八六六	一·九四四	二·二○○		五·九一	五四	四·七六五	一七·六一四
第二區	陽新	一四·一五○	九六五	二·○九八	一·一○六八	三·二四○	四五○九	八四○	五六○		八四○			一·二·五六○	八·六六○	三三·六六三
	大冶	一三·六六七	九六五	二·○九六	二·○八八	三·○八八	四九九	四八○	六○○		六三二			三六	一·五四○	五六·五八三
	鄂城	一三·五五七	七二○	一·九二三	七一二	一·一九○	一·四四		六○○						一·九五九	一四·五八五
	通山	六·三五六	三·六二○	八·九三二	一四·二○六	四·二二○	一·○九	一○·四○四	三一·六○	三○○	三·七一		五九一	一二·七四	一·九五六	一三·六六三
	小計	四九·六二	三○○	一四·○四九	八·一九○	一·九六八										二七·四八七

续表

行政区别	县别	区署	整理保甲	政务警察	公安	财委会	电话	收音及无线电台	度量衡	农场农校	苗圃	公产赋捐	征收费	其他	预备费	合计
第三区	蕲春	一二•三八〇	九六〇	二•五七一	一•六六六	二•八八〇	一•一二九	六〇〇	六八四		一九二			八七〇	三•〇〇〇	二七•〇二九
	浠水	一二•五四四	九六〇	二•七七三	六•八四七	三•八〇八	二四〇		六八四		一•〇〇五			九六六	一•四二三	二九•三三三
	黄梅	九•三二一	九六〇	二•一五〇	一•八〇〇	三•三七六	七二〇		六八四					一•六六六	一•二九六	二〇•〇六八
	广济	一〇•八〇〇	七二〇	五•一〇三	一•八〇〇	三•八〇八	二•八〇〇	一•〇三六	一四			三〇	二三	一•七四四	二•七九一	三二•一〇四
	罗田	一一•五二〇	七二〇	一•四〇二	一•四〇二	一•一一二	一•〇〇三		六八四		六〇〇	二一〇	八七	二〇	一•四九九	二一•八三〇
	英山	八•一四〇	七二〇	二•一八九	一•四〇二	一•一一一	六三三		六八四			三四〇	一〇	六〇〇	三•五二三	一八•六五〇
	小计	六•二三三八〇	五•二八〇	一四•九七四	一四•八八八	一五•〇九六	六•八六〇	一•六五八	三•八八五		一•七九七	三四〇	一二〇	八•〇三六	一一•四四三	一四八•五三二
第四区	黄安	一〇•二二〇	七二〇	一•九六〇	一•四〇〇	三•八八〇	九六〇		一•二二〇	一•五八〇			一二	二八八	一二•五八	二二•五五〇
	黄冈	一三•四二四•七	一•二〇〇	二•二三三	三•七八六	三•一二〇	七•六七六	四二三	一•三二〇	一•九五〇	四八〇		七〇	一五〇	四•一四〇	四四•四四七
	黄陂	一四•一一二	九六〇	一•九五〇	二•五八四	三•八〇八	八二〇	四二四	一•三二〇	一•九五九	七〇	一〇八	七〇	二八八	三•八八一	三四•五五三
	麻城	一四•一六三•二	一•二〇〇	三•三八一	一•五八四	一•八四〇	六八		一•二二〇	一•七四				五〇〇	二•一三九	二八•一五四
	德安	七•一五〇	七二〇	一•九五	七三	一•八四〇	三•四九七	三六八	七〇二	八•六三八	一二〇	三三八	六八		一•一〇六	一五•一五八
	小计	六〇•六九•九	四•八〇〇	一〇•四七六	一二•九六七	一二•三七一	一三•〇〇一	一五	五•八三〇	一•三二九	八•六二三	一三八	二六	一•〇七	一三•四四二	一四五•六六六
第五区	随县	二〇•四四〇	九六〇	二•三二五	二•二四八	二•八〇〇	一•五〇〇	七六	一•〇八〇	一•五一	二〇〇	四八六		四四	二•一八五	三六•五〇一

第三章　現代財政之狀況

續表

行政區別	縣別	區署	整理保甲	政務警察	公安	財委會	電話	收音及無線電台	度量衡	農場農枝	苗圃	公產賦捐	徵收費	其他	預備費	合計
	安陸	九‧四六八	九八〇	一‧七五	一‧四四〇	二‧一三			一‧〇八〇	一五八四				四〇	一‧八〇八	一九‧一〇一四
	孝感	一八‧九三八	一‧二〇〇	一‧五九四	三‧一二六	一‧四〇八	一‧三二	八八四	一‧〇八〇	五九四	一六八			六〇八	一‧八八四	三三‧六六四
	雲夢	九‧四六八	七二〇	一‧九五六	一‧二六	一‧三七八	一‧三		一‧〇八〇	二九六				二‧〇〇九	八七五	二〇‧一六九
	應山	一三‧九〇八	九六〇	二‧四七六	九‧九二	二‧三七七	四五四	一二	一‧〇八〇	六三六	一‧九二〇	一〇〇	七〇	三四五	二‧一一	三〇‧〇一一
	應城	一一‧七三六	九六〇	一‧四〇二	一‧四四〇	三‧三七七	八五四	一‧五四	一‧〇八〇	六三六	二‧〇八八	一〇〇		四〇〇	三‧〇五五	三〇‧六〇九
	小計	八三‧五六六	五‧七六〇	一一‧四〇五	一四‧七三六	一二‧五三二	二‧九五八	二‧九五六	七‧四四〇	四‧〇〇七	一‧九二八	二〇〇	七〇	八‧〇七	一二‧五二	一六八‧六八〇
第六區	天門	一九‧五六	一‧二〇〇	二‧八五六	五‧四六八	三‧二四	四八〇	八四〇	一‧〇八〇	九五七	八五五			二四	二‧五六五	三九‧〇八五
	潛川	一四‧一七六	一‧二〇〇	二‧九七六	一‧八〇〇	二‧八〇四	一‧二〇〇	一‧七七六	八〇四	四‧七四	四‧一四			一‧二〇	二‧五〇六	二九‧一一八
	沔陽	三三‧四七〇	一‧二〇八	三‧一八八	四‧〇六八	三‧二〇四	一‧七七八	一‧〇九四	八〇四	八五三	四‧一四			四‧八八〇	四‧二一二	四〇‧七三〇
	京山	一二‧六八〇	九六〇	二‧九七六	一‧八〇〇	二‧一三六	一‧八〇八	二‧一〇九	八〇四	六三六	八五五			一‧八八〇	二‧九〇八	二九‧五六〇
	鍾祥	九‧二四〇	九六〇	三‧一二六	一‧六六六	二‧三四	二‧〇八四	二‧一四六	八〇四	八四〇	一‧五三二	八〇	六〇	一‧二七	三‧七五八	四一‧一一六
	潘江	八‧八〇八	六‧四八〇	一‧五七二	一‧七九六	二‧四四	七‧一四四八	三四八	四‧八八〇	四‧一一一	三‧四二三	八〇	六〇	八〇〇	一‧六五四	二〇‧五八六
	小計	九八‧二〇〇	一‧二〇八	一五‧七三二	一七‧四九六	一三‧四四	一二‧四	七‧三五三	三‧六六	七〇	一‧一一一	八〇	六〇	九‧一四八	一‧五九	二〇六‧九一
第七區	江陵	一九‧六六九	一‧二二〇	二‧〇〇九	一‧三二四	一‧二四〇	七九	七五六	七二〇	六五八	三‧四二三	八〇		一八‧一七	一‧七五六	五〇‧〇一五

續表

行政區別	縣別	區署	整理保甲	政務警察	公安	財委會	電話	收音及無線電台	度量衡	農場農校	苗圃	公產賦捐	徵收費	其他	預備費	合計
	荊門	一八·八〇四	一·二〇〇	二·二二七	二·六六	三·二四〇	一·一〇四	四三二	七二〇	六五八	八四〇	三八七	二七	一六	五·〇七八	三七·七四二
	監利	一三·三八〇	九六〇	二·四七	一·八〇〇	三·八〇七	三·五〇四	九五四	六〇〇	六五八	六〇〇		三二	六〇二	三·八八五	三七·八八
	石首	一〇·二〇	七二〇	三·七一二	一·八〇六	三·三七二	六七二	七二〇	六〇〇	四九三		三〇八	一五	〇二	二·八九四	二七·四四六
	公安	九·一二〇	九六〇	三·七一二	二·六〇六	三·七七二	七二〇	一二〇	六〇〇	五七三			六六	二四四	二·〇九四	二八·四一〇
	枝江	八·三〇九	九〇六	一·九五〇	一·二二〇	一·八四八	四五六	三〇〇	六〇〇	四七三	一·二	一四八	一二	一三六	一·〇四〇	一六·八八七
	松滋	九·九三六	九六〇	一·六五六	二·六〇〇	一·一八四	二四〇	三·一一六	六〇〇	五七〇	一二〇	九二四	二〇	一〇六	一·七八九	二〇·〇一三
	小計	八九·五六九	六·七二〇	一五·七〇八	二·四二〇	一八·〇四七	七·一四九	三·一二六	四·四四〇	四·一〇〇	三·〇七〇	一·二四〇	一四五	二八·〇二	一七·八六〇	二一四·八一六
第八區	襄陽	二三·四七七	一·二〇〇	二·八八六	四·五九六	三·二四〇	二·四〇	一·二六	七二〇	四一·〇〇	七六〇			四〇八	九·六六六	六三·四五六
	襄陽	一四·二一六	一·二六〇	三·九七六	三·九〇〇	二·八〇八	一·八〇〇	一·八〇〇	五四〇	五四〇	九六二			二四八	二·三二九	二九·九六三
	宜城	九·四六二	七二〇	二·七五六	二·八八四	一·八四〇	一·三六	二〇〇	五四〇	五四〇	九六二			一·二四	二·〇三八	二〇·〇八二
	光化	一一·七八六	七二〇	一·九一五	一·五六〇	一·八四八	二四九	六〇〇	七二〇	五二	六七二			二三五	一·四二七	二一·一五九
	穀城	一六·六六八	九六〇	二·三八一	一·五〇八	二·四〇八	二四〇	六四〇	五四〇	四五	八四五			一二六	八·二三	二四·〇三〇
	南漳	一一·七五六	七二〇	二·〇八二	二·八二〇	二·四〇八	一·二四〇		五四〇	五四	五八八	一〇		一四四〇	八·六三三	二六·七七二
	保康	六·三五六	七二〇	一·九一五	二·六〇〇	二·四〇	一·二四〇	六〇〇		五八八			六		九五	一三·五四二

第三章　現代財政之狀況

續表

行政區別	縣別	區署	整理保甲	政務警察	公安	財委會	電話	收音及無線電台	度量衡	農場農枝	苗圃	公產賦捐	徵收費	其他	預備費	合計
第九區	小計	九三·二六	六·二四〇	一五·八五五	一·〇〇四	一七·四〇〇	六·四一五	三·九六	三·六〇〇		三·九六七	一七	六	一·九六五	一六·九九一	二〇一·二三四一
	宜昌	一五·六八九	九六	二·八五六		三·二四〇		一·〇八〇	二·六八		一·五二	一四〇七	三·七六一	一〇·七九	二〇·六八〇	一六·五七六
	遠安	六·三五六	七二〇	一·九五〇	一六	一·八四八	二四〇		二四〇					二〇	一·〇五	一三·四九六
	當陽	八·三五六	七二〇	一·九五〇	一·二〇〇	一·八四八	三四〇	九〇〇	二四〇		二八〇			一二	一·三八二	一七·二一六
	宜都	八·五七八	九二〇	一·九五〇	一·二〇〇	一·八四八	二四〇		一·二〇〇		二四〇		四	一二	一·五二二	二〇·〇七九
	興山	五·〇七六	七二〇	一·〇三三	六〇〇	一·二〇〇	一三二	三〇〇	三六〇				二八五	二·三五	六六	一〇·六五
	秭陽	七·一五六	六〇〇	一·〇三三	三二四	一·二〇〇	一三二		四八〇					一二	七五	一三·五六九
	五峯	五·七八六	七二〇	一·〇三三	二四	一·二〇〇	三三〇		二四〇					一四五九	一四	一〇·八七
	長陽	九·一四六	七二〇	一·〇三三	三三五	一·八四八	一·三三		二四〇					一·六八三	七四	一四·一二
第十區	小計	六五·三九五	六·一二〇	一·八七七	四·〇〇三	一四·九六三	一·三三二	二·一八〇	五·九八	二四〇	二·〇四	七〇七	四·四三	一四·六八三	一五·七〇七	二六〇·九八四
	恩德	一二·六一六	七二〇	一·二三	二·一六	三·二六	四三	九六	六〇〇				一·七六〇	三·〇九	二·〇九	二六·八八
	宣恩	六·八七七	七二〇	一·九一五	一·二三	一·三七六	四八	一五〇	三六〇						一四七九	一四·八〇〇
	建始	八·七七三	七二〇	一·九一五	八六四	一·三三六	一·三三	二六四	五七五					三·四八二	三·四八二	一八·三一二
	巴東	九·〇〇八	九九六	一·九一五	一·〇八〇	一·一一二	一·六三	一·六四	三二七					八〇	一·八九	一七·一八

行政區別	縣別	區署	整理保甲	政務警察	公安	財委會	電話	收音及魚線電台	度量衡	農場農校	苗圃	公產賦捐	徵收費	其他	預備費	合計
	鶴峯	八·〇八四	六〇〇	八九〇	一六八	一·八四八		二六四	三八八			三〇	四二		一·九四二	一三·五六八
	利川	八·二〇六	七二〇	一·九一五	九六〇	二·一一二	一二二	一五六	三四						一·七七三	一六·四六八
	咸豐	六·三五六	七二〇	一·九一五	九六〇	二·三七六	四〇八	二一六	三六					四二	一·四八七	一五·〇四
	來鳳	六·三五六	七二〇	八九〇	八八八	二·一一一		一六	二·八九〇			一〇	四	一〇	八八	一二·五〇四
	小計	六五·四〇九八	五·八八〇	一三·六〇八	八·二八〇	一八·五五	一·五七八	二·三二六	二·八九〇			四〇	四六	二·五〇〇	一三·九七六	一三五·三九八
第十一區	鄖縣	一四·一二二六	九二六	二·五七七	一·八〇〇	三·二二四		一·二〇六	七八〇			四九	二六	六·〇六六	二·七五六	三三·五六八
	均縣	一二·二二六	九二六	二·六七八	一·六二〇	三·二三四		一·二〇六	六〇〇			一〇〇	四〇	一·四四四	一·七八八	二四·六三〇
	鄖西	一一·二三〇	七二〇	二·一八八	一·四二〇	三·二三七		一·一七〇	五四〇		六七二		四〇	二·四四	一·七七八	二四·三三
	房縣	一〇·八一六	七二〇	二·一九五	一·二〇〇	二·八〇七		一·五二〇	六〇〇		四〇〇	六〇	三九	二四	二·九二	二四·〇八〇
	竹山	九·八〇八	七二〇	一·一九五	六〇〇	一·一一		一·四〇	五四	一四		二〇	一四	一·〇四	一·五八八	一九·八〇九
	竹谿	二·四〇八	七二〇	一·九五	九五六	一·五·二八		七·一七八	五四	一〇二九	一·〇七	二〇	七五	四四四四	二·〇三	二一·七〇五
	小計	六九·七〇四四	四·八〇〇	一四·二四七	七·六〇二	一五·五·二八		七·一七八	三·七二	一·〇二九	一·〇七	二四九	三·七九六	八·三〇四	一三·八四八	一四八·四六五
總計		五九·八〇八	九三六	九六二	七〇五	九〇四四	一五〇	三〇	四〇八	一〇三	一二三	一四	一二三	八〇三	八五	六七七

第三章　現代財政之狀況

說明

一、本年度以元為單位
一、本年度區署經費支出數為八十二萬四千五百九十三元
一、本年度整理保甲經費支出數為六萬另九百三十六元
一、本年度政務警察經費支出數為十四萬七千九百六十二元
一、本年度公安事業費支出數為十三萬另七百另五元
一、本年度財務委員會經費支出數為十七萬另九百另四元
一、本年度電話經費支出數為四萬五千另二十二元
一、本年度收音機無線電台經費支出數為一萬二千另七十八元
一、本年度量衡檢定經費支出數為四萬八千一百另八元
一、本年度農場農校經費支出數為二萬四千七百零二十九元
一、本年度苗圃經費支出數為二萬四千七百二十七元
一、本年度公產賦捐徵收費支出數為四萬八千一百二十三元
一、本年度其他支出數為二十一萬七千八百零三元
一、本年度縣政預備費共為十八萬三千八百七十五元
一、本年度縣政經費支出總數為一百九十二萬三千六百七十七元

湖北省二十四年度縣地方教育經常費歲出分類概數表

行政區別	縣別	教育行政	教育事業	學產賦捐	學產徵收費	補助費及私塾獎金	預備費	合計
第一區	蒲圻	一•〇八〇	一六•四七六	五〇	五一三	一•九六〇	二•一一〇	二二•一八九
	武昌	二•五九二	三五•八六六	八〇〇	一•九〇六	六•四八〇	四•八八七	五二•一五二
	漢陽	一•九八〇	三二•二八〇	四•三九六	三•七四三	三•一九二	三•一一九	四八•七一〇
	嘉魚	五七六	七•〇三二	三〇〇	一四八	四•一二〇	一•一八〇	一三•三五七
	咸寧	五七六	五•二九二	二〇〇	九	一•八〇〇	一•六七七	九•三七四
	通城	五七六	一〇•四六五	三〇〇	二八〇	五〇〇	二•二九九	一四•四二〇
	崇陽	六六〇	八•一八四	四〇〇	三四七	一•一〇〇	一•四九三	一二•一八四
	小計	四•〇四〇	一一五•五八五	六•二六六	六•九四六	一九•一五二	一六•七六六	一七二•七五五
第二區	陽新	一•一五〇	一〇•〇四四	一五六	八一	四•九〇五	一•三五四	一七•六九〇
	大冶	六〇〇	一二•七二〇	四四六	九三	八•九七四	二•六八四	二五•四七九
	鄂城	一•〇五六	七•四八八	五四四	三五二	三•八〇〇	一•二九一	一三•五二九

續表

行政區別	縣別	教育行政	教育事業	學產賦捐	學產徵收費	補助費及私塾獎金	預備費	合計
	通山	七三二	二一一二	二〇〇	一〇五	三〇〇	六八一	四,一三〇
	小計	三,五四〇	三三,六一〇	一,三四四	六三一	一六,九七七	五,九七四	六〇,八三〇
第三區	蘄春	七二〇	一五,六一六	一,二〇六	三八二	三,〇〇〇	三,六三五	二四,四五九
	浠水	二,三五二	二七,八八八	一,一〇〇	七七二	一,〇〇〇	二,一三六	三五,四三八
	黃梅	六二四	一六,三四〇	九四五	四四〇	三,四六〇	二,三九九	二四,二〇八
	廣濟	二,一七三	九,七八〇	五〇〇	三五〇	六,八〇〇	三,二七一	二二,八七三
	羅田	六〇〇	六,二九五	三〇〇	二一〇	一,六〇〇	一,四九五	一〇,五〇〇
	英山	六六〇	三,七五六	六〇〇	四五〇	三,一〇〇	一,二〇八	九,七七九
	小計	七,一二八	七九,六七五	四,六五一	二,六〇九	一八,九六〇	一四,一三三	一二七,二五七
第四區	黃安	七四四	二〇,八三八	三〇〇	二〇〇	一,〇〇〇	三,八〇四	二六,二八六
	黃岡	一,五七二	二六,四一八	七〇〇	四八一	五,六五〇	二,四八四	三七,三〇五

續表

行政區別	縣別	教育行政	教育事業	學産賦捐	學産徵收費	補助費及私塾獎金	預備費	合計
	黃陂	一·二九六	二〇·四五四	八〇〇	五六六	二·〇七六	二·三三八	二七·五三〇
	麻城	一·一五一	一二·六七二	五四〇	一二〇	三·〇〇〇	八·四二四	二五·九〇八
	禮山	五七六	七·九八八	六〇	三八	三〇〇	一·六六五	一〇·五八七
	小計	五·三四〇	八八·三八〇	三·一〇〇	一·四〇五	一二·四二六	一七·六六五	一二七·六六九
第五區	隨縣	一·四〇〇	二·八八八	二八〇	四六五	一·九〇	八七六	三一·八五〇九
	安陸	五七六	一〇·〇七〇	二〇〇	四〇	四·二五	五九八	一一·九〇九
	孝感	一·〇五六	七·五三二	一〇〇	一五七	一·四六二	二·〇〇	二〇·〇四九
	雲夢	六〇〇	九·六六六	一六〇	三四二	七四〇	一二〇	一〇·四八一
	應山	五七六	五·四五八	四七〇	二·一〇六	一·六四四	三·二九	一三·九六六
	應城	一·九二	一二·四五八	一八〇	三·一〇六	三·六六八	九·九四七	六六·六六七
	小計	六·二三四〇	一二五·一三三	一·三九二	三·二四一	八·九八七	九·九四七	一五四·四九四〇

續表

行政區別	縣別	教育行政	教育事業	學產賦捐	學產徵收費	補助費及私塾獎金	預備費	合計
第六區	天門	二·〇六四	四〇·三一七	三六七	一二五	四·〇四四	三·四五五	五〇·七一六
	漢川	一·二九六	一二·〇二六	四〇〇	四六六	三·一九六	九五五	一六·三三九
	沔陽	一·三六八	二四·七五七		一〇五	三·三六〇	四·五四七	三四·一〇七
	京山	一·二七二	二〇·七五五	二四〇	一六八	二·六二一	四·〇六五	二九·一〇七
	鍾祥	一·四四〇	二三·〇四六	五三五	二一一	六·九〇〇	一·九〇五	三四·〇七七
	潛江	一·五二二	一四·四二二	一〇〇	七五	一·五八九	二·八五七	二〇·六三三
	小計	八·九五二	一三五·三九三	一·六四二	一·一六五	二〇·〇〇七	一七·七二五	一八四·九六九
第七區	江陵	一·〇八〇	二七·八一〇	三·二〇〇	一·一五一	一·五七一	二·四六七	三六·二八一
	荊門	一·五二一	一六·三六六	三四五	三〇三	九·一八四	一·五六一	二九·三二一
	監利	一·五七二	一七·四四〇六	二〇〇	二二二	三·九二〇	三·六八〇	二五·九四〇
	石首	一·三八〇	一四·六七七	一·二二六	七〇三	二·七二〇	二·一九三	二二·八九九

續表

行政區別	縣別	教育行政	教育事業	學產賦捐	學產徵收費	補助費及私塾獎金	預備費	合計
	公安	一,五〇〇	二三,四一八	二,七四二	四九四	一,一二〇	一,三三九	三〇,六一三
	枝江	一,三六〇	一九,〇八七	六〇〇	三八〇	一,九二〇	二,一六五	二五,六一二
	松滋	一,四七六	二七,九五九	四九九	三六三	一,五四〇	一,二五〇	三三,〇八七
	小計	九,八八〇	一四六,七六三	七,八一二	三,六六七	二〇,九七七	一四,六二一	三〇三,六六一
第八區	襄陽	一,一四〇	一四,一七二八	一,〇四〇	六八八	八,一二四	四,二六〇	三九,九六〇
	襄陽	一,〇五六	一五,一二〇	五〇〇	三三八	三,五〇〇	一,九六九	二二,四八三
	宜城	七六八	九,一一七	一七六	九六	六二八	一,一四五	一一,九八五
	光化	一,二〇〇	一八,九九四	一〇〇	七三八	三,六〇〇	一,六八九	二六,四八五
	穀城	一,〇五六	一二,三一一	四七〇	四六二	二,七〇〇	一,〇七七	一七,九四二
	南漳	一,〇五六	一四,一六〇	九〇〇	八〇六	三,四一二	一,三四九	二一,六八三
	保康	五七六	三,三〇〇	二〇〇	一〇四	二,〇〇〇	五五九	六,七三九

續表

行政區別	縣別	教育行政	教育事業	學產賦捐	學產徵收費	補助費及 私墊獎金	預備費	合計
第九區	小計	六・八五二	九七・七八五	五・三九二	三・二一二	二四・〇二八	一二・〇四八	一四二・三一七
	宜昌	二・四七二	七〇・一二四	七七二	五六二	九・五六〇	九・二二五	九二・七一五
	遠安	八八八	八・四一二	五〇〇	三五〇	八〇〇	六五三	一一・六〇三
	當陽	一・七四〇	一二・二三八	六八二	六五四	一・〇〇〇	一・二五〇	三〇・〇六四
	宜都	一・〇五六	一四・七九四		六六四	一・〇八七	八八〇	一八・四八一
	興山	五七七	五・九三二	四〇	六一	三〇〇	五七五	七・五〇四
	秭歸	五七六	四・八八八	一〇〇	九〇	七〇〇	八六三	六・八一七
	五峯	四八〇	三・〇八〇	一〇〇	七〇	八〇〇	七五七	五・二八七
	長陽	六七八	四・六四四	五〇〇	三七八	九〇〇	五八四	七・六七八
第十區	小計	八・四六〇	一三六・七三二	二・六九四	二・八九二	一五・一四七	一四・八八七	一八〇・七四九
	恩施	一・三四一	九・八五二	一〇〇	三三〇	一・〇〇〇	一・六六五	一四・二九一

續表

行政區別	縣別	教育行政	教育事業	學產賦捐	學產徵收費	補助費及私塾獎金	預備費	合計
	宣恩	六〇〇	四・七〇八	三〇	九一	三〇〇	一・一一一	六・八四〇
	建始	六〇〇	六・七二〇	一五〇	一二一	七〇〇	六四七	八・九三八
	巴東	一・一〇四	八・二四四	一六六	九四	一・九五〇	一・二七四	一二・八三六
	鶴峯	五七六	二・三二八	六〇	八九	七四〇	六五四	四・四四七
	利川	五七六	四・七〇〇	二〇〇	一九五	九九二	一・一二三	七・七九五
	咸豐	五七六	五・四三六	二〇〇	一五五	六〇〇	八五〇	七・八一七
	來鳳	五七六	五・八四七	二〇〇	一七八	六〇〇	一・〇三二	八・四三三
	小計	五・九五二	四七・八五五	一・一〇〇	一・二五三	六・八八二	八・三六五	七一・三八七
第十一區	鄖縣	五七六	八・七五七	三〇〇	一五四	三・〇七二	三・一三〇	一四・二八九
	均縣	一・一二六	八・七八四	四〇〇	二五六	一・八二四	一・九〇九	一五・四六九
	鄖西	五七六	七・七六六	四四四	三一一	二・一三八	二・四六六	一三・六九五

續表

行政區別	縣別	教育行政	教育事業	學產賦捐	學產徵收費	補助費及私塾獎金	預備費	合計
	房縣	五七六	六・五二八	一〇	八四	三・六八〇	一・九四二	一二・九三〇
	竹山	五七六	三・七三二	二四〇	一五七	一・九八〇	六九一	七・三七六
	竹谿	五七六	四・七四四	四三〇	二九四	一・三一〇	三・七一九	一〇・〇七三
小計		四・一七〇	四一・三二一	一・九三四	一・二五六	一三・〇〇四	一二・一五〇	七三・八三二
總計		七四・五六〇	一・〇四六・八五六	三四・六七	二八・一五九	一七六・六三七	一四四・四七四	一・五〇五・三二三

說　明

一、本表以元爲單位
一、本年度教育行政費支出數爲七萬四千五百六十元
一、本年度教育事業支出數爲一百〇四萬六千八百五十六元
一、本年度各項補助費及私塾獎金支出數爲一十七萬六千六百三十七元
一、本年度學產賦捐支出數爲三萬四千六百二十元
一、本年度學產徵收費爲二萬八千一百四十七元
一、本年度教育預備費爲一十四萬四千四百七十四元
一、本年度教育經費支出數爲一百五十萬零一千五百二十三元

湖北省二十五年度縣地方歲入歲出預算總表

縣別	歲入預算數	歲出預算數	比較 盈	比較 虧	備考
蒲圻	七九・四二三	九五・九二三		一六・五〇〇	區署補助三千元，縣政補助一千五百元，教育補助一萬二千元，共為一萬六千五百元
武昌	一八二・四〇〇	一八七・二〇〇		四・八〇〇	區署補助四千八百元
漢陽	一四三・四二三	一四七・〇二三		三・六〇〇	區署補助三千六百元
嘉魚	九九・五四九	一〇四・四四九		四・九〇〇	區署補助二千四百元，縣政補助二千五百元，共為四千九百元
咸寧	六七・六四九	七五・六四九		八・〇〇〇	區署補助三千元，縣政補助四千元，教育補助一千元，共為八千元
通城	八四・三六六	九二・一六六		七・八〇〇	區署補助四千元，縣政補助二千八百元，教育補助一千元，共為七千八百元
崇陽	七〇・四六二	七七・九六二		七・五〇〇	區署補助五千元，縣政補助一千五百元，教育補助一千元，共為七千五百元
大冶	一二八・九六八	一四一・九六八		一三・〇〇〇	縣政補助九千元，教育補助四千元
陽新	一一〇・八四八	一一四・八四八		四・〇〇〇	區署補助四千元
鄂城	一一五・八〇六	一一五・八〇六			
通山	三五・五三二	四七・五三二		一二・〇〇〇	區署補助六千元，縣政補助六千元，共為一萬一千元
蘄春	一三五・三七七	一三六・三七七		一・〇〇〇	教育補助一千元
浠水	一九二・〇九九	一九二・〇九九			
黃梅	二〇〇・二四九	二〇二・二四九		二・〇〇〇	教育補助二千元

續表

縣別	歲入預算數	歲出預算數	比較 盈	比較 虧	備考
廣濟	一四一・五九四	一四一・五九四			
羅田	五五・五〇四	六一・五〇四		六・〇〇〇	區署補助六千元
英山	五四・四八九	六一・四八九		七・〇〇〇	區署補助五千元，縣政補助一千元，教育補助一千元，共爲七千元
黃安	一一〇・五四六	一一五・一四六		四・六〇〇	區署補助三千六百元，縣政補助一千元，共爲四千六百元
黃岡	二一八・六六七	二一八・六六七			
麻城	一三二・一一六	一三四・一一六		二・〇〇〇	區署補助二千元
黃陂	一六〇・三五〇	一六〇・三五〇			
禮山	六二・五八六	七三・〇八六		一〇・五〇〇	區署補助五千元，縣政補助三千五百元，教育補助二千元，共爲一萬另五百元
隨縣	二〇三・七一九	二〇三・七一九			
安陸	七〇・四四八	七四・〇四八		三・六〇〇	區署補助三千六百元
孝感	一三四・二五八	一三四・二五八			
雲夢	六二・三五一	六五・九五一		三・六〇〇	區署補助三千六百元
應山	九八・五五二	一〇〇・五五二		二・〇〇〇	區署補助二千元
應城	一八八・四二一	一八八・四二一			
天門	二五四・七四七	二五四・七四七			
漢川	一三〇・四八九	一三三・四八九		三・〇〇〇	區署補助三千元

续表

縣別	歲入預算數	歲出預算數	比較 盈	比較 虧	備考
京山	一六八・五〇四	一六八・五〇四			
鍾祥	一九四・九九一	一九四・九九一			
江陵	三五二・四〇八	三五二・四〇八			
荆門	二三二・〇九三	二三二・〇九三			
沔陽	二一六・〇五二	二一六・〇五二			
潜江	一三七・四一一	一三七・四一一			
監利	一七六・四六四	一七六・四六四			
石首	一三三・四四六	一三七・〇四六		三・六〇〇	區署補助三千六百元
公安	一五七・〇七四	一五七・〇七四			
枝江	一〇八・五一八	一一四・〇一八		五・五〇〇	區署補助四千元，縣政補助一千五百元，共爲五千五百元
松滋	一五二・〇一〇	一五五・〇一〇		三・〇〇〇	教育補助三千元
襄陽	二五六・六九二	二五六・六九二			
棗陽	一六二・八五八	一六二・八五八			
宜城	九四・九四〇	一〇一・六四〇		六・七〇〇	區署補助四千二百元，教育補助二千五百元，共爲六千七百元
光化	一四七・〇七一	一五一・七一一		四・六四〇	區署補助四千元，教育補助六百四十元，共爲四千六百四十元
穀城	一一七・四〇八	一一七・四〇八			

續表

縣別	歲入預算數	歲出預算數	比較 盈	比較 虧	備考
南漳	一〇〇・七八九	一〇八・五八九		七・八〇〇	區署補助三千八百元，縣政教育各補助二千元，共爲七千八百元
保康	四七・二六〇	五七・二六〇		一〇・〇〇〇	區署補助六千元，縣政教育各補助二千元
宜昌	三七九・五四七	三七九・五四七			
遠安	四三・〇八四	五一・〇八四		八・〇〇〇	區署補助五千元，縣政補助二千元，教育補助一千元，共爲八千元
當陽	一三九・八九九	一四五・八九九		六・〇〇〇	區署補助三千元，縣政補助三千元，共爲六千元
宜都	九一・一三七	九五・六三七		四・五〇〇	區署補助四千元，教育補助五百元，共爲四千五百元
興山	二三・七五七	三八・七五七		一五・〇〇〇	區署補助六千元，縣政補助六千元，教育補助三千元，共爲一萬五千元
秭歸	三一・〇三三	四五・〇三三		一四・〇〇〇	區署補助五千元，縣政補助六千元，教育補助三千五百元，共爲一萬四千元
五峯	一五・四九三	二九・〇九三		一三・六〇〇	區署補助六千元，縣政補助五千六百元，教育補助二千元，共爲一萬三千六百元
長陽	四八・三九三	六二・三九三		一四・〇〇〇	區署補助六千元，縣政補助八千元，共爲一萬四千元
恩施	八六・〇九八	九四・〇九八		八・〇〇〇	區署補助六千元，教育補助二千元，共爲八千元
宣恩	四〇・二八八	四五・二八八		五・〇〇〇	區署補助五千元
建始	七四・二七六	七八・二七六		四・〇〇〇	區署補助四千元
巴東	七〇・九一九	七五・九一九		五・〇〇〇	區署補助五千元

续表

縣別	歲入預算數	歲出預算數	比較 盈	比較 虧	備考
鶴峯	二二‧五八二	三四‧五八二		一二‧〇〇〇	區署補助六千元，縣政補助五千元，教育補助一千元，共爲一萬二千元
利川	七五‧二九四	八〇‧二九四		五‧〇〇〇	區署補助五千元
咸豐	四二‧一八一	四九‧一八一		七‧〇〇〇	區署補助六千元，縣政補助一千元，共爲七千元
來鳳	四七‧三〇三	五四‧三〇三		七‧〇〇〇	區署補助五千元，縣政補助一千五百元，教育補助五百元
鄖縣	一二四‧八三三	一二九‧八三三		五‧〇〇〇	區署補助五千元
均縣	九七‧五四八	一〇三‧五四八		六‧〇〇〇	區署補助四千元，縣政補助二千元，共爲六千元
鄖西	八六‧八八四	九一‧八八四		五‧〇〇〇	區署補助五千元
房縣	一一〇‧五九八	一一四‧三九八		三‧八〇〇	區署補助三千八百元
竹山	五七‧一八四	六四‧六八四		七‧五〇〇	區署補助五千元，縣政補助一千元，教育補助一千五百元，共爲七千五百元
竹谿	六七‧〇三二	七二‧六三二		五‧六〇〇	區署補助五千元，縣政補助六百元，共爲五千六百元
合計	八‧四五六‧三四〇	八‧七八五‧九八〇		三二九‧六四〇	計區署補助費二十萬元，縣政教育補助費一十二萬九千六百四十元

說明

一、本表以元爲單位。

一、表列本年度歲入爲八百四十五萬六千三百四十元，歲出爲八百七十八萬五千九百八十元，出入兩抵計全年度不敷三十二萬九千六百四十元。

一、本表所列不敷數内，有區署補助費二十萬元，係由省庫撥補，其餘縣政教育兩項補助費一十二萬九千六百四十元，係由中央劃撥之三成印花稅撥付，合併聲明。

湖北省二十五年度各縣縣地方經常臨時歲入概算分類表

行政區別	縣別	田賦附加	契稅附加	短期牙貼附加	屠稅附加	電話收入	公產收入	學產收入	區署補助費	中央印花三成補助費	義教補助費	保安團歲捐	保安商鋪捐	違警罰金	田賦附加舊欠	其他	合計
第一區	蒲圻	一八,二四七	三,二五〇	八〇〇	四,二〇〇	五〇四	二二〇	四七六	三,〇〇〇	一,五〇〇	三,六八八	四一,四七八	四,八〇〇	三六	二,五〇〇	·	九五,九二三
	武昌	二一,八八一	一二,七八〇	一,六〇〇	五,六五八	二,一〇〇		一五,九三二	四,八〇〇	三,〇〇〇	一〇,一八	四七,九一二	一〇,二六〇	〇〇〇	三,〇〇〇	三,五四九	一八七,二〇〇
	漢陽	一九,四六六	六,三〇〇	一,〇〇〇	七,八五八	二一〇	五,九二	三七,三四五	三,六〇〇	三,〇〇〇	七,二八	四七,二五	一〇,二六〇	四〇〇	三,〇〇〇	三,三〇	一四七,〇二三
	嘉魚	一〇,三一六	二,二〇〇	五〇〇	四,八〇〇	五七〇	四二〇	三,四〇	三,〇〇〇	五,〇〇〇	六,九四九	五五,六四九	三,六〇〇	二四〇	二,〇〇〇	四,三〇	一〇四,四九
	咸寧	一〇,三一六	二,二〇〇	五〇〇	三,一五〇	一,八〇	一,三三六	六,二〇	四,〇〇〇	五,〇〇〇	三,五二	三三,六四七	五,〇〇〇	二四〇	二,〇〇〇	四,三〇	七五,六四九
	通城	一六,〇三六	九,〇〇〇	五,〇〇〇	三,一五〇	一,九二	九二	四,〇〇〇	五,〇〇〇	四,〇〇〇	三,七二	五,七二	八,〇〇	一三四	一,〇〇〇	八四〇	九二,一六
	崇陽	一四,〇〇〇	一,八〇〇	八,〇〇〇	二,一六〇	七,〇〇	七,〇〇	一,四六四	三,〇〇〇	一,〇〇〇	三,七九	四〇,〇〇	六〇,〇〇	五〇〇	一,〇〇〇	五〇〇	七七,九三二
	大冶	二〇,三五六	二,七〇〇	八〇〇	六,〇〇〇	八,〇〇	八〇〇	一,三三一	五,〇〇〇	一,〇〇〇	三,七一	六三,二七〇	六,〇〇〇	五〇〇	二,〇〇〇	二〇,一一	一四,九六八

续表

行政區別	縣別	田賦附加	契稅附加	短期牙貼附加	屠稅附加	電話收入	公產收入	學產收入	區署補助費	中央印花三成補助費	義教補助費	保安田畝捐	保安商鋪捐	違警罰金	田賦附加蓄犬	其他	合計
	陽新	四一·一四二	一·八〇〇	五〇〇	二·五〇〇	二〇〇	八	一·五一二	四·〇〇〇		四·六〇八	五〇·五七八	六·〇〇〇	三六〇	二·〇〇〇		一一·一四八	一二四·八〇八
	鄂城	二〇·一六五	六·〇〇〇	五〇〇	三·〇〇〇	四〇〇	三·二〇〇	六·二九〇		六·〇〇〇	三·二一二	六·三二九	八·一二〇	五〇〇	二·〇〇〇	八〇〇	一五·八〇六	一二五·八〇六
	通山	五·一八九	九〇〇	一〇〇	一·二〇〇	二〇〇	六九〇	二·四〇〇		六·〇〇〇	四·二七四	一·七二二	一·九二〇	二四〇	一·〇〇〇		四·七三二	四七·一五六
	小計	二〇六·八五六	四三·〇三五	七·八〇〇	八·〇三〇	四·六五二	八·〇五八	一·一六七	四·九〇〇	三五·八〇〇	四六·八二四	五·一八八	二八·一八〇	二·五〇〇	四·七〇〇	三·九七〇	一·一二〇·五二六
第二區	蘄春	二八·〇九九	七·六〇九	一·〇〇〇	七·〇〇〇	二·四八〇	一·六七〇	一·四七〇			二·三五二	七·一四五	一·八四〇	六〇〇	一·八四〇	一·四六四	三六·三七七	一二·一九〇
	浠水	三八·三三四	九·〇〇〇	六〇〇	三·〇〇〇	二·四〇〇	二·四八〇	八·八三八		三·〇〇〇	三·五三二	七·二〇八	五·〇〇〇	一·八四八	五·三三八	一·四六四	一·〇二三	一一九·〇九九
	黃梅	三八·四六九	三·一〇〇	一·六〇〇	三·〇〇〇	二·三四八	一·六四〇	一·〇七四	四·八〇〇	三·〇〇〇	三·五三二	一·二二六	七·二〇〇	二·〇〇〇	五·〇〇〇	四·五三〇	一〇二·二四九	一〇二·二四九
	廣濟	四三·〇〇〇	七·八〇〇	五〇〇	一·〇〇〇	二·八〇〇	三·二三五	六·二二〇			三·五三二	六·九四七	七·二〇〇	一〇〇	三·〇〇〇	四·五〇〇	一四一·五九四	一四一·五九四

續表

行政區別	縣別	田賦附加	契稅附加	短期牙貼附加	屠稅附加	電話收入	公產收入	學產收入	區署補助費	中央印花三成補助費	義教補助費	保安田畝捐	保安商舖捐	違警罰金	田賦附加舊欠	其他	合計
	羅田	一三,五七七	三,七二〇	八〇〇	三,六〇〇	二四〇	一〇〇	三,二四〇	六,〇〇〇		五,七一二	二〇,三三五		二〇〇	四,〇〇〇		六一,五〇四
	英山	一五,四二二	三,〇〇〇	六〇〇	五〇〇		二,九八八	八,五三三	五,〇〇〇		七,一五二	一一,〇三七		三〇〇	六,一五七		六一,四八九
	黃安	二八,〇〇	二,八二〇	一〇〇	二,二五〇	三〇〇	五,五五九	四,六七九	三,六〇〇	二,〇〇〇	一,三八八	一一,〇三七	一二〇	一〇〇			一五,四八九
	黃岡	八四,三一一	五,六七〇	八〇〇	四,二三九	二四〇	二,一四	九,四四四	三,六〇〇		五,三四四	四,〇九六	六,一二〇	一〇〇	六,〇〇〇	八,四九〇	一一,四八一
	麻城	二六,七二三	九,一〇〇	一,五〇〇	六,二〇〇		二,一八六	八,二〇〇	二,〇〇〇		三,三二二	九,二二一	八,〇〇	二〇〇	五,〇〇〇	二,六	二八,六六六
	黃陂	三二,五五八	七,二〇〇	八〇〇	一〇,二〇〇	三,二四	三,一八六	八,二〇〇	五,〇〇〇		二,五五二	五,八六〇	四,一六〇	一〇〇	二,〇〇〇	三,八七一	三六,三五〇
	禮山	一二,三八七	三,一六〇	四〇〇	五,七〇〇		九,〇九九	一,六二〇	五,八〇〇	五,五〇〇	六,一九二	三,三二二	三二,一六〇	二四	一,五〇〇	六,三二〇	七三,〇八六
	小計	二三五,六七九	六一,八六〇	七,五六〇	六一,二五〇	三,二六四	九〇九九	八三,三六七	二一,六〇〇	五,五〇〇	六一,八四	六八,三四〇	三三,一四〇	四,八八八	九,九九五	一,六三二〇	一,四九六,六七七

續表

行政區別	縣別	田賦附加	契稅附加	短期牙貼附加	屠稅附加	電話收入	公產收入	學產收入	區署補助費	中央印花三成補助費	義教補助費	保安團款捐	保安商舖捐	違警罰金	田賦附加舊欠	其他	合計
第三區	隨縣	二九·八一六	二四·六〇〇	一·〇〇〇	七·五〇〇	九六〇		五·九八〇			二·六八八	一〇·九六三五	一·六〇〇〇	二四〇	四·八〇〇	五〇〇	二〇三·一七九
	安陸	一六·七〇三	三·五〇〇	五·〇〇〇	七·〇〇〇	一八〇	三七	三·二七〇	三·六〇〇		二·五三二	三·三四〇六	七·〇〇〇	一〇〇	三·〇〇〇	一·三八	七四·〇四八
	孝感	三三·〇一八	三·六〇〇	三·〇〇〇	二四·〇〇〇	二八四	三〇〇	二·一三〇	二·六〇〇		三·五三二	六·六〇二		二四〇	四·〇〇〇	一·三八	一三四·二五八
	雲夢	一四·六三二	七·〇〇〇	一·〇〇〇	五·一〇〇	三八四	二·一二七	四·六九三	二·六〇〇		六·八八	一三·四四九	四·〇〇〇	二四〇	三·〇〇〇	一·三八	六五·九五一
	應山	一九·四〇八二	七·五〇〇	一·〇〇〇	九·〇〇〇	三·八〇四	一·〇〇〇	一·八〇〇	二·〇〇〇		二·三五二	二·一八〇	三·八五〇	六〇〇	四·〇〇〇	一·四四五	一〇〇·五五〇
	應城	二〇·四一二	四·八〇〇	一·〇〇〇	六·六六二	二四〇		一·八〇〇			三·五三二	一·四二八〇	一·四八八	二〇〇	四·〇〇〇	二·六〇〇	一·八八〇
	天門	六八·四三八	九·〇〇〇	三·〇〇〇	八·七〇〇	九〇〇	一·〇〇〇	一·九五二			四·一二一	三一·三九二〇	一·四八八	四〇〇	三·二〇〇	八·八〇〇	一八四·二一
	漢川	三五·四七五	二·六四〇	一·五〇〇	五·二五〇	二八〇		六·六六三	三·〇〇〇		四·一二一	五·九一二五	一·五二〇	三〇〇	三·六〇〇		七四·七一三三

續表

行政區別	縣別	田賦附加	契稅附加	短期牙貼附加	屠稅附加	電話收入	公產收入	學產收入	區署補助費	中央印花三成補助費	義教補助費	保安田賦捐	保安商舖捐	違警罰金	田賦附加舊欠	其他	合計
	京山	五四・五七八	三・七五〇	一・〇〇〇	四・三七五	六二四		二・四〇〇			二・六八八	九〇・九六五	四・八二四	三〇〇	三・〇〇〇		一六八・〇四
	鍾祥	四八・〇五五	一三・五〇〇	一・〇〇〇	一三・二〇〇	七八八	七五〇	一・六五〇			二・六八八	九〇・四二〇	一七・〇〇〇	三六〇	五・〇〇〇		一九四・九九一
	小計	三三九・〇三一七	七六・二九二	一二・五〇〇	八〇・八八七	五・一三六	四・二一四	三三・〇四二	一・二〇〇		二六・九七六	六〇・四三三	一七六・八二	三・〇二一	四八・〇八〇	七一・九四八	一・一五八・〇
第四區	江陵	四一・一九八	九・〇〇〇	一・二〇〇	一二・〇〇〇	三六〇	四・六五三	一五・三五〇			二・六八八	二〇〇・八五二	三八・〇四〇	二六〇	四六・八〇〇	二四・七二〇	三五三・〇三
	荊門	四六・八五五	一・二〇〇	一・二〇〇	七・五〇〇	二四〇	三・〇〇〇	三・一九四			四・三三八	二五・八一五	四・〇〇〇	二四〇	四・〇〇〇		四一・四〇八
	沔陽	六二・一三八	六・九〇〇	一・五〇〇	七・〇〇〇	二四〇	三・〇〇〇	五〇〇			四・三六八	一〇二・一二九	二〇・一四四	三六〇	四・〇〇〇	二・三四〇	二一六・〇五三
	潛江	三四・一三八	一・八〇〇	一・五〇〇	三・七五〇	二四〇	八・五八	九〇〇			三・三六八	八一・六三五	三・八九七	一〇〇	四・〇〇〇		一三七・一四
	監利	四七・八一八	三・九四〇	一・三〇〇	三・〇〇〇	二四〇		五五六			四・三六八	八八・六六九	一一・〇〇〇		四・〇〇〇	七・三八八	一七一・四六四

续表

行政区别	县别	田赋附加	契税附加	短期牙贴附加	屠税附加	电话收入	公产收入	学产收入	匠器补助费	中央印花三成补助费	义教补助费	保安田赋捐	保安商铺捐	违警罚金	田赋附加旧欠	其他	合计
	石首	二二·二九一	四·六五〇	三〇〇	四·〇〇〇	一八〇	二·二八七	一〇·八二六	三·六〇〇		二·六八八	六·八五〇	六·〇〇	二四〇	一四·六四七	三·九八九	二三七·〇四六
	公安	三〇·二八五	一七·五六〇	一·〇〇〇	五·一二五	二四〇	一〇·四〇〇	九·七九三			三·六八八	七·〇三八	一·一七〇	一二〇	四·〇〇〇		一五·〇七四
	枝江	二二·一九四	六·二一一	一·一〇〇	四·二一六	一八〇	一·九〇〇	五·六九〇		一·五〇〇	二·三六八	五·一六六	八·〇〇〇	一八〇	六·〇〇〇		一五·〇七四
	松滋	四四·九四四	二一·〇〇〇	八·三〇〇	三·九一六	二·五四一	二·〇八八	六·五五〇	七·六〇〇	三·〇〇〇	六·八八八	七·八八八	八·〇〇〇	一·八〇〇	六·〇〇〇		一一·四〇八
	小计	二五二·三三六	七·九五〇	八·三〇〇	三〇·九六	四·六八一	二·〇八七	五·四二九		四·五〇〇	一二·八五六	八八·〇〇四	一一·〇七七	三·一四〇	一四·六四七	三六·〇九七	一五五·〇一〇
第五区	襄阳	六九·一二三	九·六〇〇	八·五〇〇	一〇·五〇〇	四·八〇〇	一〇·一七〇	九·六二四	四·二〇〇		三·六三三	一二·九五〇	五·〇〇〇	三·〇〇〇	五·〇〇〇	四·九六〇	六七七·六五〇
	枣阳	二八·一四七	九·六〇〇	七·二〇〇	六·〇〇〇	三六〇	一·〇七〇	四·八二六			二·二五八	九·三七三	四·〇〇〇	二·〇〇〇	三·〇〇〇	八·〇〇〇	一二五·九八五
	宜城	一二·七一九	七·一五〇	二·〇〇〇	三·七五〇	三〇〇	三·〇九八	二·三〇八		一·五〇〇	二·一八八	五·八五八	三·〇〇〇	二·〇〇〇	三·〇〇〇		一〇六·四〇

續表

行政區別	縣別	田賦附加	契稅附加	短期牙貼附加	屠稅附加	電話收入	公產收入	學產收入	區署補助費	中央印花三成補助費	義教補助費	保安田畝捐	保安商舖捐	違警罰金	田賦附加舊欠	其他	合計
	光化	二四,○七七	八,一○○	三○○	五,四○○	一○○		一,六四○	四,○○○	六四○	二三五	八,二三五	一,六八○○	二○○		八,三五○	一五,一七七
	榖城	一六,二三七	一○,八○○	五○○	八,五○○	一○○	四,六一二	六,六○○	三,八○○		二,三五二	六,三○九	二,○五○	一○○	四,○○○	七二○	一一,一七○
	南漳	一三,○三一	九,三三○	五○○	三,二○○	一○○		一一,五六二	六,八○○	四,○○○	二,三五二	四七,七七八	四,○○○	一○○	四,○○○	七二○	一八,○四○八
	保康	八,七六六	一,八○○	二○	二,六二五		八四	二,八		六,○○○	一,八	二,九一九九				二,二○	八○,五四九
	小計	七三,一七七	五六,七○○	三,五四○	四,五五○	一,四○○	一,五八六	一,五三七	一二,四○○	一,八○八	五,○四	五,二一四	三,四五○	一○○	一九,○○○	二,三二七	九五六,一五八
第六區	宜昌	二,八八一	一,四○四	二○○	二,五七五	六○○	一,四○○	三七,九二一	五○○	三,三	三,六八二	七七,七九二	三○,○○○	三六	二○○	二,七七	一三四,七○
	遠安	六,七六七	五,七○○	二,○○○	一,五○○	二四○	五,○四○	三,四五○		三,三	三五二	二,○六				一,八九七	五一,五○四
	當陽	一八,七五二	七,五○○	一,○○○	七,二○○	三,七六	五五	一,○六二○	五,三	三,三	六,二五	八,二八八	四,八八		三,○○○	一四,五九九	一四五,八九九

续表

行政區別	縣別	田賦附加	契稅附加	短期牙貼附加	屠稅附加	電話收入	公產收入	學產收入	區署補助費	中央印花三成補助費	義教補助費	保安團歇捐	保安商舖捐	違警罰金	田賦附加舊欠	其他	合計
	宜都	一.三七八	九.〇〇〇	五〇〇	三.七五〇	四五八	三.六四〇	七.二九二	四.〇〇〇	五〇〇	二.六八八	四八.八六七	一.二〇〇	三六〇			九五.六三七
	興山	三.五二〇	二.五五〇	三〇〇	一.六〇〇	一二〇		八.八六六	六.〇〇〇	九.〇〇〇	二.三五二	一〇.五六九	一.二〇〇	三六〇		三二〇	三八.七五七
	秭歸	四.七一三	三.〇〇〇	二〇〇	一.〇〇〇	三一六		一.二九一	五.〇〇〇	九.〇〇〇	二.三五二	一〇.六四	四.〇〇〇	三六〇			四五.〇三三
	五峯	二.九八二	三.〇〇〇	一〇〇	二.〇〇〇	一八〇			六.〇〇〇	七.〇〇〇	三.一二〇	五.六九		三六〇		一.〇〇〇	二九.〇九三
	長陽	五.一六六三	四.二三九	二.四〇〇	九.四五	一.四四四	一.二〇〇	五.三九六	六.〇〇〇	八.〇〇〇	三.一二〇	二.六九	四.〇〇〇	二〇〇		三.五〇〇	六二.三九三
第七區	小計	一七.七〇七	四二.三九	五.〇〇	二.八.四五	二.三六四	二.二〇〇	四.九六九	三五.〇〇〇	四.〇〇〇	四.九二八	二.九二.〇三	一〇.四〇〇	三六〇		一.二二九	二六二.三九三
	恩施	一五.二〇〇	二.一〇	五.〇〇	三.八〇〇	七.二〇	七.八	九.五〇	五.〇〇〇	四.〇〇	三.三一二	一.六	八〇〇	三六〇		四〇〇	九四.〇九八
	宣恩	一.二〇〇	二.一〇〇		三.一〇〇	二.一六		一.三四〇		五.〇〇〇	三.二二	一.六		一二〇			四五.二八

續表

行政區別	縣別	田賦附加	契稅附加	短期牙貼附加	屠稅附加	電話收入	公產收入	學產收入	區署補助費	中央印花三成補助費	義教補助費	保安司獻捐	保安商舖捐	違警罰金	田賦附加舊欠	其他	合計
	建始	二〇,五〇〇	一,五〇〇	二〇〇	六,二四〇	六〇〇		一,七二四	四,〇〇〇		二,二五〇	四〇,八〇〇		三六〇			七八,二七六
	巴東	二〇,一六〇	二,四〇〇		二,〇〇〇		三〇八	一,一五六	五,〇〇〇		二,二五〇	三四,三六〇	一,二七七	一〇〇		五,六一〇	七五,九一九
	鶴峯	六,一六〇	九〇〇	二〇〇	一,七七五		八八〇	一,一七五	六,〇〇〇	六,〇〇〇	三,五〇〇	七,七〇〇	二,一三三	一〇〇			三四,八二三
	利川	二九,一六四	三,〇〇〇	二,〇〇〇	三,二〇〇	二,八八〇	五〇	二,二一四	五,〇〇〇		三,〇七〇	四一,二六〇	三,〇〇〇	一〇〇			八〇,二九四
	咸豐	一六,〇〇〇	二,一〇〇		三,〇〇〇	三,二三二	六〇	二,一一七	六,〇〇〇	一,〇〇〇	三,一二三	一七,一七〇	三,〇〇〇	一二〇			四九,一八〇
	來鳳	一三,四四〇	一,八二五	一,二四〇	一,二三五	一,七六〇	三,〇八六	一,五三三	五,〇〇〇	一,一三二	三,〇七二	二〇,一六〇	二,〇七〇	三六〇			五一,三四〇
	小計	一〇五,三二四	一一,八二五	三,六四〇	一七,二五〇	八,四七二	四,三八八	九,四九七	三一,〇〇〇	八,一三二	一六,九五二	一六一,〇七〇	一一,八〇〇	六,四〇〇		六,〇一〇	四〇三,八五〇
第八區	鄖縣	三二,四〇〇	九,六五〇	三,〇〇〇	三,〇〇〇		三,八八	一,三九七	五,〇〇〇		六,四八八	六七,五〇〇	一,三〇〇	三六〇	九,三〇〇		一二九,八三三

续表

行政區別	縣別	田賦附加	契稅附加	短期牙貼附加	屠稅附加	電話收入	公產收入	學產收入	區署補助費	中央印花三成補助費	義教補助費	保安田畝捐	保安商舖捐	違警罰金	田賦附加蓄犬	其他	合計
	均縣	二五.一八四	六.二五〇	三〇〇	二.四〇〇	一二〇	六三四	四.三一一	四.〇〇〇	二.〇〇〇	二.八三二	五二.四六七	八〇〇	二四〇	二.〇〇〇		一〇三.五四八
	鄖西	二〇.四六二	六.〇〇〇	五〇〇	三.七〇〇	四八〇		四.四四〇	五.〇〇〇		二.五九二	四五.〇〇〇	四〇〇	三〇〇	三.〇〇〇	一〇	九一.八八四
	房縣	二九.九七八	六.〇〇〇	二〇〇	四.八〇〇		五六二	二.〇〇〇	三.八〇〇	二.〇〇〇	五.九二	六二.四五八	四〇〇	三六〇	一.五〇〇		一一四.三九八
	竹山	一四.二五〇	四.二〇〇	五〇	二.〇〇〇		二〇〇	二四六	五.〇〇〇	六〇〇	二.九二	二九.七〇〇	八〇〇	一二〇	一.〇〇〇		六四.六六四
	竹谿	一六.二〇〇	三.〇〇〇	一.四五〇	二.五〇〇	八四〇	一.〇七六	一九八	五.七〇〇	五.〇〇〇	一.六四八	二七.〇〇〇	五〇〇	一五〇	一.〇〇〇		七二.六三八
	小計	一二八.〇八〇	二五.四五〇	一.四五〇	一五.〇〇〇	一.四四〇	三.八五六	一一.一九二	二三.六七五	二〇.〇〇〇	一二.五四	二九.八七三	四.二〇〇	一.五〇六	一〇.一五〇	一〇	五七.六九九
總計		一.七四七.八七三	四〇七.八〇〇	四四.八八加	二七九.七一三	二一.四三二	八二.八五六	三六.六四〇	一二〇.〇〇〇	六四.〇〇〇	一三五.四四	一.〇八三.二五〇	四三.六九九	二.〇二三	一二七.〇八三	一四五.五一	八.七七五.八八〇

第三章　現代財政之狀況

說明

一、本表以元為單位

一、本年度田賦附加收入數為一百七十四萬八千七百七十三元

一、本年度契稅附加收入數為四十萬另七千八百元

一、本年度短期牙貼附加收入數為四萬九千八百九十元

一、本年度屠宰稅附加收入數為三十七萬九千七百一十三元

一、本年度電話收入數為二萬一千四百三十元

一、本年度公產收入數為八萬三千七百八十五元

一、本年度學產收入數為三十六萬七千五百四十元

一、本年度區署補費收入數為二十萬元

一、本年度縣政教育補助費收入數為一十二萬九千六百四十元

一、本年度義務教育補助費收入數為二十三萬五千四百六十四元

一、本年度保安商捐收入數為四百另八萬三千二百五十六元

一、本年度保安商舖捐收入數為四十萬另九千八百六十八元

一、本年度達警罰金收入數為二萬二千另六十二元

一、本年度田賦舊欠收入數為二十三萬七千另八十元

一、本年度其他收入數為四十一萬五千七百一十五元，內列有保安收入特稅附加六千元

一、本年度總領入總額為八百七十八萬五千七百九十八元，內屬於保安經費收入為四百另八萬三千二百五十六元，屬於縣政經費收入為三百三十三萬八千五百一十六元，屬於教育經費收入為一百九十四萬九千一百八十四元

湖北省二十五年度各縣縣地方政務費經常歲出概算分類表

行政區別	縣別	區署經費	整理保甲經費	公安經費	政警經費	救濟經費	縣倉經費	種痘施藥費	電話	收音及無線電台經費	度量衡經費	苗圃經費	財委會經費	公產賦捐	徵收費	其他	預備費	合計
第一區	蒲圻	一○·二二四	七二○	二·○二八	一·六二二	八四○			一·○八○		七二○	六○○	九二○	一二○	一五		五·一八○	二五·○八四
	武昌	二四·五四○	九六○	一·四四○	一·二三二	一·二○○	七二	二○○	三·一八○		九六○	三·八八四	一·九二○	一二○			九·二二三	四五·○二九
	漢陽	一二·七八八	七二○	四·三二○	九·九一五	二四○	八四	一○○			六○○	七二○	一·六○○	四○	六三	一·四九三	六·○八○	三三·一九八
	嘉魚	八·八六八	七二○	三·三八四	一·九一五	一·二○○	九六	一○○	三·四○○		四八○	四八○	一·四四○	一五○			五·○○九	二五·七○八
	咸寧	八·八六八	七二○	三·二○○	一·九一五	一·六二○	六○	六○	二·四○○	五六七	二四○	四八○	一·四四○	八○	六四		二·四七八	二七·八八九
	通城	八·八六八	六○○	一·二○○	九·四四四	一·五二八	一二○	五○○	二·四○○		二四○	八四	三○○	七○	一○七		三·四九八	二八·○二九
	崇陽	一·八六六		一·五六○	九·一一五	一·○○○	一二○	一·六○四	五·二八		二四○	三○○	一·四四○	八	四九		四·八八一	二○·○六一
	大冶	一五·○四八	九六○	三·一○四	七·七五二	一·○○○	一二○		一·八○六	六七二	一·八四○	八八四	六八○		五七六		四·六八○	四三·一五六

第三章　現代財政之狀況

續表

行政區別	縣別	區署經費	整理保甲經費	公安經費	政警經費	救濟經費	縣倉經費	種痘施藥費	電話	收音及魚線電台經費	度量衡經費	苗圃經費	財委會經費	公產賦捐	徵收費	其他	預備費	合計
	陽新	一五·八〇	九六〇	二·一四八	二·〇一六	一·二三〇	六〇	二〇〇	七六八	七四四	八四〇	一·二〇〇	一·六八〇				五·六一四	三一·六一〇
	鄂城	一二·〇二四	九六〇	四四〇	二·一一六	三六		二〇〇	四四〇	四八〇	六〇〇	二〇〇	一·六八〇	二〇四	二四		五·〇四六	二六·一九四
	通山	八·八八八	七二〇	七〇〇	九六〇	二七	二八	三〇	一四四	四八	六〇〇	六〇〇	一·四四〇	五九	四八		三·五二五	一八·一九三
	小計	三四·八四〇	二·六四〇	三·二八八	五·〇九二	二·四七五	八八	四三〇	一·三五二	一·二七二	二·〇四〇	二·〇〇〇	四·八〇〇	二六三	七二		一四·一八五	七五·九九七
第二區	蘄春	一三·四〇	九六〇	二·三二四	二·八九六	六·四七五	六四〇	一·〇四	一·〇八八	六〇〇	六三〇	六·五二八	一·五二〇	六五五	一四六	一·九四三	五·二〇四	四五·〇八九
	浠水	一四·七六〇	九六〇	五·八〇八	八·八七七	四三〇	一·四〇	一·二〇	三三六	六〇〇	六〇〇	八·一六〇	一·六八〇	二一八	一八	一·七二〇	三·六四六	三八·六四四
	黃梅	一二·七八〇	九六〇	四·五六八	一·五九五	二〇〇		九六	三〇〇	三〇〇	五四〇	八·一六〇	一·四四〇	三〇	一九	一·二〇〇	四·〇四七	二六·〇七三
	廣濟	一一·一三六	九六〇	四·九一〇	一·九九五	三二〇	一·八〇	一·二〇	九二一	三〇六	五〇四	八·四〇	一·四四〇	三〇	三二	九六	五·六二一	三一·七一六

续表

行政區劃	縣別	區署經費	整理保甲經費	公安經費	政警經費	救濟經費	縣倉經費	種痘施藥費	電話	收音及無線電台經費	度量衡經費	苗圃經費	財委會經費	公產賦捐	徵收費	其他	預備費	合計
	羅田	八·八六八	七二〇	一·七八八	一·四〇三	一二〇	一四四	一〇〇	一·〇〇三	一八〇	三六	六〇〇	一四四				四·二一六	二〇·九四一
	英山	八·八六八	七二〇	一·四四〇	二·一八九	六〇〇			六六〇	一八〇	三六	七二〇	四四〇	一九二	一六〇		四·三六五	二一·八七〇
	黃安	八·八六八	七二〇	一·四四〇	二·九六五	三〇〇		一〇〇	一·二一四	三四三	四八〇	三	一·六八〇	六五	三九	一·九六六	五·〇三四	二四·二四五
	黃岡	二·八七二	二〇〇	三·二六六	三〇〇〇	三〇〇	六	六	一·二五六	三〇〇	六八〇	六三六	一·八八〇				九·〇七九	二三·四七一
	麻城	一·五八〇	二〇〇	五·三七六	一·八五六	五〇〇	二四		六八六	七一二	五四〇	七〇〇	一·六八〇	三三八	七二		三·四六五	二二·二一四
	黃陂	一·五〇四八	二·九六	一·三七六	九七九	七	一·八八	一·〇六	四四六	七二〇	六二〇	七二〇	一·六八〇	一〇八	七〇		三·七三五	二〇·〇三三
	禮山	八·八六八	一·〇八〇	二·九四二	二·一八九	一八	一	一	三四八	四二〇	三六六	七二〇					三·八一九	二〇·〇八
	小計	一四·六二八	一〇·八〇	二·三四二	一二·一八六	七	一·八八	一·九六六	九·四一	五·一七九	五·六七六	九·四五六	一·八一〇〇	九·六五	四·六六五	五·三九六	五〇·六九四	三二〇·六三一

續表

行政區別	縣別	區署經費	整理保甲經費	公安經費	政警經費	救濟經費	縣倉經費	種痘施藥費	電話	收音及無線電台經費	度量衡經費	苗圃經費	財委會經費	公產賦捐	復收費	其他	預備費	合計
第三區	隨縣	一八,九六六	一,二〇〇	一,四三八	二,一八五	一二〇		一〇〇	一,五〇〇		六六	六六	一,九二〇				三,四〇七	三六,九五八
	安陸	八,八六八	二〇〇	一,四四〇	二,四七〇	二〇〇			三〇〇		四二		一,四四〇				三,二三四	一九,四二四
	孝感	一八,三二六	一,二〇〇	三,二二六	三,四七六	三五六	二四〇	一〇〇	六四八	七六八	六〇〇	一六八	一,六八〇		一二		二,九〇七	三一,八四四
	雲夢	八,八六八	二〇〇	一,二〇〇	七〇四		一,九七九	一四〇	六七二		三六〇	一〇〇	一,〇〇〇	一七	一四八		三,四一三	二〇,六五四
	應山	一四,一七四	七二	五,九六六	三,七三六	三〇〇	二四〇	一〇〇	九〇〇		五四〇		一,四四〇				四,〇一一	三一,二七六
	應城	一八,九六〇	九六〇	四,八〇〇	三,七五二	一〇八		二〇〇	一,〇九四	五二八	五四〇	一〇〇	九〇〇			二,八〇〇	四,三七五	三八,一七五
	天門	一八,二〇〇	二〇〇	一,四〇〇	三,二三二	八〇〇		四〇〇	四四〇	八四〇	六六〇	八四〇	一,四四〇				五,三六五	三九,三三二
	漢川	一五,〇四八	九六〇	一,八〇〇	二,八五六	一二〇			八四〇		三六〇	五〇四	六八〇				六,二一一	三一,三八九

續表

行政區別	縣別	區署經費	整理保甲經費	公安經費	政警經費	救濟經費	縣倉經費	種痘施藥費	電話	收音及魚線電台經費	度量衡經費	苗圃經費	財委會經費	公產賦捐	徵收費	其他	預備費	合計
	京山	一八,〇二四	九六〇	二,一二四	二,八五六	六〇〇	一〇五	一〇〇	一,二〇六	五五二	五四六	一〇〇	一,八〇			一,六九〇	四九四	三〇,六三二
	鍾祥	一八,四九五	一,二〇〇	三,六二六	三,〇七六	三,一九三	七三	一二〇	一,三二〇	六六〇	六六〇	二〇〇	一,六九二	一〇四	五三		五,六七四	三九,九二一
	小計	三六,五一九	二,一六〇	五,七五〇	五,九三二	三,七九三	一七八	二二〇	二,五二六	一,二一二	一,二〇六	三〇〇	三,二八〇	一〇四	五三	一,六九〇	六,一六八	七〇,五九一
第四區	江陵	一九,六八二	一,二〇〇	二,七〇〇	二,五三二	三,六三七	三,〇〇	一三六	九,二六	三,一六	三,一六		一,六五四	二,七四	二七	一,二七〇	六,九五二	五四,〇八七
	荊門	一八,二〇四	一,二〇〇	二,六八四	二,一八〇	三,〇〇〇	二一〇	二〇〇	七二〇	四三六	六六六	八四〇	九二〇	四,〇〇	二五		四,六四七	三五,三一二
	沔陽	二三,八七六	一,二〇〇	六,一六六	二,一二七	一,八〇〇	二四〇	一〇〇	八,〇八	六六〇	六六〇	一九二	九二〇	二四〇	二五	九六八	五,八〇七	四五,七〇九
	潛江	八,六八八	一,九六〇	八,〇〇〇	一,二七〇	一,八〇〇	一,四〇	二〇〇	六二四	六六〇	四二四	六四二	一,四四〇	八〇〇	六〇		三,二九六	二〇,六四〇
	監利	一二,七八〇	九六〇	八,一五〇	三,三七六	七六〇	一,四〇	二〇〇	三,〇四	六六六	五四四	二〇〇	三,八〇			五,四五七	四,六七七	三六,七三一

第三章　現代財政之狀況

續表

行政區別	縣別	區署經費	整理保甲經費	公安經費	政警經費	救濟經費	縣倉經費	種痘施藥費	電話	收音及無線電台經費	度量衡經費	苗圃經費	財委會經費	公產賦捐	徵收費	其他	預備費	合計
	石首	一一、一二六	七二〇	四、九八〇	三、七二二	二四〇	一二〇		六七二	三六	四二〇	二四	一四四	一九一	一五三		四、四一六	二七、九一〇
	公安	八、八六八	九六〇	三、三二四	三、七七二	一、二〇〇			七二〇		五四	四〇二	二一二	二四〇	一四七	二五三	四、三二九	三〇、八四四
	枝江	九、六二四	七二〇	一、二〇〇	一、二〇五	六四〇	七二	二〇〇	四五六	七二〇	五四	一二〇	一五	一三			三、〇〇六	一八、〇二一
	松滋	九、六二四	一、〇八〇	一、二〇〇	一、〇五二	五〇〇	一〇		一二六		五四	一二〇	四	九六	八三		三、三五〇	一四、二七九
	小計	二一、六六八	三、四八〇	一〇、七〇四	九、七五一	二、五八〇	九〇六	二〇〇	一、九七四	七五六	一八〇	六六二	一八八	五二九	八五八	五六五	一五、一〇一	九一、一〇二
第五區	襄陽	一二、三三六	二、〇〇〇	三、六六〇	二、〇三三	九、一四〇	一、八〇〇	四〇〇	三、一六八	一、〇八〇	八四	七〇四	六八八	五五八	二四〇		七、五七六	四九、〇九一
	襄陽	一五、五三二	一、九六〇	二、九六〇	二、五六〇	四、八〇〇	一、八〇〇	一二〇	一、八〇〇	二、〇〇〇	五四〇	六〇〇	一六八	五六五			四、四三〇	三九、四七一八
	宜城	八、八六八	七二〇	八、〇〇〇	七、三六六	四、八〇〇	一、八〇〇	一二〇	八、四〇〇	三、四四四	四〇八	九〇〇	一、四四〇				二、二六	二一、九六四

行政區別	區署經費	整理保甲經費	公安經費	政警經費	救濟經費	縣倉經費	種痘施藥費	電話	收音及魚線電台經費	度量衡經費	苗圃經費	財委會經費	公產賦損	徵收費	其他	預備費	合計
光化	一二〇二〇	七二〇	一二〇〇	一六八〇	三六	一六八		六七	六七	七〇	六七	一四〇			三六	三一七	一二八五九
穀城	一二〇二四	九六〇	七五四八	三二八五	二四	七二	一〇〇	七〇八	六四	六〇〇	九六七	六八〇				四六六五	一六四六〇
南漳	一八三二六	九六〇	一二〇	九九九	一七	一八		七五六		六〇〇	五八八	一六八〇	二一二	六		二一〇七	二九七六
保康	八一九〇	七二〇	六〇〇	一五〇	三六	一八〇		八	三	三	七二	一二〇	一〇			三五五七	一七七六三
小計	九六七四	六	一	一五六二	一四	七八〇	一八〇	八九六	三	三	六七六	一	二一二	六	六〇〇	二六八四	二〇七二三
第六區宜昌	一五四八	二四〇	六二四	八五六八	四三	六〇〇〇	六〇〇〇	四五八四	〇八〇	六八〇	八〇〇	二〇〇	四五	一八	八六八〇	一六四八	二一八一九
遠安	八一九〇	七二〇	一八〇	九一五	二〇	一〇四	一二〇	三二一二		二四〇	二八八	九二〇	三〇〇	三五三		二一二三	一六三〇五
當陽	八八六八	七二〇	四四四	九一五	二〇	一二〇	二二〇	二〇〇八	八四〇	四二〇	六〇〇	四四〇	一〇	五		三二一一	二〇二一九

續表

續表

行政區別	縣別	區署經費	整理保甲經費	公安經費	政警經費	救濟經費	縣倉經費	種造蔬菜費	電話	收音及無線電台經費	度量衡經費	苗圃經費	財委會經費	公產賦捐	徵收費	其他	預備費	合計
	宜都	八八八	九六〇	一八〇〇	一一八九	一三五			八四〇	五四〇	五七二	六〇〇	一四四		二八五		二七四〇	三二・二九七
	興山	七・八七〇	七二〇	八〇〇	一一七六	一六八			二一六	三〇〇	三六〇		二〇〇				二七一二	一五・三二一
	秭歸	八・三九〇	七二〇	六三〇	一一七〇		九六	一二〇	一三二		一八〇		一〇〇				二四七八	一四・九四八
	五峯	八・〇三〇	六二〇	二四〇	一〇三二				四二二		二四〇		九六		五		一〇六三	一一・六二一
	長陽	八・八八八	七二〇	一〇〇〇	一〇三二	一四五	一二〇	一五〇	三四八	二六〇	二四〇	二八八	一四〇			一八八〇	三三四	一六・六五二
	小計	七四・七〇	一・二一二	三・一六〇	五・四五九	三〇三	二一六	二七〇	一・四二七	一・一〇〇	一・五九二	八八八	六八〇		二九〇	一・八八〇	一一・三六八	九八・五〇〇
第七區	恩施	一二・六二四	七二〇	一六八〇	一九五二	一・五七六	一二〇	一六	七二〇	七五〇	六〇〇		九二〇	七二五	八五	六〇〇	四・二九四	二八・二八九
	宣恩	八・一三二	七二〇	八四〇	八〇〇		八〇		四六八	一・五一六	一四〇		一四四	一三五		二四〇	二〇〇	一六・一七

續表

行政區別	縣別	區署經費	整理保甲經費	公安經費	政警經費	救濟經費	縣倉經費	種痘施藥費	電話	收音及無線電台經費	度量衡經費	苗圃經費	財委會經費	公產賦捐	徵收費	其他	預備費	合計
	建始	八·七四九	七二〇	八六四	一·九一五		一二四		四三二	二六四	五四〇	六〇〇	一四〇				四·〇四六	一九·七三九
	巴東	一二·二一〇	九七六〇	一·〇八〇	一·九一五	二六五	一八〇		四三二	二六四	三〇〇	一·四四〇	六八〇	一七	一六	六三七	三·一七一	三二·一九一
	鶴峯	一〇·三八〇	九〇〇	六六八	八九〇		七二		三六〇	二六四	三九六	一·四四〇	一四〇	三〇	六		三·三四六	一七·九四八
	利川	七·九九〇	七二〇	九六〇	一·九一五	三〇	一六	一〇〇	二七六	二六四	二四〇	一〇四	一四〇			四八〇	四·一九六	二三·〇三一
	咸豐	八·一九〇	七二〇	八八八	一·六四二	二〇	二一四	一〇〇	二七六	一·二一六	二四〇	一·〇〇〇	一四〇	一〇	四	二三四	三·五八三	一八·〇六六
	來鳳	九·二一九	五·八八〇	七·九二〇	三·〇七六	三·二三一	八·二三		六·四三六	三·一〇七	五·三五六	七·四四六	二·二〇二	八一	一四七	二·九一	二·八〇五	七·七五八
小計		一四·二三六	九·六〇	三·二六〇	五·七三二	四·五二四	四·一六	二〇〇	三·四六八	三·〇三八	六·五三六	七·一三六	二·九二〇	二七	五二	五·二〇	四·一二五	一六·〇一二
第八區	郧縣		九·六八〇	一·二六〇													四·二三五	三四·一二四

續表

行政區別	縣別	區署經費	整理保甲經費	公安經費	政警經費	救濟經費	縣參經費	種痘施藥費	電話	收音及魚線電台經費	度量衡經費	苗圃經費	財委會經費	公產賦捐	徵收費	其他	預備費	合計
	均縣	一二·〇一四	八六四	一·八〇〇	三·六七八	一·二〇〇	九二	五〇	一九二	六八四	四二	七五六	一·六八〇	一〇〇	四		四·二四七	二六·八一七
	鄖西	一二·七八〇	七二〇	一·四四〇	一·九二二	二四〇		六〇	五八八	一·四七〇	三〇〇	六七二	一·四八〇	一〇			三·九四七	二五·五八九
	房縣	一三·八五〇	七二〇	七二〇	一·九九九	六·〇〇八	二八	一〇〇		三·〇〇〇	四二	四〇〇	六八〇	一〇	三〇		四·五一八	三二·一四八
	竹山	一二·一七〇	七二〇	一·三二〇	一·九九五	七·〇〇八	九二	一〇〇		一·三四〇	一四	一·〇〇〇	四四〇	六〇	一四		四·五一八	二九·一四三
	竹谿	一四·九六四	四八〇	八〇〇	一·三二九	七·〇〇八	八〇	一四〇	一二八	七一五	三二	一二〇	九〇〇	三一七	七五	五〇六	三·一四二	二一·八八七
	小計	七五·九三八	四·一〇四	六·〇八〇	一〇·九二三	九·七九六	五七五	四七〇	七五三	九·二〇九	一二六	三·〇五八	六·二六〇	五·七九五	五·九九九	五·六四七	二〇·二八一	一一五·六五八
總計		一四〇·一〇四																

說明

一、本表以元為單位
一、本年度區屬經費支出數為八十七萬一千一百四十元
一、本年度整理保甲經費支出數為六萬一千一百另四元
一、本年度公安經費支出數為一十四萬七千四百五十四元
一、本年度政務警察經費支出數為一十四萬一千三百四十九元
一、本年度救恤費支出數為九萬七千九百六十二元
一、本年度縣倉經費支出數為八萬五千七百十五元
一、本年度種痘施藥費支出數為一萬四千七百五十四元
一、本年度電話經費支出數為六萬三千七百五十三元
一、本年度收音及無線電台經費支出數為三萬一千九百三十九元
一、本年度量衡經費支出數為三萬六千一百二十六元
一、本年度苗圃經費支出數為四萬二千一百三十元
一、本年度財務會經費支出數為一十一萬七千三百六十元
一、本年度公產應納賦捐支出數為五千七百五十五元
一、本年度公產收費支出數為五萬六千九百四十九元
一、本年度其他支出數為五萬三十萬六千二十七元
一、本年度縣政預備費共為三十萬另一千二百六十八元
一、本年度政務經費支出總數為一百一十九萬六千七百五十八元

湖北省二十五年度各縣縣地方政務費臨時歲出概算分類表

行政區別	縣別	縣政會議經費	出差旅費	遞解費	警察服裝	救卹費	農林費	建設事業費	其他	合計
第一區	蒲圻	一〇〇	二四〇	二四〇			二〇			六〇〇
	武昌	一〇〇	三六〇	三六〇	二一〇	八〇〇	一〇〇	九,〇〇〇	二,〇二〇	一二,九五〇
	漢陽	一〇〇	一八〇	三六〇	二六二	二〇〇	一〇	二,〇〇〇		三,〇七二
	嘉魚	一〇〇	六〇	一〇〇	二六四		一〇	一,〇〇〇		一,五三四
	咸寧	一〇〇	一〇〇	二四〇	一〇九	一〇〇	一〇		二〇〇	八五九
	通城	二〇	二四	四〇	四〇	一〇〇	一〇			二三四
	崇陽	八〇	一二〇	一〇〇	六〇	二〇〇	一〇			五九〇
	大冶	一〇〇	二四〇	二〇〇	六〇〇	三〇〇	二〇		三〇〇	一,七六〇
	陽新	一〇〇	二四〇	三六〇	六〇〇	四八〇	二〇	一,〇〇〇		一,六〇〇
	鄂城	一〇〇	一二〇	三六〇	二七三		二〇	七二〇		二,〇七二
	通山	二〇	二〇	一〇〇	九八	一〇			二〇	二六八

續表

行政區別	縣別	縣政會議經費	出差旅費	遞解費	警察服裝	救恤費	農林費	建設事業費	其他	合計
	小計	九二〇	一·七〇四	二·三六〇	一·八六六	二·一八〇	二五〇	一三·〇〇〇	三·二六二	二五·五四二
第二區	蘄春	一〇〇	二〇〇	三〇〇	二五八	三〇〇	二〇	二·四一〇	七六二	四·二五〇
	浠水	一〇〇	二四	一二〇	三二〇	四〇〇	一二	一·〇〇〇	四一·九三八	四四·二三〇
	黃梅	一〇〇	一八	二四〇	一二八	二〇〇	二〇	三·〇〇〇	三·六〇〇	七·四四八
	廣濟	一〇〇	二四	二四〇	二七六	四〇〇	二〇	三·〇〇〇	五·一六三	八·四三九
	羅田	一〇〇	一八	二四〇		二〇〇	一五	二·〇〇〇		三·六〇〇
	英山	一〇〇	一二	二〇〇		三〇〇	七	一·三八〇	五·二〇〇	七·三三五
	黃安	一〇〇	二〇〇	二〇〇	二〇〇	五〇〇	三二〇	三·五〇〇		四·〇七〇
	黃岡	一〇〇	三〇〇	二四〇	二〇〇	三〇〇	五〇〇	九·三八四		一一·〇四四
	麻城	一〇〇	二四	二四〇	二〇〇		二〇	一·六〇〇		二·七三〇
	黃陂	一〇〇	三〇〇	一八〇	三二〇		二〇	二·〇〇〇		二·九二〇

續表

行政區別	縣別	縣政會議經費	出差旅費	遞解費	警察服裝	撫恤費	農林費	建設事業費	其他	合計
	禮山	一〇〇	一二〇	一二〇	八〇	二〇〇	一〇	一・〇〇〇		一・六三〇
	小計	一・一〇〇	二・一二〇	二・一二〇	一・八八二	二・七〇〇	八三七	二九・二七四	五六・六六三	九六・七九六
第三區	隨縣	一〇〇	一二〇	一二〇	二〇〇	二〇〇	二〇	一・〇〇〇	七七五	二・五三五
	安陸	一〇〇	二〇〇	一二〇		二〇〇	一〇	三・八〇〇	二八〇	三・七一〇
	孝感	一〇〇	二四〇	三六	三〇〇	五〇〇	二〇	三・〇〇〇	六五	四・一七一
	雲夢	一〇〇	一二〇	一二〇	一五	三〇〇	一〇	三・〇〇〇	一九六	三・七六六
	應山	一〇〇	一五〇	一〇〇	三五	五〇〇	二〇	二・〇〇〇	三九〇	三・六一〇
	應城	一〇〇	一四四	一二〇	六〇	三〇〇	三〇	三・〇〇〇	三〇	三・七七四
	天門	一〇〇	二四〇	一二〇	七九	六〇〇	一〇	三・〇〇〇	八六八	五・一二七
	漢川	一〇〇	一八〇	一八〇	一六	四〇〇	二〇	七・〇〇〇	四二九	八・四六九
	京山	一〇〇	二四〇	三六	三七	五〇〇	二〇	三・〇〇〇	四九二	五・〇八二

續表

行政區別	縣別	縣政會議經費	出差旅費	遞解費	警察服裝	救恤費	農林費	建設事業費	其他	合計
	鐘祥	一〇〇	一二〇	四〇	二二〇	三〇〇	二〇	五·三五〇	五四三	六·六九三
	小計	一·〇〇〇	一·七五四	一·六四〇	二·〇五九	三·八〇〇	一八〇	三一·五五〇	四·九五四	四六·九三七
第四區	江陵	一〇〇	三〇〇	三〇〇	二四七	四六〇	三〇	三·〇〇〇	一·二二〇	五·七五七
	荊門	一〇〇	二四〇	二四〇	二七一	五〇〇	一五	四·〇〇〇		五·五〇一
	沔陽	一〇〇	三〇〇	二〇〇	五九二	五〇〇	一四	五·〇〇〇	九〇八	七·七四〇
	潛江	一〇〇	二〇〇	一二〇	一五〇	三〇〇	二〇	二〇〇	五四二	一·五三二
	監利	一〇〇	二四〇	二四〇	三二〇	三六〇	二〇	三·四〇〇		三·六八〇
	石首	一〇〇	二四〇	一四〇	三三六	二〇〇	四五	一·〇〇〇	一四·六七〇	一六·六八〇
	公安	一〇〇	六〇	七二	二八	三〇〇	一〇		一八〇	一·一七八
	枝江	一〇〇	八〇	七二	一六	二〇〇	〇			六〇
	松滋	一〇〇	一二〇	九六	一五六	三〇〇	四九五	二·〇〇〇	六一	三·三二九

第三章　現代財政之狀況

續表

行政區別	縣別	縣政會議經費	出差旅費	遞解費	警察服裝	救濟費	農林費	建設事業費	其他	合計
第五區	小計	九〇〇	一・七八〇	一・四八四	三・六九二	三・一八〇	一・〇二	一六・四〇〇	一七・六四八	四五・一〇五
	襄陽	一〇〇	二四〇	三六〇	二五〇	二〇〇	一〇〇	三・〇〇〇	一・二五四	一六・七二
	襄陽	一〇〇	一二〇	一二〇	三〇〇	二〇〇	二〇	一・一〇〇	三・五	二・四八五
	宜城	一〇〇	六〇	七二	一七〇	一〇〇	七〇		三・二四六	三・八八八
	光化	一〇〇	一四〇	一二〇	二〇〇	二〇〇	二〇		二〇〇	九八〇
	穀城	一〇〇	一二〇	一二〇	二六四		七〇		三八一	一・〇五五
	南漳	一〇〇	五〇	五〇	一二〇		一〇		四七〇	八〇〇
	保康	一〇〇	六〇	六〇	四二		一〇		一〇七	三七九
第六區	小計	七〇〇	七九〇	九〇二	一・三四六	七〇〇	三〇〇	四・一〇〇	一七・四七〇	二六・三〇九
	宜昌	一〇〇	四〇〇	二〇〇	二二〇	一・〇七七	八八〇	五・〇〇〇	四・六九四	四八・五六六
	遠安	六〇	六〇	二〇	一六〇	一〇〇	一〇		二七八	六六八

續表

行政區別	縣別	縣政會議經費	出差旅費	遞解費	警察服裝	救卹費	農林費	建設事業費	其他	合計
	當陽	一〇〇	一二〇	一二〇	一六〇	一〇〇	一〇			六一〇
	宜都	一〇〇	一二〇	一二〇	一六〇	一〇〇	一〇			六一〇
	興山	四〇	六〇	二〇	三〇	一〇〇	一〇	一・〇〇〇		一・二八〇
	秭歸	四〇	六〇	六〇	一二〇	一〇〇	一〇	三・〇〇〇		三・三九〇
	五峯	四〇	六〇	六〇	一二〇	一〇〇	一〇	二・九〇〇		三・二九〇
	長陽	一〇〇	二四〇		二六四	一〇〇			四七八	一・一八二
第七區	小計	五八〇	一・一二〇	五八〇	一・二五四	一・一七二	九五〇	九・九〇〇	四一・四五〇	五七・〇〇六
	恩施	一〇〇	一二〇	一二〇	三七六	二〇〇	三〇	二・〇〇〇	三〇〇	三・二四六
	宣恩	一〇〇	六〇	六〇	一五〇	一八〇	一六五	二・〇〇〇	一〇〇	二・八一五
	建始	一〇〇	二四〇	九六	二〇〇	二〇〇		三・八〇〇		三・六三六
	巴東	一〇〇	一二〇	一二〇	一六〇	二〇〇	七〇	八〇〇		一・五七〇

續表

行政區列	縣列	縣政會議經費	出差旅費	遞解費	警察服裝	教治費	農林費	建設事業費	其他	合計
	鶴峯	一〇〇	一二〇	一二〇	六〇	一二〇	六〇		一〇〇	六八〇
	利川	一〇〇	六〇	三六	一五〇	五〇〇	二〇	二,〇〇〇		二,六六六
	咸豐	一〇〇	六〇	三六	一五〇	二〇〇	一〇	一,八〇〇		二,三五六
	來鳳	一〇〇	一四	九六	二〇〇	二〇〇	一〇			七四六
	小計	八〇〇	一,〇一六	六八四	一,三四六	一,六〇〇	五七五	一〇,四〇〇	五〇〇	一六,九二一
第八區	鄖縣	一〇〇	一八〇	九六	二八四	五〇〇	二〇	六,〇〇〇	七五二	七,九三二
	均縣	一〇〇	一二〇	七二	二二四	二〇〇	二〇	三,〇〇〇	二七〇	四,〇〇六
	鄖西	一〇〇	六〇	六〇	一九五	五〇〇	一〇	二,三〇〇	二二〇	三,四四九
	房縣	一〇〇	六〇	一二〇	一五〇	五〇〇	一五	五,五〇〇	二五〇	六,七五五
	竹山	一〇〇	六〇	三六	一五〇	二〇〇	一〇	八〇〇	二一四	一,五七〇
	竹谿	一〇〇	一二〇	六〇	一五〇	二〇〇	一五	二,〇〇〇	一八四	二,八三〇

續表

行政區別	縣別	縣政會議經費	出差旅費	遞解費	警察服裝	救恤費	農林費	建設事業費	其他	合計
	小計	六〇〇	六〇	四四四	一・一五三	二一・〇〇	九〇	一九・六〇〇	一・八九五	一六・五四二
總共		六・六〇〇	一一・〇四四	一〇・二一四	一三・五九八	一八・〇三二	四・二〇三	一三四・二二四	一四五・八四三	三四一・七五八

說明

一、本表以元爲單位

一、本年度縣政會議經費支出數爲六千元

一、本年度出差旅費支出數爲一萬一千二百另四十四元

一、本年度遞解費支出數爲一萬另二百一十四元

一、本年度警察服裝費支出數爲一萬三千五百九十八元

一、本年度救恤費支出數爲一萬八千二百另三十元

一、本年度農林費支出數爲四千二百另三元

一、本年度建設事業費支出數爲一十三萬四千二百二十四元

一、本年度其他支出數爲一十四萬三千八百四十三元

一、本年度政務臨時支出總數爲三十萬一千七百五十八元，連同經常支出一百九十九萬六千七百五十八元，共爲二百三十三萬八千五百一十六元

湖北省二十五年度各縣縣地方教育經常費歲出概算分類表

行政區別	縣別	教育行政費	教育事業費	學產賦捐	學產額收費	各校館補助費	搭解五厘學捐	預備費	合計
第一區	蒲圻	六〇〇	一·六一〇	五〇	三三	一·九六〇	三四三	二·三三六	二三·九三二
	武昌	二·五九二	四八·四〇八	一·〇一六	一·六〇〇	三·二〇〇	四九七	六·七四二	六四·〇五五
	漢陽	一·九八〇	三五·四九六	四·六四六	四·四八三	一·五五二	四九四	二·一五二	五一·一一六
	嘉魚	五七六	一〇·四〇四	三〇〇	二三一	三·一八〇	三〇八	一·五三八	一六·五三七
	咸寧	五七六	九·一二七	二〇	九	一·九二〇	三八五	二·六四七	一四·六九四
	通城	五七六	一二·二五〇	三〇〇	二八〇	五〇〇	六五	三·六五〇	一七·五二一
	崇陽	六二〇	一一·九八八	四四〇〇	三四〇	一·四五二	一二五	一·〇〇二	一六·〇七四
	大冶	一·二三〇	二〇·〇一四	四六七	九三	一·〇六〇	五〇九	一·〇一四	二三·四五〇
	陽新	一·二四八	九·五〇二	一·五八二	八一	三·〇八〇	七二二	三·一三〇	二三·〇八〇
	鄂城	一·〇四八	九·三二四	六八二	四三〇	一·八〇〇	二五五	一·一六二	一六·七二〇
	通山	七九六	四·四五七	二五九	一六八	四〇〇	一二七	一·二五七	七·四六七
	小計	一一·九七六	一七三·五四〇·六〇〇	八·一二七五	七·七五一	二〇·一〇四	三·九二〇	二八·〇五九	二七四·六八六
第二區	蘄春	一·四〇四	一七·五四四	一·四三七	八一一	三·〇〇〇	四六〇六	五·三四六	三〇·〇〇八
	浠水	一·九四四	二七·一九四	一·二一七	五四三二	三·二一五	八三三	一·四九〇	三四·六三七
	黃梅	六二四	一九·三八八	五四六	七三三	二·六〇〇	七七〇	六·一二四	三〇·九〇四

續表

行政區別	縣別	教育行政費	教育事業費	學產賦捐	學產徵收費	各校館補助費	撥解五厘學捐	預備費	合計
	廣濟	二．〇五二	一二．三六二	五〇〇	四二八	六．四九二	五〇六	四．八九六	二八．二四二
	羅田	六〇〇	九．一八〇	三〇〇	二一〇	一．〇七二	一九〇	一．九六二	一三．四六二
	英山	六六〇	七．三七六	九五〇	五九七	三．一〇〇		二．七八七	一五．四七〇
	黃安	一．二八四	二七．八一四	五四〇	三五七	三．七七六	五七六	二．六五二	三五．九二九
	黃岡	一．五七一	二六．一九二	八〇〇	六六一	七．六五〇	一．六八八	五．三二七	四四．八九〇
	麻城	一．一五一	一六．七九〇	三七八	四三〇	三．七〇〇	五三四	四．五〇一	二七．四〇七
	黃陂	一．二六八	二三．八五六	八〇〇	八一二	二．五二〇	四七三	二．三二一	三三．〇五〇
	禮山	五七七	一一．三七八	七六	三一二	一．五〇〇		一．三八三	一四．九六五
	小計	一三．一六四	二〇一．〇五〇	七．五四四	五．六〇四	三六．六八四	六．〇八六	二八．九七二	三〇九．一〇一
第三區	隨縣	一．四四〇	二八．六六八	二八〇	四九六	二．九二四	二五一	二．八七六	三七．二二三
	安陸	五七六	一一．四七八	二〇〇	二九三	二．二三四	八〇〇	二．四六五	一七．四一六
	孝感	一．〇六六	一六．八〇八	一〇〇	一五一	二．〇〇〇		二．五五一	二三．〇四一
	雲夢	六〇〇	一〇．二七七	二五〇	一三三	五〇〇	二五三	九五一	一三．〇九一
	應山	五七六	一二．一八八	四七一	一二三	三．一〇二	二八二	一．八八五	一八．七五三
	應城	一．一九二	六五．六八八	三〇四	一二六	三．〇二六	三〇六	一．八一二	七三．二八四

續表

行政區別	縣別	教育行政費	教育事業費	學產賦捐	學產徵收費	各校館補助費	撥解五厘學捐	預備費	合計
	天門	二·〇五二	四一·五九九	四四四	一二七	四·九四〇	二·〇五三	二·八四九	五四·〇七四
	漢川	一·三四四	一六·〇七三	四〇〇	四六六	一·〇六〇	四四三	一·二四二	二一·〇二六
	京山	一·二七二	二一·九九四	二四〇	一六八	三·六三二	一·二七三	三·四〇二	三二·〇六二
	鍾祥	一·四四〇	一九·一八八	二七	一六	六·六〇〇	一·二七三	三·四八五	三二·六九五
	小計	一二·三四八	二四三·五七二	二·八九二	二·三〇九	二七·九二八	七·七七六	一四·〇七	三二一·六〇八
第四區	江陵	一·〇八〇	三一·八七六	一·八〇〇	一·〇七五	二·九二〇	九·〇六	二·九〇七	四二·五六四
	荊門	一·六三二	一五·八九四	二四二	一〇三〇	九·六四八	一一·六二四	五·八八一	三四·七八四
	沔陽	一·三三八	二七·六九二	一〇〇	一〇五	一·二三〇	一·二五三	二·八九二	三五·〇三四
	潛江	一·五七二	七·一〇九	一〇〇	七五	一·四〇九	八五三	二·五九九	一三·〇六七
	監利	一·五七六	一九·九二二	二〇〇	一一二	二·九八四	一〇〇	四·五九四	二九·四八四
	石首	一·三八〇	一六·五八四	一·二七一	七八〇	一·三二〇	四〇六	一·九〇一	二三·六六二
	公安	一·五〇〇	二二·四〇八	三·〇七四	六八六	一·二二〇	九·〇八	三·一七八	三八·三〇六
	枝江	一·三二〇	二三·四〇六	六〇〇	三八〇	二·六四〇	六·六〇〇	三·一五四	二九·八〇〇
	松滋	一·四七六	三七·四〇八	八九二	四五八	二·五四八	一·五〇〇	三·二二一	四七·七九五
	小計	一二·八四四	二一九·三九一	七·一二九	三·八八九	三三·五八一	一·七九四	三〇·二二一	三二四·九五五

續表

行政區別	縣別	教育行政費	教育事業費	學產贌捐	學產徵收費	各校館補助費	撥解五厘學捐	預備費	合計
第五區	襄陽	一•六八〇	二五•四五四	一•〇四四	六七二	三•〇四〇	一•三八三	五•二九〇	三八•五七三
	樊城	一•〇五六	一六•七五四	五〇〇	三三八	一•九〇〇	四二	五•三八四	二六•三四二
	宜城	七六八	一〇•八八八	一七六	九六	七八四	二八八	一•三六三	一四•三六三
	光化	一•二〇〇	二四•〇四四	一〇〇	七三八	一•五〇〇	五四二	一•九六二	三〇•〇八七
	穀城	一•〇五六	一五•三五九	四〇七	四六二	三•五六六	三二七	二•四五二	二一•四九二
	南漳	一•〇五六	一六•五四〇	九五三	八〇六	一•五六九	八	二•七二六	二五•一九九
	保康	五七六	六•八四〇	二三〇	一四七	一•六九〇	三〇四	一•二六六	九•八九九
	小計	七•三九二	一一六•二九五	三•四八二	三•二五八	一三•二八〇	三•〇四四	一九•四九九	一六六•六一五
第六區	宜昌	二•四七二	八〇•四四〇	七九六	七二八	九•六八〇	一•四四〇	五•六三三	九九•七七五
	遠安	五二八	一〇•四三七	四〇〇	三八〇	八〇〇	二三〇	六四一	一三•二八五
	當陽	一•六二〇	二八•八六七	九五四	三五〇	一•〇〇〇	五二一	六一•〇二	三五•五五八
	宜都	一•〇五六	一七•八四七	四〇〇	六六八	八九五	二八四	五•〇四八	三五•五五八
	興山	五七六	七•五三〇	四〇〇	六一	三〇〇	八八	六七五	一〇•二九六
	秭歸	五七六	八•一一二八	一〇〇	九〇	八四〇	四七	七〇三	九•四〇四
	五峯	四八〇	五•七二	一〇〇	七〇	一•七四〇	二四	四〇三	八•三四九

續表

行政區別	縣別	教育行政費	教育事業費	學產賦捐	學產徵收費	各校館補助費	撥解五厘學捐	預備費	合計
	長陽	五二一	七·〇五六	五〇〇	三七八	一·九八四	六四	二·九二六	一三·四二〇
	小計	七·八二〇	一六·八四九	三·四四〇	三·〇五	一七·一五〇	一·四〇二	一三·六一一	一二一·三六六
第七區	恩施	一·三四四	一一·四六〇	一〇〇	三三〇	二·〇〇〇	三四四	一·一六七	一六·七一五
	宣恩	五七六	七·〇六〇	一〇〇	九一	四〇〇	二〇〇	九五七	九·三九四
	建始	六〇〇	九·六二四	一五〇	一二〇	一·一八〇	三五五	一·五四一	一三·六七一
	巴東	一·一〇四	一一·七四〇	二〇〇	一九〇	一·三九〇	二〇二	一·二五二	一六·〇六五
	鶴峯	五六七	五·〇四〇	六〇	八九	五四〇	七七	五五二	六·九三四
	利川	五七六	六·三五二	二〇〇	一九五	九九二	一四三	一·六七二	一〇·二三〇
	咸豐	五七六	七·九〇八	二〇〇	一五五	三〇〇	二四〇	七七〇	二〇·一四九
	來鳳	五七六	八·八四七	三〇〇	一七八	六〇〇	二六四	九八四	一一·七四九
	小計	五·九二八	六八·二一五	一·四一〇	一·三四八	七·四〇二	一·八二四	八·八六八	九四·九九七
第八區	鄖縣	五七六	一一·四四五	三〇〇	一五四	一·八七〇	五三四	一·九七六	一六·八五八
	均縣	一·二九六	一二·四二八	四〇〇	二五六	一·三〇〇	四二〇	二·〇二〇	一八·一二八
	鄖西	五七六	一一·一〇〇	四四四	二一一	一·七〇〇	三二七	三·五二一	一六·九七〇

續表

行政區劃	縣別	教育行政費	教育事業費	學產賦捐	學產徵收費	各校館補助費	撥解五厘學捐	預備費	合計
	房縣	七六八	一〇·八九二	二〇〇	八四	二一·一四〇	二四九	二·〇四二	一六·三七九
	竹山	五七六	六·七九九	三四〇	一五七	二·一二〇	三六	三六〇	一〇·三八一
	竹谿	五七六	八·〇〇〇	四三〇	二九四	一·二二〇	二〇二	一·八二二	一二·六四五
小計		四·三六八	六〇·〇·六六一	二·〇一四	一·二五六	一〇·五六〇	一·七四八	一〇·七五三	九一·三六一
總計		七五·八二六	一·二六九·五七三	三六·三三六	二八·四九六	一·五六·六六九	三三·八四五	一四·八八六	一·七五·六八一

說明

一、本表以元為單位
一、本年度教育行政費支出數為七萬五千八百三十六元
一、本年度教育事業費支出數為一百二十六萬九千五百七十三元
一、本年度學產徵收費支出數為二萬八千四百九十六元
一、本年度各校館補助經費支出數為一十五萬六千六百九十五元
一、本年度撥解五厘學捐支出數為三萬三千八百四十五元
一、本年度教育預備費為一十七萬四千八百九十六元
一、本年度教育經費支出數為一百七十七萬五千六百八十一元

湖北省二十五年度各縣縣地方教育費臨時歲出概算分類表

行政區別	縣別	私塾獎金	祀孔經費	教職員養老金	教育事業費	其他	合計
第一區	蒲圻		三〇				三〇
	武昌	三〇〇	四〇		四・二〇〇	一・七五二	五・九九二
	漢陽		三〇			八・四一一	八・七四一
	嘉魚		二〇				二〇
	咸寧		一〇			一八〇	三〇〇
	通城	二〇〇	一〇		一・四四〇		一・六五〇
	崇陽	二〇〇	三〇				二一〇
	大冶		三〇		一・四四〇	一・〇五〇	三・五二〇
	陽新		三〇		一・〇〇四	六〇	一・九八〇
	鄂城	二〇〇	一〇		九六〇		一・一八〇
	通山		二四〇		一・九二〇	一四〇	三・〇七〇
	小計	九〇〇	三〇		一・八六〇	一・六九三	三四・〇三〇
第二區	蘄春		二〇		二・八〇〇	二〇〇	三・〇三〇
	浠水					八・〇〇〇	八・〇二〇

續表

行政區別	縣別	私塾獎金	祀孔經	教職員養老金	教育事業費	其他	合計
	黃梅	五〇〇	二〇		五,〇〇〇	〇五	五・五二〇
	廣濟		三〇		五,〇〇〇		五・〇八〇
	羅田	一〇〇	二〇		三,九八〇	六〇	四・一六〇
	英山		二〇		四,八〇〇	九五七	五・七七七
	黃安	二〇〇	二〇			四八二	七・一〇三
	黃岡	二,〇〇〇	三〇		八,〇八〇		一〇・一一〇
	麻城	二,〇〇〇	一〇	二四〇	三,五五〇	四〇〇	四・九七〇
	黃陂	六〇〇	三〇		六〇〇		一・四七〇
	禮山		一〇	二四〇	三,六八五		三・八六〇
	小計	五,四〇〇	二六〇	一六八	三六,六五〇	一〇,一四九	五二・六六九
第三區	隨縣	三〇〇	三〇		八〇〇	七二	一・二九八
	安陸		二〇		一,〇〇〇	七〇	一・〇九三
	孝感		三〇		二,〇〇〇	一七〇	三・二〇〇
	雲夢		二〇		一,〇〇〇		一・二〇〇
	應山	六〇〇	二〇		三,〇〇〇	五・一九〇	七・二七〇

續表

行政區別	縣別	私塾獎金	祀孔經	教職員養老金	教育事業費	其他	合計
	應城		三〇	四九二	一,〇〇〇		一・五二二
	天門	六〇〇	三〇		一,八〇〇		二・四三〇
	漢川	五〇〇	二〇		一,四四〇		一・九六〇
	京山	五〇〇	二〇	二四〇	四,〇〇〇	一八〇	四・九四〇
	鍾祥	五〇〇	二〇	一,〇九二	三,六五〇	三・四〇〇	七・六六二
	小計	二,一四六〇	二四〇	一,九九二	一七,六九〇	九,〇一二	三一・三九四
第四區	江陵	三〇〇	二五	二〇〇	三,〇〇〇	二,六〇〇	六・一二五
	荊門	二〇〇	二〇	三六〇	四,〇〇〇		四・五八〇
	沔陽	一二〇	二〇		一,〇〇〇		一・一四〇
	潛江	三〇〇	二〇		三,〇〇〇		三・三二〇
	監利	一,二〇〇	三〇		一,六八〇		二・九一〇
	石首	三〇〇	二〇		一,〇〇〇	一,〇〇〇	二・三二〇
	公安		一〇		一,〇〇〇		一・〇一〇
	枝江	一五〇	一〇		五,〇〇〇		五・一六〇
	松滋	三〇〇	三〇		二,〇〇〇	五八五	二・九一五

續表

行政區別	縣別	私塾獎金	祀孔經	教職員養老金	教育事業費	其他	合計
第五區	小計	二·八七〇	一八五	五六〇	一九·六八〇	四·一八五	二七·四八〇
	襄陽	二四〇	三〇		一〇·〇〇〇		一〇·二七〇
	棗陽	二〇〇	二〇		三·五〇〇	一·六五〇	四·一一七
	宜城	二〇〇	二〇	一〇〇			三二〇
	光化	二七〇	二〇	六〇			三五〇
	穀城	六〇〇	二〇	一九二		三八四	一·一九六
	南漳		一二			一〇〇	一·二二六
	保康		二〇				三〇
第六區	小計	一·二三〇	一四二	八五六	一二·五〇〇	二·一三四	一六·九四二
	宜昌		二八		一·五〇〇	四·二〇〇	四·一二八
	遠安	一〇〇	二〇				一二四
	當陽		二〇	二〇四			二二四
	宜都	一二〇	二〇			一〇〇	二四〇
	興山	八〇	二〇				一〇〇
	秭歸	八〇	二〇				一〇〇

續表

行政區別	縣別	私塾獎金	祀孔經費	教職員養老金	教育事業費	其他	合計
	五峯	三〇	二〇				五〇
	長陽		二〇	三五	九六〇		一,〇一五
	小計	四一〇	一六八	二三九	九六〇	四,三〇〇	六,〇七七
第七區	恩施		二〇		二四〇	四〇〇	六六〇
	宣恩		一二		九六〇		九七二
	建始	三〇〇	二〇			一〇〇	四二〇
	巴東	二四〇	二〇				二六〇
	鶴峯	一〇〇	二〇		一,二〇〇		一,三二〇
	利川	一〇〇	二〇		一,二二〇		一,三四〇
	咸豐		二〇		九六〇		九八〇
	來鳳	三〇〇	一六		七二〇		一,〇三六
	小計	一,〇四〇	一四八		五,三〇〇	五〇〇	六,九八八
第八區	鄖縣	二〇〇	二〇		九六〇	八〇〇	一,九八〇
	均縣	二〇〇	二〇		一,〇〇〇	一〇〇	一,三二〇
	鄖西		二〇		二四〇	二一六	四七六

續表

行政區別	縣別	私塾獎金	祀孔經費	教職員養老金	教育事業費	其他	合計
	房縣		二〇		三・二四〇		三・二六〇
	竹山		一〇		二四〇	二〇	二七〇
	竹谿		二〇				二〇
	小計	四〇〇	一〇	三・八八七	四・六八〇	一・一三六	六・二三六
總計		一四・七九〇	一・四九三		一〇九・三二〇	四三・一〇九	一七二・五九九

說明

一、本表以元為單位
一、本年度私塾獎金支出數為一萬四千七百九十元
一、本年度祀孔經費支出數為一千四百九十三元
一、本年度教職員養老金支出數為三千八百八十七元
一、本年度教育事業費支出數為一十萬另九千三百二十元
一、本年度其他支出數為四萬三千一百另九元
一、本年度教育臨時支出總數為一十七萬二千五百九十九元，連同經常支出一百七十七萬五千六百八十一元，共為一百九十四萬八千二百八十元

湖北省廿五年度各縣縣地方保安經費歲出概算分類表

行政區別	縣別	保安經費解款	保安經費徵收費	合計	備考
第一區	蒲圻	四三・七七一	二・五六七	四六・二七八	
	武昌	五六・二一三	二・九五九	五九・一七二	
	漢陽	四八・三〇八	二・五四二	五〇・八五〇	
	嘉魚	五七・六一七	三・〇三三	六〇・六五〇	
	咸寧	三九・四三〇	二・五一七	四一・九四七	
	通城	五一・九九五	二・七三七	五四・七三二	
	崇陽	三八・五四二	二・四六〇	四一・〇〇二	
	大冶	六六・五七四	三・五〇四	七〇・〇七八	
	陽新	五三・七四九	二・八二九	五六・五七八	
	鄂城	六六・一五七	三・四八二	六九・六三九	
	通山	一八・三六九	一・一七二	一九・五四一	
	小計	五四〇・六六五	二九・八〇二	五七〇・四七六	
第二區	蘄春	六六・七三三	三・五一二	七〇・二四五	
	浠水	六八・四一七	三・六〇一	七二・〇一八	
	黃梅	一二七・〇二二	五・二九二	一三二・三一四	
	廣濟	六四・七一一	三・四〇六	六八・一一七	
	羅田	一九・一一五	一・二二〇	二〇・三三五	

續表

行政區別	縣別	保安經費解款	保安經費徵收費	合計	備考
	英山	一〇・三七五	六六二	一一・〇三七	
	黃安	四六・二四八	二・九五二	四九・二〇〇	
	黃岡	九八・四一九	四・一〇一	一〇二・五二〇	
	麻城	六五・二九五	三・四三六	六八・七三一	
	黃陂	八六・〇三二	四・五二八	九〇・五六〇	
	禮山	三〇・四七八	一・九四五	三二・四二三	
	小計	六八二・八四五	三四・六五五	七一七・五〇〇	
第三區	隨縣	一二〇・六一〇	五・〇二五	一二五・六三五	
	安陸	三一・四〇二	二・〇〇四	三三・四〇六	
	孝感	六九・三五二	三・六五〇	七三・〇〇二	
	雲夢	二五・八九六	一・六五三	二七・五四九	
	應山	三五・八九〇	二・二九〇	三八・一八〇	
	應城	七七・〇六〇	四・〇五六	八一・一一六	
	天門	一四七・六三六	六・一五二	一五三・七八八	
	漢川	六七・一一三	三・五三二	七〇・六四五	
	京山	九〇・九九九	四・七九〇	九五・七八九	
	鍾祥	一〇三・六九九	四・三二一	一〇八・〇二〇	

續表

行政區別	縣別	保安經費解款	保安經費徵收費	合計	備考
	小計	七六九・九五七	三七・四七三	八〇七・一三〇	
第四區	江陵	二三五・〇八〇	九・七九五	二四四・八七五	
	荊門	一四五・八三三	六・〇七六	一五一・九〇九	
	沔陽	一二一・九七七	五・〇八二	一二七・〇五九	
	潛江	八五・〇五四	四・四七八	八九・五三二	
	監利	九九・五一三	四・一四六	一〇三・六五九	
	石首	六四・〇八五	三・三七三	六七・四五八	
	公安	八一・四四九	四・二八九	八五・七三八	
	枝江	五七・一六〇	三・〇〇六	六〇・一六六	
	松滋	七二・八五四	三・八三四	七六・六八八	
	小計	九六三・〇〇五	四四・〇七九	一・〇〇七・〇八四	
第五區	襄陽	一二七・二三三	五・三〇二	一三二・五三五	
	棗陽	九四・四〇四	四・九六九	九九・三七三	
	宜城	五八・一二六	三・〇五九	六一・一八五	
	光化	九二・一八三	四・八五二	九七・〇三五	
	穀城	六三・九九一	三・三六八	六七・三五九	
	南漳	四九・一八九	二・五八九	五一・七七八	

續表

行政區別	縣別	保安經費解款	保安經費徵收費	合計	備考
	保康	二七・四四七	一・七五二	二九・一九九	
	小計	五一二・五七三	二五・八九一	五三八・四六四	
第六區	宜昌	一〇三・四八〇	四・三一二	一〇七・七九二	
	遠安	一八・八六二	一・二〇四	二〇・〇六六	
	當陽	八四・八二四	四・四六四	八九・二八八	
	宜都	四七・五五八	二・五〇三	五〇・〇六一	
	興山	一一・〇六三	七〇六	一一・七六九	
	秭歸	一七・〇二四	一・〇八七	一八・一一一	
	五峯	五・二六六	三三六	五・六〇二	
	長陽	二八・〇二五	一・七八九	二九・八一四	
	小計	三一六・一〇二	一六・四〇一	三三二・五〇三	
第七區	恩施	四三・三〇六	二・七六四	四六・〇七〇	
	宣恩	一五・〇四〇	九六〇	一六・〇〇〇	
	建始	三八・三五二	二・四四八	四〇・八〇〇	
	巴東	三三・六八三	二・一五〇	三五・八三三	
	鶴峯	七・二三八	四六二	七・七〇〇	
	利川	四〇・四九〇	三・四三六	四三・九二六	

續表

行政區別	縣別	保安經費解款	保安經費徵收費	合計	備考
	咸豐	一六・五四四	一・〇五六	一七・六〇〇	
	來鳳	二一・六三三	一・三八一	二三・〇一四	
	小計	二一六・二八六	一四・六五七	二三〇・九四三	
第八區	鄖縣	六五・三六〇	三・四四〇	六八・八〇〇	
	均縣	五〇・六〇四	二・六六五	五三・二六七	
	鄖西	四二・六七六	二・七二四	四五・四〇〇	
	房縣	五九・七一三	三・一四三	六二・八五六	
	竹山	二八・六八九	一・八三一	三〇・五二〇	
	竹谿	三二・一九五	二・〇五五	三四・二五〇	
	小計	二七九・二三七	一五・八五六	二九五・〇九三	
總計		四・二八〇・三七〇	二一八・八一四	四・四九九・一八四	

說明

一、本表以元爲單位

一、本年度保安經費解款共計四百二十八萬另三百七十元

一、本年度保安徵收經費共計二十一萬八千八百一十四元

一、本年度保安經費歲出總計四百四十九萬九千一百八十四元

注一：歲入預算分表所列各數，係將漢口市歲入之款除去，故較各年度公布之預算冊歲入各數爲少。歲出情形，亦屬相同。

注二：表列實收數，係依據庫收數目編列，各縣就徵起稅款已撥付或坐支各項經費而尚未抵解之款，均不在內，故與各縣報告徵起實數，略有出入。

注三：二十二年度——二十五年度之歲入預算總表，係根據中央核定之各該年度預算案編列，惟將漢口市歲入除外，緣漢市歲入，在二十二、二十三兩年度均列於省普通會計預算同一科目內，二十四年度雖分列科目，但仍入省預算冊內，至二十五年度遵照規定，省市始行分編預算。歲出亦同。

注四：二十二年度——二十五年度之實收數目表，係根據各該年度之庫賬登記科目及數目編列。支出亦同。

注五、注六：同注三、注四。

注七：係根據財政廳報告清理債務各案編列。

注八：係根據財政廳沈前廳長冊報。

注九、注十、注十一：同注七。

注十二：係根據中央核定發行各公債案內之還本付息表編列。

注十三、注十四：係根據中央核定各該年度之營業會計預算編列。

注十五：依據前豫鄂皖三省剿匪總司令部核定之漢口市新預算案。

注十六、注十七：各年度之漢市歲入歲出預算表，二十二、三兩年度係就省預算案內所列各數提出編列，二十三年度係根據省預算案之漢口市預算分冊編列，二十五年度係根據該市預算案編列。

注十八：根據漢口市向省庫轉賬之數編列，二十五年度全年度收支實數尚未據報故滋缺。

注十九：各年度裁減稅捐數額各表係參考財政廳呈報財政部各案及財政部印行之實施全國財政會議議決案各種報告書，與鄂省二十四、五兩年度縣地方預算書等編列。

注二十：二十四、五兩年度縣地方歲入歲出各種分類表，係依據該兩年度公布之各縣地方預算案編列。

附錄

四年來整理鄂省財政經過情形

賈士毅

　　竊查鄂省自鹽稅附加改歸中央及裁撤釐金以後，驟失大宗收入，地方財政幾瀕絕境，其各項政費所恃以挹注者，除中央補助及特稅協款外，僅以原有田賦與近來舉辦之營業稅，爲省庫主要收入，而支出方面，遞年膨脹，故歲出之激增，與歲入之進展，不能爲同樣之鉅且速，是爲鄂省財政受病最大之源。自民國十八年以還，歷年均收不敷支，計截至二十二年二月底止，所有各前任經借未還債款及公債發行額，多至貳千貳百玖拾叁萬餘元（內未還債款壹千捌百伍拾肆萬貳千捌百壹拾貳元，發行公債額計貳百叁拾柒萬伍千肆百伍拾元，欠發政教各費，計貳佰零壹萬捌千伍百捌拾柒元），實爲鄂省財政極度恐慌時期。而士毅適於是時承乏計政，鑒於困阻艱難之境，矢以革新整理之心，歲月不居，忽忽四稔，自顧庸愚，時虞隕越。幸賴財政部及省政府之指導督促，詔示方略，士毅秉承有自，關於財政之興革損益，得以切實推進，最近四年以來，如整理收入，以求省庫之增益；詳核支出，以謀政費之安定；清理各項債務，以維政府之信用；裁廢苛捐雜稅，以減人民之擔負；籌撥建設各費，以利要政之進行。凡此犖犖諸端，在財政方面均極重要。士毅以負有一省度支專責，策劃所及，努力以赴，固不敢自信爲措施悉當，獨是憋憋懇懇之忱，爲鄂省財政，求所以芟除荆棘，漸入坦途者，則固未嘗一日少懈，此則士毅躬自循省，益當力圖奮勉者也。茲將四年來之整理鄂省財政經過情形，除附列各表外，並撮要分述如下：

（一）整理收入

甲、田賦

整理田賦事項，可就釐定額徵數與考核實徵數二者分別言之：

子、額徵數之釐定

查鄂省田賦，在民國初年，原係征錢解錢，以官票壹串式百文折合壹元，定爲法價，全省征收賦額，應爲叁百捌拾壹萬捌千元，民國四年，前財政部劃一丁漕折價，每地丁一兩收錢叁串，每串按照柒角玖分叁釐叁毫計算，應徵肆百式拾陸萬式千元，此時全省賦額，較前略有增加。迨至民國十五年八月，我國民革命軍底定武漢，成立湖北財政委員會，以前財政廳改擬實徵銀元，每地丁一兩，原徵錢叁串，改徵銀元式元壹角叁分，漕米每石原徵錢陸串，改徵銀元肆元式角陸分，所增未免過重，爲寬紓民力起見，經與政務委員會聯席會議議決，每地丁一兩，改徵壹元肆角，漕米一石，改徵式元捌角，是以全省應徵賦額，減少三分之一有奇，實共應徵式百陸拾餘萬元。自此次改訂之後中經六七年，均以此爲徵收標準，士毅就任後，認定整理田賦，爲鄂省財政上惟一之出路，緣即成立整理田賦設計委員會，先後擬具就戶問糧、就田問賦、甲乙兩種辦法，暨整理田賦原則，以及鄂西鄂北整理田賦簡章呈奉前豫鄂皖三省勦匪總司令部核准施行，三載以還，廢兩廢石，改元改畝，斟酌各縣實際情形，分別訂定稅率，調整結果，查定全省徵賦之地，爲三千八百五十三萬七千餘畝，除二十三年份因正着手辦理按糧推畝及改定賦率各縣未實施外，二十四年計應徵額爲三百三十七萬餘元，較之原有額數，已增加七十六萬餘元。二十五年三月，奉行政院電飭查明賦額減短原因，擬具恢復賦額有效辦法呈核等因，遵查鄂省賦額，在民四年間，原有肆百二十六萬餘元，至民十五年，因改定銀米折合銀幣之價格過低，故賦額減爲二百六十餘萬元，經即擬具治本治標兩種辦法，除治本爲航空測量外，關於治標辦法，一爲歸併券捐，就原有每張三分三釐上下忙共爲六分六釐之券票附捐,歸併正稅統徵,每畝加徵二分,其每畝正稅已在三角以上者免加;二爲平衡最低級賦率,凡每畝正稅祇徵六分而不分等級之縣份(計有十五縣)一律按全縣畝額,分上中下三則,上則改徵一角,中則改徵八分,下則仍徵六分,連同前項券票捐二分,上則改徵一角二分,中則一角,下則八分,於是年六月呈奉院令核准,通飭各縣遵辦,除松滋一縣,當時因清文①甫竣,特准於二十六年改照新案辦理外,其他各縣,均在二十五年下忙遵令實行,此次改定結果,全省賦額,已達四百三十餘萬元,比較民五以前舊額,尚超出十餘萬元,二十年份武昌漢陽漢川等縣土地清查完成,咸寧鄂城蒲圻等縣土地陳報辦竣,併經各縣擠查漏畝結果,全省徵賦畝額,增爲四千二百餘萬畝,賦額增爲四百六十六萬餘元,是此項賦額,似已遞見增進,謹列田賦正稅稅額稅率表,附載於後(附表一、二)。

丑、實徵數之考覈

查鄂省田賦之實徵數,民十五年以前,姑置勿論,十六年度至二十年度,每年實徵數,均在壹百萬元以內,士毅於二十二年三月一日就任之時,二十一年度尚餘四月,是年度實收數爲壹百五十餘萬元,旋力加整頓,如改訂完賦券票,以嚴杜浮收中飽,分級改定稅率,以平衡人民負擔,改善徵收制度,酌定原則六項,以刷新本省賦政,各種方案,無不切實執行,不稍假借,總計近年實徵之數,二十二年度增爲壹百七十餘萬元,二十三年度因受旱災影響,減爲一百四十萬餘元,二十四年度增爲一百六十三萬餘元,二十五年度增爲三百二十六萬餘元,上列各年度實徵數,比較二十一年度以前,似亦顯有增進,謹列各年田賦實征總數一覽表附載於後(附表三至十一)。

乙、營業稅

營業稅之整理,關於改進徵收及增加收入,分爲兩項說明如次:

---

① "文"疑爲"丈"。

子、營業稅徵收之改進

查鄂省營業稅，自二十二年二月改定分區設局以來，職責專一，漸有成效可觀，士毅就任以後，深維營業稅爲省庫重要收入，爲積極整頓計，復有下列改進數端：（一）實行統一稅制。所有各區營業稅局關於所轄各縣之屠宰牙貼典當各稅，向由縣政府辦理者，經於二十二年七月，飭由各區局一律接收辦理，仍依營業稅法第十條之規定，暫照原有稅率，分別徵收營業稅，惟不屬局轄之二十小縣，仍由各該縣政府兼辦，至二十三年七月奉財政部令將菸酒牌照稅劃歸省辦，除武陽漢三鎮設處專徵及二十小縣暫由各該縣政府兼辦外，餘均併由各區局辦理，以資統一。（二）嚴令復查營業稅金額。查營業稅收數盈絀，以各商戶之營業金額多寡爲標準，故規定每年三月開始，爲查定全年營業稅額期間，各區營業稅局必須遵照成案切實復查，以期金額確實，再行按照稅率決定全年應徵之稅額，照章徵收，是復查一事，關係至爲重要，因二十五年收成豐稔各市鎮商務漸形發達，營業金額自必增加，於二十六年三月復查期間，嚴令各區局認眞復查，必使查定之數，較二十五年增加二成以上，並令各區督徵員就近考察復查情形具報察核。（三）推行僑商課稅。查僑商在鄂境經營桐油茶葉牛羊皮蛋類等項出口，爲數甚鉅，經飭漢口區局交涉妥協，一律援照棉花營業稅辦法，將其貨價暫作營業金額，按率課以營業稅，嗣查僑商經營腸衣出口，亦屬大宗營業，復經飭由漢口區局接洽援例課稅，實行開徵，至在鄂境設肆營業各僑商，仍未繳納營業稅，經據情迭呈財政部轉諮外交部，迅向各國駐使嚴切交涉，以期整個解決。（四）徵收租界內華商營業稅。查漢口日法兩租界，商務繁盛，其中商店行號，以華人經營者居多，僑商營業稅既經推行，對租界內設肆營業之華商，理當課稅，經本廳呈准與租界內華人商業團體往返交涉，勗以人民有納稅義務，不能憑藉外勢推諉，並將漢口區局所轄日法租界、特區僑商、國際貿易三部份營業稅，改由本廳直轄監督，以資增進，於二十六年三月間由廳分別遴委稽征專員接辦，並飭切實整理，以裕庫儲。按全國各大商埠租界內華商，其能向政府輸納營業稅者，尚以本省爲創始。（五）推進鄉區營業屠牙當等稅。查營業稅，從前僅及於各縣城廂暨附近各市鎭，其餘鄉區多未開辦，當經迭飭各局對於所轄各縣鄉區之營業商店，務將每年應徵稅額，一律照章查定征收，現在鄉區營業稅，多已逐漸推行，至鄉區屠宰稅，訂有整理六項辦法，飭各局於每半年會同所轄之縣政府派員將各宰戶六個月內之每月屠宰頭數，查定登記入册，交由局所於每月月終派員照額徵收，並照屠稅原率，併計一月稅額，填給稅票。其對於牙帖捐稅，則於短期牙帖原有上中下三則之外，另增偏特下一則，規定正附捐額，較偏下則各輕一半，使鄉村之小本牙商易於籌繳，踴躍請領，如殷實行商，仍應責令請領長期牙貼，所有長期牙戶積欠之稅，爲數頗鉅，已嚴令各局縣每屆收稅期間，督飭員司認眞催徵欠稅，力加整理，以肅帖政。又對於典當稅，則參照本省現行典當稅章及營業稅徵收章程，另訂推進各縣鄉鎭典當營業暫行規則，將典當資本額從輕規定，並將應納稅額，按照營業稅課稅標準及稅率計算徵收，以期鄉鎭典當易於開設，調劑農村金融，稅收亦可普及，此關於營業稅徵收改進之情形也。

丑、營業稅收入之增加

查鄂省營業稅，係二十年三月開辦，是年三、四、五、六四個月，約收三十萬元左右，二十年度約收一百零二萬餘元，士毅就任之時，二十一年度尚餘四月，是年度收數，爲二百五十萬餘元，是此項稅收，已佔有本省收入之重要地位，旋經積極改進，復以各縣兼辦之屠牙當等稅收入無甚起色，特劃歸各區營業稅局統一徵收以資整頓，施行以來，總計實徵數，二十二年度增爲三百三十四萬六千餘元，二十三年度因受旱災影響，略減爲三百二十二萬六千餘元，二十四年度因水災影響減爲二百九十三萬七千餘元，二十五年度收入已有起色，增爲三百八十一萬餘元，即上列二十三、四兩年度實收數，雖未足額，然與二十一年度以前相較，及二十五年度之增加情形，實已進展不少，謹列各年營業稅收入數表附載於後（附十二至十五）。

丙、公產收入

公產租金爲鄂省庫收入之一部，茲就公產之整理與租金之增進分述於下：

子、公產之整理

查鄂省公產數量甚鉅，向係設處專管，自湖北公產清理處裁撤後，遂改歸本廳管理。士毅視事後，其切實加以整理者：（一）整理公產圖册：以前管理公產機關，僅對於房屋一項已編印圖册，但因近年來武漢修築馬路之故，房屋數量形勢頗多變遷，原有房屋圖册，已不盡可據。至於基地、田畝、湖淌則圖多不全，且未編印成册。經先後簽奉省府核准，先從武昌方面着手，次及漢口漢陽等處，在各鎮全圖上，將公產用顏色或暈線標明，以指示其分佈之形勢，復繪製各起公產分圖，將其坐落、四至、數量、來源、證據、價值等項，於册內分別注明，以便稽考而杜侵佔。（二）收回漢口生成里房屋：查生成里房屋，原爲商人劉歆生產業，在未抵償於前湖北官錢局以前，即已抵押於漢口比商義品銀行，官錢局受償後，仍繼承劉歆生之債務，迄未贖回，經營支配，動受契約束縛，以致所收租金，尚不敷付息之用。截至二十三年十一月十五日止，計積欠本息一百五十壹萬八千八百五十六元五角三分，若長此任其押置，將來欠息愈多，負債益重，籌還不易，贖回更難。經本廳派員與該行一再交涉，始議定以五成現金五成債票清償此項債款，於十二月一日全部收回，由本廳直接管理發租，並催繳積欠租課，重訂適當租價，以資整頓。（三）舉辦公產登記：漢口市政府、湖北地政局在漢口武昌漢陽各方面，經已先後設立土地發照注册所暨土地登記處，舉凡公私土地均繪製詳圖，編列地號照章登記。本廳所管各處公產經參照各地政機關分區圖所列地號數量，根據原有圖册卷宗約據，詳加考核，凡區圖所列數量四至，與本廳原管相符者，即列册函囑登記。其有差異者，則提出另案請其複丈，經此次登記以後，公私產權均可確定，侵佔糾紛自可減少。

（四）收管侵佔公產：武昌南湖余家湖兩處公產田地共計約十萬餘畝，均有底册案卷可據。徒以管理機關時有變更，未能澈底清查，遂多為人民侵佔，經已設立清理余家湖公產辦事處，迨余家湖公產清理就緒，復將該辦事處改組為南湖余家湖公產清理處。該處自成立以來，對於清查工作，進行甚為積極，在余家湖方面，已清查完畢者，有三萬二千三百五十餘畝，南湖方面已經查出者有四萬七千四百九十餘畝。此外在漢口方面為人民侵佔經查出收回者有民生路土塝公地一百九十七方丈七十五方尺七十二方寸，後湖姚家墩前田畝一千四百五十四方丈八十四方尺，橋口鄒家墩沿河灘地四千四百七十八方丈三十六方尺。漢陽方面清查收回者，亦有湖淌淤升耕地公灘宅地二十餘處，面積約十餘萬畝。抵押者籌款贖回，侵佔者清查收管，原管理者既舉辦登記，領取所有權狀。復編製圖册將其數量四至等項詳細記載。將來登記完畢，圖册告成，則考查既感便利，管理自更周密。

丑、租金之增進

查鄂省公產數量雖鉅，然收入並不甚多，在昔公產設立專處時代，每年約收二十四萬餘元，沈前廳長兼管期間，收數亦復相等。迨士毅就任後，以整理公產視為增加省庫要政之一，爰經呈准設立南湖余家湖及漢陽兩公產清理處，並向比商義品銀行一再切實交涉，備款收回漢口生成里房屋，由是收益方面較前激增。總計四年來公產收入，在二十二年度增為四十萬零五千餘元，二十三年度復增為四十八萬二千餘元，二十四年度因市面蕭條之影響，略減為四十五萬七千餘元，二十五年度又略增為四十六萬零八十元，平均每月收數約在四萬元左右。倘以後市面恢復，收數仍可望增加也。謹將各年經收公產租金數目彙列於後（附表十六）。

（二）整頓支出

甲、月清月款

查本省前在庫儲艱困期間，對於應發政費，係採遇事應付方法，以致有權之機關，按月照發，無力之機關，仍多延欠，惟就各機關立場而言，政務既同一推行，政費亦同一需要。若故爲軒輊，不能一律發放，則必有一部份之行政效能，因政費愆延而無由推進，影響甚大。士毅就任以後，對於各機關政費，即抱定月清月款原則，平均待遇，每月先就本月經常收入，充作本月應支經臨各費，盡於月內全部撥發。並爲適合領款機關需要起見，如教育經費分上下半月各發半數，軍警伙食每月四次發放，其剿匪保安各隊餉項，則定於月初先發，俾資接濟，而赴事功。此外建設築路各費，均參酌事實需要，提前籌發，所幸四年以來，尚能貫澈前項主旨，未曾稍有蒂欠，輔助事業之推進，增加行政之效能，所賴亦多。

乙、償還舊欠

查鄂省財政向稱艱困，前因歷年收不敷支，以致積欠各項政教經臨費，截至二十二年二月底止，約達二百零一萬八千餘元之鉅，其中以教育費欠至六個月以上爲最多，司法公安兩費次之，催領均屬急迫，籌措亦感不易。士毅於二十二年三月一日就任後，適值庫儲空虛時期，深知此項舊欠各費，關係政務甚重，未便恝置，自不得不分別緩急，設法依次清理。當經籌定的款分月酌量補發，並以教育機關清苦，規定每月償還舊欠四分之一，閱時兩年，始得全數發清，其餘詳核各機關以前經費結餘之款，分催悉數劃抵，兼籌並顧，期減欠額。計自二十二年三月起至二十六年六月底止，先後補發積欠各費，共計一百四十七萬餘元（內有各機關以應解經費結餘核抵廿五萬餘元，又廿三年金融公債補發九萬八千餘元，二十四年湖北建設公債補發七千二百九十五元，其餘之數均現金補發）。此外尚有各機關應解結餘可資抵發欠費之款，約三十四萬三千餘元，現已陸續辦理轉賬手續，所餘尾欠僅約二十萬零三千餘元，爲數無多，即擬於最近期間，繼續補發，以結懸案，而清負累。其前後補發積欠各項經費數目，謹列表附載於後（附表十七）。

丙、限制追加

查整理財政，以厲行預算制度爲原則，預算確定，則一切施政方針，均賴以實踐，在昔鄂省財政艱窘，其原因雖多，而未能遵守預算，支出隨時追加，實爲最大之癥結。士毅就任之初，即採取屬行預算精神，而以從前之膨脹支出任意追加爲可危，爲非計，故自二十二年度起，經呈奉核定預算以後，凡預算核准之支出，一律按月照發，其有預算外支出而非必需之款，則概不予以追加，用示限制。即或事關切要而爲必不可省者，亦必先由本廳籌有抵補的款，再行依照核定程序辦理。四載以還，在尊重預算獨立之下，幸賴各方維持，關於限制追加辦法，尚能切實執行，而財政方面，亦因此較爲穩定，不難漸入正軌矣。

（三）清理各項債務

甲、清理新債

查新債一項，係指前任向銀行新借各款，共計九十四萬元，士毅就任以後，審核各項債務，而以此項新債，均係短期，未便愆延，爲顧全信用起見，即於二十二年十二月止照約一律償還清楚，其已付利息，尚不在內，謹列表附載於後（附表十八）。

乙、清理甲債

查此項甲債，（一）爲前官錢局倒塌官票，共計有七千萬串，散積民間，歷經財政部及省政府先後擬定每串以公債一角收回，迄未定案。士毅就任以後，深感鄂省幣制，亟待調整，若不先行設法收回此項官票，則合法鈔券，自難普徧推行，而各縣市票亦必因此而難於肅清，爰參照財政部整理濫幣按照市價酌量提高成例，經呈奉核定每官票一百串，以公債一元換償，計撥二十年善後公債七十萬元，悉數收回。（二）爲十五年前商銀錢業舊欠，自十九年舉行登記後，計此項債款，共爲五百四十萬元，歷經財政部及省政府酌定整理辦法，均以案情複雜，意見紛歧，未能實施；惟此案延不解決，既足妨害人民生計與事業進展，復直接間接牽涉市面金融，而影響於本省財政，爲謀活動地方金融安定人民生計起見，迺按照中央整理乙債以公債一元抵償債本三元辦法，擬具方案呈奉准發二十三年金融公債一百八十萬元，完全清結，此外如漢口生成里房屋抵押義品銀行借款，亦與甲債有關，其清償辦法及收回該里房屋，併入公產辦理情形，已見上節，不復陳述，謹將清償甲債數目列表附載於后（附表十八）。

丙、清理舊債

查舊債一項，係就壓路機借款、營房借款、武漢房租借款、吉利洋行借款、民政廳借用賑款、漢口市商會堤工借款等七種而言，共計結欠三百七十萬零二千餘元，士毅就任以後，迭經考核，自應亟予清理，惟以本省財力艱困，而是項債額過鉅，不得不按照債務性質，分定償還標準，其中有以公債償還者，有以現金償還者，亦有以債券償還債券者，要皆斟酌債務歷史，於財力可能範圍內，以圖從前各項舊債，得一清結。現截至二十六年六月份止，僅欠湖北堤工專款保管委員會歷任經借未還之款，計二百一十一萬餘元，已屬減少甚鉅。

以上甲、乙、丙三種歷任經借之款原欠一千八百五十四萬餘元，連同發行公債之額二百三十七萬五千餘元，共爲二千零九十一萬八千餘元，士毅分別清理截至二十六年六月底止，結欠債款，計二百五十八萬一千七百二十二元八角，發行公債，計一千一百一十九萬一千一百九十元，共爲一千三百七十七萬餘元，但較之前任移交債款總額二千零九十餘萬元，實仍減少七百一十四萬餘元。謹將現在負債數目與前任及本任公債發行數目，分別列表，附載於後（附表十九、二十）。

（四）裁廢苛雜及減輕田賦附加

查二十三年六月財政部召集全國財政會議，獨注意於地方財政之整理，並以發展國民經濟，培養稅源爲目的，首先頒行廢除苛捐雜稅減輕田賦附加辦法三則，士毅仰體財政部排除國民經濟障礙，及扶持正當稅源之旨，故於出席返省後，即察酌地方情形，規劃實施步驟，綜覈名實，嚴厲執行，鄂省就省地方而言，如契稅、營業稅、屠宰稅、牙稅、當稅五種，悉依中央法令舉辦，自無苛雜可言，即漢口武昌漢陽之市稅，核與稅捐原理，亦尚相合，其捐稅之近於苛細繁雜者，厥惟各縣之縣地方收入，與夫各商埠之公安經費收入。謹就裁減步驟，分為兩端言之：

甲、裁廢各商埠苛雜

查宜昌、沙市、新堤、武穴、老河口、樊城、沙洋等七埠，為鄂屬重鎮，且為商務繁盛之區，其所設各該公安局之經費，向係就地籌集，由公安局自徵自用，捐目繁多，捐率苛重，經於二十三年商同本省民政廳，呈准將各該局經費，改由省庫發放，其經徵公安稅捐，概劃歸各營業稅局統一徵收，並就原有捐目逐一審核，按其性質，分應裁應並應辦三項，切實整頓，而以是年七月為實行裁廢時期，綜計裁廢科目，都二十九種，捐款共達銀二十八萬七千一百四十六元，謹列表附載於後（附表二十一）。

乙、裁廢各縣苛雜及減輕田賦附加

查各縣地方收入，關於附捐部份，雖僅田賦契牙屠等項，而捐目繁複，捐率甚重，其他雜支經費，每藉辦一事，即抽收一捐，自前年奉頒裁釐禁令後，於對物課稅各捐，均已照案廢除，而舊有之複雜附捐名目，亦經刪繁就簡，分類歸納，概以縣政教育兩項經費為範圍，統收分撥，其餘雜捐，復於核編各縣二十三年度縣地方預算時，分縣嚴格審核，裁廢減併，同時執行，計有蒲圻等三十九縣，裁廢科目凡六十二種，款額共達銀四十五萬一千九百四十八元。嗣於審核各縣二十四年度縣地方預算時，繼續裁廢者，復有嘉魚等十五縣，科目計十七種，款額達銀四萬六千九百三十三元。於審核各縣二十五年度縣地方預算時，繼續裁廢者，又有漢陽等八縣，科目計十二種，款額達銀四萬八千九百五十九元。至各縣田賦附加，其有超過正稅者，均經切實減輕，而於保安畝捐，亦按各縣縮編團隊原則，分別減輕，計有武昌等二十一縣，共核減銀五十二萬零二百二十一元，謹列表附載於後（附表二十二、二十三、二十四、二十五）。

所有各次裁減科目，以及年徵損額，均經先後列表呈報財政部鑒核。念民生之疾苦，感抒軸之屢空，總期於國賦民力，兼籌並顧，此士毅數年來實行裁減苛雜之情形也。

(五) 籌撥建設各費

甲、築路專款

查鄂省應築七省聯絡公路，地處中心，為重要之建設，由全國經濟委員會所規劃者，如漢界路、武葛路、陽大路，則為汴粵幹線，如浠廣路、漢宜路，則為京川幹線，其由老河口而至公安，則為洛韶幹線，由巴東而至施南，則為川黔幹線，此外如支線、次要線及縣道，亦均分別規定，欲使全省搆成公路網，幹支各線，得以互相聯絡，而收指臂運用之效，惟是所需經費，為數綦鉅，除一二兩期工程，照案由全國經濟委員會撥借四成，及由前豫鄂皖三省剿匪總司令部補助一部份以外，其餘均須本省自籌，四年以來，籌撥建設廳築路專款，其由庫直放者，計二十二年度為九十八萬餘元，二十三年度為一百六十二萬餘元，二十四年度為一百六十四萬元，二十五年度為一百零一萬元，總計共為五百二十六萬餘元。此項專款，原以攤募二十一年善後公債五十萬元，二十三年金融公債一百萬元，二十四年建設公債三百萬元，二十五年撥建設公債一百萬元，撥為築路之用，嗣以各路加緊工作，需款甚迫，而所募債款，緩不濟急，曾先後向銀團以前項公債分別抵借，以便隨時轉撥，免致貽誤路政。所有歷年撥付築路專款數目，謹列表附載於後（附表二十六）。

乙、建設飛機場等項經費

查本省善後費項下支付建設之款：（一）為建築孝感等七縣飛機場工程經費，計撥付三十三萬四千餘元；（二）為鄂北長途電話工程費，計撥付五萬五千元；（三）為武昌中正路建築費，計撥二十四萬餘元；（四）為訂購水警砲艦巡艇經費，計撥一十五萬二千元。此項建設，第一項關係空軍要政，第二項關係鄂北交通，第三項關係省會路政，第四項關係水上治安，要皆重要設施，需款迫切，而省庫並無的款，可資應用，故呈准改於善後費項下支撥，以應急需，而免貽誤。謹將前項各款支出數目列表於後（附表二十七）。

丙、增加省銀行資本

查湖北省銀行資本總額，原規定二百萬元，該行於十七年七月一日成立至二十二年二月止，曾先後由庫撥交資本一百六十三萬六千零三十三元七角三分。士毅就任以後，為力圖擴充該行業務，增厚資本，於二十二年五月，呈准以漢口厚福里房地公產，估價一十萬零三千二百九十一元二角七分，及二十一年善後公債票面二十六萬零五百七十五元，兩共三十六萬三千九百六十六元二角七分，已照定額撥足，是為第一期之增加資本。嗣以該行自資本照額撥足以後，行務漸見發達，辦事處、通匯所，在通商口岸大都設立，規模業已粗具，惟欲謀新興事業之擴充，尚有賴於基金資本之增進，爰於二十四年十月，提經省府會議通過增加股本一百萬元，分為現金及公債各五十萬元，其現金五十萬元，仿照中央銀行成例，由該行公積金內劃出，作為歷年盈餘解庫撥給；公債五十萬元，則以奉軍事委員會委員長蔣令准二十三年墊用本省金融公債撥還之建設公債一百五十萬元內提撥，業於二十五年三月如數撥足，是為第二期之增加資本。士毅軫念金融重要，而該行實為全省金融之樞紐，經兩次擴增資力，鞏固基礎，似於該行業務，本省金融，不無裨益。

綜上所陳，在此四年中，關於整理鄂省財政，可歸納為整理收入，整頓支出，以及清理各項債務、裁廢苛捐雜稅、籌撥建設各費等五大端，財政之所資以改善而補救者，莫要於此，而士毅之所為黽勉負責，竭其棉薄而不斷努力者，亦以是為鵠的，檢查四年來之過去工作，固不敢蓬語成績，而堅固奮鬥，於險阻艱難紛紜複雜之環境中，得有相當進度，已予士毅以非分之幸，顧地方財政端緒蓁繁，整理之道，日進不已，矧目前鄂省收入，仍以特税協款爲大宗，尚未脫離依人爲活時期，現在禁烟政令益嚴，此項協款，斷難久恃，若不預籌抵補，以求自給，匪持動搖財政基礎，抑且妨礙庶政推行，士毅懍此危機，昕夕焦慮，惟有一本堅忍不拔之志，無論若何困難，益致其重大之努力，一面仍就開源節流原則，於歲入歲出，同時作進一步之調整，俾鄂省財政，漸趨於自力生存之境，不復依賴度日。此尤士毅認爲職責所在，思有以副未來之展望者也。

計附湖北省各縣二十二、二十四、二十五三年份田賦正稅稅額稅率對照表一份。

又湖北省各縣二十六年份田賦正稅稅率稅額表一份。

又各縣十六年度至二十五年度田賦徵收數一覽表一份。

又十八年度至二十五年度新舊田賦實徵數一覽表計八份。

又各區營業稅局及兼辦營業稅各縣二十二年度至二十五年度營業稅額徵數與實收數盈絀比較表計四份。

又湖北省公產收益各年收數一覽表一份。

又二十二年三月起至二十六年六月止補發積欠各項經費數目表一份。

又本廳前任積欠各項債款數及本任償還數目一覽表一份。

又本廳現在負債數目表一份。

又前任及本任公債發行數目與償還數目對照表一份。

又湖北各商埠裁廢稅捐一覽表一份。

又二十三年度各縣裁廢苛雜稅捐一覽表一份。

又二十四年度繼續裁廢苛雜稅捐一覽表一份。

又二十五年度繼續裁廢苛雜稅捐一覽表一份。

又各縣田賦附加減輕一覽表一份。

又本廳撥付築路專款數目表一份。

又本廳在善後費項下撥付之建設用費表一份。

（附表一）湖北省各縣二十二、二十四、二十五三年份田賦正稅稅額稅率比較表

縣別	田賦總額（畝）	二十二年度 正稅賦額（元）	二十四年度 等則	稅率	正稅賦額（元）	二十五年度 等則	稅率	正稅賦額（元）	備考
蒲圻	二三七,○二○	六六,六三六·二七	上	三○	六九,五八○·八五	上	三○	六九,八三○·一三	
			中	二八		中	三○		
			下	一○		下	一二		
武昌	一,○五七,六九六	一○四,一九九·九○	上	一二	一○八,六九三·五二	上	一四	一二九,八四七·四四	
			中	一○		中	一二		
			下	八		下	一○		
漢陽	六七五,○○○	八三,三九九·八九	上	一六	七七,四○○·○○○	上	一八	七八,七五○·○○	
			中	一二		中	一四		
			下	一○		下	一二		

續表

縣別	田畝總額（畝）	二十二年度 正稅額（元）	二十四年度 等則	稅率	正稅賦額（元）	二十五年度 等則	稅率	正稅賦額（元）	備考
嘉魚	四三六·四六九	三一·四六八·二六	上上	一二	三一·六〇七·三五	上上	一四	四〇·三三六·七二	
			上	一〇		上	一二		
			中	六		中	一〇		
			下	八①		下	八		
咸寧	三七二·七四五	四六·七五三·〇五	田	一四	五二·一一八四·三〇	田	一六	五九·六三九·二〇	
			地	一四		地	一〇		
通城	二八八·〇六五	三九·二五四·三四	田	一四	三九·二五四·三八	田	一六	·〇一五·六八②	
			地	六		地	一〇		
崇陽	二五〇·〇一五	三一·四九四·四〇一	上	一四	三五·〇〇二·一〇	上	一六	四〇·〇〇二·四〇	
			中	三六		中	三〇		
			下	一八		下	二〇		
陽新	三〇七·五六一	一〇八·四八八·一五	上	三六	一〇六·〇九八·〇四	上	三〇	一〇六·五八三·六五	
			中	一八		中	二〇		
			下	一六		下	一八		

① 原稿此處如此。
② 原稿此處有缺漏。

縣別	田畝總額(畝)	二十二年度 正稅賦額(元)	二十四年度 等則	二十四年度 稅率	二十四年度 正稅賦額(元)	二十五年度 等則	二十五年度 稅率	二十五年度 正稅賦額(元)	備考
大冶	三九〇・六〇七	五六・四四八・一六	上	一六	六一・〇一〇・八八	上	一八	八・八二三・〇二	
			中	一四		中	一六		
			下	八		下	一〇		
鄂城	四八〇・一二三	八一・七八七・九五	上	一八	八五・九六八・一七	上	二〇	九五・一九七・六二	
			中	一四		中	一六		
			下	一二		下	一四		
通山	六五・二六五	一五・五九一・〇一	上	二六	一六・九六八・六八	上	二八	一一八・三七四・一六	
			下	一八		下	二〇		
蘄春	五八五・三七八	一〇〇・五三一・四〇	上	一四	一〇四・五五五・〇八	下	一六	一一六・二六二・六五	

续表

县别	田亩总额(亩)	二十二年度 正税赋额(元)	二十四年度 等则	二十四年度 税率	二十四年度 正税赋额(元)	二十五年度 等则	二十五年度 税率	二十五年度 正税赋额(元)	备考
浠水	六一四·六二六	一四五·四〇二·三〇	上	二六	一五五·二九九·六七	上	二八	一六七·五九二·二〇	
			中	一〇		中	二二		
			下	六		下	〇八		
黄梅	七一八·八三三	七一·五五五·〇五	上上	一四	七八·二六六·九一	上上	一六	九二·六四三·五七	
			上	一〇		上下	一二		
			中	八		下上	一〇		
			下	六		下下	〇八		
广济	四二一·五七四	八二·〇四一·四七		一〇	八四·三一四·八九		二二	九二·七四六·三八	
罗田	二四一·〇八二	三八·三六三·六二		一六	三八·七三三·二八		一八	四三·五七四·九四	
英山	六八·九八三			三二	二二·〇七四·五八		三二	二二·〇七四·五八	

續表

縣別	田畝總額(畝)	二十二年度 正稅賦額(元)	二十四年度 等則	二十四年度 稅率	二十四年度 正稅賦額(元)	二十五年度 等則	二十五年度 稅率	二十五年度 正稅賦額(元)	備考
黃安	二七○,○○○	二九,六七六·八八		一四	二九,六八○·○○	上	一六	三五,○八○·○○	
			上	一二		中	一四		
			中	一○		下	一○		
			下						
黃岡	八八一,二二九	一四四,五六二·七六	上	二二	一四六,一七四·八八	上	二四	一六三,七九六·四七	
			中	一○		中	二一		
			下	三		下	五		
			特下	一		特下	三		
麻城	三七四,五六九	五七,三八六·三八	上	一八	五八,八○四·六四	上	二○	六五,二七六·九○	
			中	一六		中	一八		
			下	一四		下	一六		

續表

縣別	田畝總額(畝)	二十三年度 正稅賦額(元)	二十四年度 等則	二十四年度 稅率	二十四年度 正稅賦額(元)	二十五年度 等則	二十五年度 稅率	二十五年度 正稅賦額(元)	備考
黃陂	五八一・五四八	六六・八九四・二七	上	一二	六八・八六二・六九	上	一四	八〇・四九三・六六	
			中	八		中	一〇		
			下	六		下	八		
禮山	一七八・二三四		上上	一六	一五・〇八〇・二七	上上	一八	一八・六四四・九六	
			上	一四		上	一六		
			中	八		中	一〇		
			下	六		下	八		
安陸	三九三・二四四	三三・三三六・四八	上上	一二	二九・〇六三・四二	上上	一四	三六・九二八・二九	
			上	一〇		上	一二		
			中	八		中	一〇		
			下	六		下	八		

續表

縣別	田畝總額(畝)	二十二年度 正稅賦額(元)	二十四年度 等則	稅率	正稅賦額(元)	二十五年度 等則	稅率	正稅賦額(元)	備考
孝感	六九四・七五六	五四・四五九・二八	上	一〇	六七・四〇三・五七	上	一二	八一・二九八・六九	
			中	八		中	一〇		
			下	六		下	八		
應山	四七七・〇八七	三七・九二六・三五	上	一四	三八・一八〇・一八	上	一〇	四七・七〇八・七八	
			中	八		中	一六		
			下	六		下	〇八		
雲夢	二六一・六六二	一九・八二四・一五	上	一四	二一・九四八・一七	上	一〇	二七・一八一・四〇	
			中	八		中	一二		
			下	六		下	〇八		
應城	四七三・五七七	三三・七四〇・九八	上	一四	四〇・七八二・八四	上	一六	五五・五七一・七五	
			中	一〇		中	一二		
			下	六		下	〇八		

續表

縣別	田畝總額(畝)	二十二年度 正稅賦額(元)	二十四年度 等則	二十四年度 稅率	二十四年度 正稅賦額(元)	二十五年度 等則	二十五年度 稅率	二十五年度 正稅賦額(元)	備考
隨縣	一一二一八・一六三	四七・八三三・三八		六	七三・○八九・七六	上	一二	一二一・八六・二七	
						中	一○		
						下	○八		
天門	一・七七六・一七三	一○二・七七五・○七	上	八	一二三・八六一・八六	上	一○	一六七・三八五・三一	
			中	三		中	○四		
			下	一		下	○三		
漢川	七四二・四五四	三四・五四一・一九		六	四四・三四三・九三	上	一二	七四・二四五・四五	
						中	一○		
						下	○八		

續表

縣別	田畝總額（畝）	二十二年度 正稅賦額（元）	二十四年度 等則	二十四年度 稅率	二十四年度 正稅賦額（元）	二十五年度 等則	二十五年度 稅率	二十五年度 正稅賦額（元）	備考
沔陽	四〇六五・三六三	一一・八九〇・二三	上	八	三六・二九二・五〇	上	一〇	二一七・五九九・七七	
			中	六		下	〇八		
			下	六		特下	〇三		
			特下	一					
京山	九八二・五六六	五三・五〇〇・八〇		六	五八・九五四・〇一	上	一二	九八・三五六・六八	
						中	一〇		
						下	〇八		
鍾祥	一・三五七・二九四	八三・四五〇・〇〇	上	一二	一〇三・〇五五・四八	上	一四	一三〇・二〇一・三六	
			中	八		中	一〇		
			下	六		下	〇八		

续表

縣別	田畝總額(畝)	二十二年度 正稅賦額(元)	二十四年度			二十五年度			備考
			等則	稅率	正稅賦額(元)	等則	稅率	正稅賦額(元)	
潛江	一,〇〇七,四八一	五二,五五八.九七	上	八	五二,九一五.五〇	上	一〇	七三,二七四.九四	
			中	六		中	〇八		
			下	四		下	〇六		
江陵	二,三九〇,八九〇	一三七,七九八.〇四	上	八	一七一,四六一.一六	上	一〇	二一九,二七九.〇七	
			中	六		中	〇八		
			下	六		下	〇八		
荊門	一,四五〇,〇八五	一〇二,六四三.六〇	上	八	一一二,七七九.〇八	上	一〇	一四一,七八〇.七八	
			中	六		中	〇八		
			下	六		下	〇八		

續表

縣別	田畝總額（畝）	二十二年度 正稅賦額（元）	二十四年度			二十五年度			備考
			等則	稅率	正稅賦額（元）	等則	稅率	正稅賦額（元）	
監利	八二〇・九二一	六三・二九二・九七	上	一〇	六二・五四五・一一	上	一二	七八・九六三・五三	
			中	八		中	一〇		
			下	六		下	〇八		
			沙灘湖田	三		沙灘湖田	〇五		
石首	五六三・五〇二	三〇・九〇七・八〇	丁	八	三八・五一一・九九	丁	一〇	四九・七八二・〇二	
			屯	六		屯	〇八		
			蘆稞	三		蘆稞	〇五		
公安	七七一・二三一	二九・七四三・二〇	上	六	四五・一六七・九九	上	〇八	六〇・五九二・六六	
			下	四		下	〇六		

續表

縣別	田畝總額（畝）	二十二年度 正稅賦額（元）	二十四年度 等則	二十四年度 稅率	二十四年度 正稅賦額（元）	二十五年度 等則	二十五年度 稅率	二十五年度 正稅賦額（元）	備考
枝江	四五八·六五四	一二·三四五·九四		六	二七·五一九·二五	上	一二	四五·八六五·四三	
						中	一〇		
						下	〇八		
松滋	一·〇四七·二二〇	二九·五六六·五一		六	三〇·〇一〇·六六	上	一四	六二·八三三·二三	
			上	一二		中	一二		
			中	一〇		下	一〇		
			下	八			〇八		
襄陽	二·一六五·二四八	四四·四三一·六四		六	八六·四〇三·六八	上	一二	八五·〇一〇·七六	
						中	一〇		
						下	〇八		
						下下			
襄陽	五六八·六三五	一一·九五〇·〇三			三四·一一八·一〇	上	一二	五六·八六三·五〇	
						中	一〇		
						下	〇八		

續表

縣別	田畝總額（畝）	二十二年度 正稅賦額（元）	二十四年度 等則	二十四年度 稅率	二十四年度 正稅賦額（元）	二十五年度 等則	二十五年度 稅率	二十五年度 正稅賦額（元）	備考
宜城	三八一・〇七九	一七・三三五・二二		六	二二・八六四・七四	上	一二		
						中	一〇	三八・一〇七・九〇	
						下	〇八		
光化	四四五・七四七	二二・六二七・九七		六	二六・七四四・八三	上	一二		
						中	一〇	四四・五七四・七一	
						下	〇八		
穀城	三六二・四一二	一〇・四三五・五二		六	一九・七九〇・一七	上	一二		
						中	一〇	三六・二四一・一九	
						下	〇八		

續表

縣別	田畝總額(畝)	二十二年度 正稅賦額(元)	二十四年度 等則	二十四年度 稅率	二十四年度 正稅賦額(元)	二十五年度 等則	二十五年度 稅率	二十五年度 正稅賦額(元)	備考
南漳	二四一・三〇二	九・三九七・〇二		六	一四・四八一・一二	上	一二	二四・一三〇・二〇	
						中	一〇		
						下	〇八		
保康	九七・三三九	一・五四四・六〇		一〇	九・七三三・八五	上	一二	一一・六七九・四二	
						中	一〇		
						下	〇八		
宜昌	三六〇・一五〇	九・三五七・八七		六	二一・六〇九・〇三	上	一二	三六・〇一五・〇五	
						中	一〇		
						下	〇八		
遠安	一〇五・六四四	三・九六〇・三五	上	一〇	七・四三一・八二	上	一二	九・五四四・七一	
			中	八		中	一〇		
			下	六		下	〇八		

續表

縣別	田畝總額（畝）	二十二年度 正稅賦額（元）	二十四年度 等則	二十四年度 稅率	二十四年度 正稅賦額（元）	二十五年度 等則	二十五年度 稅率	二十五年度 正稅賦額（元）	備考
當陽	五二六‧四六八	一四‧〇四七‧三九	上	六	二八‧二五三‧九五	上	〇八	三八‧七八三‧二九	
			下	三		下	〇五		
宜都	二五八‧五二二	五‧四四九‧〇六	上	六	一五‧四七三‧三七	上	一二	二五‧八五二‧三四	
						中	一〇		
						下	〇八		
興山	三九‧一一四	六三八‧五六		一〇	一‧三二〇‧〇〇		一二	四‧六九三‧六八	
秭歸	四九‧五一四	一‧〇四七‧一九		一〇	四‧九五一‧三七		一二	五‧九四一‧六四	
長陽	一一〇‧四二三	一‧八九六‧二三		六	六‧六二五‧三八	上	一二	一一‧〇四二‧三〇	
						中	一〇		
						下	〇八		
巴東	一六〇‧〇〇〇	一‧七四九‧九〇		一四	一九‧二〇〇‧〇〇		一六	二五‧六〇〇‧〇〇	

續表

縣別	田畝總額（畝）	二十三年度 正稅賦額（元）	二十四年度 等則	二十四年度 稅率	二十四年度 正稅賦額（元）	二十五年度 等則	二十五年度 稅率	二十五年度 正稅賦額（元）	備考
恩施	一五二・八五五	三・四九二・五七		一六	二四・四五六・八〇		一八	二七・五一三・九〇	
宣恩	一〇〇・〇〇〇	八三八・一〇		二〇	二〇・〇〇〇・〇〇		二二	二二・〇〇〇・〇〇	
建始	二〇四・〇〇〇	二・二七三・九二		一四	一九・八四〇・〇〇		一六	二三・六四〇・〇〇	
五峯	二七・〇六四	三一四・二八		八	二・一六五・一二		一〇	二・七〇六・四〇	
鶴峯	五五・〇〇〇	七三一・五〇		一六	八・八〇〇・〇〇		一八	九・九〇〇・〇〇	
利川	一六八・一二〇	九九九・一五		一二	二〇・一七四・四〇		一四	二三・五三六・八〇	
咸豐	一〇〇・〇〇〇	一・二三五・八二四		二〇	二〇・〇〇〇・〇〇		二二	二二・〇〇〇・〇〇	
來鳳	一一七・一〇〇	三七八・四一		一四	一二・八〇〇・〇〇		一六	一八・七三六・〇〇	
鄖縣	三〇〇・〇〇〇	一三・九六四・三〇		一二	三六・〇〇〇・〇〇		一四	四二・〇〇〇・〇〇	
均縣	二三一・八八五	五・七三四・八七		一二	二七・八二六・二二		一四	三二・四六三・九三	

續表

縣別	田畝總額(畝)	二十三年度 正稅額(元)	二十四年度 等則	二十四年度 稅率	二十四年度 正稅賦額(元)	二十五年度 等則	二十五年度 稅率	二十五年度 正稅賦額(元)	備考
鄖西	二〇〇・〇〇〇	五・〇七〇・四三		一二	二四・〇〇〇・〇〇		一四	二八・〇〇〇・〇〇	
房縣	二七七・五八五	一〇・四八一・五五		一二	三三・三一〇・一八		一四	三八・八六一・八七	
竹山	一三二・九六八	六・一八二・七〇		一二	一五・八三六・一五		一四	一八・四七五・五一	
竹谿	一五〇・〇〇〇	三・二三五・二〇		一二	一八・〇〇〇・〇〇		一四	二一・〇〇〇・〇〇	
合計	三八・五三七・一四五	二・六六六・〇五四・四〇			三・三七七・二七六・四九			四・三三四・九六六・七七	

備考
一、各縣田畝總數係根據二十五年間最近核定畝數列入
二、正賦總額二十三、二十四年兩年係根據各該年份額征數列入
三、二十五年份各縣賦額總數係照二十五年六月行政院核定本省歸併券捐平衡最低級賦率案計算編列
四、二十三年份因正着手辦理按糧推畝及改定賦率案,各縣尚未一律實施,故未列入

(附表二) 湖北省各縣二十六年份田賦正稅稅率稅額一覽表　二十六年六月製

縣別	等級	田畝總額（畝）	等則及稅率		正稅賦額（元）	備考
蒲圻	二	四七六·三四一·五一	上	二〇	八五·六九六·二三	
			中	一八		
			下	一二		
武昌	一	一二二三·七二三·五七	上	一六	一五〇·九九四·〇二	
			中	一四		
			下	一二		
			特下	〇四		
漢陽	二	二三〇一·五六五·二二	上	一六	二〇八·六一四·〇四	
			中	一四		
			下	一二		
			特下	〇三		

續表

縣別	等級	田畝總額（畝）	等則及稅率		正稅賦額（元）	備考
嘉魚	三	四三六・四六八・〇〇	上	一四	四〇・二一四・〇〇	
			中	一二		
			下	一〇		
			下下	〇八		
咸寧	三	五三七・九一九・〇〇	上	一六	七七・八二〇・〇〇	
			中	一四		
			下	一二		
			特下	〇三		
通城	三	二八八・〇六五・〇〇	田	一六	四五・〇一六・〇〇	
			地	〇八		
崇陽	三	二五〇・〇一五・〇〇		一六	三七・五〇二・〇〇	

续表

县别	等级	田亩总额（亩）	等则及税率		正税赋额（元）	备考
大冶	三	三九〇・六〇七・〇〇	上	一八	六八・八二三・〇〇	
			中	一六		
			下	一〇		
阳新	三	三〇七・五六二・〇〇	上	三六	一〇六・五八四・〇〇	
			中	三〇		
			下	一八		
鄂城	三	七五三・四九三・九四	上	一八	一一五・七〇二・九二	
			中	一六		
			下	一四		
			特下	〇六		
通山	三	一六三・一六二・〇〇		一四	二二・八四三・〇〇	

續表

縣別	等級	田畝總額（畝）	等則及稅率		正稅賦額（元）	備考
蘄春	二	五八五・四〇六・〇〇	上	二〇	一六・二六八・〇〇	
			下	一六		
浠水	二	六一四・六三六・〇〇	上	二八	一六七・五九二・〇〇	
			中	一二		
			下	〇八		
黃梅	三	七八・八三三・〇〇	上	一六	九二・六四四・〇〇	
			中	一二		
			下	一〇		
			下下	〇八		
廣濟	二	四二一・五七四・〇〇		二二	九二・七四六・〇〇	
羅田	三	二四二・〇八三・〇〇		一八	四三・五七五・〇〇	

續表

縣別	等級	田畝總額（畝）	等則及稅率		正稅賦額（元）	備考
英山	三	六八,九八三.〇〇	上	三二	二二,〇七五.〇〇	
黃安	二	二七〇,〇〇〇.〇〇	上	一六	三五,〇八〇.〇〇	
			中	一四		
			下	一二		
黃岡	一	八八二,三〇八.〇〇	上	三四	一六四,四一一.〇〇	
			中	一二		
			下	〇五		
			特下	〇三		
麻城	二	三七三,九六九.〇〇	上	二〇	六五,一五七.〇〇	
			中	一八		
			下	一六		

續表

縣別	等級	田畝總額（畝）	等則及稅率		正稅賦額（元）	備考
黃陂	三	五八一・五八五・〇〇	上	一四	八〇・四九九・〇〇	
			中	一〇		
			下	〇八		
禮山		一七八・二三五・〇〇	上	一八	一八・六四三・〇〇	
			中	一六		
			下	一〇		
			下下	〇八		
隨縣	一	一二一・一八三・〇〇	上	一二	一二一・一八一・〇〇	
			中	一〇		
			下	〇八		

續表

縣別	等級	田畝總額（畝）	等則及稅率		正稅賦額（元）	備考
安陸	三	三九三・〇一三・〇〇	上	一四	三六・九一〇・〇〇	
			中	一二		
			下	一〇		
			下下	〇八		
孝感	二	六九四・七五六・〇〇	上	一二	八一・三九九・〇〇	
			中	一〇		
			下	〇八		
雲夢	三	二六一・六六三・〇〇	上	一六	二七・一八一・〇〇	
			中	一〇		
			下	〇八		
應山	三	四七一・〇八八・〇〇		一〇	四七・七〇九・〇〇	

續表

縣別	等級	田畝總額（畝）	等則及稅率		正稅賦額（元）	備考
應城	三	四七三・五七七・○○	上	一六	五五・五七二・○○	
			中	一二		
			下	○八		
天門	二	一・七七六・一二三・○○	上	一○	一六七・三八五・○○	
			中	○四		
			下	○三		
漢川	二	七四二・四五五・○○	上	一二	七四・二四五・○○	
			中	一○		
			下	○八		
京山	二	一・○一○・七二一・○○	上	一二	一○一・○七二・○○	
			中	一○		
			下	○八		

續表

縣別	等級	田畝總額（畝）	等則及稅率		正稅賦額（元）	備考
鍾祥	一	一，三八四，八〇九·〇〇	上	一·四	一三，一一八一·〇〇	
			中	一·〇		
			下	〇·八		
江陵	一	三，四〇五，三九八·〇〇	上	一·〇	三二〇·七二四·〇〇	
			中	〇·八		
			下	〇·八		
			特下	〇·五		
沔陽	一	四，一一一，六八〇·〇〇	上	一·〇	三二〇·九四〇·〇〇	
			中	〇·八		
			下	〇·八		
			特下	〇·三		

續表

縣別	等級	田畝總額（畝）	等則	及稅率	正稅賦額（元）	備考
潛江	三	一,〇四三,七一八・〇〇	上 中 下	一〇 〇八 〇六	七九,九五一・〇〇	
荊門	一	一,四五〇,〇八五・〇〇	上 下	一〇 〇八	一四一,七八一・〇〇	
監利	二	八二〇,九二一・〇〇	上 中 下 特下	一二 一〇 〇八 〇五	七八,九六四・〇〇	
石首	三	五六三,五〇一・〇〇	上 中 下	一〇 〇八 〇五	四九,七八二・〇〇	

續表

縣別	等級	田畝總額（畝）	等則及稅率 田地/湖蕩	等則及稅率	正稅賦額（元）	備考
公安	三	八三二,二八一.〇〇	田地	〇八	六四,六五六.〇〇	
			湖蕩	〇六		
枝江	三	四五八,六五四.〇〇	上	一二	四四,三八八.〇〇	
			中	一〇		
			下	〇八		
松滋	二	一,〇五七,三六九.〇〇	上	一二	一〇二,九七五.〇〇	
			中	一〇		
			下	〇八		
襄陽	一	三,一六五,二四八.〇〇	上	一四	一八五,〇一一.〇〇	
			中	一二		
			下	〇八		
			下下	〇六		
			特下	〇四		

續表

縣別	等級	田畝總額（畝）	等則及稅率			正稅賦額（元）	備考
			上	中	下		
襄陽	二	一,二五0.一七二.00	一二	一0	0八	一0九,六八四.00	
宜城	三	三八一.0七九.00	一二	一0	0八	三八,一0八.00	
光化	三	四四五.七四七.00	一二	一0	0八	四四,五七五.00	
穀城	二	三六二.八二九.00	一二	一0	0八	三六,二八三.00	

續表

縣別	等級	田畝總額（畝）	等則及稅率		正稅賦額（元）	備考
南漳	二	三〇二‧一九六‧〇〇	上	一二	三〇‧二二〇‧〇〇	
			中	一〇		
			下	〇八		
保康	三	九七‧三二九‧〇〇	上	一二	一一‧六七九‧〇〇	
			中	一〇		
			下	〇八		
宜昌	一	三六〇‧一五〇‧〇〇	上	一二	三六‧〇一五‧〇〇	
			中	一〇		
			下	〇八		
遠安	三	一〇五‧六四五‧〇〇	上	一〇	九‧五四五‧〇〇	
			下	〇八		
當陽	三	五三一‧四七二‧〇〇	上	〇八	三九‧〇七一‧〇〇	
			下	〇五		

續表

縣別	等級	田畝總額(畝)	等則	稅率	正稅賦額(元)	備考
宜都	三	二五七·五〇五·〇〇	上 中 下 特下	一二 一〇 〇八 〇五	二五·一二五·〇〇	
興山	三	三九·一一四·〇〇		一二	四·六九四·〇〇	
秭歸	三	九九·一四一·〇〇		一二	一一·八九六·〇〇	
五峯	三	二七·〇六四·〇〇		一〇	三·七〇六·〇〇	
長陽	三	一一〇·四二四·〇〇	上 中 下	一二 一〇 〇八	一一·〇四二·〇〇	
恩施	二	一六六·七〇〇·〇〇		一八	三〇·〇〇六·〇〇	
宣恩	三	一〇一·〇〇〇·〇〇		一二	一二·〇〇〇·〇〇	

续表

县别	等级	田亩总额（亩）	等则及税率	正税赋额（元）	备考
建始	三	二〇五·〇〇〇·〇〇	一六	三二·八〇〇·〇〇	
巴东	二	一六〇·〇〇〇·〇〇	一六	二五·六〇〇·〇〇	
鹤峰	三	五五·〇〇〇·〇〇	一八	九·九〇〇·〇〇	
利川	三	一六八·一二〇·〇〇	一四	二三·五三七·〇〇	
咸丰	三	一〇〇·〇〇〇·〇〇	一三	一三·〇〇〇·〇〇	
来凤	三	一一七·一二四·〇〇	一六	一八·七四〇·〇〇	
郧县	二	三〇〇·〇〇〇·〇〇	一四	四二·〇〇〇·〇〇	
均县	二	二三三·一八七·〇〇	一四	三二·六四六·〇〇	
郧西	三	一八九·四六三·〇〇	一四	二六·五二五·〇〇	
房县	二	二七七·五八五·〇〇	一四	三八·八六二·〇〇	
竹山	三	一三一·九六八·〇〇	一四	一八·四七六·〇〇	
竹溪	三	一五〇·〇〇〇·〇〇	一四	二一·〇〇〇·〇〇	
合计		四二·一二〇·四五三·九八		四·六六六·七七八·四七	

(附表三) 湖北省各縣十六年度至二十五年度田賦徵收數一覽表

年度	實收總數	備考
十六年	四二〇・六一四・二二五	
十七年	八六一・〇二三・二〇〇	
十八年	九三〇・七三一・八二〇	
十九年	七六〇・一四五・六五〇	
二十年	一・〇二五・七八五・七〇一	
二十一年	一・五二三・一七九・三八〇	
二十二年	一・七二二・七二一・九四〇	
二十三年	一・四〇七・九三四・八九〇	
二十四年	一・六三一・〇九三・六八〇	
二十五年	三・二六九・七一八・五八〇	

附注

　　查各縣稅捐徵解月報表及實徵新舊賦月報表，自二十一年下半年方始實施，故二十一年度以前各縣田賦實徵數無從查填，僅照庫賑實解數及抵解數兩項統計之總額填列。又十六、十七兩年度各縣實收數亦無查考，僅記總數。茲將各縣十八年度至二十年度田賦實收數及二十一年度至二十五年田賦實徵數分別列表於後，下列各年度表內額徵數一欄，均係應徵賦額數，未將各年蠲免成數剔除合併注明

(附表四) 湖北省各縣十八年度新舊田賦實徵總數一覽表

縣別	等級	額徵數(元)	實徵數(元)	備考
蒲圻	二	六六・六三三・二一七	二五・一五二・六九	本表根據省金庫各縣實解數編製(現金及坐支抵解數均包括在內),十八年全年度共收九十三萬餘元,共計六十九縣,計解庫者五十八縣,全年度全無解款者為鄖西房縣竹谿保康興山五峯恩施建始咸豐來鳳利川等十一縣合併聲明
武昌	一	一〇四・九九・八九九	三四・五四一・四二	
漢陽	二	八三・三九九・八八七	一一・六四六・七六	
嘉魚	三	三一・四六八・二五九	一五・七二一・六七	
咸寧	三	四六・七五三・〇五三	一四・七四五・七三	
通城	三	三九・二五四・三三一	四三・六六〇・九五	
崇陽	三	三一・四四四・四二四	三三・六六四・八八	
大冶	二	五六・四四八・一五八	七一・六七九・九四	
陽新	三	一〇八・四五八・一四六	一九・三二一・八七四	
鄂城	三	八一・七八七・九四八	二一・七六八・八八	
通山	三	一五・五九一・〇一三	三一・六六九・八二	
蘄春	二	一〇〇・五二一・四〇二	四〇・六八〇・〇七	

續表

縣別	等級	額徵數（元）	實徵數（元）	備考
浠水	二	一四五・四〇二・三〇一	七九・八六七・四一	
黃梅	三	七一・五五五・〇五〇	三三・三〇四・六六	
廣濟	二	八二・〇四一・四六八	六六・六〇三・五八	
羅田	三	三八・三六三・六七	三一・八〇五・一一	
夏口			一一・一三・二八	
黃安	二	二九・六七六・八八〇	一三・六四五・六九	
黃岡	一	一四四・五六二・七六三	四五・九六八・一五	
麻城	二	五七・三八六・三七七	九・八一五・七一	
黃陂	二	六六・八九四・二七二	三三・三三七・一〇	
南漳	二	九・三九七・〇二四	二・七五〇・三一	
隨縣	一	四七・八三二・三八〇	三三・三〇二・二八	
安陸	三	三三・三三六・四七七	六・九三四・八〇	

续表

縣別	等級	額徵數（元）	實徵數（元）	備考
孝感	二	五四·四五九·二八五	一七·六九〇·三四	
雲夢	三	一九·八二四·一五二	一四·一六八·四六	
應山	三	二七·九六·三五一	一二·九九一·四五	
應城	三	三三·七四〇·九八一	八·六八八·六一	
天門	二	一〇二·七七五·〇六五	三四·四五四·二六	
漢川	二	三四·五〇〇一·一八八	一四·一四〇四·三五	
京山	二	五三·五〇〇·八〇四	二四·二二七·二六	
鍾祥	一	八三·四九八·〇〇八	九·五三二·五六	
江陵	一	一三七·七九八·〇四二	六八·四九六·四〇	
河陽	一	一二·八九〇·二一五	八·八八八·九一	
潛江	三	五二·五五八·九七二	三〇·八二四·一四	
荊門	一	一〇二·六四二·六〇一	七三·九八二·一七	

續表

縣別	等級	額徵數(元)	實徵數(元)	備考
監利	二	六三,二九二.九七〇	一五,四〇九.三〇	
石首	三	三〇,九〇七三.八〇二	二一,一〇三.一五	
公安	三	二九,七四三.一九八	八,六二四九.二九	
枝江	三	一二,三四五.九四一	三,八〇九.九三	
松滋	二	二九,五六六.五〇八	一五,八七一.一二	
襄陽	一	四四,四三一.六九九	一〇,八八〇.八九	
襄陽	二	二一,九五〇.〇二四	一一,六九三.三八	
宜城	三	一七,三三五.二二三	七,一七七.三一	
光化	三	一二,六二七.九七〇	二,九六二.三〇	
穀城	二	一〇,四三五.五一五	二,六四八.二四	
保康	三	一,五四四.六〇三		
宜昌	一	九,三五七.八七一	五,三二七.九五	

續表

縣別	等級	額徵數（元）	實徵數（元）	備考
遠安	三	三・九六〇・三五三	一・三七三・〇一	
當陽	三	一四・〇四七・三九一	二・七六四・〇〇	
宜都	三	五・四四九・〇五五	二・三〇七・六七	
興山	三	六三八・五六一		
秭歸	三	一・〇四七・一八九	三七五・一一	
五峯	三	三一四・二八二		
長陽	三	一・八九六・一一四	四・九六	
恩施	二	三・四九二・五六七		
宣恩	三	八三八・〇〇九	三・七八	
建始	三	二・二七三・九二四		
巴東	二	一・七四九・九〇三	一・四六八・〇一	
鶴峯	三	七一三・五〇三	一・九・二八	

續表

縣別	等級	額徵數（元）	實徵數（元）	備考
利川	三	九九九・一五〇		
咸豐	三	一・三五六・二四一		
來鳳	三	三七八・四〇九		
鄖縣	二	一三・九六四・二九七	三・九〇七・六〇	
均縣	二	五・七五四・八六五	二・五八二・三八	
鄖西	三	五・〇七〇・四二五		
房縣	二	一〇・四八一・五五三		
竹山	三	六・一八二・〇六八	三・三八九・六〇	
竹谿	三	三・三五七・一九八		
合計			九三〇・七三二・〇五	

(附表五) 湖北省各縣十九年度新舊田賦實徵總數一覽表

縣別	等級	額徵數(元)	實徵數(元)	備考
蒲圻	二	六六・六三六・二七一	一八・二〇三・〇八	本表根據省金庫各縣實解數編製（現金及公債支抵解數均包括在內）。十九年度共收七十六萬一百餘元，共計六十八縣，計解庫者五十七縣，全年度全無解款者為鄖縣房縣竹谿建始恩施利川咸豐宣恩鶴峯五峯公安等十一縣合併聲明
武昌	一	一〇四・一九九・八八九	二七・五三七・七六	
漢陽	二	八三・三九九・八八七	五・七五〇・三八	
嘉魚	三	三一・四八三・二五九	二〇・七七・五二	
咸寧	三	四六・七五三・〇五三	二〇・二三五・一九	
通城	三	三九・二五四・三四一	一一・六三三・〇三	
崇陽	三	三二・一四九・四二四	二二・九三三・七四	
大冶	二	五六・四四八・一五八	二九・四八三・六四	
陽新	二	一〇八・四五八・一四六	七八〇・〇三	
鄂城	二	八一・七八七・九四八	三二・九七九・三一	
通山	三	一五・九一・〇三三	一一・七一・五四二	
蘄春	二	一〇〇・五三一・四〇二	三七・八二一・四二	

續表

縣別	等級	額徵數（元）	實徵數（元）	備考
浠水	二	一四五・四〇二・三〇一	五八・六二六・〇二	
黃梅	三	七一・五五五・〇五〇	一九九・二一〇	
廣濟	二	八二・〇四一・四六六	一八・二七四・三二	
羅田	三	三八・三六三・六六七	二〇・五八二・三二	
黃安	二	二九・六七三・八〇	二五二・八〇	
黃岡	一	一四四・五六二・七六三	三五・一一一・八五	
麻城	二	五七・三八六・三七七	三二・一二三・六六	
黃陂	二	六六・八九四・二七二	三一・一一五・一七	
南漳	二	九・三九七・〇二四	八・〇〇	
隨縣	一	四七・八二三・三八〇	三五・七一五・五	
安陸	三	三三・三三六・四七七	二七・二一三・八四	
孝感	二	五四・四五九・二八五	二〇・四六三・六四	

续表

縣別	等級	額徵數（元）	實徵數（元）	備考
雲夢	三	一九·八二四·一五二	五·〇六〇·七一	
應山	三	二七·九二六·三五一	一九·七八六·九九	
應城	三	三三·七四〇·九八一	二六·三六二·七一	
天門	二	一〇二·七七五·〇六五	三三·五二三·二八	
漢川	二	三四·五四〇·一一八	一二·〇八七·八八	
京山	三	五三·五〇〇·八〇四	三·三五三·一七	
鍾祥	一	八三·四五〇·〇〇八	二三·五一〇·八八	
江陵	一	一三二·七九八·〇四二	一八·五六七·六六	
沔陽	一	一二·八九〇·三二五	四·〇四五二·八二	
潛江	三	五二·八五八·九七二	七一一·二八	
荊門	一	一〇二·六四二·六〇一	三五·五六〇·〇〇	
監利	二	六三·二九二·九七〇	二六·八五三·六二	

續表

縣別	等級	額徵數（元）	實徵數（元）	備考
石首	三	三〇・九七〇・八〇二	八四七・六七	
公安	三	二九・七四三・一九八		
枝江	三	一二・三四五・九四一	四九八・六二	
松滋	三	二九・五六六・五〇八	一三・八九七・九三	
襄陽	一	四四・四三一・六三九	九・一一七・九一	
襄陽	二	二一・九五〇・〇二四	一〇・一六六・九七	
宜城	三	一七・三三五・二二三	一・三〇一・九六	
光化	三	二・六二七・九七〇	三・二六三・三二	
穀城	二	一〇・四三五・五一三	二・五七六・六三	
保康	三	一・五四四・六〇三	一・一〇四・六七	
宜昌	一	九・三五七・八七一	四・〇五一・四二	
遠安	三	三・九六〇・三五三	三・五四二・〇六	

續表

縣別	等級	額徵數（元）	實徵數（元）	備考
當陽	三	一四,〇四七・三九一	五,五三六・〇三	
宜都	三	五,四四九・〇五五	一,一八一・四〇二	
興山	三	六八八・五六一	二四〇・〇〇二	
秭歸	三	一,〇四七・一八九	九八・四五	
五峯	三	三,一四二・二八二		
長陽	三	一,八九六・一一四	五二・五四	
恩施	二	三,四九二・五六七		
宣恩	三	八,二八八・〇〇九		
建始	三	三,二七三・九二四		
巴東	三	一,七四九・九〇三	二五六・九三	
鶴峯	三	七,一三三・五〇三		
利川	三	九,九九九・一五〇		

續表

縣別	等級	額徵數（元）	實徵數（元）	備考
咸豐	三	一・三五六・二四一		
來鳳	三	三七八・四〇九	三八・〇四	
鄖縣	二	一三・九六四・二九七	一・二二二・三八	
均縣	二	五・〇七三四・八六五	一七二・二八	
鄖西	三	五・〇七〇・四二五		
房縣	二	一〇・四八一・五五三	五六四・一六	
竹山	三	六・一八二・〇六八		
竹谿	三	三・三五七・一九八		
合計			七六〇・一四五・六五	

(附表六) 湖北省各縣二十年度新舊田賦實徵總數一覽表

縣別	等級	額徵數(元)	實徵數(元)	備考
蒲圻	二	六六・六三六・二一七	三九・二五一・七六二	
武昌	一	一〇四・一九九・八八九	三五・七六三・〇一三	
漢陽	二	八三・三九九・八八七		
嘉魚	三	三一・四六六・二五九	二一・七六一・四五八	
咸寧	三	四六・七五三・〇五三	一四・二五二・三八三	
通城	三	三九・二五四・三四一	三一・六七八・二三〇	
崇陽	三	三一・四九四・四二四	二九・四七七・四三四	
大冶	二	五六・四四八・一五八	二二・〇九八・二七一	
陽新	二	一〇八・四五八・一四六	三〇二・〇〇三	
鄂城	二	八一・七四七・九四八	二六・八四九・一五八	
通山	三	一五・五三九・一〇一二	六・四六六二・三一四	
蘄春	二	一〇〇・五三一・四〇二	四四・六七〇・二〇〇	

續表

縣別	等級	額徵數（元）	實徵數（元）	備考
浠水	二	一四五・四〇二・三〇一	六五・五三六・〇七六	
黃梅	三	七一・五五五・〇五〇	二一・三三三・一九五	
廣濟	二	八二・〇四一・四六八	一五・一八一・六七〇	
羅田	三	三八・三六三・六一七	八・六〇六・六三八	
夏口			一・二一八・四九〇	
黃安	二	三九・六七六・八八〇	一・七五九・〇〇〇	
黃岡	一	一四四・五六二・七六三	三五・五三四・六二二	
麻城	二	五七・三八六・三七七	三〇・五二三・三五七	
黃陂	二	六六・八九四・二七二	三〇・七五二・〇八八	
南漳	二	九・三九七・〇二四	六六・〇〇〇	
隨縣	一	四七・八二三・三八〇	三四・二八四・七八九	
安陸	三	三三・三三六・四七七	三〇・一三八・二三四	

续表

縣別	等級	額徵數（元）	實徵數（元）	備考
孝感	二	五四・四五九・二八五	四七・九四一・六四七	
雲夢	三	一九・八二四・一五二	一一・三六二・六二七	
應山	三	二七・九二六・三五一	二四・四九0・一0八	
應城	三	三三・七四0・九八一	三六・一六一・四八九	
天門	二	一0二・七四五・0八五	四0・九六0・七八六	
漢川	二	三四・五四0・一八八	一一・四四三・0七三	
京山	二	五三・五00・八0四	六一・一一四・三0二	
鍾祥	一	八三・四五0・00八	三三・九一四・三三九	
江陵	一	一二七・七八八・0四二	五一・六八七・五五九	
沔陽	一	一一二・八九0・二一五	一0四・一二九	
潛江	三	五二・五五八・九七二		
荊門	一	一0二・六四八二・六0一	一0・一三三・二三五	

續表

縣別	等級	額徵數（元）	實徵數（元）	備考
監利	二	六三,二九二・九七〇	五二,二七六・七六六	
石首	三	三〇,九〇七・八〇二	七二八・三六二	
公安	三	二九,七四三・一九八	一六,三三五・二〇五	
枝江	三	一二,三六六・九四一	一四,九七八・五二〇	
松滋	二	二九,五六六・五〇八	三五,三二一・〇三二	
襄陽	一	四四,三〇・〇二四	一一,一六〇・二七五	
襄陽	二	二一,九五〇・〇二四	一八,八二三・八七六	
宜城	三	一七,三三五・二二二	一〇,一九六・四二七	
光化	三	一二,六二七・九七〇	三,六七四・五五一	
穀城	二	一〇,四五三・五一五	九,四三一・四五九	
保康	三	一一,五四四・六〇三	六八〇,〇七五	
宜昌	一	九,三五七・八七一	七,〇三五・九五〇	

续表

县别	等级	额征数（元）	实征数（元）	备考
远安	三	三·九六〇·三五三	一·〇八四·五四二	
当阳	三	一四·〇四七·三九一	一四·一九九·六七一	
宜都	三	五·四四九·〇五五	三·二二六·四八五	
兴山	三	六三八·五六一	四〇·七一六	
秭归	三	一·〇四七·一八九	三九二·一一八	
五峯	三	三一四·二八二		
长阳	三	一·八九六·一一四	三三五·七九〇	
恩施	二	三·四九二·三六七	五二五·六七六	
宣恩	三	八三八·〇〇九		
建始	三	二·二七三·九二四	二·〇五五·四二四	
巴东	二	一·七四九·九〇三	一·三五〇·六三五	
鹤峯	三	七一三·五〇三		

續表

縣別	等級	額徵數（元）	實徵數（元）	備考
利川	三	九九九・一五〇		
咸豐	三	一・三五六・二四一		
來鳳	三	三七八・四〇九	四二九・六四七	
鄖縣	二	一三・九六四・二九七	三・〇一九・三〇四	
均縣	二	五・七三四・八六五	五・七九四・四一六	
鄖西	三	五・〇七〇・四二五		
房縣	二	一〇・四八一・五五三		
竹山	三	六・一八二・〇六八		
竹谿	三	三・三五七・一九八		
合計			一・〇二五・七八五・七〇一	

(附表七) 湖北省各縣二十一年度新舊田賦實徵總數一覽表

縣別	等級	額徵數(元)	實徵數(元)	備考
蒲圻	二	六六・六三六・二七一	一九・一六五・七四	
武昌	一	一〇四・一九九・八九九	八一・七二八・六二	
漢陽	二	八三・三九九・八八七	二一・九六六・三五	
嘉魚	三	三一・四六三・二五九	二八・〇三〇・五三	
咸寧	三	四六・七五三・〇五三	六・七八五・九四	
通城	三	三九・二五四・三四一	二五・七六六・一八	
崇陽	三	三一・四九四・四二四	二六・九五九・八四	
大冶	二	五六・四四八・一五八	三九・九一〇・八九	
陽新	二	一〇八・四九五・一四六	三三・二五一・九〇	
鄂城	二	八一・七八七・九四八	四九・八一八・六七	
通山	三	一五・八九一・〇一三	七・五六八・〇六	

續表

縣別	等級	額徵數（元）	實徵數（元）	備考
蘄春	二	一〇〇・五三一・四〇二	五七・九七二・五〇	
浠水	二	一四五・四〇三・三〇一	一〇三・四五八・六一	
黃梅	三	七一・五五五・〇五〇	三一・二六二・〇二	
廣濟	二	八二・〇四一・四六八	四三・〇一八・一三	
羅田	三	三八・三六三・六一七	一八・七四七・三九	
英山	三	三三・六五七・〇八二	九・五五六・五七	
黃安	二	二九・六七六・八八〇	無	
黃岡	一	一四四・五六二・七六三	七三・〇六七・二二	
麻城	二	五七・三八六・三七七	一九・七三二・一六	
黃陂	二	六六・八九四・二七二	三二・九六九・八八	
禮山			一・八〇一・四七	該縣田賦領數未據呈報確數無法查填

续表

縣別	等級	額徵數（元）	實徵數（元）	備考
隨縣	一	四七・八二三・三八〇	五二・四一一・五九	
安陸	三	三三・三三六・四七七	二五・六一四・二六	
孝感	二	五四・四五九・二八五	五七・三一八・五〇	
雲夢	三	一九・八二四・一五二	二二・六三五・八二	
應山	三	二七・九六六・三五一	二七・四八四・九五	
應城	三	三三・七四〇・九八一	二七・二八二・二八	
天門	三	一〇二・七七三・〇六五	六〇・二二八・一二	
漢川	三	三四・五四二・一八八	一一・四九〇・一五	
京山	三	五三・五〇〇・八〇四	三三・四〇三・二一	
鍾祥	一	八三・四五〇・〇〇八	三三・〇七一・七六	
江陵	一	一三七・七八〇・〇四二	七九・九八七・七二	

續表

縣別	等級	額徵數（元）	實徵數（元）	備考
沔陽	一	一二‧八九０‧二一五	一六‧二０四‧二一八	
潛江	三	五二‧五五八‧九七二	三二‧五八三‧三五	
荊門	一	一０二‧六四二‧六０一	七二‧一四四‧三五	
監利	二	六三‧二九二‧九七０	五‧七八０‧五九	
石首	三	三０‧九０七‧八０二	二一‧七七五‧七九	
公安	三	二九‧七四三‧一九八	二０‧一二六‧五二	
枝江	三	一二‧三四五‧九四一	一五‧五九九‧五一	
松滋	二	二九‧五六六‧五０八	二０‧二一九‧二０	
襄陽	一	四四‧０四二‧一六三九	一一‧四四三‧七七	
棗陽	二	二一‧九五０‧０二四	三四‧九一四‧四六	
宜城	三	一七‧二三五‧二二二	一四‧０五六‧九０	

續表

縣別	等級	額徵數（元）	實徵數（元）	備考
光化	二	一二、六二七、九七〇	七、六一九、三三	
穀城	二	一〇、四三五、一五	九、五四七、五五	
南漳	二	九、三九七、〇二四	八、二三九、二四	
保康	三	一、五四四、六〇三	三、二〇五、二二	
宜昌	一	九、三五七、八七一	一七、七二六、七六	
遠安	三	三、九六〇、三五五	六、五〇六、九〇	
當陽	三	一四、〇四七、三九一	一六、二八〇、一六	
宜都	三	五、四四九、〇五五	六、三六四、五三	
興山	三	六三八、五六一	九二三、一四	
秭歸	三	一、〇四七、一八九	一、四一三、四八	
五峯	三	三一四、二八二		該縣月報未據呈送，無法查填

續表

縣別	等級	額徵數（元）	實徵數（元）	備考
長陽	三	一、八九六、一一四	四、〇一四、三八	
恩施	二	三、四九二、五六七	四九一、九七	
宣恩	三	八三八、〇〇九	四四〇、一五	
建始	三	二、二七三、九二四		該縣月報未據呈送，無法查填
巴東	二	一、七四九、九〇三	三、五一三、五四	
鶴峯	三	七一三、五〇三		該縣月報未據呈送，無法查填
利川	三	九九九、一五〇	三、八五七、九四	
咸豐	三	一、三五六、二四一		該縣月報未據呈送，無法查填
來鳳	三	三七八、四〇九	七二、五九	
鄖縣	二	一三、九六六、三九七	六、五二五、五七	
均縣	二	五、七三四、八六五	四、〇四六、二二	

續表

縣別	等級	額徵數（元）	實徵數（元）	備考
鄖西	三	五・〇七〇・四二五		該縣月報未據呈送，無法查填
房縣	二	一〇・四八一・五五三	一〇・六一一・〇八	
竹山	三	六・一八二・〇六六		該縣月報未據呈送，無法查填
竹谿	三	三・三五七・九一八	三・〇二四・五一	
合計		二・六八九・七一一・四七七	一・五二三・一七九・三八	

（附表八）湖北省各縣二十二年度新舊田賦實徵總數一覽表

縣別	等級	額徵數（元）	實徵數（元）	備考
蒲圻	二	六六・六二六・三二七	三四・七一一・三八	
武昌	一	一〇四・〇九九・八八九	七〇・二七三・〇六	
漢陽	二	八三・三九九・八八七	三四・一七七・〇八	

续表

縣別	等級	額徵數（元）	實徵數（元）	備考
嘉魚	三	三一・四六八・二五九	二五・六九一・九一	
咸寧	三	四六・七五三・〇五三	一八・三二二・七二	
通城	三	三九・二五四・三四一	二七・九一三・七九	
崇陽	三	三一・四九四・四二四	三二・七六五・〇〇	
大冶	二	五六・四四八・一五八	三三・九七二・五一	
陽新	二	一〇八・四五七・一四六	二八・六二一・五七	
鄂城	二	八一・七八七・九四八	三一・八二八・九七	
通山	三	一五・九三一・〇二三	一一・四一一・二五	
蘄春	二	一〇〇・五三一・四〇二	五五・七五一・七八	
浠水	二	一四五・四〇二・三〇一	七七・一九二・二六	
黃梅	三	七一・五五五・〇五〇	二七・四四四・三〇	

续表

縣別	等級	額徵數（元）	實徵數（元）	備考
廣濟	二	八二・〇四一・四六八	四三・四二四・二八	
羅田	三	三八・三六三・六一七	二五・〇七二・八三	
英山	三	三三・六五七・〇八二	一一・一〇七・九八	
黃安	二	二九・六七六・八八〇		該縣月報未據呈送，無法查填
黃岡	一	一四四・五六二・七六三	四五・二三六・八五	
麻城	二	五七・三八六・三七七	二七・二六九・四三	
黃陂	二	六六・八九四・二七三	三三・九四六・二八	
禮山			九・二三五・一一三	該縣田賦額數未據呈報，確數無法查填
隨縣	一	四七・八二三・三八〇	四〇・四三三・八二	
安陸	三	三三・三三六・四七七	二六・九四一・三七	
孝感	二	五四・四九三・二八五	五三・〇八三・七八	

續表

縣別	等級	額徵數（元）	實徵數（元）	備考
雲夢	三	一九,八二四,一五二	二二,六七四,三四	
應山	三	二七,九二六,三五一	二四,六八四,六三	
應城	三	三三,七四〇,九八一	三一,九〇六,二二	
天門	二	一〇二,七七五,〇六五	一四一,八四八,九四	
漢川	二	三四,五四一,一八八	二七,五八六,八二	
京山	二	五三,五〇〇,八〇八	三四,二一一,二二	
鍾祥	一	八三,四五〇,〇〇八	五五,三六五,五七	
江陵	一	一三七,七八八,一〇四二	八四,三九〇,二七	
沔陽	一	一一二,八九〇,二一五	六一,四七九,一七	
潛江	三	五二,八五八,九七二	三九,六〇六,七六	
荊門	一	一〇三,六四二,六〇二	九一,五六三,五八	

續表

縣別	等級	額徵數（元）	實徵數（元）	備考
監利	二	六三，二九二·九七〇	六·五〇五·九九	
石首	三	三〇·九〇七·八〇二	二五·七七七·三六	
公安	三	二九·七四三·一九八	三三·九九五·〇二	
枝江	三	一二·三四五·九四一	一〇·一二三·八六	
松滋	二	二九·五六六·五〇八	三〇·三三九·五二	
襄陽	一	四四·四三一·六三九	一六·四四〇·七五	
襄陽	二	二一·九五〇·〇二四	二二·八一六·二八	
宜城	三	一七·三三五·二二二	一六·八一五·八五	
光化	三	一二·六二七·九七〇	九·三九〇·三一	
穀城	二	一〇·四三五·五一五	七·八八一·九六	
南漳	二	九·三九七·〇二四	八·二八一·二四	

續表

縣別	等級	額徵數（元）	實徵數（元）	備考
保康	三	一,五四四·六〇三	五,三五五·二八	
宜昌	一	九,三五七·八七一	九,六五五二·五七	
遠安	三	三,九六〇·三五三	三,二九〇·一五	
當陽	三	一四,〇四七·三九一	一四,七八三·一五	
宜都	二	五,四四九·〇五五	七,三三〇·三三	
興山	三	六三八·五六一	一,四〇二·七一	
秭歸	三	一,〇四七·一八九	二,六三四·一一	
五峯	三	三,一四七·二八二	四,六八一·三四	
長陽	三	一,八九六·一一四	五,三一七·四二	
恩施	二	三,四九二·五六七	五,〇六九·二四	
宣恩	三	八三八,〇〇九	六,八八·七七	

續表

縣別	等級	額徵數（元）	實徵數（元）	備考
建始	三	二‧二七三‧九二四	三‧七四四‧二一	
巴東	二	一‧七四九‧九〇三	一三‧九八五‧八三	
鶴峯	三	七‧一三三‧五〇三		該縣月報表未據呈送，無法查填
利川	三	九九九‧一五〇	一‧六五三‧八三	
咸豐	三	一‧三五六‧二四一		該縣月報表未據呈送，無法查填
來鳳	三	三七八‧四〇九	二四一‧四八	
鄖縣	二	一三‧九六四‧二九七	一四‧一三〇‧四二	
均縣	二	五‧七三四‧八六五	七‧三三三‧三三	
鄖西	三	五‧〇七〇‧四三五	一‧四一四‧一一	
房縣	二	一〇‧四八一‧五五三	七‧〇〇四‧一七	
竹山	三	六‧一八二‧〇六八	四‧四四一‧〇五	

續表

縣別	等級	額徵數（元）	實徵數（元）	備考
竹谿	三	三,三五七.一九八	五,五三二.三七	
合計		二,六八九.七一一.四七七	一,七二二,七二一.九四四	

(附表九) 湖北省各縣二十三年度新舊田賦實徵數一覽表

縣別	等級	額徵數（元）	實徵數（元）	備考
蒲圻	二	六六,六三二.三七一	一七,二二六.三三	
武昌	一	一〇四.一九九.八九九	三二,七二五.五一	
漢陽	二	八三,三九九.八八七	一一,三四三.七	
嘉魚	三	三一,四六八.二五九	一八,四二六.八九	
咸寧	三	四六,七五三.〇五三	五,一一四.七二	
通城	三	三九,二三四.三四一	三二,一四一.一八	

續表

縣別	等級	額徵數（元）	實徵數（元）	備考
崇陽	三	三一・四九四・四二四	一六・二三九・九四	
大冶	二	五六・四八四・一五八	一六・二二一・八二	
陽新	二	一〇八・四五八・一四六	三・九七三・七三	
鄂城	二	八一・七八七・九四八	一七・四九八・三五	
通山	三	一五・五九一・〇一三	一・四五四・五四	
蘄春	二	一〇〇・五三一・四〇二	五三・六三〇・〇五	
浠水	二	一四〇・五二一・三〇一	三〇・八九〇・六六	
黄梅	三	七一・五五九・〇五〇	二一・〇二九・二二	
廣濟	二	八二・〇四一・四六八	二七・二三八・二一	
羅田	三	三八・三三三・六一七	一四・六五五・七八	
英山	三	三三・六五七・〇八二	九・一六九・八一	

續表

縣別	等級	額徵數（元）	實徵數（元）	備考
黃安	二	二九・六七六・八八〇	七・二三	
黃岡	一	一四四・五六二・七八三	三三・〇一六・六六	
麻城	二	五七・三八六・三七七	一八・四九五・九四	
黃陂	二	六六・八四九・二七二	一一・四〇五・八〇	
禮山	二		八・八七六・四〇	該縣田賦額數未據呈報，確數無法查填
隨縣	一	四七・八二三・三八〇	五五・四三・九三	
安陸	三	三三・三三六・四七七	一八・一九九・七三	
孝感	二	五四・四五九・二八五	三五・四〇五・一八	
雲夢	三	一九・八二四・一五二	一九・八二二・二二	
應山	三	二七・九二六・三五一	二五・四一六・八七	
應城	三	三三・七四〇・九八一	二八・四二四・九一	

續表

縣別	等級	額徵數（元）	實徵數（元）	備考
天門	三	一〇二・七七五・〇六五	六八・〇五〇・二二	
漢川	三	三四・五四一・一八八	二六・七六二・〇九	
京山	二	五三・五〇〇・八〇四	四四・八七一・九〇	
鍾祥	一	八三・四五〇・〇〇八	四一・四九九・七〇	
江陵	一	一三七・七八八・〇四二	七七・三七七・三九	
沔陽	一	一一三・八九〇・三一五	四八・三五一・四四	
潛江	三	五二・五五八・九七二	二八・四〇一・五七	
荊門	一	一〇三・六四七・六〇一	七九・七二七・七九	
監利	二	六三・二九二・九七〇	五二・〇四三・三八	
石首	三	三〇・九〇七・八〇二	二〇・二〇〇・六一	
公安	三	二九・七四三・一九八	二八・九二七・七七	

續表

縣別	等級	額徵數（元）	實徵數（元）	備考
枝江	三	一二,三四五・九四一	二〇,五九四・二四	
松滋	二	二九,五六六・五〇八	二一,一六六・〇六	
襄陽	一	四四,二一・六三九	三二,一六五・五三	
襄陽	二	二一,九五〇・〇二四	一八,三三五・二九	
宜城	三	一七,三三五・二二三	一三,八二〇・八〇	
光化	三	一二,六二七・九七〇	一二,一七三・二一	
穀城	二	一〇,四五二・五一五	一五,二八七・八八	
南漳	二	九,三九七・〇二四	一四,三四五・八八	
保康	三	一,五四四・六〇三	七,一二四・二五	
宜昌	一	九,三七二・八七一	八,四七五・五〇	
遠安	三	三,九六〇・三五三	四,九二九・六六	

续表

县别	等级	额征数（元）	实征数（元）	备考
当阳	三	一四・〇四七・三九一	一四・二五八・七八	
宜都	三	五・四四九・〇五五	六・三九二・七九	
兴山	三	六二八・五六	一・二五八・四四	
秭归	三	一・〇四七・一八九	三・六八七・七六	
五峯	三	三一四・二八二	一・四〇八・九〇	
长阳	三	一・八九六・一一四	七・〇七九・三七	
恩施	二	三・四九二・五六七	一四・四八四・五四	
宣恩	三	八三八・〇〇九	五・八〇一・〇〇	
建始	三	二・二七三・九二四	一二・四三九・四四	
鹤峯	三	七一三・五〇三	三一一五・六九	
利川	三	九九九・一五〇	四・一九二・六六	

續表

縣列	等級	額徵數（元）	實徵數（元）	備考
咸豐	三	一.三六.二四一	八五五.一六	
來鳳	三	三七八.四〇九	八二七.五五	
鄖縣	二	一三.九六四.二九七	一八.四七六.八八	
均縣	二	五.七三四.八六五	二.一四七.二七	
鄖西	三	五.〇七〇.四二五	一三.四〇六.五〇	
房縣	二	一〇.四八一.五五三	一三.〇二六.〇七	
竹山	三	六.一八二.〇六八	一一.九五六.四九	
竹谿	三	三.一三五七.一九八	八.七二九.六八	
巴東	二	一.七四九.九〇三	一.四七.一三	
合計		三.六八九.七一一.四七七	一.四〇三.二〇三.八六	

（附表十）湖北省各縣二十四年度新舊田賦實徵總數一覽表

縣別	等級	額徵數（元）	實徵數（元）	備考
蒲圻	二	六九・五八〇・八五〇	三九・一九九・一八	
武昌	一	一〇八・六九三・五二〇	六一・四四五・〇〇	
漢陽	二	七七・四〇〇・〇〇〇	八・四五七・七四	
嘉魚	三	三一・六〇七・三五〇	二六・四一八・四〇	
咸寧	三	五二・一八四・三〇〇	二八・九三九・一七	
通城	三	三九・二五四・三八〇	四一・八七〇・九四	
崇陽	三	三五・〇〇二・一〇〇	一八・八八六・六三	
大冶	二	六一・〇一〇・八八〇	三七・八一三・六〇	
陽新	二	一〇六・〇八八・三五六	四一・九三一・四九	
鄂城	二	八五・五九五・一七〇	四九・九八〇・〇七	
通山	三	一六・九六八・八六〇	一五・八七七・四五	
蘄春	二	一〇四・五五五・〇八四	五一・二九二・三六	

續表

縣別	等級	額徵數（元）	實徵數（元）	備考
浠水	二	一五五・二九九・六七〇	三三・五七八・七七	
黃梅	三	七八・二六六・九一〇	三二・四三〇・六一	
廣濟	二	八四・三一四・八九〇	四九・一八八・六七	
羅田	三	三八・七三三・二八〇	一七・九三三・四一	
英山	三	三二・一〇七四・五七六	一四・三二〇・〇六	
黃安	二	二九・六八〇・〇〇〇	七・七七四・八六	
黃岡	一	一四六・一七一・八八〇	四六・三六一・一六	
麻城	二	五八・八〇四・六四〇	三一・七〇三・九〇	
黃陂	二	六八・八六二・六九五	三七・六九八・五五	
禮山	二	一五・〇八〇・二六六	七・七四二・一六	
隨縣	一	七三・〇八九・七五九	四〇・九二七・二〇	
安陸	三	二九・〇六三・四二〇	一四・五五五・六二	

續表

縣別	等級	額徵數（元）	實徵數（元）	備考
孝感	二	六七·四〇三·五七〇	三九·一一〇·九九	
雲夢	三	二一·九四八·一七〇	一七·八八九·六二	
應山	三	三八·一六七·〇二〇	一一·五六六·〇七	
應城	三	四六·一〇〇·一一〇	二九·九四四·四	
天門	二	一三一·八六一·八六〇	三九·三四八·一四	
漢川	二	四四·三四三·九三六	八·九三五·四五	
京山	二	六〇·六六四三·二〇〇	二五·四〇七·五	
鍾祥	一	一〇三·〇五八·四八〇	四七·五七八·八九	
江陵	一	一七一·四六一·二六	三八·一二三·二八	
沔陽	一	一三六·二三九二·五〇〇	四六·五八〇·五五	
潛江	三	五二·九一·五一〇	二七·五八二·一一	
荊門	一	一一二·七九·〇八〇	七一·三〇一·九三	

續表

縣別	等級	額徵數（元）	實徵數（元）	備考
監利	二	六二・五四五・一〇九	二四・九二九・〇七一	
石首	三	三八・五一一・九八九	九・八八六・五九	
公安	三	四五・一六七・九九〇	二八・四四五・〇八	
枝江	三	二七・五一九・二五五	一七・一六一・六六	
松滋	二	三〇・〇一〇・六六〇	一四・六六四・四〇	
襄陽	一	八六・四〇三・六八〇	二三・三一七・四七	
棗陽	二	三四・一一八・一〇〇	三四・〇八六・四一	
宜城	三	一二三・八六四・七四〇	九・一二六・九〇	
光化	三	二六・七四四・八一七	一二・一一四・二二	
穀城	二	一九・七九〇・一六六	九・三〇九・二三	
南漳	二	一四・四七八・一二〇	一二・五一〇・五三	
保康	三	九・七二二・八五〇	六・八二八・七七	

續表

縣別	等級	額徵數（元）	實徵數（元）	備考
宜昌	一	二一・六〇九・〇三〇	九・五八九・二二	
遠安	三	七・四三二・八二〇	五・〇一三・八〇	
當陽	三	二八・二五三・九三〇	一八・三五四・四八	
宜都	三	一五・四〇七・三三三	一二・三二二・六五	
興山	三	二・三四六・八四〇	一一・八四一・一七	
秭歸	三	四・九五一・三七〇	五・〇九三・九三	
五峯	三	二・一六五・一一八	二・二〇四・四四	
長陽	三	六・六二五・三八〇	六・三五八・八四	
恩施	二	二四・四五六・八〇〇	二二・〇四一・六七	
宣恩	三	二〇・〇〇〇・〇〇〇	一九・六六三・二二	
建始	三	二八・四二〇・〇〇〇	一一・六八九・一一	
巴東	三	一九・三〇〇・〇〇〇	九・八一八・九四	

續表

縣別	等級	額徵數（元）	實徵數（元）	備考
鶴峯	三	八,八〇〇.〇〇〇	三.六九六.二〇	
利川	三	二〇.一七四.四〇〇	一三.七五三.六四	
咸豐	三	二〇.〇〇〇.〇〇〇	一二.四八九.一八	
來鳳	三	一二.八〇〇.〇〇〇	五.五五一.一三	
鄖縣	二	三六.〇〇〇.〇〇〇	二七.八五六.五四	
均縣	二	二七.八六六.二二四	二二.六四一.五二	
鄖西	三	二四.〇〇〇.〇〇〇	一六.三五〇.七八	
房縣	二	三三.三一〇.一七六	一四.三五二.一一	
竹山	三	一五.八三六.一五〇	一四.一二〇.六〇	
竹谿	三	一八.〇〇〇.〇〇〇	一一.八五六.五一	
合計		三.三三九.八七六.六二八	一.六三一.〇九三.六八	

614　湖北財政史略

(附表十一) 湖北省各縣二十五年度新舊田賦額徵實徵總數一覽表

縣別	等級	本年度應徵新舊賦總額（元）	本年度徵起新賦（元）	本年度徵起舊賦（元）	本年度徵起新舊賦總計（元）	備考
蒲圻	二	八九‧八三O‧一三	三二‧九六七‧九O	二一‧六五一‧八六	五四‧六一九‧七六	
武昌	一	一四七‧八七O‧三五	四一‧九八八‧六四	六九‧七四六‧七六	一一一‧七三二‧四O	
漢陽	二	一一O‧九OO‧OO	三三‧O三二‧一七	二O‧四七二‧八八	五三‧五O五‧O五	
嘉魚	三	五五‧二一四‧二一	二三‧九八二‧一四	一五‧一O九‧四四	三九‧O九一‧二八	
咸寧	三	七九‧六八九‧二O	一五‧九O二‧三二	二八‧O五六‧三五	四三‧九七六‧六七	
通城	三	四九‧五二四‧一二	三四‧一O一‧一四	五‧七O七‧六六	三九‧八O八‧八O	
崇陽	三	四九‧五O二‧一五	一六‧六七O‧一六	一一‧七三四‧七三	二七‧四O四‧九二	
陽新	二	一一六‧三四一‧六二	五四‧三七七‧六三	八‧四五二‧O五	六二‧八二九‧六七	
大冶	二	八八‧八二三‧O二	三六‧四七六‧五七	一六‧一四七‧六三	五二‧六二四‧一八	
鄂城	二	一三五‧一九七‧六六	三四‧七一二‧一三	四七‧二四三‧八五	八一‧九五六‧九八	
通山	三	二五‧九O五‧七七	一六‧五八九‧一一	三一‧一九O‧六九	一九‧七七九‧八O	

續表

縣別	等級	本年度應徵新舊賦總額（元）	本年度徵起新賦（元）	本年度徵起舊賦（元）	本年度徵起新舊賦總計（元）	備考
蘄春	二	一七六・二六一・六五	一五・四〇八・七七	六二・八六六・六四	七八・二七五・四一	
浠水	二	二〇七・五二一・二〇	九三・八三五・三五	三八・九五三・七五	一三二・七八九・一〇	
黃梅	三	一二二・六四三・五七	二九・八九五・五一	四五・一六七・四五	七四・七六一・九六	
廣濟	二	一一六・八五八・六四	六一・九七四・一二	二七・四八九・三一	八九・四六三・四四	
羅田	三	五三・五七四・九四	三三・八三八・八六	一四・七六六・七九	四八・六〇五・六五	
英山	三	三三・〇七四・五八	九・九九五・五四	一五・七九六・一六	二五・七九一・七〇	
黃安	二	三四〇・〇八〇・〇〇	八・七九八・九四	八・四八二・三三	一七・二八一・二七	
黃岡	一	二〇四・九八四・一七	五〇・四五七・六六	二七・六四〇・六八	七八・〇九八・三四	
麻城	二	八五・二七六・九〇	二七・三三六・八八	三二・〇〇一・六四	五九・三三八・五二	
黃陂	二	一〇〇・四九三・六六	二二・七五〇・七五	二四・三二二・一七	四七・〇七二・九二	
禮山		二四・四三四・八七	八・九〇四・九七	九・八一四・〇三	一八・七一九・〇〇	

續表

縣別	等級	本年度應徵新舊賦總額（元）	本年度徵起新賦（元）	本年度徵起舊賦（元）	本年度徵起新舊賦總計（元）	備考
安陸	三	三八・九七九・七三	二三・五七七・七七	九・五三九・七五	三三・一一七・五二	
孝感	二	九一・二八九・六九	六〇・四九六・二六	一七・六二二・〇六	七八・一一八・三二	
應山	三	六二・七〇八・七八	三二・一一九・六三	一一・五八二・九二	三六・七二九・八三	
雲夢	三	四四・五六四・七八	二三・三七二・六〇	三・四六二・一九	二六・八三四・五一	
應城	三	五五・五四四・八四	二六・四一九・三三	一一・四七〇・四四	三七・五八九・三七	
隨縣	一	一〇九・二一二・五〇	七五・四二九・六五	二四・八七九・〇一	一〇〇・三〇八・六六	
天門	二	一八八・七七九・七五	一一〇・一一九・三六	五六・六七・八六	一一〇・七六一・四八	
漢川	二	六〇・五〇〇・四五	四〇・二二〇・五六	二一・一四五・八六	四二・二三六・四二	
沔陽	一	一九一・九四六・一四	八九・一八〇・三四	五・六七五・九一	九四・八五六・二五	
京山	二	八三・七九〇・〇五	四二・九九四・一七	七・七三二・七七	五〇・九二六・九四	
鍾祥	一	一四七・五〇八・七四	七八・四四六・五八	一二・六三七・一七	九一・〇八三・七五	

續表

縣別	等級	本年度應徵新舊賦總額（元）	本年度徵起新賦（元）	本年度徵起舊賦（元）	本年度徵起新舊賦總計（元）	備考
潛江	三	七三・二〇〇・一三	三四・六五六・七二	一八・七〇四・九七	五三・三六一・六九	
江陵	一	二六七・五二七・六三	一〇三・八九四・四七	三五・一〇〇・一五	一三八・九九四・六二	
荊門	一	一四七・八六三・八八	五八・二一〇・九一	一四・〇六四・五〇	七二・二七五・四一	
監利	二	八四・九六八・五三	七〇・〇八〇・七五	九・四八九・六四	七九・五七〇・三九	
石首	三	五一・九八五・五三	三五・六八七・六六	五・四七八・八二	四一・〇八五・四八	
公安	三	七四・三九五・五六	五九・八四八・六九	七・六三五・四〇	六七・四八四・〇九	
枝江	三	四〇・九五八・八四	二七・八二二・三三	一三・九七五・七八	四一・七九八・一一	
松滋	二	七二・四六六・一二	六〇・九五一・一九	三・三一六・三一	六四・八八八・五〇	
襄陽	一	二一・〇〇一・七六	一三・七〇四・七一	二・一六二・五九	一五・八六七・三〇	
棗陽	二	五五・四九〇・八〇	二九・五六三・七二	九・九五二・六四	三九・五一六・三六	
宜城	三	三八・二九〇・七八	二四・八五三・四〇	一・五四七・二五	二六・四〇〇・六五	

續表

縣別	等級	本年度應徵新舊賦總額（元）	本年度徵起新賦（元）	本年度徵起舊賦（元）	本年度徵起新舊賦總計（元）	備考
光化	三	四八・一九八・九九	三四・一八五・一一	三・一二八・三九	三七・三一三・五〇	
穀城	二	四〇・二八二・八六	三五・四八九・九九	七・九三〇・二九	四三・四二〇・二八	
南漳	二	二九・一三〇・二〇	一七・四六六・三四	四・八〇七・四一	二二・二七七・七五	
保康	三	一三・六七九・四二	七・五五七・八三	二・九八三・五〇	一〇・三四一・三三	
宜昌	一	四一・一〇五・〇五	六・六六六・四四	一一・〇八三・一七	二九・七五三・六八	
遠安	三	一三・二八八・五五	九・九七二・八六	一・五六二・八六	一一・五三五・六八	
當陽	三	三〇・〇〇五・一〇	一九・九八八・八八	三・五三六・三七	二三・五二五・二六	
宜都	三	三三・九三八・〇七	二三・七七四・四六		三三・七四三・四五	
興山	三	四・八八三・六六	四・一六一・七六	一・二八〇・〇九	四・二八九・八五	
秭歸	三	一二・三九六・九六	八・八七二・二三	二・四七三・七〇	一一・三四五・九三	
長陽	三	一〇・一六一・七二	八・八四三・八二		八・八四三・八三	

續表

縣別	等級	本年度應徵新舊賦總額（元）	本年度徵起新賦（元）	本年度徵起舊賦（元）	本年度徵起新舊賦總計（元）	備考
巴東	二	二六,六〇〇.〇〇	一七,七九八.八〇	七,四七八.三五	二五,二七七.一五	
恩施	二	三一,〇〇六.〇〇	二一,二九五.五三	四,三八八.九八	二五,六八〇.五一	
宣恩	三	二七,〇〇〇.〇〇	一〇,二三五.六九	八,一八〇.一〇	一八,四一五.七九	
建始	三	三二,七五〇.〇〇	三七,四二九.〇四	二,二四一.六八	三九,六七〇.七二	
五峯	三	三一,〇六六.〇六	二,五四五.〇三	七,五五.〇二	三,二六〇.〇五	
鶴峯	三	一〇,四〇〇.〇〇	一,七二〇.一七	五,七六七.一四	七,四八七.三一	
利川	三	三六,五三六.八〇	一二,八七七.六四	四,八〇七.五七	一七,六八五.二一	
咸豐	三	三二,〇〇〇.〇〇	三,一二七.七五	四,二二七.四〇	一六,三五七.一五	
來鳳	三	二一,七三六.〇〇		六,六六二.七九	一三,九四八.三七	
鄖縣	二	四九,〇〇〇.〇〇	三三,六三八.九九	八,九二六.七八	二〇,三〇一.七八	
均縣	二	三八,六四六.二四	二九,六八五.三六	八,九二六.七八	三八,六二一.一四	

續表

縣別	等級	本年度應徵起新舊賦總額（元）	本年度徵起新賦（元）	本年度徵起舊賦（元）	本年度起徵新舊賦總計（元）	備考
鄖西	三	三〇,〇〇〇·〇〇	一八,八四八·六二	三,四三二·〇八	二二,二八〇·七〇	
房縣	二	四二,八六一·八七	一三,四八六·九二	八,九八七·八一	二二,四七四·七三	
竹山	三	一八,一五八·八二	一二,四一八·八七	九四二·八〇	一四,三六一·六七	
竹谿	三	二六,〇〇〇·〇〇	一二,二八四·四二	五,七〇八·五一	一七,九九二·九三	
合計		四,九八四,九一六·二一			三,二六九,七一八·五八	

附記

一、本表徵起新賦係徵獲二十五年田賦正稅數目，內各縣有在六月份以前啓徵二十六年田賦者，其徵數併入新賦計算

一、各縣本年度徵起新舊田賦總額除大冶縣二十六年六月份徵數未據呈報尚未列入外，共計爲三百二十六萬九千七百一十八元五角八分

附錄　四年來整理鄂省財政經過情形

（附表十二）湖北省二十二年度營業稅收數盈絀比較表

徵收機關	額徵數（元）	實徵數（元）	比較 盈	比較 絀	備考
漢口區營業稅局	二二一七、六〇〇・〇〇	一、九五二、八八六・四四		二六四、七一三・五六	短收一成以上
武昌區營業稅局	三〇八、六三三・〇〇	二七五、三〇二・二四		三三、三三〇・七六	同上
沙市區營業稅局	二五八、〇二〇・〇〇	二三一、九五五・一四		二六、〇六四・八六	同上
武穴區營業稅局	一二〇、八四〇・〇〇	一一三、七二一・三八		七、一一八・六二	短收不及一成
宜昌區營業稅局	一七五、一二〇・〇〇	一三六、七四三・九六		三八、三七六・〇四	短收二成以上
老河口區營業稅局	一七二、五一〇・〇〇	一六二、五九九・九九		一〇、九一〇・〇一	短收不及一成
岳口區營業稅局	一六八、八二〇・〇〇	一三〇、二七〇・〇八		三八、五四九・九二	短收二成以上
團鳳區營業稅局	一二四、六九〇・〇〇	一〇九、二六九・〇三		一五、四二〇・九七	短收一成以上
廣水區營業稅局	一二二、八一〇・〇〇	九四、三八八・五五		二八、四二一・四五	短收二成以上
羊樓峒區營業稅局	一一五、七一〇・〇〇	八三、二八〇・四六		三二、三三二・五四	同上
合計	三、七九三、七四三・〇〇	三、二九〇、四五三・二七		五〇三、二八九・七三	短收一成以上
興山縣		三、一八四・六三			以下兼辦營業稅，共廿縣尚未核定比額

续表

征收机关	额征数（元）	实征数（元）	比较		备考
			盈	绌	
五峯縣		二、二八九、八五			
巴東縣		三、八一一、一二			
宣恩縣		一、八一三、〇〇			
房縣		六、〇四一、〇〇			
遠安縣		三、九五八、五七			
竹谿縣		一、八〇九、四〇			
竹山縣		三、三九四、九八			
保康縣		六、三三一、〇八			
鶴峯縣		四、二六〇、〇〇			
恩施縣		一、九六〇、九六			
鄖西縣		四、〇一八、四〇			
長陽縣		五、一一八、四五〇			
建始縣					

續表

征收機關	額徵數（元）	實徵數（元）	比較 盈	比較 絀	備考
咸豐縣		一八五•二〇			
來鳳縣		八一〇•三三			
利川縣		三•五二四•二〇			
秭歸縣		六九四•六〇			
英山縣		四•四七五•四〇			
禮山縣		五六•三八七•二一			
合計					
總計	三•七九五•七四三•〇〇	三•三四六•八四〇•四八		四四八•九〇二•五二	總計短收一成以上

說明

一、表列各局額徵數及實徵數除漢口區營業稅及屠牙當等稅僅列營業稅一項外，其餘各局係將所辦營業稅及屠牙當等稅併計在內

一、表列興山縣以下二十縣營業稅係由各該縣政府兼辦，在二十二年度內各該縣營業稅多未開辦，故無從核定比額，至所列收數仍係將營屠牙當等稅合計併在內

（附表十三）湖北省二十三年度營業稅收數盈絀比較表

征收機關	額徵數（元）	實徵數（元）	比較 盈	比較 絀	備考
漢口區營業稅局	一二二・一七六・〇〇・〇〇	一・八〇三・〇〇〇・〇〇		四一四・六〇〇・〇〇	短收一成以上
武昌區營業稅局	三〇八・六二三・〇〇	二三三・七三五・五四		七四・八八七・四六	短收二成以上
沙市區營業稅局	二六六・七八〇・〇〇	二四一・七五四・一〇		二五・〇二五・九〇	短收不及一成
武穴區營業稅局	一二七・一六〇・〇〇	八四・八六三・三二		四二・三四三・六八	短收三成以上
宜昌區營業稅局	一八六・四〇〇・〇〇	一五四・六〇三・〇一		三一・七三九・九一	短收一成以上
老河口區營業稅局	一七四・一一〇・〇〇	一六六・八一八・五〇四		一二・一一九・四六	短收不及一成
岳口區營業稅局	一四一・二五〇・〇〇	九一・七一九・一八		四九・五三〇・八二	短收二成以上
團風區營業稅局	一二九・一七〇・〇〇	九五・三四一・三四		三三・八二八・六六	短收二成以上
廣水區營業稅局	一二一・四三〇・〇〇	六六・六九八・七五		五五・七三一・二五	短收四成以上
羊樓峒區營業稅局	三・八五三・四六三・〇〇	三・〇六五・五三九・七三		七八七・九二三・二七	合計短收二成以上
合計					以下兼辦營業稅，共廿縣尚未核定比額
興山縣		三・七一九・五七			

續表

征收機關	額徵數（元）	實徵數（元）	比較		備考
			盈	絀	
五峯縣		三・三五三・四〇			
巴東縣		六・六一四・三一			
宣恩縣		四・九四三・二〇			
房縣		六・八五四・四〇			
遠安縣		七・七七二・四〇			
竹谿縣		三・五四七・八三			
竹山縣		三・六四三・二八			
保康縣		九・四三六・二八			
鶴峯縣		三・九八八・八〇			
恩施縣		一一・一〇四・二〇			
鄖西縣		三・二七一・四〇			
長陽縣		九・二九六・七七			
建始縣		六・一二六・四〇			

续表

征收機關	額徵數（元）	實徵數（元）	比較 盈	比較 絀	備考
咸豐縣		二三三・六〇			
來鳳縣		二〇八三・二〇			
利川縣		二・四五四・七八			
秭歸縣		三・六三二・五四			
英山縣		一・三〇九・六〇			
禮山縣		六・九三三・七六			
合計		九九・三〇七・四四			
武陽漢菸酒牌照稅稽徵處	六九・三〇〇・〇〇	六一・一八三・五〇		八・一一六・五〇	短收一成以上
總計	三・九二二・七六三・〇〇	三・二二六・〇三〇・六七		六九六・七三二・三三	總計短收一成以上

說明

查本年度額徵數及實徵數，增加菸酒牌照稅收入一項

（附表十四）湖北省二十四年度營業稅收數盈絀比較表

征收機關	額徵數（元）	實徵數（元）	比較 盈	比較 絀	備考
漢口區營業稅局	二〇八六,八〇〇・〇〇	一,六八九・〇九五・四七		三九七・七〇四・五三	短收一成以上
武昌區營業稅局	二九〇,〇〇〇・〇〇	一八〇・八三三・四二		一〇九・一六六・五八	短收三成以上
沙市區營業稅局	二五四,一六〇・〇〇	一九七・二四四・九四		五六・九一五・〇六	短收二成以上
武穴區營業稅局	一二八,一二〇・〇〇	一〇一・五四八・〇二		二六・五七一・九八	短收二成以上
宜昌區營業稅局	一六九,三八〇・〇〇	一五二・一二〇・六二		八・三五九・三八	短收不及一成
老河口區營業稅局	一七九,九〇〇・〇〇	一四六・九五八・七六		三二・九四一・二四	短收一成以上
岳口區營業稅局	一四四,六二〇・〇〇	九二・五三八・五五		五二・〇八一・四五	短收三成以上
團風區營業稅局	一二三,二三〇・〇〇	八九・一一五・三六		三四・一〇四・七四	短收二成以上
廣水區營業稅局	一〇八,六〇・〇〇	八五・八八一・九九		二四・九七八・〇一	短收二成以上
羊樓峒區營業稅局	九五,九二〇・〇〇	六四・八四四・八一		三一・〇七五・一九	短收三成以上
合計	三,五七四,〇二〇・〇〇	三・八〇〇・二二一・七四		七七三・七九八・二六	合計短收二成以上

续表

征收機關	額徵數（元）	實徵數（元）	比較 盈	比較 絀	備考
興山縣	三,〇四〇·〇〇	三,三二九·〇三	二八九·〇三		盈收不及一成
五峯縣	二,九〇〇·〇〇	二,三七六·三〇		五二三·七〇	短收一成以上
巴東縣	五,二七〇·〇〇	四,七五三·四四		五一六·五六	短收不及一成
宣恩縣	四,八五六·〇〇	四,二二八·六〇		三,六二七·四〇	短收五成以上
房縣	六,八六〇·〇〇	四,三二六·八〇		二,五四三·二〇	短收三成以上
遠安縣	五,八八〇·〇〇	五,四一八·〇〇		四六二·〇〇	短收不及一成
竹谿縣	五,四六七·〇〇	四,〇五六·一八		一,三八〇·八二	短收二成以上
竹山縣	五,三一〇·三五	二,九一七·〇五		二,三九七·四五	短收四成以上
保康縣	一〇,五七〇·〇〇	三,八一〇·〇〇		六,七六〇·〇〇	短收六成以上
鶴峯縣	三,二二〇·〇〇	一,九四三·二〇		一,二七六·八〇	短收四成以上

附錄　四年來整理鄂省財政經過情形

續表

征收機關	額徵數（元）	實徵數（元）	比較 盈	比較 絀	備考
恩施縣	一二,一八二.〇〇	九,七一九.五〇		二,四六二.五〇	短收二成以上
鄖西縣	四,六二〇.〇〇	三,三七四.一五		一,二二七.八五	短收二成以上
長陽縣	一〇,七六九.〇〇	八,三八一.四四		二,三八七.五六	同上
建始縣	五,九三二.〇〇	七,四四四.五〇	一,五一二.五〇		盈收二成以上
咸豐縣	二,〇〇〇.〇〇	六三六.〇五		一,三六三.九五	短收六成以上
來鳳縣	三,九五二.〇〇	二,八〇五.七四		一,一四六.二六	短收二成以上
利川縣	五,四七〇.〇〇	四,〇一五.五四		一,四五四.四六	同上
秭歸縣	四,七二一.〇〇	七,三〇六.六七	二,五八五.六七		盈收五成以上
英山縣	二,六五〇.〇〇	一,二四二.三〇		一,四〇七.七〇	短收五成以上

續表

征收機關	額徵數（元）	實徵數（元）	比較 盈	比較 絀	備考
禮山縣	一三，六四八．〇〇	六，七六六．三二		六，八九二．一八	同上
合計	一一九，三七〇．〇〇	八六，八三五．八一		三二，五三四．一九	合計短收二成以上
武陽漢菸酒牌照稅稽徵處	六六，六七〇．〇〇	五〇，二八九．五〇		一六，三八〇．五〇	短收二成以上
總計	三，七六〇，〇六〇．〇〇	三，九三七，三四七．〇五		八二二，七一二．九五	總計短收二成以上

說明

查本年度正值水災之後，各局縣有減稅一個月者，故收數較少

(附表十五)湖北省二十五年度營業稅收數盈絀比較表

征收機關	額徵數（元）	實徵數（元）	比較		備考
			盈	絀	
漢口區營業稅局	一、七七七、八二〇・〇〇	一、八二七・五九七・八七	三九・七七七・八七		盈收不及一成
武昌區營業稅局	二九〇、〇〇〇・〇〇	二八一・六七三・九二		八・三二六・〇八	短收不及一成
沙市區營業稅局	二五四、一六〇・〇〇	三二一・八三三・四四	六七・六七三・四四		盈收二成以上
宜昌區營業稅局	一四一、一一六〇・〇〇	一五〇・三三六・五三	九・二一六・五三		盈收不及一成
老河口區營業稅局	一七九、九〇〇・〇〇	一八五・三三二・七八	五・四三二・七八		同上
岳口區營業稅局	一四四、六二〇・〇〇	一四四・七六九・八六	一四九・八六		同上
武穴區營業稅局	一二八、一二〇・〇〇	一一八・二七九・三四		九・八四〇・六六	短收不及一成
團鳳區營業稅局	一二三、二六〇・〇〇	一一二・七二八・〇三		一〇・五三一・九七	同上
廣水區營業稅局	一〇、八六〇・〇〇	一〇六・一二一・五八		四・七八・一四二	同上
羊樓峒區營業稅局	九五、九二〇・〇〇	七六・九二九・三二		一八・九九〇・六八	短收一成以上
漢口國際貿易稽徵專員	一五五、八五〇・〇〇	二一〇・五二一・〇三	五四・六七一・〇三		盈收三成以上

续表

征收機關	額徵數（元）	實徵數（元）	比較 盈	比較 絀	備考
漢口日法租界稽徵專員	五八·七五〇·〇〇	四〇·一八〇·八〇		一八·五六九·二〇	短收三成以上
漢口特區僑商稽徵專員	八四·三八〇·〇〇	七七·四一六·五一		六·九六三·四九	短收不及一成
武昌漢夷燻酒牌照稅稽徵處	六六·六七〇·〇〇	四二·六二九·五〇		二四·〇四〇·五〇	短收不及三成
合計	三·六二一·四七〇·〇〇	三·六六六·三九一·五〇	七四·九二一·五〇		盈收不及一成
宜都縣	一九·二〇〇·〇〇	一六·八三七·四一		二·三八二·五九	短收一成以上
興山縣	三·〇四〇·〇〇	二·六四九·五〇		三九〇·五〇	同上
五峰縣	二·九〇〇·〇〇	二·〇二七·一三		八七二·八七	短收三成以上
巴東縣	五·二七〇·〇〇	五·五〇六·五〇	二三六·五〇		盈收不及一成
宣恩縣	四·八六〇·〇〇	一·六二五·六〇		三·二三〇·四〇	短收六成以上
房縣	六·八六六·〇〇	四·六五二·六〇		二·二〇七·四〇	短收三成以上
遠安縣	五·八八〇·〇〇	五·〇一二·九〇		八六七·一〇	短收一成以上

續表

征收機關	額徵數（元）	實徵數（元）	比較 盈	比較 絀	備考
竹谿縣	五,四三六.五〇	四,三五.〇九		一,〇八一.四一	短收一成以上
竹山縣	五,三二〇.〇〇	二,八四一.二五		二,四六八.七五	短收四成以上
保康縣	一〇,五七〇.〇〇	一四,二一〇.三五	三,六四〇.三五		盈收三成以上
鶴峯縣	三,三二〇.〇〇	三,四〇七.九九	八七.九九		盈收不及一成
恩施縣	一二,一八二.〇〇	一〇,〇八一.三〇		二,一六三.七〇	短收一成以上
鄖西縣	四,六二三.〇〇	五,一六九.五〇	五四七.五〇		盈收一成以上
長陽縣	一〇,七七九.〇〇	八,八七〇.〇三		二,〇〇八.九七	短收一成以上
建始縣	五,九二二.〇〇	八,八八一.九〇	二,九五九.九〇		盈收四成以上
咸豐縣	二,〇〇〇.〇〇	二九八.六〇		一,七〇一.四〇	短收八成以上
來鳳縣	三,〇九五.〇〇	三,二四一.一七		七七.八二	短收一成以上
利川縣	五,四七〇.〇〇	三,九一四.四〇		一,五五五.六〇	短收二成以上

續表

征收機關	額徵數（元）	實徵數（元）	比較		備考
			盈	絀	
秭歸縣	四·七二·〇〇	六·四六三·一八	一·七四一·一八		盈收三成以上
英山縣	三·六五〇·〇〇	二·一一六·〇三		五三三·九七	短收二成以上
禮山縣	一三·六四八·五〇	八·四五三·〇三		五·一九五·四七	短收三成以上
合計	一三·五九〇·〇〇	一二·〇四·五·四六		一·八·一七四·五四	短收一成以上
總計	三·七六〇·〇六〇·〇〇	三·八一六·八〇六·九六	五六·七四六·九六		盈收不及一成

說明

一、表列實徵數目係根據各局縣二十五年度月報表數目填列

一、宜都縣以下各縣營業稅均由該縣府兼辦

一、本省近四年度收數以本年度為最高合併說明

（附表十六）湖北省公產收益各年收數一覽表

年月及年度	實徵總數	每月平均收數	備考
廿一年四月份起至十月份止七個月	一二五．七八四．一三八	一七．九六九．一九六	此為前湖北公產清理處所經收之數
廿一年十一月份起至廿二年二月份止四個月	六三．五五七．０八０	一五．八八九．二七０	此為湖北公產移歸財廳接辦之後沈前廳長任內經收之數
廿二年三月份起至六月份止四個月	七五．八五三．五六０	一八．九六三．三九０	自廿二年三月份起以後均為本任經收之數
二十二年度	四０五．一三八．八０九	三三．七六一．五六七	
二十三年度	四八二．０五一．二四三	四０．一七０．九三七	
二十四年度	四五七．二二五．三六七	三八．一０二．一一四	
二十五年度	四六０．０八０．二００	三八．三四０．０一七	

(附表十七) 湖北省財政廳自二十二年三月起至二十六年六月止補發積欠各項經費數目表

費別	原欠數	補發數		現在結欠數	備考
		本任補發數	抵發數		
黨務費	三五‧八四二‧六〇	三五‧八四二‧六〇			上款係省黨部廿二年三月以前積欠經臨費，業經照案陸續發清
行政費	二五‧四八七‧五五	一七‧四九三‧九七	七‧九九三‧五八		上款係二十二年三月以前積欠省區各機關經臨費，除已補發及核抵外，實在並無結欠之數
教育費	一〇‧八〇‧〇三四‧四二	八九‧三七三‧九二	一‧八三‧七〇五‧六八	九二一‧五〇	上款係二十二年三月以前積欠教育機關經臨費，除已補發及核抵外，僅餘尾數如左數
司法費	三八七‧〇四六‧三三	二三六‧〇五三‧七三	六九‧八二七‧九五	八〇‧三六四‧六五	上款係二十二年三月以前積欠法院所經費，除已補發及核抵外，尚結欠如左數
公安費	二二二‧四五七‧七三	一二九‧九〇八‧三一	八三‧〇〇〇‧〇〇	九二‧五四九‧四二	上款係二十一年十月以前積欠各軍警機關經臨費，現尚結欠如左數

續表

費別	原欠數	補發數 本任補發數	補發數 抵發數	現在結欠數	備考
建設費	五九、二五八一、一六	一五、二三八、九四	三四、〇一九、一二	一〇、〇〇〇、〇〇	上款係二十一年十月以前積欠建設廳及所屬機關經臨費，除已補發及核抵外，尚欠建設廳經臨費如左數
各項臨時費	七八、三二六、四一	二四、三四四、三三	四七、九三五、四二	六、〇三六、六六	上款係二十一年十月以前積欠省區各機關臨時費，除已補發外，尚欠如左數
勦匪費	八一、七八九、〇〇	六八、三九九、〇〇		一三、三九〇、〇〇	上列係軍警勦匪費已填有通知未付之款，奉准由財政清理處，內有五萬九千三百九十五元係以金融公債撥付
平閻馬路第二次拆遷費	三八、二五五、〇〇	三八、二五五、〇〇			上列拆遷費係二十一年三月以前核准應發之數，奉准在積欠費內開支，均係以金融公債撥付
合計	二〇一、八七〇、二〇	一四七、一八三、一五	三四三、四四八、一八	二〇三、二七二、二三	

（附表十八）湖北省財政廳前任積欠各項債款數目及本任償還數目一覽表　二十六年六月止

債款種類	貸款人	借款年月	欠款額	償還額	欠還額	備考
前任向銀行新借各債款	漢口各銀行	二一·六·六	二〇〇,〇〇〇.〇〇	二〇〇,〇〇〇.〇〇		
	漢口各銀行	二一·一二·一五	一五〇,〇〇〇.〇〇	一五〇,〇〇〇.〇〇		
	湖北省銀行	二二·一·二六	二〇〇,〇〇〇.〇〇	二〇〇,〇〇〇.〇〇		
	湖北省銀行	二二·一·二八	一〇〇,〇〇〇.〇〇	一〇〇,〇〇〇.〇〇		
	湖北省銀行	二二·一·二四	四〇,〇〇〇.〇〇	四〇,〇〇〇.〇〇		
	湖北省銀行	二二·一·二八	七〇,〇〇〇.〇〇	七〇,〇〇〇.〇〇		
	交通銀行	二二·一一·一一	五〇,〇〇〇.〇〇	五〇,〇〇〇.〇〇		
	交通銀行	二二·一一·三四	四〇,〇〇〇.〇〇	四〇,〇〇〇.〇〇		
	上海銀行	二二·一一·三二	二〇,〇〇〇.〇〇	二〇,〇〇〇.〇〇		
	上海銀行	二二·一一·二八	五〇,〇〇〇.〇〇	五〇,〇〇〇.〇〇		
	金城銀行	二二·一一·三二	一〇,〇〇〇.〇〇	一〇,〇〇〇.〇〇		
	農工銀行	二二·一一·三二	一〇,〇〇〇.〇〇	一〇,〇〇〇.〇〇		
	小計		九四〇,〇〇〇.〇〇	九四〇,〇〇〇.〇〇		

續表

債款種類	貸款人	借款年月	欠款額	償還額	欠還額	備考
前任積欠舊債	漢口市商會	二一・一一・四	二一一・八八五・六五	二一一・八八五・六五		
	武漢房租	二一・一一・二三	三七五・四三二・三一	三七五・四三二・三一		此款係以二十一年續發善後公債還清
	湖北堤委會	十八年起	二一一・五・四七四・一二	二一一・四七・四一二	二一一・五・四七四・一二	
	湖北堤委會	二一・八	九〇・〇〇〇・〇〇	九〇・〇〇〇・〇〇		
	湖北堤委會	二十年起	七五〇・〇〇〇・〇〇	七五〇・〇〇〇・〇〇		
	湖北民政廳		四一・九三〇・〇〇	四一・九三〇・〇〇		
	吉利洋行		二九・〇〇〇・〇〇	二九・〇〇〇・〇〇		
	湖北省銀行驅路機器借款		五三・六四〇・〇〇	五三・六四〇・〇〇		此項借款係以二十年公債發行後善後公債還清
	漢口商業銀行營房借款		三五・四五〇・〇〇	三五・四五〇・〇〇		此項借款係以二十三年公融整理債還清
小計			三・一七〇二・八一二・一七	一・五八七・三三七・九六	二一一五・四七四・一二	

续表

債款種類	貸款人	借款年月	欠款額	償還額	欠還額	備考
甲債	前官錢局倒閉欠官票	十五年以前	七,〇〇〇,〇〇〇,〇〇	七〇〇,〇〇〇,〇〇		此項官票撥二十年善後公債七十萬元半數收回
	商鎮錢業舊欠	同	五,四〇〇,〇〇〇,〇〇	一,八〇〇,〇〇〇,〇〇		此項舊欠撥廿三年金融公債一百八十萬元償清
	生成里抵押羲品洋行借款	同	一,五〇〇,〇〇〇,〇〇	一,五〇〇,〇〇〇,〇〇		此項押款撥現金公債各七十五萬元還清
	小計		一三,九〇〇,〇〇〇,〇〇	四,〇〇〇,〇〇〇,〇〇		
合計			一八,五四二,八一二,七	六,五二七,三三七,九六	一二,一一五,四七四,二一	

(附表十九) 湖北省財政廳現在負債數目表　二十六年六月止

債款性質	貸款人	借款年月	借款額	欠還額	備考
定期部份	中國農民銀行	廿三年十二月廿二日	二五〇,〇〇〇・〇〇	二五〇,〇〇〇・〇〇	
	小計		二五〇,〇〇〇・〇〇	二五〇,〇〇〇・〇〇	
透支部份	漢口中央銀行	廿六年三月一日	二〇〇,〇〇〇・〇〇	五〇,〇〇〇・〇〇	上項透支借款計總額卅萬元，截至本年六月底止，結欠湖北省銀行借款六萬六千二百四十八元五角九分，此款專撥作保安各團經費之用
	武昌交通銀行	廿六年一月一日	二〇〇,〇〇〇・〇〇	五〇,〇〇〇・〇〇	
	湖北省銀行	廿六年六月一日	四〇〇,〇〇〇・〇〇	五〇,〇〇〇・〇〇	
	湖北省銀行		三〇〇,〇〇〇・〇〇	六六,二四八・五九	
	小計		一,一〇〇,〇〇〇・〇〇	二一六,二四八・五九	
舊欠部份	湖北堤委會	十八年	二,一一五,四七四・二一	二,一一五,四七四・二一	
	小計		二,一一五,四七四・二一	二,一一五,四七四・二一	
	總計		三,四六五,四七四・二一	三,三八一,七二二・八〇	

(附表二十) 湖北財政廳前任及本任公債發行數目與償還數目對照表

一、沈前任交卸時公債發行數目與償還數目表

債別	債票總額（元）	發行額（元）	償還額（元）	備考
二十年湖北省善後公債	三,〇〇〇,〇〇〇.〇〇	一,四四〇,二九〇.〇〇	三〇〇,〇〇〇.〇〇	
二十一年湖北省善後公債	三,〇〇〇,〇〇〇.〇〇	三,六八七,五八〇.〇〇		
二十一年續發善後公債	一,五〇〇,〇〇〇.〇〇	五,六五七,五八〇.〇〇		
合計	七,五〇〇,〇〇〇.〇〇	二,三五七,四〇〇.〇〇	三〇〇,〇〇〇.〇〇	

二、本任截至二十五年六月底止公債發行數目與償還數目表

債別	債票總額（元）	發行額（元）	償還額（元）	備考
二十年湖北省善後公債	三,〇〇〇,〇〇〇.〇〇	一,四六一,八六〇.〇〇	一,一五〇,〇〇〇.〇〇	
廿一年湖北省善後公債	三,〇〇〇,〇〇〇.〇〇	三,一〇三,八二五.〇〇	一,五〇〇,〇〇〇.〇〇	
二十一年續發善後公債	一,五〇〇,〇〇〇.〇〇	六,四六六,〇七〇.〇〇	三,〇〇〇,〇〇〇.〇〇	
廿二年湖北省銀行資本公債	四,〇〇〇,〇〇〇.〇〇	二,一四〇二,三九〇.〇〇	六,八〇〇,〇〇〇.〇〇	
廿四年湖北省金融公債	六,〇〇〇,〇〇〇.〇〇	一,五二六,三六〇.〇〇	五,四一三,〇〇〇.〇〇	
廿四年湖北省建設公債				
合計	一七,五〇〇,〇〇〇.〇〇	七,〇六八,七七五.〇〇	四,一三七,〇〇〇.〇〇	

說明

上表"發行額"一欄截至二十五年六月底止發行，總額計七百零六萬八千七百七十五元，茲當擊明者有三
一、沈前任發行之公債二百三十六萬五千四百五十元亦在本任發行額之內，而沈前任償還之三十萬元亦在本任償還額之內
二、凡歷次清理債務償付之公債均在本任發行額之內
三、二十二年撥足省銀行資本二百萬元，案計撥二十一年善後公債二十六萬零五百七十五元，又二十四年增加省銀行資本三百萬元，案計撥二十四年建設公債五十萬元，亦均在本任發行額之內

(附表二十一) 湖北各商埠裁廢稅捐一覽表　二十三年七月施行

埠別	裁廢科目	年收數	備考
宜昌	豬羊捐	二,三四〇.〇〇	豬羊每頭徵洋八分,平月以每月七十五頭計算,又每年元月十一月十二月為旺月,每日以一百頭計算,共計年收如左數
	鮮皮捐	六〇〇.〇〇	月約收洋五千元年收如左數
	菁菓捐	四四〇.〇〇	舊曆十冬臘三個月共徵洋四十四元普通月份無捐
	大輪捐	二〇四.〇〇	隨票帶徵每客二分鈔徵洋一十七元
	小輪捐	一三二.〇〇	徵收稅率同上月約徵收洋十一元
	燈捐	四〇,〇〇〇.〇〇	按酒燈抽收約可收洋三千數百元
	小計	四三,七二〇.〇〇	
沙市	各種營業執照費	三六〇.〇〇	月約收二三十元
	舖捐	九,六〇〇.〇〇	月可收洋八百元內外
	小計	九,九六〇.〇〇	
新堤	輪票附加	四八〇.〇〇	隨票每客帶徵一角月可收洋四十元
	地方補助費	三,〇〇〇.〇〇	即煙燈捐月可收二百五十元

續表

埠別	裁廢科目	年收數	備考
	商鋪捐	七,四四〇.〇〇	月約收洋六百二十元與保安商埠捐重複,應即裁廢
	小計	一〇,九二〇.〇〇	
武六	商舖捐	六,〇〇〇.〇〇	月可收洋五百元,因與保安商埠捐重複,故刪除
	屠宰附加	六〇〇.〇〇	月可收洋五十元,惟廣濟屠宰附加原收教育附加每頭四角已與正稅相埒,不宜再行附加致超過正稅,故即裁除
	穀米捐	六〇〇.〇〇	每石徵制錢十文月,約收五十餘元
	麻紗捐	一,〇〇〇.〇〇	每捆徵制錢九十文,每年三四五六七八九十等月為旺月,月可收一百元,餘為淡月,徵五十元。純係對物稅稅跡近厘金,應即裁除
	菸葉捐	六〇〇.〇〇	每月包繳五元
	牛肉捐	六〇〇.〇〇	每月包繳一百元,每年共徵六個月
	雜貨捐	三〇〇.〇〇	每月包繳二十五元
	躉船捐	二四〇.〇〇	每月包繳二十元
	小輪捐	九六.〇〇	每月每輪包繳四元,以兩輪計算

續表

埠別	裁釐科目	年收數	備考
老河口	牌酒捐	三六〇.〇〇	此捐抽自樂戶每牌一桌徵洋一元，每酒一席洋一元，旅館每牌一桌收洋四角
	協助費	六,〇〇〇.〇〇	係煙燈捐
	鹽商樂助捐	二〇〇.〇〇	每引戡捐八分
	碼頭捐	一五〇.〇〇	
	小計	一六,一六〇.〇〇	
	六釐捐	一四,四〇〇.〇〇	按貨物價值抽收六釐捐，月可收洋一千二百元，以二釐撥公安局，餘四釐由商會支配
	鹽捐	五〇.〇〇	豫鹽每包收洋二角，月可收洋三四元
	貨件捐	一五六,〇〇〇.〇〇	按貨物抽收，原為貨件捐，近改名為商埠捐，設卡徵收，月可收一萬三千元
	小計	一七〇,四五〇.〇〇	
樊城	貨件捐	二〇,〇〇〇.〇〇	不論貨物出進口，均按價值抽收千分之十，由商會設處稽徵，實有若干，已令飭老河口營業稅局查復，茲估列如左數
	商捐	六,〇〇〇.〇〇	係按資本抽收千分之一，月可收洋五百元

续表

埠别	裁废科目	年收数	备考
	牌捐	二四〇.〇〇	抽自乐户每次一元,月约收二十余元
	小计	二六,二四〇.〇〇	
沙洋	门捐	二,八〇〇.〇〇	此项门捐系按商户征收,由一角起至六角止,月可收二百卅余元
	鱼行捐	一一〇.〇〇	每鱼行月徵捐一元
	划子捐	二四〇.〇〇	月可收洋二十元上下
	补助费	七,〇〇〇.〇〇	系烟灯捐收入
	小计	一〇,一五〇.〇〇	
	总计	二八七,一四〇.〇〇	

说明

一、鄂省从前原就宜昌沙市新堤六老河口樊城沙洋等七市各设公安局,其经费概系就地筹集归各公①局自收自用,故所徵税捐苛杂特甚,嗣以市之名义取销,改归民政厅政厅直辖。其经费收支既不隶于省,又不属于县,殊于财政系统以及统一收支原则均有未合,曾经商同民政厅呈准,将各该公安局原徵税捐劃归各营业税局徵收,以本年三月起至六月底止为整理期间,七月一日以后为实施裁废之期,并於原有税捐科目分应裁应併应辦三项开单,呈核施行在案

一、本表所列裁废税捐科目都为二十九种,捐额共洋二十八万七千余元

① 此处疑缺"安"。

(附表二十二)湖北省各縣二十三年度裁廢苛雜稅捐一覽表

縣別	捐目	用途	年徵概數	備考
蒲圻	茶商特捐	教育	一二,〇〇〇·〇〇	已飭妥籌抵補即予裁廢
	魚業商舖捐	保安	一,二〇〇·〇〇	同前
	蔴業商舖捐	保安	四,〇〇〇·〇〇	同前
小計			一七,二〇〇·〇〇	
漢陽	竹木捐		六〇〇·〇〇	
	門捐	縣政	五,〇〇〇·〇〇	與房捐重徵本年預算案已減列
	蔡甸商號樂捐		八五六·〇〇	已經停徵
	魚苗埂捐		五〇·〇〇	已經停徵
小計			六,五〇六·〇〇	
嘉魚	公安雜捐	縣政	三,〇〇〇·〇〇	本年度預算已減列
	花蔴絲豆捐	縣政教育	一〇,〇〇〇·〇〇	已經停徵

续表

县别		捐目	用途	年徵概数	备考
	小计			一三,〇〇〇.〇〇	
咸宁		特别商捐	县政	五,六三六.〇〇	本年度预算已删列
		商铺教育捐	教育	一,五七五.〇〇	已饬停征
		船户公安捐	县政	三〇〇.〇〇	同前
		茶麻纸业商捐	保安	一一,五八九.〇〇	已饬令速筹抵补分期裁撤
	小计			一九,一〇〇.〇〇	
阳新		旅栈捐	县政	一七九.〇〇	本年度预算已予删列
		盐草捐		一五,〇〇〇.〇〇	
	小计			一五,一七九.〇〇	
大冶		花麻商捐	县政	二,〇〇〇.〇〇	已于本年度预算删列
		石灰捐	教育	五〇.〇〇	同前

續表

縣別	捐目	用途	年徵概數	備考
小計			三,〇五〇.〇〇	
蘄春	穀米出口登記費	教育	二九,八一二.〇〇	業已裁廢
	土産捐	教育	三〇,〇〇〇.〇〇	限定本年十二月底裁廢
	棉蔴捐	教育	八〇〇.〇〇	同前
	河捐	縣政教育	一〇〇,〇〇〇.〇〇	業已裁廢
小計			一六〇,六一二.〇〇	
浠水	商舖公益捐	縣政	六八四.〇〇	業飭裁廢
小計			六八四.〇〇	
黃梅	錢紙捐	教育	二,五八七.〇〇	業飭裁廢
	燒紮捐	保安	五〇〇.〇〇	同前
小計			三,〇八七.〇〇	

續表

縣別	捐目	用途	年徵概數	備考
黃陂	公安商捐	縣政	一,八〇〇.〇〇	該項過於苛細業已刪列
	輪捐	縣政	一,〇〇〇.〇〇	因過苛細目已經裁廢
小計			二,八〇〇.〇〇	
禮山	榨捐	教育及建築新治	二,〇〇〇.〇〇	因與營業稅抵觸已飭停徵
小計			二,〇〇〇.〇〇	
孝感	公安商捐	縣政	一,二〇.〇〇	因涉於苛細重複已飭停徵
小計			一,二〇.〇〇	
應城	公益捐	保甲	六,二〇〇.〇〇	石膏公司月攤四百一十六元,公益當月捐一百元,均令裁廢
小計			六,二〇〇.〇〇	
天門	門捐		一,七四〇.〇〇	已飭裁廢
小計			一,七四〇.〇〇	

續表

縣別	捐目	用途	年徵概數	備考
漢川	水警雜捐	水警	九,六〇〇.〇〇	已明令裁廢
小計			九,六〇〇.〇〇	
沔陽	絲花蛋捐		三〇,〇〇〇.〇〇	已明令裁廢
小計			三〇,〇〇〇.〇〇	
江陵	鹽勸附加		六〇〇.〇〇	已飭停徵
小計			六〇〇.〇〇	
松滋	棉花捐	保安	五,〇〇〇.〇〇	已飭停徵
	稞石捐	教育	一八,〇〇〇.〇〇	已限本年十二月底裁廢
	菸酒捐	教育	一,八〇〇.〇〇	已飭停徵
	榨捐	教育	七〇〇.〇〇	同前
	雜糧捐	教育	四,〇〇〇.〇〇	同前

续表

县别	捐目	用途	年缴概数	备考
小计			二九・五〇〇・〇〇	
监利	竹木捐	教育	五〇〇・〇〇	已核饬裁废
	花包捐	教育	九・八〇〇・〇〇	同前
小计			一〇・三〇〇・〇〇	
宜城	门粮棉花捐	教育	三・一八四・〇〇	已饬停征
小计			三・一八四・〇〇	
光化	榨菜捐	教育	三四〇・〇〇	该捐系属复税已予裁废
	轧花捐	教育	三〇〇・〇〇	同前
小计			六四〇・〇〇	
榖城	商铺附捐	教育	一二〇・〇〇	该捐系属复税已予裁废
小计			一二〇・〇〇	

續表

縣別	捐目	用途	年徵概數	備考
保康	宿棧捐		九〇〇・〇〇	已飭停徵
小計			九〇〇・〇〇	
遠安	紙槽捐		一〇〇・〇〇	已飭停徵
小計	公益捐		四・〇〇〇・〇〇	
			四・一〇〇・〇〇	
宜都	樂戶捐		三一七・〇〇	已飭停徵
小計			三一七・〇〇	
興山	鹽商商舖捐		一二・〇〇〇・〇〇	已飭停徵
	曆書捐		三五二・〇〇	同前
小計			一二・三五二・〇〇	
秭歸	出口貨特捐		二・〇〇〇・〇〇	如煤炭木料山貨等類抽百分之五

续表

县列	捐目	用途	年征概数	备考
	食盐捐		一〇,〇〇〇.〇〇	食盐每包八十斤抽折五角约八千元,又军事招待二角
	特货公益捐		二,〇〇〇.〇〇	已饬裁停
	航空救国捐		一,七〇〇.〇〇	同前
小计			一五,七〇〇.〇〇	
五峯	盐捐	教育	一五〇.〇〇	已饬裁停
	木捐	教育	一五〇.〇〇	同前
	漆刀捐	教育	八〇〇.〇〇	同前
	茶捐	教育	四〇〇.〇〇	同前
	桐木捐	教育	一〇〇.〇〇	同前
	纸槽捐	教育	八〇.〇〇	同前
小计			一,六八〇.〇〇	

續表

縣別	捐目	用途	年徵概數	備考
長陽	戶捐	區公所經費	七,六〇〇.〇〇	已飭裁停
	紙槽捐	教育	八〇〇.〇〇	同前
小計			八,四〇〇.〇〇	
宣恩	保安月捐	保安	三〇,八一二.〇〇	保安經費特月捐收入殊屬煩苛，已令即予停止，另徵歐捐具報
小計			三〇,八一二.〇〇	
巴東	歷書捐	教育	四,八〇〇.〇〇	
小計			四,八〇〇.〇〇	
鶴峯	護商捐	縣政	九,〇〇〇.〇〇	按運貨值百五實屬類似厘金，已予裁廢
	漆稅	保安	三七五.〇〇	已飭裁停
	茶稅	保安	一,二五〇.〇〇	已飭裁停
小計			一〇,六二五.〇〇	

续表

縣別	捐目	用途	年徵概數	備考
利川	中介捐	縣政	三,〇〇〇.〇〇	已飭裁停
小計			三,〇〇〇.〇〇	
咸豐	集場商捐	保安	二,四〇〇.〇〇	按商場抽收貨捐,已飭裁停
小計			二,四〇〇.〇〇	
來鳳	草菸捐		七〇〇.〇〇	已飭裁停
小計			七〇〇.〇〇	
均縣	公安捐		四八〇.〇〇	已飭裁停
	香火捐		一,〇〇〇.〇〇	同前
	菸業桐油兩捐		三,〇〇〇.〇〇	同前
小計			四,四八〇.〇〇	
鄖西	食鹽經紀捐		一,八〇〇.〇〇	已飭裁停

續表

縣別	捐目	用途	年徵概數	備考
	客棧捐		三六〇・〇〇	同前
小計			二・一六〇・〇〇	
竹山	軍運臨時捐		一三・五〇〇・〇〇	已飭裁停
	鹽船捐	供應軍差	一・〇〇〇・〇〇	同前
	棉花捐	供應軍差	八〇〇・〇〇	同前
小計			一五・三〇〇・〇〇	
竹谿	菸酒捐		一・〇〇〇・〇〇	已飭裁停
小計			一・〇〇〇・〇〇	
總計			四五一・九四八・〇〇	

說明　各縣稅捐，凡跡近苛雜者均嚴格裁驗，惟關於教育事業費以及保安經費者均限期限期辦理，綜計蒲圻等三十九縣共裁繁科目六十二種，款額銀四十五萬一千九百四十八元整

(附表二十三) 湖北省各縣二十四年度繼續裁廢苛雜稅捐一覽表

縣別	捐目	用途	年徵概數	備考
嘉魚	鄉鎮房捐	縣政	一・四四〇	
咸寧	特別商捐	縣政	三・〇〇〇	
大冶	公安捐	縣政	六・六〇〇	
通山	蔴紙捐	教育	三〇〇	
黃梅	紳富特別捐	縣政	一・四四〇	
黃陂	糖榨花生捐	教育	一・二〇〇	
漢川	田賦縣政補助費	縣政	九・六〇〇	
沔陽	公安門捐	縣政	二・〇四〇	
江陵	土方附加	教育	五・六〇〇	
公安	花木兩商樂捐	教育	四・〇〇〇	
光化	補助及游藝捐	教育	二・七九〇	
南漳	中代捐	教育	五・〇〇〇	
	木耳桃仁斗紙捐	教育	七二〇	
當陽	熬戶公安捐	縣政	一・九二〇	
秭歸	魚稞捐	縣政	二三	
五峯	產業買賣中金捐	縣政	四〇〇	
竹谿	宿棧捐	縣政	九〇〇	
合計			四六・九三三	

說明

一、本表以元為單位

一、嘉魚等十五縣共裁廢科目十七種，計銀四萬陸千九百三十三元

(附表二十四) 湖北省各縣二十五年度繼續裁廢苛雜稅捐一覽表

縣別	捐目	用途	年徵概數	備考
漢陽	長途電話捐	縣政	四・二〇〇	
大冶	礦商臨時捐	縣政	二八・八〇〇	
黃陂	縣城門牌捐	縣政	一・六八〇	
光化	棉花行捐	教育	一・〇〇〇	
長陽	公安紳富捐	縣政	三・〇〇〇	
	棧捐	縣政	一二〇	
來鳳	油榨捐	縣政	一・九二〇	
	殷實捐	縣政	一・八二〇	
	竹蔴捐	縣政	二四四	
	菸草捐	縣政	一一五	
巴東	保安特別捐	保安	五・七六〇	
均縣	鍋廠捐	教育	三〇〇	
合計			四八・九五九	

說明

一、本表以元為單位

一、漢陽等八縣裁廢科目共十二種，計共四萬八千九百五十九元

(附表二十五) 湖北省各縣田賦附加減輕一覽表

縣別	附加捐目	用途	減徵概數	備考
武昌	田畝捐	保安	三一・七八九・〇〇	本年度減徵
咸寧	田畝捐	保安	七・〇〇〇・〇〇	同前
鄂城	田畝捐	保安	三三・六〇〇・〇〇	同前
浠水	田賦附加縣政教育兩捐	縣政教育	五三・〇〇〇・〇〇	同前
黃梅	田賦附加教育捐	教育	五・四四〇・〇〇	本年年暫列已飭速籌抵補
廣濟	田畝捐	保安	四六・三六九・〇〇	本年度減徵
羅田	券票附徵學捐	教育	二八・〇〇	每券一張減徵一分二厘
麻城	田畝捐	保安	五五・四二四・〇〇	本年度減徵
漢川	田畝捐	保安	三二・〇〇〇・〇〇	同前
石首	田畝附徵教育捐	教育	五・三〇〇・〇〇	已飭令另籌抵補並予減征

續表

縣別	附加捐目	用途	減徵概數	備考
保康	田畝附加	縣政	三六,〇〇〇.〇〇	已經減征
當陽	田畝附加		六,〇九八.〇〇	同前
興山	地丁附征教育捐	教育	一,二三六.〇〇	同前
秭歸	產業證券	縣政教育	五,〇〇〇.〇〇	同前
	田賦善後捐		一五,〇〇〇.〇〇	同前
	丁屯附徵學捐	教育	一,七二〇.〇〇	每丁銀一兩附征二元二角三分二厘,每屯銀一兩附徵二元一角零三厘,已經減徵
	丁屯附徵公安捐	公安	八六〇.〇〇	每兩附徵一元一角六分,已經減徵
建始	田畝捐	保安	二六,〇〇〇.〇〇	已經減徵
巴東	券票附徵縣政捐	縣政	三〇,〇〇〇.〇〇	券約三萬張每張徵洋一元,已飭令速籌抵補,本年終即予裁廢

续表

县别	附加捐目	用途	减征概数	备考
来凤	券票附征学捐	教育	五三一.〇〇	每券一角
均县	券票附征征收费	征收费	二,〇〇〇.〇〇	每券五分已减征二分，计券十万张
房县	券票附征征收费	征收费	八〇〇.〇〇	四万张每张五分
竹山	按粮预备县政捐	县政	一五,六七一.〇〇	已经饬停
	预借歀捐	保安	六二,四六九.〇〇	已经饬停
	田亩歀捐	未注用途	三六,〇〇〇.〇〇	已予删减
竹谿	地丁附征	行政	一〇,六八〇.〇〇	每两附征行政费十元，已予饬停
总计			五二〇,一二一.〇〇	

说明

凡各县田赋附加超过正税者，均依定率减轻至献捐均係依各县缩编中队减征歀捐案办理，综计武昌等二十一县，共减银五十二万零二百二十一元

（附表二十六）湖北省財政廳撥付築路專款數目表

年度	撥付總額	備考
二十二年度	九八七・六九七・九八	
二十三年度	一・六二六・九二〇・〇〇	
二十四年度	一・六四〇・〇〇〇・〇〇	
二十五年度	一・〇一〇・〇〇〇・〇〇	
總計	五・二六四・六一七・九八	

（附表二十七）湖北省政府財政廳自二十三年起至二十六年六月止善後費項下撥付建設用費數目表

建設用途	撥付總額	備考
建築孝感等七縣飛機場工程費	三三四・〇〇六・八五	計孝感武昌宜昌麻城襄陽荊門浠水七縣，共支如左數
鄂北長途電話工程費	五五・〇〇〇・〇〇	上款原定本省擔任九萬二千一百六十五元，呈准係由善後費項下開支，先後共撥如左數
武昌中正路中南段建築費	二四〇・五五九・九三	上項建築費原呈准由善後費項下動支二十五萬元，嗣因增加各款連同計算總共核定二十八萬另五百五十九元九角三分，後經呈准將增加之數統在善後費內加撥，已共發如左數
訂購水警砲艦巡艇經費	一五二・〇〇〇・〇〇	上款原定共爲二十三萬二千元，除在二十三年度水警經費節餘款內動支八萬元外，左列十五萬二千元呈准係在善後費內開支
合計	七八一・五六四・二三	

湖北省民國二十二年度與二十一年度省庫歲入預算比較表

科目	二十二年度預算數（元）	二十一年度預算數（元）	比較 增	比較 減	備考
田賦	一・一一二・八〇〇	九六〇・〇〇〇	一五二・八〇〇		
契稅	七二〇・〇〇〇	七二〇・〇〇〇			
營業稅	三・五二一・〇〇〇	二・一六六・〇〇〇	一・三六五・〇〇〇		
房捐	一二〇・〇〇〇	一二〇・〇〇〇			
地方財產	七八〇・三六九	七二七・〇八〇	五三・二八九		
地方事業	四・五八七	一・六二〇・二八八		一・六一五・七〇一	
地方行政收入	五二一・一九八	六〇・〇〇〇	四六一・一九八		本項係將臨時專款合併計算

續表

科目	二十二年度預算數（元）	二十一年度預算數（元）	比較 增	比較 減	備考
補助收入	二,五五七,四〇〇	二,四〇〇,〇〇〇	一五七,四〇〇		
債款收入	無	無			
其他收入	四,九六七,六三二	四,九二〇,〇〇〇	四七,六三二		
營業純益	二九二,七五二		二九二,七五二		
合計	一四,六〇七,七二八	一三,六九三,三八八	二,五三〇,〇七一	一,六一五,七〇一	增九一四,三四〇元

說明

一、本表所列二十一年度預算數係將前豫鄂院三省勦匪總司令部核定鄂省二十一年十一月份起收入預算之每月一,一四一,一一四元，按十二個月併計。

二、本表所列為省屬各機關普通會計歲入經臨各款，營業會計，營業會計歲入經臨各款，漢市收入均不在內。二十二年度比較二十一年度計增九,三三〇,二七〇元為航政、路政、礦政等三項收入，二十二年度該三項收入列於營業會計預算內，故二十二年度普通會計歲入預算數，實較二十一年度增列二,五三四,六三八元。

湖北省民國二十二年度與二十一年度省庫歲出預算比較表

科目	二十二年度預算數（元）	二十一年度預算數（元）	比較 增	比較 減	備考
黨務費	一二五・二五四	一二五・二三四			
行政費	二・六二〇・九〇二	二・〇三五・二九二	五八五・六一〇		
司法費	一・四八四・六二九	一・二六五・四七一	二一九・一五八		
公安費	一・二五二・〇五八	九四〇・四一九	三一一・六三九		
財務費	九四五・九六四	七二四・五二八	二二一・四三六		
教育文化費	二・一三〇・三〇三	一・九三七・九七五	一九二・三二八		
衛生費	二七・四二二	二七・四二二			
經濟行政費	九八四・七〇九	一・七二三・四一八		七三八・七〇九	
撫卹費	六〇・〇〇〇	六〇・〇〇〇			

附錄 四年來整理鄂省財政經過情形

續表

科目	二十二年度預算數（元）	二十一年度預算數（元）	比較 增	比較 減	備考
債務費	三,七八〇,〇〇〇	三,一八〇,〇〇〇	六〇〇,〇〇〇		
協助費	九五,一一二	一二,九六〇	八二,一五二		
救災準備金	無				
預備費	一〇一,三八五	七二〇,六二九		六一九,二四四	
合計	一四,六〇七,七三八	一三,六九三,三六八	一,二二二,三二二	一,三五七,九五二	增九一,四,三七〇元

說明

一、本表所列二十一年度預算數，係將前豫鄂皖三省剿匪總司令部核定鄂省二十一年十一月份支出預算之每月一,一一四元，按十二個月併計。

二、本表所列為省屬各機關普通會計歲出經臨各款，營業會計、漢市支出，均不在內。二十二年度比較二十一年度計增九,一三七〇元，惟二十一年度之經濟行政費內有一,二三七,九一七元，為航政、路政、電政、鑛政等四項支出，二十二年度此四項支出列於營業會計歲出預算內，故二十二年度普通會計歲出預算數，實較二十一年度增列二,一九二,八七元。

湖北省民國二十三年度與二十一年度省庫歲入預算比較表

科目	二十三年度預算數（元）	二十一年度預算數（元）	比較 增	比較 減	備考
田賦	一,四三〇,四〇〇	九六〇,〇〇〇	四七〇,四〇〇		
契稅	八四二,〇〇〇	七二〇,〇〇〇	一二二,〇〇〇		
營業稅	三,六四七,三三七	二,一六六,〇〇〇	一,四八一,三三七		
房捐	一二〇,〇〇〇	一二〇,〇〇〇			
地方財產	八七四,六三九	七二七,〇八〇	一四七,五五九		
地方事業	九,二三五	一,六二〇,一八八		一,六一〇,九五三	本項係將臨時事款合併計算
地方行政收入	四四〇,九三六	六〇,〇〇〇	三八〇,九三六		

續表

科目	二十三年度預算數（元）	二十一年度預算數（元）	比較		備考
			增	減	
補助款收入	三,六七一,四四七	三,四〇〇,〇〇〇	二七一,四四七		
債款收入	無				
其他收入	五,一五七,〇三八	四,九二〇,〇〇〇	二三七,〇三八		
營業純益	二三三,五〇八		二三三,五〇八		
合計	一五,四二六,六四〇	一三,六九三,三六八	三,三四四,二二五	一,六一〇,九五三	增一,七三三,二七二元

說明

一、本表所列二十一年度預算數係將前前豫鄂皖三省勦匪總司令部核定鄂省二十一年十一月份起收入預算之每月一,一四一,一四〇元，按十二個月併計。

二、本表所列為省當局各機關普通會計歲入經臨各款、營業會計、漢市收入均不在內。二十三年度比較二十一年計增一,七三三,二七二元，惟二十一年度之地方事業收入一,六二〇,二八八元為航政、路政、鑛政等三項收入，二十三年度該三項收入列於營業會計預算內，故二十三年度普通會計歲入預算數，實較二十一年度增列三,三五三,五六〇元。

湖北省民國二十三年度與二十一年度省庫歲出預算比較表

科目	二十三年度預算數（元）	二十一年度預算數（元）	比較 增	比較 減	備考
黨務費	一二八·二五四	一二五·二五四	三·〇〇〇		
行政費	二·六〇九·六二〇	二·〇三五·二九二	五七四·三二八		
司法費	一·七五四·〇〇九	一·二六五·四七一	四八八·五三八		
公安費	二·七二二·七〇九	一·九四〇·四一九	七八二·二九〇		
財務費	一·〇〇七·五六〇	七二四·五二八	二八三·〇三二		
教育文化費	二·三一二·四七八	一·九三七·九七五	三七四·五〇三		
衛生費	五七·四六六	二七·四二二	三〇·〇四四		
經濟行政費	一·六六九·七八三	一·七二三·四一八		五三·六三五	
撫卹費	六〇·〇〇〇		六〇·〇〇〇		

續表

科目	二十三年度預算數（元）	二十一年度預算數（元）	比較 增	比較 減	備考
債務費	二,七八〇,〇〇〇	三,一八〇,〇〇〇		四〇〇,〇〇〇	
協助費	四九,九二〇	一二,九六〇	三六,九六〇		
救災準備金	無				
預備費	二六四,八四一	七二〇,六一九		四五五,七七八	
合計	一五,四二六,六四〇	一三,六九二,三三八	二,六四二,六九五	九〇九,四三三	增一,七三三,二七二元

說明

一、本表所列二十一年度預算數，係將前豫鄂院鄂剿匪總司令部核定鄂省二十一年十一月份支出預算之每月一,一一四,一一一四元，按十二個月併計。

二、本表所列為省屬各機關普通會計歲出經臨各款，營業會計及漢市支出均不在內，二十三年度比較二十一年度計增一,七三三,二七二元，惟二十一年度之經濟行政費內有一,二七八,九一七元，為航政、路政、電政、鑛政等四項支出，二十三年度此四項支出列於營業會計預算內，故二十三年度普通會計歲出預算數，實較二十一年度增列三,〇一二,一八九元。

湖北省民國二十四年度與二十一年度省庫歲入預算比較表

科目	二十四年度預算數（元）	二十一年度預算數（元）	比較 增	比較 減	備考
田賦	一,八九三,二〇〇	九六〇,〇〇〇	九三三,二〇〇		
契稅	八四二,〇〇〇	七二〇,〇〇〇	一二二,〇〇〇		
營業稅	三,八〇九,〇〇〇	二,一六六,〇〇〇	一,六四三,〇〇〇		
房捐	二一三,五八三	一二〇,〇〇〇	九三,五八三		
地方財產	九八二,六四九	七二七,〇八〇	二五五,五六九		
地方事業	五七,三三五	一,六二〇,二八八		一,五六二,九五三	
地方行政收入	三四八,八〇二	六〇,〇〇〇	二八八,八〇二		本項係將臨時專款合併計算

續表

科目	二十四年度預算數（元）	二十一年度預算數（元）	比較 增	比較 減	備考
補助款收入	三‧三六九‧六二四	二‧四〇〇‧〇〇〇	九六九‧六二四		
債款收入	三‧〇〇〇‧〇〇〇		三‧〇〇〇‧〇〇〇		
其他收入	五‧一八四〇‧六八〇	四‧九二〇‧〇〇〇	二六四‧六八〇		
營業純益	三〇〇‧二二〇		三〇〇‧二二〇		
合計	二〇‧〇〇一‧〇九三	一三‧六八三‧三六八	七‧八八〇‧六七八	一‧五六二‧九五三	增六‧三〇七‧七二五元

說明

一、本表所列二十一年度預算數係將前豫鄂院三省勦匪總司令部核定鄂省二十一年十一月份起收入預算之每月一‧一四一‧一四元，按十二個月併計。

二、本表所列為省屬各機關普通會計歲入經臨各款，營業會計，漢市收入均不在內。二十四年度比較二十一年度計增七‧三〇七‧七二五元，惟二十一年度之地方事業收入一‧二八〇‧二八八元為航政，路政，鑛政等三項收入，二十四年度該三項收入列於營業會計預算內，故二十四年度普通會計歲入預算數，實較二十一年度增列七‧九八一‧〇一三元。

湖北省民國二十四年度與二十一年度省庫歲出預算比較表

科目	二十四年度預算數（元）	二十一年度預算數（元）	比較 增	比較 減	備考
黨務費	一三八・二五四	一二五・二五二	一三・〇〇〇		
行政費	三・六九五・七八二	三・〇二五・二九二	六六〇・四九〇		
司法費	一・七九二・五〇七	一・二六五・四七一	五二七・〇三六		
公安費	二・九一五・一六四	一・九四〇・四一九	九七四・七四五		
財務費	一・二二六・七一九	七二四・二五八	四九二・一九一		
教育文化費	二・三五一・四一五	一・九三七・九七五	四一三・四四〇		
衛生費	五七・四六六	二七・四二二	三〇・〇四四		
經濟行政費	四・五九〇・八五三	一・七二三・四一八	二・八六七・四三五		
撫卹費	六〇・〇〇〇		六〇・〇〇〇		

續表

科目	二十四年度預算數（元）	二十一年度預算數（元）	比較 增	比較 減	備考
債務費	三〇一六‧六〇〇	三一‧八〇‧〇〇〇		一六三‧四〇〇	
協助費	三二四‧四七三	一二‧九六〇	三一一‧五一三		
救災準備金	四〇〇‧〇〇〇		四〇〇‧〇〇〇		
預備費	四四一‧八六〇	七二〇‧六二九		二七八‧七六九	
合計	二〇‧〇〇一‧〇九三	一三‧六九三‧三六八	六‧七四九‧八九四	四四二‧一六九	增六‧三〇七‧七二五元

說明

一、本表所列二十一年度預算數，係將前豫鄂皖三省剿匪總司令部核定鄂省二十一年十一月份支出預算之每月一‧一四一‧一四〇元，按十二個月併計。

二、本表所列為省屬各機關普通會計歲出經臨各款，營業會計及漢市支出均不在內，二十四年度比較二十一年度計增六‧三〇七‧七二五元，惟二十一年度經濟行政費內有一‧二七〇‧九一七元，為航政、路政、電政、礦政等四項支出，二十四年度此四項支出列於營業會計預算內，實較二十一年度增列七‧五八八‧六四二元。故二十四年度普通會計歲出預算數，較二十一年度增列七‧五八八‧六四二元。

湖北省民國二十五年度與二十一年度省庫歲入預算比較表

科目	二十五年度預算數（元）	二十一年度預算數（元）	比較 增	比較 減	備考
田賦	一一二五三・二〇〇	九六〇・〇〇〇	一・二九三・二〇〇		
契稅	八〇一・六一〇	七二〇・〇〇〇	八一・六一〇		
營業稅	三・七八五・〇〇〇	二・一六六・〇〇〇	一・六一九・〇〇〇		
房捐	二五四・六七二	一二〇・〇〇〇	一三四・六七二		
地方財產	九四九・六〇九	七二七・〇八〇	二二二・五二九		
地方事業	二〇・〇九五	一・六二〇・二八八		一・六〇〇・一九三	本項係將臨時專款合併計算
地方行政收入	三〇〇・五六八	六〇・〇〇〇	二四〇・五六八		

續表

科目	二十五年度預算數 (元)	二十一年度預算數 (元)	比較 增	比較 減	備考
補助款收入	三,八〇一,六四〇	二,四〇〇,〇〇〇	一,四〇一,六四〇		
債款收入	一,〇〇〇,〇〇〇		一,〇〇〇,〇〇〇		
其他收入	五,八一〇,一二七	四,九二〇,〇〇〇	八九〇,一二七		
營業純益	七八二,〇九二		七八二,〇九二		
合計	一九,七五八,六三二	一二,六九三,三六八	七,六六五,四三八	一,六〇〇,一九三	增六,〇六五,二四五元

說明

一、本表所列二十一年度預算數係將前豫鄂皖三省勦匪總司令部核定鄂省二十一年十一月份起收入預算之每月一,一一四,一一四元,按十二個月併計。

二、本表所列為各省屬普通會計歲入經臨各款,營業會計,漢市收入均不在內。二十五年度比較二十一年度計增六,〇六五,二四五元,惟二十一年度之地方事業收入一,六二〇,二八八元為航政,路政,鑛政等三項收入,二十五年度該三項收入列於營業會計預算內,故二十五年度普通會計歲入預算數,實較二十一年度增列七,六八五,五三三元。

湖北省民國二十五年度與二十一年度省庫歲出預算比較表

科目	二十五年度預算數（元）	二十一年度預算數（元）	比較 增	比較 減	備考
黨務費	二〇五·二九三	一二五·二五四	八〇·〇三九		
行政費	三·二五五·七六九	三·〇三五·二九二	二二〇·四七七		
司法費	一·八九八·五二三	一·二六五·四七一	六三三·〇五二		
公安費	二·九四九·四七三	一·九四〇·四一九	一·〇〇九·〇五四		
財務費	一·〇五三·八九三	七二四·五二八	三二九·三六五		
教育文化費	三·五一三·一五六	二·九三七·九七五	五七五·一八一		
衛生費	六七·一七四	二七·四二二	三九·七五二		
經濟行政費	三·四九四·七九八	一·七二三·四一八	一·七七一·三八〇		
撫卹費	六〇·〇〇〇		六〇·〇〇〇		

續表

科目	二十五年度預算數（元）	二十一年度預算數（元）	比較 增	比較 減	備考
債務費	二,九七四,四〇〇	三,一八〇,〇〇〇		二〇五,六〇〇	
協助費	六一一,八七三	一二,九六〇	五九八,九一三		
救災準備金	三〇〇,〇〇〇		三〇〇,〇〇〇		
預備費	三七四,二六一	七二〇,六二九		三四六,三六八	
合計	一九,七五八,六三三	一三,六九三,三六八	六,六六七,一二三	五五一,九六八	增六,〇六五,一二四元.減五一,九六八元

說明

一、本表所列二十一年度預算數，係將前豫鄂院三省剿匪總司令部核定鄂省二十一年十一月份支出預算之每月一,一四一,一四元，按十二個月併計。

二、本表所列為省屬各機關普通會計歲出經臨各款，營業會計及漢市支出均不在內，二十五年度比較二十一年度計增六,〇六五,一二四元，惟二十一年度之經濟行政費內有一,二七一,九一七元，為航政、路政、電政、鑛政等四項支出，實較二十一年度普通會計歲出預算數，二十五年度增列七,三四〇,一六元。此四項支出列於營業會計預算內，故二十五年度普通會計歲出預算內，較二十一年度計增六,〇六五,一二四元。

湖北省民國二十六年度普通會計歲入概算表

歲入經常門

款	項	目	科目	本年度概算數	備考
一			湖北省地方普通會計經常歲入	二一・九〇六・二七四	
	一		田賦	五・四五三・二〇〇	
		一	正稅	二・六〇三・二〇〇	
		二	畝捐	二・八五〇・〇〇〇	
	二		契稅	八八一・六一〇	
		一	契稅	八一一・三一〇	
		二	契紙稅	七〇・三〇〇	
	三		營業稅	三・九九二・三四〇	
		一	普通營業稅	三・一八〇・〇〇〇	
		二	牙行業營業稅	一九九・〇〇〇	
		三	當業營業稅	三・三二五	
		四	屠宰業營業稅	四七六・六七五	
		五	菸酒牌照費	一三三・三四〇	
	四		房捐	二五四・六七二	

續表

			歲入經常門		
		一	房捐	二五四・六七二	
	五		地方財產收入	八〇七・九八七	
		一	各項租金	六〇七・九八七	
		二	銀行股息	二〇〇・〇〇〇	
	六		地方事業收入	一〇八・二九五	
		一	各項事業收入	一〇八・二九五	
	七		地方行政收入	九一・三一二	
		一	司法收入	九一・三一二	
	八		補助款收入	三・三七八・八四〇	
		一	補助款收入	三・三七八・八四〇	
	九		其他收入	五・四二八・〇一八	
		一	附加收入	四・八〇〇・〇〇〇	
		二	雜項收入	六二八・〇一八	
	十		地方營業純益	一・五一〇・〇〇〇	
		一	官營業純益	一・〇一〇・〇〇〇	
		二	航業投資盈益	五〇〇・〇〇〇	

湖北省民國二十六年度普通會計歲入概算表

歲入臨時門

款	項	目	科目	本年度概算數	備考
一			湖北省地方普通會計臨時歲入	四・二三四・四九三	
	一		行政收入	六四・二四八	
		一	行政罰金	六四・二四八	
		二	取締營業憑照費	無	
	二		債款收入	二・五〇〇・〇〇〇	
		一	公債收入	二・〇〇〇・〇〇〇	
		二	借款收入	五〇〇・〇〇〇	
	三		補助款收入	六〇〇・〇〇〇	
		一	賑災築路補助費收入	六〇〇・〇〇〇	
	四		其他收入	一・〇七〇・二四五	
		一	雜項收入	一・〇七〇・二四五	
歲入 經常 臨時			總計	二六・一四〇・七六七	

湖北省民國二十六年度普通會計歲出概算表

歲出經常門

款	項	目	科目	本年度概算數	備考
一			湖北省地方普通會計經常歲出	一六・〇一〇・一七七	
	一		黨務費	一八一・四七二	
		一	黨務經費	一八一・四七二	
	二		行政費	一・七五一・五二一	
		一	省務費	一・一九三・一六一	
		二	民政費	五五八・三六〇	
	三		司法費	一・五五二・四〇三	
		一	法院經費	九四〇・二三二	
		二	監所經費	六一二・一七一	
	四		公安費	五・四九〇・六三八	
		一	各項公安經費	五・四九〇・六三八	
	五		財務費	一・一七〇・一六二	
		一	財務行政經費	九八・六四〇	
		二	徵收經費	一・〇七一・五二二	

續表

歲出經常門

六			教育文化費	二・六六四・八一一	
	一		教育行政費	一四・六四〇	
	二		義務教育經費	七一四・一七三	
	三		高等教育經費	一五二・一五九	
	四		中等教育經費	九七七・八一一	
	五		小學教育經費	四八一・四七二	
	六		社會教育及文化事業經費	二〇二・〇五八	
	七		軍事教育經費	一九・八三六	
	八		補助費及津貼	八八・五五〇	
	九		衛生教育經費	一四・一一二	
七			實業費	六九五・九三三	
	一		實業行政費	一二・〇〇〇	
	二		農林經費	四一三・六〇〇	
	三		公鑛經費	一・五七九	
	四		工商經費	九八・七五四	

續表

歲出經常門

		五	農林合作經費	一七〇・〇〇〇	
八			交通費	無	
		一	航政費	無	
九			衛生費	七〇・一七四	
		一	衛生費	七〇・一七四	
十			建設費	八六・七二四	
		一	建設費	八六・七二四	
十一			撫卹費	六〇・〇〇〇	
		一	各項撫卹費	六〇・〇〇〇	
十二			協助費	一・四五八・六〇〇	
		一	各項補助經費	一・四五八・六〇〇	
十三			救災準備金	三〇〇・〇〇〇	
		一	救災準備金	三〇〇・〇〇〇	
十四			預備費	五二七・七三九	
		一	預備費	五二七・七三九	

湖北省民國二十六年度普通會計歲出概算表

歲出臨時門

款	項	目	科目	本年度概算數	備考
一			湖北省地方普通會計臨時歲出	一〇・一三〇・五九〇	
	一		黨務費	五二・八一三	
		一	黨務臨時費	五二・八一三	
	二		行政費	四五六・八〇〇	
		一	省務費	一三二・八〇〇	
		二	民政費	三二四・〇〇〇	
	三		司法費	五〇九・七二〇	
		一	司法臨時費	四〇九・二四〇	
		二	逾額囚糧經費	一〇〇・四八〇	
	四		公安費	四四六・五三八	
		一	公安臨時費	四四六・五三八	
	五		財務費	一二八・七一九	
		一	財務臨時費	一二八・七一九	
	六		教育文化臨時費	一八八・二六九	

續表

歲出臨時門

		一	教育行政臨時費	二・四〇〇
		二	高等教育臨時費	七・七二〇
		三	中等教育臨時費	一一・〇〇〇
		四	社會教育臨時費	七三・九〇〇
		五	軍事教育臨時費	三一・〇〇〇
		六	設備臨時費	四・〇〇〇
		七	修建臨時費	二〇・〇〇〇
		八	雜項臨時費	二二・九〇〇
		九	教育文化事業預備費	一五・三四九
	七		實業費	一・一四一・九五八
		一	農村合作臨時費	二〇・〇〇〇
		二	農林費	九九〇・〇〇〇
		三	工商費	一一五・九九八
		四	礦業費	一五・九六〇
	八		交通費	一・一四〇・一二〇

续表

			歳出臨時門		
		一	交通費	一・一四〇・一二〇	
	九		衛生費	三九・二〇〇	
		一	衛生費	三九・二〇〇	
	十		建設費	二・八二九・五〇〇	
		一	建設臨時費	二・八二九・五〇〇	
	十一		債務費	二・九四六・四〇〇	
		一	公債本息	二・二六三・〇〇〇	
		二	各項借款	五六三・四〇〇	
		三	清理積欠經費	一二〇・〇〇〇	
	十二		協助費	二五〇・五五三	
		一	各項補助費	二五〇・五五三	
歳出	經常 臨時		總計	二六・一四〇・七六七	

湖北省民國二十六年度營業會計歲入概算表

歲入經常門

款	項	目	科目	本年度概算數	備考
一			湖北省地方營業會計經常歲入	四・六五七・七五八	
	一		路政收入	二・四〇〇・〇〇〇	
		一	路政收入	二・四〇〇・〇〇〇	
	二		電政收入	一・一一七・七五八	
		一	電政收入	一・一一七・七五八	
	三		礦政收入	九六〇・〇〇〇	
		一	礦政收入	九六〇・〇〇〇	
	四		工廠收入	一八〇・〇〇〇	
		一	機廠收入	一八〇・〇〇〇	
	五		航政收入	無	
		一	航政收入	無	
	六		農林收入	無	
		一	農林收入	無	
營業會計歲入			總計	四・六五七・七五八	

湖北省民國二十六年度營業會計歲出概算表

歲出經常門

款	項	目	科目	本年度概算數	備考
一			湖北省地方營業會計經常歲出	四・六五七・七五八	
	一		路政費	一・九九〇・〇〇〇	
		一	路政經費	一・九九〇・〇〇〇	
	二		電政費	一・一一七・七五八	
		一	電政經費	一・一一七・七五八	
	三		鑛業費	三六〇・〇〇〇	
		一	公鑛經費	三六〇・〇〇〇	
	四		工商經費	一八〇・〇〇〇	
		一	工廠經費	一八〇・〇〇〇	
	五		航政費	無	
		一	航政經費	無	
	六		農業經費	無	
		一	農業經費	無	
	七		撥付政府營業純益	一・〇一〇・〇〇〇	
		一	撥付政府營業純益	一・〇一〇・〇〇〇	
營業會計歲出			總計	四・六五七・七五八